新安文化丛书一

XINAN WENHUA CONGSHU

新安书画

董建 著

中共淳安县委宣传部
中共淳安县委党史研究室
淳安县人民政府地方志办公室
淳安县政协文史和教文卫体委员会
编

文物出版社

图书在版编目(CIP)数据

新安书画 / 董建著. -- 北京 : 文物出版社, 2024.7
(新安文化丛书. 一)
ISBN 978-7-5010-8399-2

Ⅰ. ①新… Ⅱ. ①董… Ⅲ. ①中国画-画派-绘画研究-淳安县 Ⅳ. ①J212.099

中国国家版本馆CIP数据核字(2024)第067653号

新安书画

新安文化丛书一

编　　者：中共淳安县委宣传部
中共淳安县委党史研究室
淳安县人民政府地方志办公室
淳安县政协文史和教文卫体委员会
著　　者：董　建
责任编辑：孙　霞
封面设计：方　卓
责任印制：张道奇

出版发行：文物出版社
地　　址：北京市东城区东直门内北小街2号楼
邮　　编：100007
网　　址：http://www.wenwu.com
邮　　箱：wenwu1957@126.com
经　　销：新华书店
印　　刷：杭州富春印务有限公司
开　　本：787mm×1092mm　1/16
印　　张：417.25
版　　次：2024年7月第一版
印　　次：2024年7月第一次印刷
书　　号：ISBN 978-7-5010-8399-2
定　　价：2880.00元(全18册)

总　序

新安文化是指新安江流域文化。

新安江是钱塘江的正源，源头分为两大支流。南支称率水，为新安江主源，发源于安徽省休宁县五龙山脉的六股尖；北支叫横江，源于黟县五溪山主峰白顶山。两支源流在屯溪汇合，流至歙县浦口一段称渐江，歙县浦口以下至浙江省建德县与兰溪相汇处称新安江。新安江与兰溪汇合后称富春江，到萧山闻家堰称钱塘江，流至杭州湾入海。

新安江流域地处闽浙山地的北缘，黄山、天目山、白际山、五龙山、千里岗、龙门山六大山脉盘桓其间，山地及丘陵占十分之八九。新安江水呈树叶网络状，由西向东辐射，地势也是由高及低逐步下降。流域平均海拔 800 ~ 1000 米，处在山岭川谷之中。俯视江南，附近的江西、浙江、江苏、安徽，均在其下。地处新安江源头的徽州，有“吴头楚尾”之说。杜牧诗云：“溪山侵越角，风壤尽吴根。”非常准确地描写出新安江流域的地理位置。

新安江流域以黄山山脉为界，南坡有流向东南钱塘江的新安江水系，直达杭州，是前往江南的捷径；流向西南鄱阳湖的阊江水系、乐安江水系，直达饶州、九江；北坡有直接流入长江的青弋江、秋浦河水系，直达池州、安庆、芜湖长江沿线。新安江下游严州府与兰江相接，向南直达金华、衢州，是前往江西、福建的捷径。陆路虽地势高耸，山路崎岖，但由于地处皖、浙、赣三省交界，成为全国的交通网络中重要的一环。

魏晋时期，由杭州经新安江前往江西、福建的通道，是全国交通枢纽上的重点线路。宋永初三年（422）秋，谢灵运离开建康（今南京）赴任永嘉郡太守。他沿钱塘江、富春江溯流而上，经桐庐、建德、兰溪，转由婺江到永嘉，途经桐庐写下《初往新安至桐庐口》诗。唐代以前，北方通往南方的三大干线，其中两条干线经过新安江流域。一条由洛阳东行至汴州，循运河东南而下，经杭州，沿钱塘江溯流而上，经睦州、婺州、衢州、信州至江西、福建和岭南道。另一条由洛阳走陆路，经汝州、许州至陈州，过寿州、庐州，渡江至采石，经宣州、歙州到睦州，经婺州、衢州，再选择西行或南行通往福建、江西和岭南各地。宋以后，新安江流域交通线路更是呈放射状，四面通达。虽然山道崎岖，水路湍急，路途稍显艰难，但无论水路、陆路，前往江西、湖北、福建、南京、杭州都是必经的捷径。

人类逐水而居，河流是人类文明的摇篮。先秦时期，新安江流域先属吴，吴亡属越，越灭属楚。秦末，在新安江中游和上游设黟、歙二县，下游则归富春县管辖。东汉建安十三年（208），分歙地置始新、新定、黎阳、休阳四个县，加上原来的黟、歙二县，就有了六个县，以这六个县新设新都郡，郡治设在始新县治新定里（今淳安县威坪镇）。黄武四年（225），析吴郡富春县地置建德、新昌、桐庐、新城四县，建德县、新昌县（后改寿昌）地处新安江下游。其后新安江流域郡、州、府级机构，先后更名或改设为新宁郡、新安郡、东阳郡、遂安郡、婺州、睦州、歙州，最后定名为徽州和严州；县级机构先后更名或改设为新安江上游的歙县、黟县、休宁县、祁门县、绩溪县、婺源县，新安江中游的淳安县、遂安县，下游的建德县、寿昌县。

新安文化的地域范围，以新安江上游古徽州一府六县，即歙县、黟县、休宁县、祁门县、绩溪县、婺源县，以及新安江中下游古严州的淳安县、遂安县、寿昌县、建德县为核心区域。新安文化的时空概念起自史前文明，迄于 1949 年，根据研究需要适当后延。其内容涉及哲学、经济、社会、教育、学术、文学、艺术、工艺、建筑、医学等诸多学科，凡与新安江流域社会历史发展有关的内容，均是新安文化的范畴。

新安江流域是我国原始文化的一个独立发展单元，一步步走来，没有停留，没有断代。历经早期文明、晋唐兴起、五代至元崛起、明清鼎盛和近代转型五个发展阶段，形成新安文化的完整体系。

1974 年 11 月，在建德县上新桥村乌龟洞发现一枚人的犬齿化石，被命名为“建德人”，属于晚期智人类型，距今约五万年。同时，新安江流域分布着大量的旧、新石器时代遗址，承继“建德人”的文化发展。1959 ～ 1975 年，新安江上游的屯溪西郊奕棋村先后发现 8 座西周至战国早期的墓葬。出土的青铜器、原始青瓷和几何印纹硬陶，在形制、纹饰和构图风格上，具有浓厚的越文化特色。史称当地人为越族，人民性格强悍，尚武好斗，文化礼仪相对薄弱。通过地方行政治理过程中的教化，当地越人在了解和接受中原人的生产、生活方式后，道德观、价值观、文化崇尚等方面均发生变化。

晋唐时期，新安文化兴起。晋代的“永嘉之乱”和唐代的黄巢起义是中国历史上的两件大事。它不仅造成西晋和唐朝的灭亡，导致中国社会的分裂，而且对我国南方的发展产生深远的影响。“永嘉之乱”和黄巢起义期间，中原士族比较集中地迁入新安江流域，现存的徽、严二州不少姓氏族谱中，对始迁祖的追溯都上溯到这一阶段。中原士族大量迁入以后，以其自身的文化素养和生活习惯渗透民间，改变了新安江流域越族的风俗习惯，越族尚武习俗与中原儒雅之风融合，儒家思想的仁义忠孝和修身齐家理念，开始在新安江流域流行。休宁吴少微的“吴富体”在文坛崭露头角，新安江下游的“睦州诗派”更是享誉诗坛。

五代至元，新安文化崛起。这一阶段新安江流域的教育与科举得到长足发展，仅南宋时期徽州、严州二府进士就有 806 名。南宋理学大儒朱熹祖籍徽州，曾两次回徽州省墓、探亲、授课，并在严州丽泽书院、遂安瀛山书院讲学论道。新安人读朱子之书，秉朱子之教，以邹鲁之风自恃，形成新安理学学派，使得朱熹理学在新安江流域广为流传，对整个流域的文化形成和演变起到关键作用。文风郁起，留下很多脍炙人口的作品，如胡仔的《苕溪渔隐丛话》和方岳、方逢辰的诗歌，在全国诗坛都占有一席之地。徽州刻书和严州刻书，在中国刻书史上贡献卓著。制瓷技术、医学、植物学、光学、生物学等科学技术都取得一定成就，其中歙县张杲淳熙十六年（1189）写成的《医说》一书，是中国医学史上第一部医史传记。

明清时期，新安文化进入鼎盛。私学、官学和书院教育同步发展，推动新安江流域科举繁荣兴盛。淳安人商辂“三元及第”，于明宣德十年（1435）乡试、正统十年(1445)会试及殿试均为第一名。理学、心学与朴学相互融合发展，理学家们提倡“和会朱陆”，阳明心学受到欢迎。清康熙、乾隆时期，新安学者提倡实事求是的治学精神，开创朴实的学风，成为清代学术的主流，朴学领袖戴震更是中国哲学史上的唯物主义启蒙思想家。文学艺术百花齐放，新安画派是明清文人画的正统继承者，徽派版画代表了中国传统版画的最高成就，徽派篆刻成为中国文人篆刻的主流，徽剧乃京剧之母。科学技术成就斐然，新安医学所主张的“固本培元”理论，是中国传统医学中的精华；程大位是中国历史上珠算集大成者；郑复光《镜镜詅痴》集当时中西光学知识大成。

近代，新安文化开始转型。光绪二十六年（1900），歙县基督教堂在城内创办崇一学堂，迈开新安江流域兴办新式学堂的第一步。在西方近代科技和工业革命的影响下，实业救国成为潮流，培养近代农林、商业、工业人才，是教育转型过程中的重要一环。光绪三十四年（1908），戴英在休宁县隆阜珠里创办新安江流域近代第一所职业学校——休宁初等农业学堂。随后，徽州乙种商业学校、淳安县初级实业小学、建德县浙江省立甲种森林学校等相继开办。新安学术也开始向近代学术思潮转型，胡适成为近代文化转型中承上启下的关键人物。文学艺术在转型中得到提振，其中由汪渊集句成词、其夫人程淑笺注的《麝尘莲寸集》，以词集词，前无古人。黄宾虹成为近代中国绘画领域中的一座高峰；黄士陵的篆刻形成自己的艺术风格，被称为“黟山派”。“徽路徽戏”和睦剧得到全面发展。

新安江流域自古为越族领地，随着中原士族的迁入，中华儒家文化的价值观“修身齐家治国平天下”，在这里不断积淀，形成尚武自强、重教崇文、俗尚文雅、治生重商的区域特征。

新安江流域早期越人以尚武著称。明清时期，新安江流域百姓依然习武自强为常。至今民间仍留存不少延请拳师的“拳关”文书。明万历休宁程冲斗所著《耕余剩技》，是中国武术史上的名著。绩溪县张横秋更是以武术名世，在武术史上形成“豫徽武术”流派，其拳术至今仍在新安江流域流传。很多文人在习文的同时练武，明末休宁县抗清义士金声不仅文章出彩，而且武艺高强。休宁画家汪肇，喜好持矛舞剑。新安朴学后期的重要学者汪宗沂，通拳术、剑术、马术，喜谈兵。他的学生许承尧、黄宾虹，一个是著名诗人，一个是著名画家，跟着汪宗沂学习时，练剑、骑马也是必备的功课。

中原士族迁居新安江流域以后，注重文化传承。这种传承使得新安江流域重视教育，崇尚文雅。朱熹提倡读书，研究学问，从事著述，强调“穷理之要，必在于读书”。新安理学的兴起，增强了新安江流域的读书氛围。儒家思想被塾师细化在自己教学实践中，塾师编写的大量蒙学教材中，将儒家的道德观念灌输给学童。在新安理学的影响下，新安江流域读书著述之风盛行，形成“十家之村，无废诵读”的景象。宋元以来，被称为“东南邹鲁”。

随着儒家思想向民间基层渗透，礼教在老百姓中扎根。民间礼仪以朱熹《家礼》作为依据，渗透于各个家庭。休宁《茗洲吴氏家典》根据《家礼》，结合本宗族的情况，规定冠婚丧祭的礼仪，作为子孙后代遵行的法典。民国遂安《高峰朱氏宗谱》卷三《家训》对子弟的礼仪教育写得非常具体，结合家族特点，将礼教具体化，教育族人如何做人、做事，各项规范要求明确，可操作、能监督，俗向文雅，成为“礼下庶人”的典范。

新安江流域有一个异于全国其他地区的现象，就是人们以经商致富为荣，从商成为风气。新安学者提倡职业不分卑贱，引导民众经商，鼓励商人创业，提倡“廉贾”价值观。地方士绅还通过各种方式为商人代言，创造良好的经商环境。学者的倡导、士绅的鼓励，对不轻视商业、不以经商为耻社会风气的形成，起到极大的促进作用，使新安人在观念上获得解放，理直气壮去经商，造就了雄飞于中国商界三百年的新安商人集团。

新安文化不断兼收并蓄，坚持实事求是，遵循儒雅中庸的发展过程，构成以“包容、探索、和谐”为核心的人文精神。

在沉淀中原汉文化和践行儒家思想的过程中，新安江流域不断地塑造自身的人文精神，推进新安文化的发展。新安文化的形成，是中原汉文化与当地土著越文化进行融合的过程。在两种文化的融合过程中，汉文化虽然是强势文化，但具有很强的包容性，促进了越文化的自然融合，从而产生出新质的新安文化。这种包容性，在新安文化发展过程中，贯穿始终，成为新安文化特色。兼收并蓄的包容精神，体现了新安文化的博大气象，是新安文化得以发展的源泉。

在新安文化发展过程中，新安人一直遵循实事求是的原则，博学求知，努力探索规律，追求真理，勇得时代风气之先。朱熹提出“濯去旧见，以来新意”；戴震主张“不以人蔽己，不以己自蔽”；胡适要求“重新估定一切价值”，都是不懈求索、勇得时代风气的典范。实事求是的探索精神，体现了新安人的思辨能力，是新安文化得以不断创新发展的动力。

新安文化是宋以后中国儒家文化在民间社会最完整的体现和典型范例，其儒雅中庸的内质得到很好的体现。“薄利多销”成为新安商人的经营手段，自己少赚些，让消费者不吃亏，成为“中庸”思想在商业领域的一种表现，即双赢。新安宗族在“中庸”思想的指导下，和睦相处，很少发生械斗。就是宗族间有了矛盾，也是协调处理，互相谦让。在艺术上，也非常讲究中庸平和。新安篆刻中的雅逸隽秀、平和光洁；新安版画内蕴的恬静和安乐，也是儒雅中庸的一种表现。儒雅中庸的和谐精神，使得新安江流域社会平稳安定，是新安文化不断发展的基础。

新安江流域靠近越文化核心区，其文化既具有新安文化特点，又带有钱塘江流域良渚文化特色，体现出新安文化与良渚文化融合的趋势。对河系流域上下游文化碰撞、交融的研究，具有重要价值。

新安江流域至今保存下来的地面文物遗存10000多处、8000余种文献、100余万件文书，跨越千年历史，涵盖政治、经济、文化各个领域。尤其地面文物遗存、非物质文化遗产和文书档案，均为第一手资料，是人们了解中国封建社会后期农村社会实态不可多得的资料，为按历史本来面貌做综合实态研究创造了前所未有的有利条件。中国社会科学院历史研究所周绍泉先生指出："以徽州文书为代表的历史文书档案为主要资料，综合研究历史社会实态，将是我们这个时代的学术潮流。"

新安文化是中国封建社会后期传统文化的典范，独树一帜，在各自领域都处于领先位置。从新安文化中提炼出来，形成新安宗族、新安学术、新安商人、新安教育、新安建筑、新安书画、新安工艺、新安科技、新安文学、新安戏曲、新安饮食、新安民俗等文化现象，是新安文化中的精华，学术界在研究专业史时无法绕开这些课题。对新安文化展开研究，实际也就是对中国封建后期传统文化展开研究，窥一斑而见全豹，具有普遍的学术意义。

新安江流域四面环山，作为一个独立的自然地理单元，风景秀丽，人们的审美观受到山水环境的影响。新安四雕艺术、文房四宝艺术、盆景艺术、新安书画、新安文学等，都是新安江流域自然环境同新安人审美观相结合的产物。而新安饮食、方言的形成，同新安江流域独特的自然地理环境及资源有关；新安宗族社会构成和村落结构，同新安地理环境也是密切相关，具有地理文化单元的人类文化学研究价值。

新安文化是移民文化，中原士族的内迁，决定了其社会与文化的诸多现象和特点，受到中原文化的影响。同时，新安文化的昌盛与发展，还存在着一个由新安江流域再向外移民的过程，并对侨寓地的文化产生影响。如新安学术、徽剧、新安艺术、新安刻书、新安篆刻等对扬州学派、京剧、江南园林、江南版画、浙派篆刻都有渗透和影响。研究新安文化，可以获得中华大文化融合各民族文化、各地方文化的一般与个别规律，为繁荣中华大文化作出贡献。

新安江流域是宗族社会。明清时期，农村基层依靠宗族自治管理，有不少好的做法。现存不少宗族公约中有值得学习和借鉴的条文，如禁止乱砍滥伐和禁止赌博等。从内容上看，它们符合当今所提倡的环境保护和社会文明的主旨。从实施机制上看，它不是依赖于行政系统，而是靠"公约"的形式自我约束，这给建设社会主义新农村带来启示，村民自治要以农民为主体，增强农民的自觉意识，而不是靠行政手段。新安文书中的商业合同，反映了新安人市场观念的成熟；分家契约反映了新安人既遵从中国传统的伦理观，又理性地处理家庭财产等经济问题；诉讼文书，反映了古代新安江流域民间已经有较强的法治观念。新安江流域古村落人与自然和谐，以人为本的思想贯穿村落建设，村落中的防火措施、水系设计都十分讲究，科学性很强，给当代环境规划设计带来启示。

新安文化博大精深，对新安江流域上游的徽州文化研究，已经成为一门专门的学问——徽学。但对整个流域的整体研究还是一个空白，编撰《新安文化》丛书，可以填补全面涵盖新安江全流域文化的研究空白，力求科学、全面、准确、系统地展示新安文化的各个方面，对于新安文化学术研究及开发利用，是一件十分有意义的事情。

《新安文化》丛书编撰委员会

2023 年 4 月

目　录

引　论

“新安江水，出古率山，东迳渐溪，过歙浦，与浙源吉阳、黟山、大鄣诸水汇入青溪。过严陵，出桐江，凡七百里，皆名新安江郡。自汉末吴孙权取丹阳会稽地，分立新都郡，晋太康间改名新安，江之得名应自此始。由吴及陈皆治始新，为六朝畿辅剧郡。宋羊欣、梁丘迟、任昉、徐摛咸出刺此地。梁高祖以摛爱泉石，敕曰：‘新安大好山水，俾卿卧治此郡。’朝论荣之。谢灵运、沈约、李白、刘长卿辈，先后行役，扬舲命棹，竞相唱咏；传播金石，未遑殚述……”（清）许楚《新安江赋·序》。[①]

新安画派形成于明末清初，以程嘉燧、李永昌、李流芳等为先驱，画派领袖为渐江和尚，中坚人物有汪之瑞、孙逸、查士标、汪洪度、郑旼、戴本孝、吴山涛、方士庶、程邃、姚宋、祝昌、汪家珍等人。而新安书法、绘画的历史则要久远得多，可以追溯到春秋、战国时期乃至西周中晚期。

新安称谓源于新安郡，即新安与严州（睦州）大部，古称新安，后成为新安、严州地区的代称。在谈这个问题时，先简单上溯一下历史。秦始皇二十六年（公元前221年），秦统一中国，将天下分为三十六郡，后增至四十八郡。淳安地属鄣郡（治在今湖州长兴县）之歙县。约在秦始皇六年（公元前216年），在新安设黟、歙二县，属鄣郡。严州地域大部分属会稽郡的富春县。汉元狩二年（公元前121年），改鄣郡为丹阳郡，黟、歙二县属丹阳郡。元始五年（公元5年），王莽篡位，大司马长史方纮避乱至吴，挈家于丹阳歙东之漕湖（淳安进贤渡村头），此为已知中原士族南迁淳安之始。建初五年（公元80年），方纮子方储举孝廉贤良方正，对策第一，拜博士出，为洛阳令。永元五年（公元93年），方储卒，追官尚书令，封黟侯，还葬歙东龙山下。汉建安十三年（208），孙权部将贺齐出兵征服歙地金奇、毛甘和黟县陈仆等山越部

① 许承尧：《歙事闲谭》，黄山书社，2001年，第41页。

方储画像
安徽中国徽州文化博物馆藏

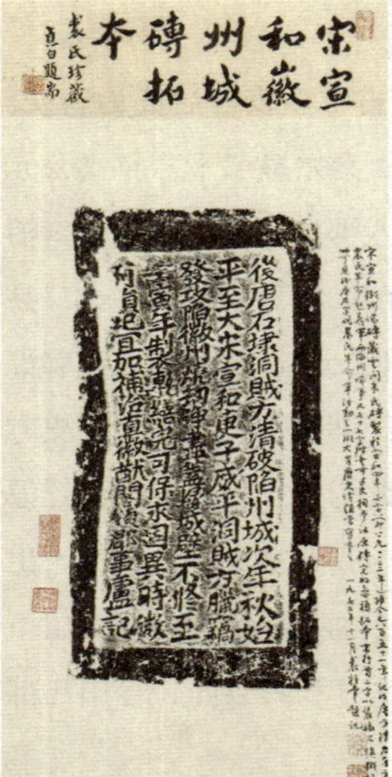

宋记事城砖 浙江省博物馆藏

落，分歙县东乡置始新县（今浙江淳安，治在原威坪一带），南乡地置新定县（今浙江遂安，治在今汾口仙居一带），西乡地置犁阳（后改为黎阳）、休阳县，加上黟、歙共六县，建新都郡，治所始新（今浙江淳安威坪镇，后移治贺城，今淳安千岛湖镇），隶属于扬州。建安十四年（209），筑郡城于新安江下游60里之龙山南麓，同年郡治迁此，因城为贺齐所筑，故称贺城。吴永安元年（258），避孙休名讳，改休阳县为海阳县。晋太康元年（280），晋灭吴，改新都郡新安郡，仍属扬州。新定县改为遂安县，海阳县改为海宁县，新安郡辖始新、黟、歙、遂安、黎阳、海宁县，郡治始新县。隋开皇九年（589），改新安郡为歙州，改始新县为新安县，寿昌、淳安、遂安入新安县，隶婺州（今浙江金华）。隋开皇十一年（591），今严州地从新安郡划出，从此今新安和严州分离，新安郡自此专指歙州（徽州），严州地则为睦州。隋仁寿三年（603），以新安故城置睦州，治新安县（今杭州淳安），辖新安、遂安、建德、桐庐、分水五县。隋大业三年（607），复改歙州为新安郡，改新安县为雉山县，改睦州为遂安郡，郡治仍设贺城。隋末动荡，大业十二年（616），歙县人汪华起兵保郡，占领新安、宣城、余杭、遂安、东阳、鄱阳六郡地，称吴王。唐武德四年（621），汪华归附唐朝，封越国公。复改新安郡为歙州，州治歙县，并设歙州总管府，汪华为总管府使，总管宣（宣城郡改）、杭（余杭郡改）、睦（遂安郡改，州治仍在贺城。雉山、遂安、建德、桐庐、分水五县隶之）、婺（东阳郡改）、饶（鄱阳郡改）6州军事。汪华调任后，歙州总管府总管歙、睦、衢三州。大历五年（770年），歙州辖歙、休宁、黟、绩溪、婺源、祁门县，此后形成延续至清末达1142年的“一府（州）六县”格局。宋宣和三年（1121），改歙州为徽州，改睦州为严州。浙江省博物馆藏有宋代修城铭文砖一块，砖文云："后唐石埭洞贼方清破陷州城，次年秋始平。至大宋宣和庚子，威平洞贼方腊窃发，攻陷徽州，烧劫净尽，盖缘城壁不修。至壬寅年，制砖缮完，可保永固。异时微有损圮（圮），宜加补治。直徽猷阁领郡事卢记。"《新安志》卷九"牧守"载："卢宗原，朝奉郎，直龙图阁，宣和三年十二月二十九日到任，五年九月二十五日除淮南、江浙、荆湖制置发遣判官。"[1] 此砖正是卢宗原烧制的记事城砖。

从上述历史看，新安与严州（睦州）自汉建安十三年（208年）同属扬州辖，治所始新（今浙江淳安），到隋开皇十一年（591），新安与严州（睦州）分离，其间有383年曾同属一郡。在汪华任总管府使时期，睦州曾归其管辖。尽管两地行政在大部分历史时期脱离，但发源于新安休宁，流经淳安、建德、富春江注入钱塘江的新安江水，源远流长，奔腾不息，一脉相承，将新安江流域的文化紧紧联系在一起。在这种背景下，新安文化的范围是在古徽州一府六县外，包括了淳安、建德、桐庐、遂安等地域，那么，新安画派和新安书法的论述，自然也包括了上述地区。

黄宾虹《山水》 杭州博物馆藏

1953年，九十岁的黄宾虹在他的山水画上题跋："浙淳安县本歙东乡，新安定里之地。吴孙权既定山越，分歙置为始新县。隶新都郡，世称大好山水，文人、学士诗画记游著于史乘称盛今古。"

① [宋]罗愿撰，萧建新、杨国宜校著：《新安志》，《〈新安志〉整理与研究》，黄山书社，2008年，第312页。

第一章　新安书画之源

第一节　先秦、两汉考古发现

中国书画、篆刻艺术历史悠久，在几千年的历史长河中，虽然华夏经历了无数磨难和朝代更迭，但中国书画、篆刻艺术一直源远流长，从未枯竭与缺失。而创造艺术的先民的历史，一直要上溯到旧石器时代，“早在十万年前那个茹毛饮血、混沌初开的年代，‘建德人’就在这块土地上繁衍生息”，[①] 成为新安文化和浙江人类活动的发端及文明发展史的开端。除了“建德人”乌龟洞旧石器遗址，还发现新石器至商周、春秋战国及秦汉时代遗址多处，如建德九山湖、六山岩遗址，徽州区岩寺桐子山新石器遗址，歙县下冯塘、新州、太子山遗址，淳安进贤高祭台、小塘坞、五龙岛遗址等。在石器的制作上，先民就存在选料、制作加工到成品的过程，这期间经历了先民思考和加入审美意识在内，才陆续出现了形式多样的器物，比如石器上的圆孔，有两孔、三孔、五孔、七孔乃至九孔……

1959 年 3 月，在屯溪西郊奕棋村附近在建机场工地，即新安江流域上游，发现了两座古墓，随即进行了清理发掘。后经调查钻探，此处原来为一土墩古墓群，随后在 1965 年、1972 年、1975 年又陆续清理发掘墓葬 6 座。土墩墓为江南地区吴越族群埋葬制度与习俗，属于西周至春秋时期江南的特殊葬俗，其基本特征是一墩一墓、平地起坟、封而不夯，方式与同期中原墓葬迥异。关于屯溪土墩墓的年代，有西周早中期说、西周中晚期说和春秋晚至战国早期说，根据较新的《屯溪土墩墓发掘报告》研究，认为是春秋晚到战国早期墓葬。

1975 年，在奕棋原中门墩发掘出土早期陶瓷 315 件，《中国史稿》认为 ：“屯溪的西周墓里出土的一些釉陶器，有碗、盂、豆、尊、盉、盘等器物，陶胎用高岭土烧制，釉色有姜黄绿色和灰青色。釉陶器的烧制温度相当高，胎质结构紧密，吸水

① 《建德文物 · 前言》，天津古籍出版社，2011年，第3页。

性弱，已接近于瓷器的水平，是我国陶瓷史上的一个重大发展。”[①]

屯溪土墩墓出土青铜礼器60件，主要有食器、酒器和水器，在青铜器纹饰上，有兽面纹、饕餮纹、蟠龙纹、夔龙纹、鸟纹、象首纹、蛇纹、蛙纹、蝉纹、蜥蜴纹等。三号墓出土的方鼎和铜卣，腹部饰有凤纹浅浮雕，长冠重尾，夸张而生动。无耳簋内底则有人形图像，下面饰有弓箭形，此皆先民的造型创造。三号墓中，有一件四足铜牺尊，器呈兽形，腹部中空、兽形肥胖圆浑，四足短矮，憨态可掬。兽头的眼、鼻等处，出土时还保存有镶嵌的绿松石。尾部上翘成假圆筒盖状，盖面饰有龙形纹。三号墓还出土了4件跪坐人，上身挺直，双手托举，人物眉、目、鼻、口、耳清晰，是早期的雕塑人物。在没有绘画作品遗存的时期，我们可以从这些青铜器上的精美纹饰和图案中，领略到先民创造的艺术形象和艺术表现能力。

铜卣 安徽博物院藏

铭文

跪坐人 安徽博物院藏

三号墓出土的两件铜卣，其一除了饰有兽首凤纹，盖、底同铭“公作宝鼎彝，其孙子永用”，此书法作两行排列，字体大小悬殊，但布局自然，端庄古朴，为上乘之作。其二亦饰有鸟纹兽首，盖底内铭“作宝尊彝”四字，竖式一行排列，字间紧凑，书写摇曳生姿。一号墓出土铜尊二件，其中一件内底有“闬父乙”铭文，上面闬族名不识，祭祀对象“父乙”则写得丰硕华贵，从文字风格看，则接近于西周中晚期。屯溪土墩墓的青铜铭

四足铜牺尊 安徽博物院藏

① 郭沫若：《中国史稿》，人民出版社，1976年，第254页。

文，应是在新安文化中发现的最早古文字了。屯溪土墩墓还出土有刻刀和陶拍各一，刻刀扁体长方形，单斜刃，与信阳长关台 M1 的刻刀形制一致。陶拍是古代制作陶器的用具，用于在陶器上抑压纹饰，它的抑压手法和钤印有同样的意义，可视作后来篆刻的滥觞。

铭文

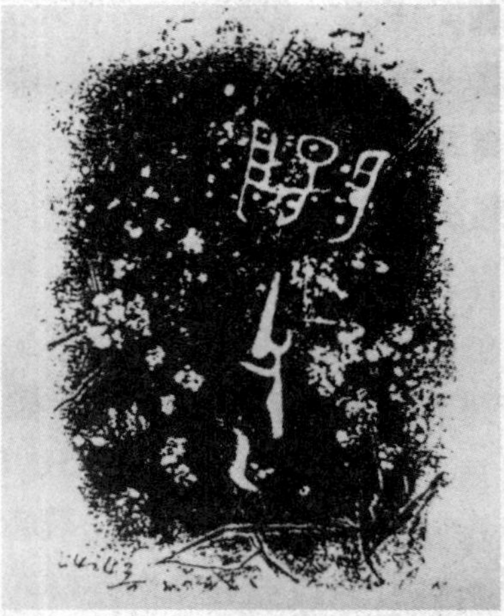

铭文

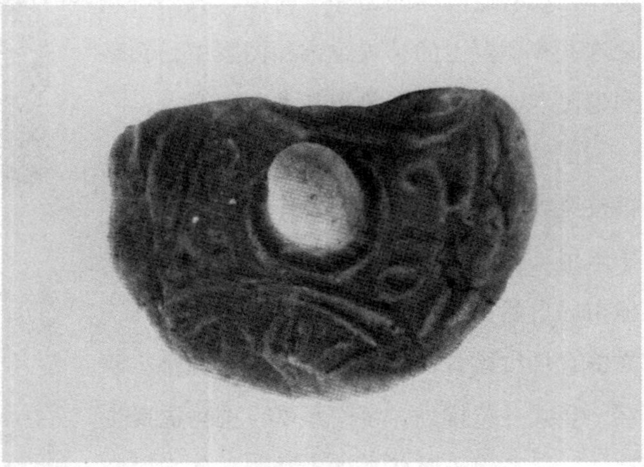

陶拍 安徽博物院藏

张彦远在《历代名画记 · 叙画之源流》云 ：“古圣先王受命应箓，则有龟字效灵、龙图呈宝。自巢、燧以来，皆有此瑞，迹映乎瑶牒，事传乎金册。庖牺氏发于荥河中，典籍、图画萌矣 ；轩辕氏得于温洛中，史皇、仓颉状焉。奎有芒角，下主辞章 ；颉有四目，仰观垂象。因俪鸟龟之迹，遂定书字之形。造化不能藏其秘，故天雨粟 ；

战国《御龙图》湖南省博物馆藏

灵怪不能遁其形，故鬼夜哭。是时也，书画同体而未分，象制肇创而犹略，无以传其意，故有书；无以见其形，故有画。天地圣人之意也。”①傅抱石认为象形字“直是一种‘文字画’，并且轮廓线条也俱粲然美备的……自此‘文字画’之阶段出发，经过了不少的应用，慢慢脱去文字的蜕衣，而重新成立为有意义之行为。绘画之事既立，绘画之值较高。在有虞时代，服章上已知用五彩作日、月、星、辰、山龙、华虫、火、宗彝、藻、粉米、黼、黻的绘画。这即后来所称的衮冕十二章，相传这是虞自己创作的。……从虞到夏末，不过四百余年，居然能绘鬼神百物山川奇异的形状，真是难能而可贵了。但还不算，即最精绝的写真画，也见之于商”。②以上见载于史料中，而较早的“画图于帛”的实物，在距今3500年前河南洛阳东郊的殷人墓葬中，发现残损严重的画幔，幔片尚能辨认出黑、白、红、黄等色彩。战国时期的帛画，目前发现4件，除其中一件画面无法辨清外，余者为湖南长沙陈家大山楚墓帛画《龙凤人物图》、湖南长沙子弹库楚墓帛画《御龙图》及长沙子弹库楚墓缯书四周的绘画。这三件作品都是墨线勾画，而《龙凤人物图》《御龙图》与后来的卷轴画最为接近，是先秦保留下来的珍品。

张彦远《历代名画记》开篇即说：“夫画者，成教化，助人伦，穷神变，测幽微，与六籍同功，四时并运，发于天然，非由述作。”③并记载轩辕黄帝时，史皇“始善图画”。周时有封膜善画，齐有敬君、秦有烈裔；汉代有毛延寿、陈敞、刘白、龚宽、阳望、樊育，后汉有赵岐、刘褒、蔡邕、张衡；魏有少帝曹髦、杨修、桓范、徐邈；吴则

① [唐]张彦远：《历代名画记》，浙江人民美术出版社，2011年，第1、2页。
② 傅抱石：《傅抱石美术文集》，江苏文艺出版社，1986年，第16页。
③ [唐]张彦远：《历代名画记》，浙江人民美术出版社，2011年，第1页。

西汉帛画 湖南省博物馆藏

吴王赵夫人、曹不兴，蜀则诸葛亮、诸葛瞻。春秋战国、秦汉时期遗存的美术品形式主要有漆画、壁画、瓦当、画像石、画像砖等，其中湖南长沙汉代马王堆1、3号墓出土的两幅“T”形帛画的发现轰动一时。归纳以上美术品的出土地，我们发现壁画分布在河北、河南、陕西、山东、山西、甘肃、内蒙古和东北等地。漆画分布于四川、湖北、湖南及安徽的马鞍山、天长等地，而瓦当、画像石、画像砖分布较广。

“图画之妙，爰自秦汉。”在中原及一些发达地区，绘画已然勃兴。汉宣帝时，图画汉烈士，或不在画上者，子孙耻之。什么原因呢？“父祖不贤，故不画图也”。“汉武创置秘阁，以聚图书；汉明雅好丹青，别开画室。又创立鸿都学，以集奇艺，天下之艺云集”。① 又诏班固、贾逵取诸经史事，命尚方画工绘画，是画著为劝诫之事，举载籍所不能明者，可图其形以明之。西晋文学家陆机云：“丹青之兴，比雅颂之述作，美大业之馨香。宣物莫大于言，存形莫善于画。”汉魏曹植则谓：“观画者，见三皇五帝，莫不仰戴；见三季异主，莫不悲惋；见篡臣贼嗣，莫不切齿；见高节妙士，莫不忘食；见忠臣死难，莫不抗节；见放臣逐子，莫不叹息；见淫夫妒妇，莫不侧目；见令妃顺后，莫不嘉贵。”② 丹青教化、鉴戒之功能，于此可见一斑。

在存世篆刻中，有三国吴“新安铁丞”印。“铁丞”为主冶铁之官员，《宋书·百官志》本注记，江南诸郡之冶官，或置令，或置丞，多为吴国所置，而《三国郡县

① [唐]张彦远：《历代名画记》，浙江人民美术出版社，2011年，第4页。
② [唐]张彦远：《历代名画记》，浙江人民美术出版社，2011年，第3页。

表》记载吴扬州会稽郡有新安县。[1] 遂安县洪铜山有摩崖石刻一通："大唐天宝八年，开山此取铜，至乾元元年七月，又至大历十年十又二月再采，续至元和四年。"洪铜山位于淳安枫树岭镇铜山村涧源锡铁矿区，据资料说，此遗址为浙江省目前发现的唯一有确切年号题记的古代铜矿采矿并冶炼遗址，或与"新安铁丞"存在一定的关系。

"新安铁丞"浙江省博物馆藏

第二节 两晋南北朝

1979年，寿昌镇下桂村后坞村民在平整屋基时，无意发现了3座古墓，出土陶罐十余件，青铜鼎、青铜剑各一，还有青砖3000多块。青砖侧面有反印阳文篆书文字"永元十七年三月"。"永元"为东汉和帝刘肇年号，"永元十七年"即105年。新安旧志载歙县潭渡村出土有"永建"字样的青砖墓。虽然在秦汉时期，但没有更多的实物证明。而在有关书籍中，已有历史人物的活动记载，如东晋虞预撰《会稽典录》载东汉陈业，扬州会稽郡上虞（今浙江上虞）人，官至太守。以汉祚衰微，委官弃禄，遁迹黟山。又如孔愉(268 ~ 342)，字敬康，会稽山阴（今浙江绍兴）人。他出身官宦世家，与同郡张茂（伟康）、丁潭（世康）并称"会稽三康"。西晋灭孙吴后迁居洛阳，"永康之乱"时避地入歙，隐居山中。建兴元年(313)，孔愉应召任丞相掾，授驸马都尉、参丞相军事，封余不亭侯。后累官御史中丞、侍中、太常、大尚书、尚书仆射、金紫光禄大夫，兼领国子祭酒等，谥号贞。有《晋咸和、咸康故事》四卷，今已佚。孔愉擅草书，唐代尚存作品"具姓名一纸，三行"。窦臮《述书赋》评其书"（敬）康草则古质郁纡，如落翮摧枯"。有意思的是《晋书·孔愉传》记载有"孔愉放龟"的典故：孔愉路过余不亭，见有人将龟放在笼子里，孔愉将

① 参见孙慰祖：《中国印章：历史与艺术》，外文出版社，2010年，第127页。

龟买下放入溪中。龟游到溪水中向左回顾了好几次。到孔愉受封余不亭侯要铸印时，龟纽头总向左偏，铸了三次都是这样。工匠把此事报告孔愉，孔愉心中明白，欣然佩戴此印。后人以此典形容知恩报恩，也用以借指将帅之印。

中国绘画和书法关系紧密，相辅相成，有“书画同源”之说。唐代张彦远《历代名画记·叙画之源流》中说：

> 书画同体而未分，象制肇创而犹略。无以传其意，故有书；无以见其形，故有画。天地圣人之意也。按字学之部，其体有六：一古文，二奇字，三篆书，四佐书，五缪篆，六鸟书。在幡信上书端，象鸟头者，则画之流也。颜光禄云：‘图载之意有三：一曰图理，卦象是也；二曰图识，字学是也；三曰图形，绘画是也。’又周官教国子以六书，其三曰象形，则画之意也。是故知书画异名而同体也。”①

而画与诗的关系，也是十分密切的，宋代张舜民《跋百之诗画》云：“诗是无形画，画是有形诗。”苏轼在《书鄢陵王主簿所画折枝二首其一》诗中则直接提到“诗画本一律”。有人说诗和画是姊妹艺术，还有人认为不但是姊妹，而且是孪生姊妹。

东晋偏安江南，是门阀士族政治，和北方的五胡十六国并存。东晋时代政治混乱，社会动荡，但在文学、艺术方面却可圈可点。在书法方面，《晋书·荀勖传》载“立书博士，置弟子教习，以钟、胡为法”。这大约是较早记录官方所设书法教学的文字了。南北朝也有书学博士的记载，但这些时期时置时废，无常设建制。唐代窦息在《述书赋》中提到“博哉四庾，茂矣六郗，三谢之盛，八王之奇”，而王羲之、王献之就是“八王”中人物。而这些远不是东晋书家的全部，只是其中的一部分而已。除了第一行书《兰亭序》，还有王献之的《鸭头丸帖》《中秋帖》，以及王珣《伯远帖》等。绘画则有卫协、张墨、顾恺之、戴逵、夏瞻、司马绍（东晋明帝）、史道硕等，各类诗文歌赋盛于此时，继陶渊明的“田园诗”后，谢灵运开创了“山水诗”，从而真正使“诗画”结合在了一起。顾恺之不仅绘有《洛神赋图卷》《女史箴图卷》等名作，并撰有《魏晋胜流画赞》《画云台山记》等。

南朝著名画家有萧绎、陆探微、宗炳、张僧繇、谢庄等。画论则有宗炳《画山

---

① [唐]张彦远：《历代名画记》，浙江人民美术出版社，2011年，第1、2页。

水序》、王微《叙画》、谢赫《古画品录》、姚最《续画品录》。而宗炳的《画山水序》是中国最早的一篇山水画论，顾恺之的《画云台山记》则是一幅山水画构图的设计稿，故陈传席认为是"最早的山水画文献"。而谢赫在《古画品录》序言中提出的"六法"流传甚远，影响很大。北朝画家则有蒋少游、杨子华、曹仲达等。北朝的佛教艺术颇为兴盛，数量远远多于南朝，与石窟比较南方木结构寺院容易保存不无关系。书论则主要为南朝人撰写，如卫夫人的《笔阵图》、王羲之《题卫夫人〈笔阵图〉后》《书论》《用笔赋》、羊欣《采古来能书人名》、王僧虔《论书》、陶弘景《与梁武帝论书启》、萧衍《观钟繇书法十二意》《草书状》等。卫夫人与王羲之的文章是否可靠难以定论，但为南朝人所写可以肯定。此两文为魏晋以来书法创作的经验总结，是重要的书论著述。

一、羊欣

东晋真正担得起书家之名的，羊欣是一位。羊欣（370 ~ 442），字敬元，泰山南城（今山东费县）人，官新安太守、中散大夫。康熙《徽州府志》载："义熙中，高祖用为右将军，刘藩司马后，出为新安太守，在郡四年，简惠著称。除临川王义庆辅国长史，庐陵王义真车骑咨议参军，并不就。文帝重之，复命守新安，前后凡十三年，称疾笃免归。"① "刘义庆《世说》云，桓大司马每请长康与羊欣论书画，竟夕忘疲"。② 羊欣善书，学有渊源。其曾祖羊忱，在晋朝曾任徐州刺史，"博学工书……诸羊后多知书"。祖父羊权，曾任黄门郎。父羊不疑，任乌程县令、桂阳太守。羊欣十五六岁时，书法已有己意，为其舅、时任吴兴太守的王献之知道，十分欣喜，便到乌程来见他，"入欣斋，欣衣白新绢裙昼眠，子敬因书其裙幅及带。欣觉，欢乐，遂宝之"。③ 梁武帝评羊欣书："羊欣书如婢作夫人，不堪位置，而举止羞涩，终不似真。"④ 唐张怀瓘《书断》中称其："师资大令，时亦众矣，非无云尘之远，若亲承妙旨，入于室者，唯独此公。亦犹颜回与夫子，有步骤之近。摵若严寒之林，婉似流风之雪，惊禽走兽，络绎飞驰，亦可谓王之荩臣。沈约云：敬元尤善于隶书，子敬之后可以独步。时人云'买王得羊，不失所望'。今大令书中风神怯者，往往是

① 康熙《徽州府志·卷之五·名宦》。
② [唐]张彦远：《历代名画记》，浙江人民美术出版社，2011年，第87页。
③ [南朝·宋]虞和：《论书表》，《历代书法论文选》，上海书画出版社，1979年，第55页。
④ [南朝·梁]萧衍：《古今书人优劣评》，《历代书法论文选》，上海书画出版社，1979年，第81页。

羊也。”[1]《淳化阁帖》有其《暮春帖》，又有《采古来能书人名》《续笔阵图》。宋代御府藏有其草书《笔精帖》一件。

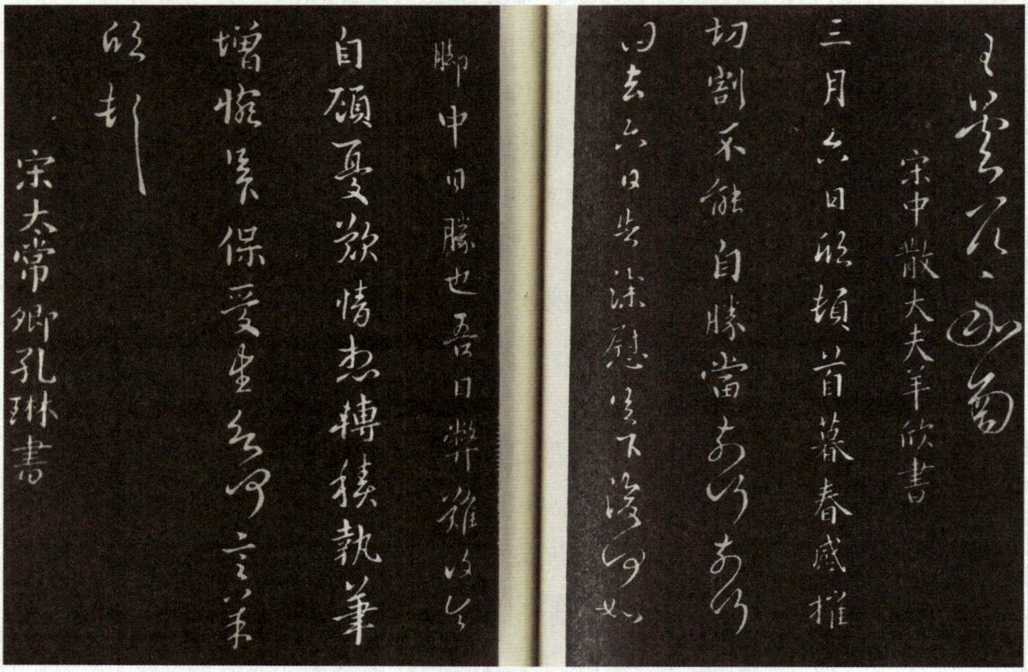

羊欣《暮春帖》

二、谢灵运

谢灵运 (385 ~ 433)，原名公义，字灵运，以字行于世，小名客儿，世称谢客。祖籍陈郡阳夏（今河南太康县），生于会稽始宁（今浙江绍兴上虞区）。东晋诗人、佛学家。晋安帝元兴二年 (403)，谢灵运继承了祖父的爵位，被封为康乐公。曾任行参军、记室参军、太尉参军等职。刘宋代晋后，降封康乐侯，历任永嘉太守、秘书监、临川内史。元嘉十年 (433)，被宋文帝刘义隆以“叛逆”罪杀害。谢灵运诗与颜延之齐名，并称“颜谢”，他还兼擅史学、书法、绘画，奉诏撰《晋书》，有《谢康乐集》。在山水诗产生与发展的过程中，杨方、李颙、庾阐、殷仲文、谢混等人都有一定的贡献。但谢灵运现存的近百首诗中，其中三分之一首诗可称为完整的山水诗。山水诗在东晋勃然而兴，谢灵运功不可没。

① [唐]张怀瓘：《书断》，《历代书法论文选》，上海书画出版社，1979年，第188页。

谢灵运山水诗善于“雕琢”，体现在对景物的细致描摹上。同时，又与自然结合得很好。钱钟书在《中国诗与中国画》一文中认为：“宋长白恰巧把谢灵运的诗比于北宋画，《柳亭诗话》卷二八：‘纪行诗前有康乐，后有宣城。譬之于画，康乐则堆金积粉，北宗一派也；宣城则平远闲旷，南宗之流也。’”写山水诗，离不开采风，为了登山，谢灵运发明了一种木屐，上山取掉前掌齿，下山取掉后掌齿，上山下山如履平地，人称“谢公屐”。永初三年(422)，谢灵运被外放任浙江永嘉（今温州）太守，他取道富春江、新安江，转道兰江，经金华入瓯江赴永嘉。这一路上山清水秀，谢灵运得以饱览风光，吟诗作赋，诗作有《富春渚》《初往新安至桐庐口》《七里濑》《夜发石关亭》等。《初往新安至桐庐口》云：“絺绤虽凄其，授衣尚未至。感节良已深，怀古亦云思。不有千里棹，孰申百代意。远协尚子心，遥得许生计。既及泠风善，又即秋水驶。江山共开旷，云日相照媚。景夕群物清，对玩咸可喜。”

山水诗的发展伊始，就这样与新安文化鬼使神差地联系到了一起。而谢灵运的诗，是描述新安山水最早的诗篇。“江山共开旷，云日相照媚”是名句，《七里濑》则是千古名篇。除了诗人、佛学家，谢灵运是一位颇有成就的书家，张怀瓘在《书估》中，将谢灵运与王珣等人书法列入第四等，评论：“才有得失，时见高深。绝长补短，智均力敌，可敌右军草书三分之一。以上二十九人第四等。”[①] 张怀瓘《书断·中》将谢灵运隶书（楷书）、草书列入“妙品”，评论其书：“模宪小王，真草俱美。石榅千年之色，松低百尺之柯。虽不逮师，歙风吐云，簸荡川岳，其亦庶几。虞和云：灵运，子敬之甥，故能书，特多王法。王僧虔云：子敬上表，多在中书杂事中，灵运窃写易其真本，相与不疑。”[②] 宋御府藏有其草书《古诗帖》一件。谢灵运亦能画，美术史论家、画家王伯敏在文章中说：“这个时期画家辈出。士大夫如嵇康、谢安、谢灵运等都能画。”[③] 而黄宾虹云：“自古通才，文章名世，不以画传，而深于画事者，代不乏人。若谢灵运之润州寺壁，杜牧之颍州库本……”[④]

三、沈约、任昉

南北朝时期，音韵学家周颙发现并创立以平上去入制韵的四声说，沈约

①《历代书法论文选》，上海书画出版社，1979年，第153页。

②《历代书法论文选》，上海书画出版社，1979年，第189页。

③ 王伯敏：《中国绘画通史》（上），生活·读书·新知三联书店，2018年，第124页。

④ 黄宾虹：《黄宾虹文集全编·书画编》（上），荣宝斋出版社，2019年，第10页。

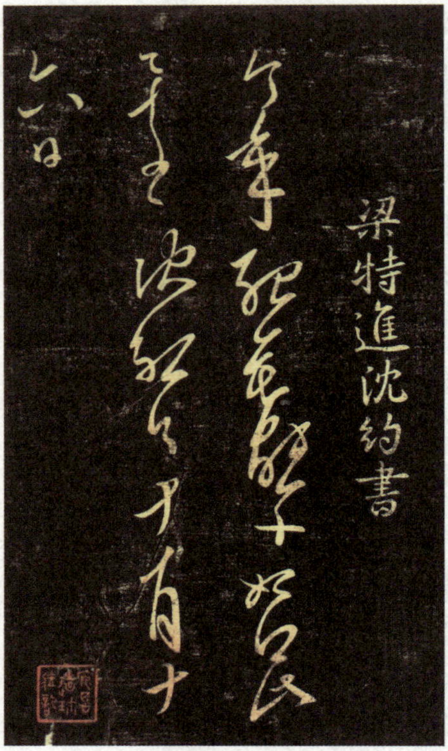

沈约《今年帖》

（441 ～ 513）等人根据四声和双声叠韵来研究诗的声、韵、调之间的配合，提出以讲究四声、避免八病、强调声韵格律为其主要特征，即永明体，又称新体诗，谢朓、沈约、王融、萧衍、萧琛、任昉等人都是永明体诗歌的作家。代表人物是谢朓、沈约和王融，沈约并《四声谱》。从齐永明至梁陈一百余年间，经过诗人不懈的探索、尝试，为唐代格律诗的产生和发展奠定了基础。沈约的《新安江水至清浅深见底贻京邑游好》着力描述了新安江水的清澈见底，游鳞可数，并急于和京都好友分享的喜悦之情。沈约何时来新安江已失载，他大约与谢灵运走的同一路线，因为他也写了钱塘江浦阳江口的定山《早发定山》诗。沈约的草书《今年帖》被刻入《淳化阁帖》《大观帖》等帖中。

如果说谢灵运、沈约是经过新安江，那么任昉的相关诗篇则是任新安（今浙江淳安）太守时所作。任昉(460 ～ 508)，字彦升，乐安郡博昌（今山东寿光）人。文学家、地理学家，藏书家。梁武帝天监六年（507)，任昉“为宁朔将军，新安太守。在郡不修边幅，曳杖徒行，民通词讼者，就路决焉。百姓年八十以上者，令户曹掾访其寒温。郡有蜜岭，多杨梅，旧为太守所采，昉以冒险多物，故即时停绝，为政清省。期年卒于官舍，惟有桃花米二十石，无以为殓。遗言不许以新安一物还都，杂木为棺，浣衣以殓。阖境痛惜，立祠于城南，岁时祀之。武帝闻问，悲不自胜，追赠太常，谥曰敬子。”[①] 弘治《徽州府志》记任公祠有二所，“一在府城之南。一在县北四十里，任公村任公寺法堂之右，宋僧行迪重建，吏部尚书罗汝楫记。二祠并久废。”[②] 民国十三年续修《任氏宗谱》记载，任昉生有四子。殁后，因任昉生前行

① 康熙三十八年《徽州府志·卷之五·名宦》。
② 弘治十五年《徽州府志·卷五·祠庙》。

春至歙北富资，爱山水清丽，累日不返，坐钓水边大石上，次子任坒遂奉母崔氏携二子留寓此地，占籍为民，以奉祠事。郡人感慕任公，称其溪为昉溪，溪畔磐石为“任公钓台”。有桥名“任公桥”，祠曰“任公祠”，任氏子孙居富资300余年。

任昉在新安曾写下《济浙江》《赠郭桐庐出溪口见候余既未至郭仍进村维舟欠之郭生方至》《严陵濑》和《泛长溪》《落日泛舟东溪》诗，读谢灵运、沈约和任昉的新安诗，似乎让我们眼前浮现出新安江蜿蜒曲折的亮丽倩影来。

四、王慈

王慈（451～491），字伯宝，山东临沂人。僧虔子，南朝齐书法家。《新安志》载：“（王慈）年八岁，外祖宋太宰江夏王义恭延之内斋，施宝物，恣听所取，慈取素琴石研，义恭善之。少与从弟俭共书学，历秘书丞、司徒、左西属、右长史，试守新安太守。永明中，终冠军将军，庐陵王中书长史。”[①]

时人曾问王慈“卿书何如？当及尊公？”王慈曰：“我之不得仰及，犹鸡之不及凤。”唐代窦泉在《述书赋》中论王慈、王志兄弟：“伯宝、次道（王志），并资义训。兄则杂而外兼，禀家君子已分；弟则纤薄无滞，过庭益俊。并能宽闲墨妙，逸速毫奋；比达士与君子，人不知而不愠”[②]王慈善隶，行书，传世书迹有《柏酒帖》《汝比帖》《尊体帖》，存《万岁通天帖》中。《万岁通天帖》，又称唐摹《王羲之一门书翰》《王氏宝章集》。武则天万岁通天二年(697)，凤阁侍郎石泉公王方庆，“即晋丞相导十世孙，有累代祖父书迹，宝传于家，凡二十八人，辑成一十一卷。后（武则天）墨制问方庆，方庆因而献焉。后不欲夺志，遂尽摹写留内，其本加宝饰锦缯，归还王氏。人到于今称之。左史崔融撰《王氏宝章集》叙文，具纪其事”。[③]《万岁通天帖》的名称始于宋代岳珂，唐摹《王羲之一门书翰》二十八人书原本久佚，因此岳珂著《宝真斋法书赞》卷七著录，称残存的七人十帖连尾款的一卷为《万岁通天帖》，现藏于辽宁省博物馆。王慈《万岁通天帖》三帖用笔纵横恣肆不羁，结体灵动，可以想见其下笔之迅捷恣肆。

---

①[宋]罗愿撰，萧建新、杨国宜校著：《新安志》，《〈新安志〉整理与研究》，黄山书社2008年，第289页。

②[唐]窦泉：《述书赋》，《历代书法论文选》，上海书画出版社，1979年，第249页。

③[唐]窦泉：《述书赋》，《历代书法论文选》，上海书画出版社，1979年，第254页。

第二章　新安书画发展的几个阶段

第一节　隋、唐、五代

一、绘画

隋、唐、五代是中国绘画的重要时期。尤其是唐代，不仅文化是群星璀璨，繁荣昌盛，即政治、经济、军事上也是封建时代的全盛期。隋代、五代国祚虽短，但起到了过渡的作用。隋帝在东京观文殿后起二台，东名妙楷台，藏古来之法书。西曰宝迹台，收自古名画。隋炀帝东下扬州，将之尽数随驾，中道船覆，大半沦弃。隋炀帝崩后，归宇文化及，后又为窦建德、王世充所取。唐高祖武德五年（622），"尅平僭逆，擒二伪主，两都秘藏之迹，维扬扈从之珍，归我国家焉。乃命司农少卿宋遵贵载之以船，溯河西上，将至京师。行经砥柱，忽遭漂没，所存十亡一二。……自古兵火亟焚，江波屡斗，年代寖远，失坠弥多。倘时君之不尚，则阙其搜访；非至人之赏玩，则未辨妍蚩"。[①] 隋代出现了被誉为"可为唐画之祖（元代汤垕语）"的展子虔这样一位重要画家，他善画山水楼阁、人物鞍马，现保存有《游春图》一卷，是目前最早的一幅卷轴山水画，在表现手法上，已摆脱了"人大于山，水不容泛"的弊病，有咫尺千里之趣，对唐代李思训青绿山水有很大的影响。同时期著名画家还有董伯仁、郑法士等。五代著名画家有周文矩、顾闳中、徐熙、黄荃、贯休、荆浩、关仝、董源等。宫廷画院的设置，始于五代，后蜀孟昶在明德二年（935）创"翰林图画院"，院中设待诏、祗候等职。南唐中主李璟效西蜀，在宫廷亦设"翰林图画院"，各地画家相继来投。

唐代绘画是人物、山水、花鸟、鞍马全面发展的时期。著名人物画家有阎立本、吴道子、张萱、周昉、孙位、尉迟乙僧等，山水画家有李思训、李昭道、王维、荆浩等，花鸟、鞍马画家有边鸾、滕昌佑、刁光胤、曹霸、韩干、韩滉等。王维不仅是画家，同时是一位著名诗人。玄宗开元九年（721）进士，官至尚书右丞。晚年在

---

① [唐]张彦远：《历代名画记》，浙江人民美术出版社，2011年，第6页。

陕西过隐居生活，是南宗禅的信奉者，时以“谈玄终日以为乐”。所画《辋川图》有“意出尘外”的构思。王维善于将画与诗结合起来，故苏轼说：“味摩诘之诗，诗中有画；观摩诘之画，画中有诗。”诗与画的有机结合，正是中国画的一大特色。大约因为这一点，再加之王维信奉禅宗，故董其昌将山水画家划分为南北两个派系。他在《画眼》中说：“文人之画，自王右丞始……禅家有南北二宗，唐时始分。画之南北二宗，亦唐时分也，但其人非南北耳。”[①] 这一理论，对后世绘画产生了重要影响。荆浩有《山水赋》《笔法记》，其中《笔法记》为山水画理论经典之作，提出气、韵、思、景、笔、墨的绘画“六要”，虽然略本谢赫“六法”，但开后人研求笔墨之渐。张彦远《历代名画记》是中国第一部绘画通史著述，余绍宋誉为“画史之祖”。全书可分画史与理论、鉴藏、画家传记三部分，全书收录画家 371 人。后来的许多有关早期画史著作多从此书征引。张怀瓘《画断》始断神、妙、能三品，朱景玄《唐朝名画录》在神、妙、能三品后加一逸品，分为四品。其他画论还有裴孝源的《贞观公私画史》、彦悰的《后画录》等。另外，唐代诗人的论画诗也保存了许多绘画信息，如李白的《当涂赵炎少府粉图山水歌》《观博平王志安少府山水粉画》、杜甫的《奉先刘少府新画山水障歌》《戏题王宰画山水图歌》、白居易的《画竹歌》等。

新安画派的源头可以追溯到唐代，[②] 黄宾虹在《黄山丹青志 · 黄山画派》中云：

> 黄山画家，萌芽于唐宋，称盛于元明。……考夫开先之人，必有一二清名硕望，以显达于时者，为之提倡，又其政治文学，夙为士庶所钦仰，则而效之。其人不尽故家世族，而游宦寓公，尤足以其文艺感召后进而有余。余于黄山画派，唐代得二人焉，轩冕山林，皆见学风所自始，曰薛少保稷，曰张高士志和。[③]

张彦远《历代名画记》载：“又有从来蓄聚之家，自号图书之府。开元中……歙州婺源县令藤升，吴郡人也……并是别识收藏之人。”[④]

---

① [明]董其昌：《画眼》，《美术丛书》，江苏古籍出版社，1997年，第129页。近现代研究者认为南北宗论是董其昌沿袭莫是龙《画说》理论而成，汪世清有《〈画说〉究为谁著》一文考据甚详。

② 民国《歙县志 · 杂记 · 拾遗》。

③ 黄宾虹：《黄宾虹文集 · 书画编》（下），上海书画出版社，1999年，第223、224页。

④ [唐]张彦远：《历代名画记》，浙江人民美术出版社，2011年，第34页。

(一)薛稷

黄宾虹论黄山画学之开先，唐代得二人，“一曰薛稷，传富贵堂皇之派”。① 民国《歙县志》载：“唐薛稷游新安，书‘永安寺’额，并画佛寺壁，见唐《书断》。”② 黄宾虹《黄山丹青志 · 唐画萌芽》云：“歙罗鄂州称邑人时有画者，盖薛公之余风，此传富贵堂皇之派者也。”③

薛稷(649 ~ 713)，字嗣通，河东汾阴(今山西万荣县)人。唐朝大臣、词学名家、书画家。武则天朝举进士，曾官礼部郎中、中书舍人、谏议大夫、昭文馆学士、银青光禄大夫、太子少保，封晋国公。宋罗愿《新安志》载：“(薛稷)蒲州汾阴人。唐文学馆学士收之从孙。少擢进士入官，后坐法左迁，稍转黟令。今有薛公祠，广德二年所立，其文可辨者‘赀赋平而邑里有革，苦窳息而山谷知谨’云”④ “薛公祠在黟县衙东庑，祀唐县令薛稷。广德三年建，宋端平初，移建于县门内。”⑤ 广德为唐代宗李豫的年号，康熙《徽州府志》在具体建祠年份上与罗愿《新安志》未能统一。唐玄宗即位后，太平公主与窦怀贞等人密谋政变，薛稷因知情不报，被赐死狱中。

唐太宗喜好书画，于人间广为购求。天后朝，张易之奏召天下画工修内库图画。工人锐意摹写，仍旧装背，与真者无异，而真者多归张易之。易之诛后，为薛稷所得。薛殁后，又为唐玄宗弟岐王范所得。薛稷善绘画，长于人物、佛像、树石、花鸟，尤精于画鹤。秘书省之东秘书厅有薛稷画鹤，贺知章题诗。唐代诗人李白曾到黟县谒薛稷，流连竟日，又为薛稷画鹤题诗作赞。杜甫《通泉县署屋壁后薛少保画鹤》诗：“薛公十一鹤，皆写青田真。画色久欲尽，苍然犹出尘。低昂各有意，磊落如长人。佳此志气远，岂惟粉墨新。万里不以力，群游森会神。威迟白凤态，非是仓庚邻。高堂未倾覆，常得慰嘉宾。曝露墙壁外，终嗟风雨频。赤霄有真骨，耻饮洿池津。冥冥任所往，脱略谁能驯。”杜甫还作有《观薛稷少保书画壁》诗。宋代书画家米芾《题薛稷二鹤》诗有句云：“从容雅步在庭除，浩荡闲心存万里。”又说：“余平生嗜此老(指薛稷)矣，此外无足为者。”清张志钤《画家品类举要 · 画鹤论》载：

---

① 黄宾虹：《黄宾虹文集全编 · 书画编》(上)，荣宝斋出版社，2019年，第316页。

② 民国《歙县志 · 杂记 · 拾遗》。

③ 黄宾虹：《黄宾虹文集 · 书画编》(下)，上海书画出版社，1999年，第224页。

④ [宋]罗愿撰，萧建新、杨国宜校著：《新安志》，《〈新安志〉整理与研究》，黄山书社，2008年，第171页。

⑤ 康熙三十八年《徽州府志 · 卷之八 · 祀典》。

“唐薛稷少保，画鹤知名，时号一绝……尚书省考工员外郎厅有稷画鹤，宋之问为赞焉。蒯廉性野，尝爱画鹤，后师于薛稷，深得其妙。”[①] 张彦远《历代名画记》说：“(薛稷)尤善花鸟人物杂画，画鹤知名，屏风六扇鹤样，自稷始也。”[②] 此评价甚高，因画家的独特创造，而被尊称为“样”者不多，如张僧繇的“张家样”，曹仲达的“曹家样”，吴道子的“吴家样”等。

嘉庆《黟县志》收薛稷《早春渔亭山》诗：“春气动百草，纷荣时断续。白云自高妙，徘徊空山曲。阳林花已红，寒涧苔未绿。伊余息人事，萧寂无营欲。客行虽云远，玩之聊自足。”渔亭原名鱼亭，山名，属黟县。“《太平寰宇记》载：‘鱼亭山在县南二十五里，每岁西江渔船至祁门县，舍舟登陆上此山，东水次淹留待船，故云鱼亭焉。’”[③] 渔亭山在渔亭镇西，宋代设渔亭里，民国改为渔亭乡。中华人民共和国成立后渔亭为二区。1983 年改渔亭公社为渔亭乡，1984 年改名渔亭镇至今。渔亭为新安江水运最西的码头，自古有“七省通衢”之美誉。

(二)张志和

黄宾虹认为开黄山画学之先，唐代得二人，薛稷外，“二曰张志和，传林泉野逸之派”。[④] 而在董其昌的眼里，“昔人以逸品置神品之上，历代唯张志和、卢鸿可无愧色。”[⑤]

张志和(732 ~ 810，一说 774)，本名龟龄，诏改之。字子同，号玄真子。婺州金华（今属浙江）人。宋人方勺在《泊宅编》中云：“乌程之东数十里，有泊宅村，予买田村下。因阅金石遗文，昔颜鲁公守湖州，张志和浮家泛宅，往来苕、霅间，此乃志和泊舟之所也。《续仙传》云：‘志和，越人。’而《唐史》以为婺人。”[⑥] 弘治十五年《徽州府志》载张志和：“本金华人，宦游寓居祁门县西北一都，以策干肃宗，授官迁至左金吾卫大将军。遂泛居江湖，号烟波钓叟，不知所终。妻李氏殁葬寓居之旁，子孙因家焉，人遂名其地曰张村。”[⑦] 有关书籍记载张志和曾居祁门，如黄宾

---

① [清]张志钤：《画家品类举要》，上海人民美术出版社，1980年，第18页。

② [唐]张彦远：《历代名画记》，浙江人民美术出版社，2011年，第148页。

③《黟县志》，黄山书社出版社，2012年，第74页。

④ 黄宾虹：《黄宾虹文集全编 · 书画编》(上)，荣宝斋出版社，2019年，第316页。

⑤ [明]董其昌：《画禅室随笔》，《艺林名著丛刊》，中国书店，1983年，第44页。

⑥ [宋]方勺：《泊宅编 · 卷第二》，中华书局，1983年，第10页。

⑦ 弘治十五年《徽州府志 · 卷十 · 人物四 · 寓贤》。

《十六罗汉图》(局部)
日本高台寺藏

虹云："后寓居在祁门县一都以终。"[①] 张志和 16 岁举明经，曾向唐肃宗上书献策，受到赏识，赐名志和．在待诏翰林、左金吾卫、录事参军，后贬南浦尉。丁忧，葬母于祁门，结庐墓侧，恪尽孝道。肃宗赐奴、婢各一，配为夫妇，号渔童、樵青，游黄山、绩溪等地，浮家泛宅，往来苕霅间，自号烟波钓徒，写下"西塞山前白鹭飞，桃花流水鳜鱼肥"千古名句。

张志和精于诗词，通书画、音乐。书迹狂逸，与颜真卿友善。今存其《渔夫》词五首，为词中名作，另有《玄真子》《大易》等。张志和画迹不传，史载他"每于酒酣，或击鼓吹笛，舐笔辄成画"，[②] 擅画山水、人物、烟波、风月、鸟兽等，"此传山林野逸之画派者也"。[③]《历代名画记》谓其"自为渔歌便画之，甚有逸思"。[④]

(三)贯休

贯休(832 ~ 912),俗姓姜,字德隐,唐末画僧、诗僧。婺州兰溪(今浙江兰溪)人。7 岁出家和安寺，日诵书每过千字，不复遗忘。唐天复间入蜀，被前蜀主王建封为"禅月大师"，赐以紫衣。工诗歌，多警句，脍炙人口，尝有诗句"一瓶一钵垂垂老，万水千山得得来"。时称"得得和尚"，有《禅月集》。贯休擅绘罗汉，状貌丰颐蹙额，深目大鼻，古野夸张，笔法劲健，所谓"梵相"，存世《十六罗汉图》为其代表作。诗、画外,贯休亦善书法,"作字尤奇崛,至草书益胜,崭峻之状,可以想见其人。喜书《千文》，世多传其本，虽不可以比迹智永，要自不凡。"[⑤] 其《观怀素草书歌》以夸张的艺术手法描述了怀素写字时的癫狂状态，可谓出神入化，从中也可窥出贯休对狂草的理解和喜爱，名不虚传。宋代御府中，尚藏有其草书《千字文》6 件、《常侍帖》一件，行书《梦游仙诗》一件。

① 黄宾虹：《黄宾虹文集·书画编》(下)，上海书画出版社，1999年，第224页。
② 黄宾虹：《黄宾虹文集·书画编》(下)，上海书画出版社，1999年，第224页。
③ 黄宾虹：《黄宾虹文集·书画编》(下)，上海书画出版社，1999年，第224页。
④ [唐]张彦远《历代名画记》，浙江人民美术出版社，2011年，第165页。
⑤ [宋]《宣和书谱》，浙江人民美术出版社，2012年，第176、177页。

黄宾虹《黄山丹青志·仙释画迹》载："歙邑南有太平兴国寺在练江上，唐至德二年建，号兴唐寺，今名水西寺，又名十寺。中曰罗汉寺者，唐末寺僧清澜与婺州僧贯休，为画十六梵僧像，宋取入禁中。后感梦歙僧十五六辈求还，遂复以赐，汪内相诗所谓'只因梦乞归岩寺，要使邦人习气移'者也。画轴自宋讫明，学者多所模仿。至丁云鹏、吴廷羽辈起，均以佛像画显名当代，启后承先，渊源诚有自焉。"① 清代歙县江绍莲《梅宾诗抄》载贯休为院僧画应真条款，呈朱学使诗云："瓦官壁上久寂寥，此图历劫无沦替。剡藤枯涩已千年，依然神采饶生致。"② 又，清初吴其贞在其族兄元振处，观四川僧人宝觉藏贯休《长眉长者图》，此图"气色尚佳。相貌慈善，笔法沉着古雅，绝无世俗气，为无上神品画也"。③

(四)舒雅与《韩熙载夜宴图》

韩熙载(902～970)，字叔言，祖籍南阳（今属河南），潍州北海（今山东潍坊）人。后唐同光四年(926)进士，后南奔归吴，为校书郎，出为滁、和、常三州从事。南唐时，为户部侍郎。后主李煜时，任兵部尚书，充勤政殿学士承旨。后托疾不朝，官终中书侍郎、光政殿学士承旨。韩熙载高才博学，又精音律，善书画，与徐铉并称"韩徐"。有《韩熙载集》。

韩熙载词学博赡，识见过人，后主李煜嗣位，想重用韩熙载，而韩熙载感到世事日非，欲求自保，曾对友人说："中原常虎视于此，一旦真主出，江南弃甲不暇，吾不能为千古笑端。"乃故意放纵酒色，妓乐女仆达百数以上，每宴宾客，先令女仆与客相见，或讽戏或殴击，或加以争夺靴笏，无不曲尽，然后韩熙载才缓步而出，与客尽欢。李煜"颇闻其荒纵，然欲见樽俎灯烛间觥筹交错之态度不可得，乃命闳中夜至其第，窃窥之，目识心记，图绘以上之"。《宣和画谱》顾闳中所画《韩熙载夜宴图》，即当时所睹之情景。《韩熙载夜宴图》为素绢本，高28.7厘米，长达335.5厘米，前后分五段，情景各不相同，但韩熙载无论正侧形象，容貌都一致，可见画家的写实水平。关于画中人物，有题跋云："常与太常博士陈致雍、门生舒雅、紫薇郎朱铣、状元郎粲、教坊副使李家明会饮。李之妹按胡琴，公为击鼓，女伎王屋山舞六么。"那么，画中人物哪一位是舒雅呢？启功认第二段中"一个青年拿着

① 黄宾虹：《黄宾虹文集·书画编》(下)，上海书画出版社，1999年，第224、225页。
② 黄宾虹：《黄宾虹文集·书画编》(下)，上海书画出版社，1999年，第225页。
③ [清]吴其贞：《书画记》，人民美术出版社，2006年，第26页。

顾闳中《韩熙载夜宴图》(局部) 故宫博物院藏

板来打，那或者便是韩熙载的门生舒雅吧！因为舒雅是他表演唱歌乞食时的助演人，那么老师自己打鼓时，还能不来伴奏吗？”[①]

舒雅（约939～1009），字子正，为歙县舒塘（今属徽州区西溪南人）人，幼好学，才辨敏捷。南唐时，以贡入金陵，舒雅以文贽与吏部侍郎韩熙载一见如故，为忘年交，韩熙载门下数十人，推舒雅为首。南唐保大八年（950），会韩熙载知贡举，舒雅状元登第，“然内外亦无异辞”。歙县“县西曰中鹄乡，旧名游山，南唐以舒雅进士第一改名。”[②] 宋时，舒雅历将作监丞。太宗于禁中造阁，取四库书数万卷藏之，时秘书监李至因荐舒雅、杜镐等人充校理。自太平兴国中预编纂《文苑英华》，淳化中校《史记》《前后汉书》。至道中修续《通典》，校定《周礼》《礼记》《公羊谷梁传疏》及别纂《孝经论语正义》，咸平中校《七经疏义》。编次馆阁图书，见南朝张僧繇《山海经图》残本尚存，遂重绘为10卷247图。累迁职方员外郎。咸平末，出守舒州，秩满致仕，就掌灵仙观，复直昭文馆卒，年70余。著有《史纂》，合著《西昆酬唱集》。弟雄官至尚书郎。

二、书法

如同绘画，隋代书法也存在过渡期，如隋代“结六朝之局而下开唐宋，于书学史上为关键。隋书内承北朝朴直之绪，外收南朝绮丽之光，刚柔相济，遂成疏朗峻整之体”。[③] 隋代书家首推智永，书法承接右军，书《真草千字文》800本分赠寺院，影响极大。此时著名书法碑刻有《龙藏寺碑》《苏孝慈墓志》《董美人墓志》等，这

① 启功：《谈〈韩熙载夜宴图〉》，《坚净居忆往》，江苏凤凰文艺出版社，2017年，第151页。

② 民国《歙县志·舆地志·都图》。

③ 丁文隽：《书法精论》，中国书店，1983年，第49页。

些书法尚保存有六朝书法的质朴、峻整的风格，开始向规范、工整的方向发展，为唐代“尚法”的书风打下了基础。隋代书学与书博士被正式列入学官。有意思的是，中国通过科举考试选拔官员制度正是始于隋代。隋之国子寺：

> “统国子、太学、四门、书（学）、算学，各置博士。”隋制，有书学博士二人，书学助教二人，书学学生四十人。书学博士与算学博士，从九品……隋与以前最大不同就是，把书学与国子、太学、算学等并列，隶国子寺，书博士以书学为业，在国子寺专门从事书法教育。……至宋，国子监不再设书学。……大概自唐以后，书法教育早已渗透进一般教育中去，并且已经受到普遍的重视。①

明人谢肇淛《五杂组》云：“朱新仲《猗觉寮杂记》云：《唐·百官志》有书学一途，其铨人亦以身言书判，故唐人无不善书者。”②

欧阳询、虞世南、褚遂良皆生于隋而显于唐，与薛稷一道被誉为“初唐四大家”。四家书法皆学二王，可谓渊源有自，而唐太宗李世民酷爱王右军，广为收集，心慕手追，甚至不惜将《兰亭序》殉葬。李邕亦师法二王，自成面目。唐代楷书成就卓著，除初唐四家，最著名的当数颜真卿和柳公权，创造出被誉为“颜筋柳骨”的书法。其他擅楷书的还有张旭、徐浩、沈传师等。颜真卿的《祭侄稿》被誉为“天下行书第二”。草书则有张旭、怀素、高闲、贺知章。自谓“斯翁之后。直至小生”的李阳冰，篆书成就显著，后学者众。五代杨凝式被视为承唐启宋的人物，“宋四家”曾受其影响。《韭花帖》得王书笔意，《卢鸿草堂十志图跋》出于颜真卿，“宋人尚意”或可从《神仙起居法》窥得一二。

唐代，淳安进士、文学家皇甫湜《自书诗》刻于湖南浯溪碑林，睦州龙兴寺有《龙兴寺碑》，唐开元三年（715），康希铣撰记，徐峤之书丹。又，《宋高僧传》载：“《龙兴寺碑》，唐大历十二年，新安太守萧定撰，司马刘长卿书，刺史李揆篆额。”李揆为唐开元间进士，曾任过歙州刺史，工书。《乌龙山有道先生许公碑》，唐贞元十一年（795），江夏李师尚撰记。洪铜山摩崖石刻，有唐天宝八年至元和四年（749 ~ 809）

① 刘光裕：《书博士考》，《书法》2000年第6期，第47页。

② [明]谢肇淛：《五杂组》，上海古籍出版社，2012年，第115页。

皇甫湜《自书诗》

阴刻一通。唐大历十二年(777),康仲熊撰记并书《陪遂安封明府游灵岩瀑布记》。在桐君山摩崖石刻中,存有《唐大历八年题刻》,一为篆书、一为行书,为时任桐庐县令独孤勉和同僚、友人两次登桐君山而留下的题记。其中崔浚所书小篆,书法规整,婀娜多姿,具有较高的水准,惜崔浚其人无考。其他唐碑见于记载的还有《睦州录事参军厅壁记》《马目山新庙记》《移城隍庙记》《朱买臣祠记》等。

隋唐时期,书论有释智果《心成颂》、欧阳询《八诀》、虞世南《笔髓论》、李世民《论书》《指意》、孙过庭《书谱》、李嗣真《书后品》、张怀瓘《书议》《书估》《书断》等,窦臮、窦蒙《述书赋并注》、张彦远《法书要录》、颜真卿《述张长史笔法十二意》等。《书谱》为著名书论,墨迹至今犹存,学者对《书谱》是序还是正文意见不一。张怀瓘《书断》对古今书体及书家记述颇详,评论公允,为书论名篇。《法书要录》为书法论著总集,辑录东汉至唐元和间书法论著 39 种,其中有的只存其目,实 34 篇。此书采集资料丰富,多篇遗文佚篇赖以保存流传。唐人重法,故书论多偏重于技巧。

唐代大约为刻帖之始,解无畏勒石、褚遂良校订的《馆本十七帖》或为刻帖起源。另有意见认为刻帖起源于南唐,有《保大帖》《升元帖》。

(一)薛稷

薛稷外祖魏徵为初唐名臣,富收藏,虞世南、褚遂良墨迹颇多,薛稷得以学习、观摩,终有所成。窦臮《述书赋》中曾说:“(陆)柬之效虞,疏薄不逮。(薛)少保师褚,菁华却倍。”[①] 因薛稷书法深得褚遂良的书法神韵,故当时有“买褚得薛,不失其节”的评说。薛稷隶书、行书被张怀瓘《书断》列入能品,并评论:“书学褚公,

① [唐]窦臮:《叙书赋》,《历代书法论文选》,上海书画出版社,1979年,第255页。

尤尚绮丽媚好，肤肉得师之半，可谓河南公之高足，甚为时所珍尚。……隶、行入能，魏草书亦其亚也。”[①]薛稷曾为“普慧寺”题额，径三尺，笔画雄健，杜甫有诗赞：“仰看垂露姿，不崩亦不骞。郁郁三大字，蛟龙岌相缠。”薛稷书法笔画瘦劲，结体遒丽，作品有《信行禅师碑》等，对后来宋徽宗赵佶的“瘦金书”有所启发。

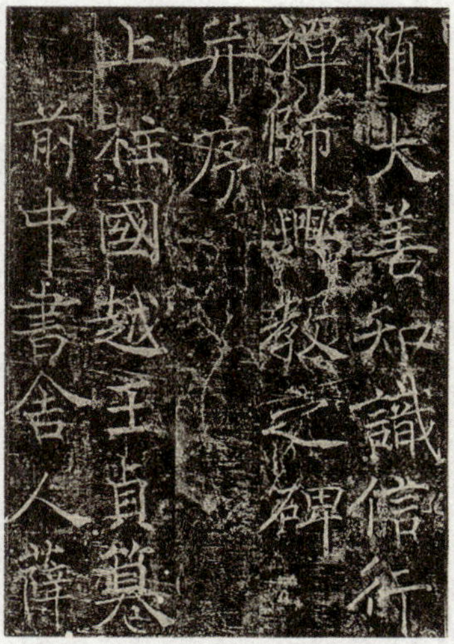

薛稷《信行禅师碑》

(二)张旭

张旭(约675～约750)，字伯高，一字季明。吴县(今江苏苏州)人。曾任常熟尉、右率府长史，人称“张长史”。

张旭是诗人，诗风别具一格，与贺知章、张若虚、包融为“吴中四士”，尤以草书著名。文宗时，他的书法与李白诗歌，裴旻剑舞称为“三绝”。其性好酒，醉后号呼狂走，索笔挥洒，时称“张颠”，与李白、贺知章、李适之、汝阳王李琎、崔宗之等为“酒中八仙人”，杜甫作有《饮中八仙歌》。开元间，张旭曾游睦州，泛舟新安江，其《清溪泛舟》诗云：“旅人倚征棹，薄暮起劳歌。笑揽清溪月，清辉不厌多。”传世书法作品有《古诗四帖》《肚痛帖》《郎官石柱记》等。

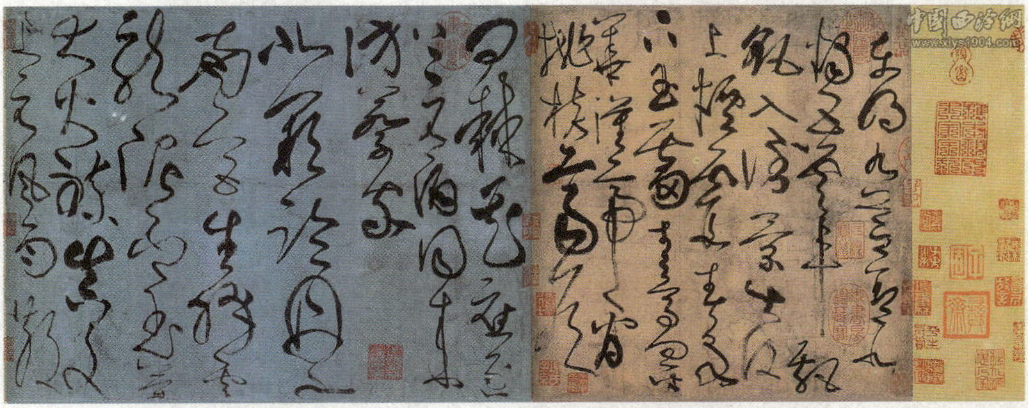

张旭《古诗四帖》辽宁省博物馆藏

① [唐]张怀瓘：《书断》，《历代书法论文选》，上海书画出版社，1979年，第203页。

(三)李白

李白（701—762），字太白，号青莲居士，祖籍陇西成纪，隋末其先人流寓碎叶，李白出生于此。幼时随父迁居绵州昌隆青莲乡。25岁离蜀，到各地云游。天宝初供奉翰林，不久，对御用文人生活日渐厌倦，玄宗呼之不朝。尝奉诏醉中起草诏书，令高力士脱靴，宫中人谗谤于玄宗，玄宗疏之，遂离开长安。安史之乱，曾为永王李璘幕。永王不久败北，李白被流放夜郎，中途遇赦东还。上元二年(761)，晚年的李白因病返回镇江，生活窘迫，投奔在当涂做县令的族叔李阳冰。次年与世长辞。关于李白之死，众说纷纭，大致有三种说法，一为醉死，二为病死，三为溺死。前两种见正史，或学者考证。第三种则见诸民间传说，富有浪漫色彩。李白是唐代浪漫主义诗人，被誉为“诗仙”，与杜甫并称为“李杜”。其诗风豪放雄奇，想象力丰富，语言清新明快，飘逸潇洒，享有崇高的历史地位，所作词赋，称作“李白词”，有《李太白集》传世。

李白通剑术，善书法，有《上阳台帖》草书传世，纸本，纵28.5厘米，横38.1厘米。草书5行，共25字。有宋徽宗赵佶瘦金书“唐李太白上阳台”题签，故宫博物院藏。书四言句：“山高水长，物象千万。非有老笔，清壮可穷。十八日，上阳台书，太白。”书法跌宕起伏、纵收自如，苍劲老辣，意态万千，别有奇趣。宋

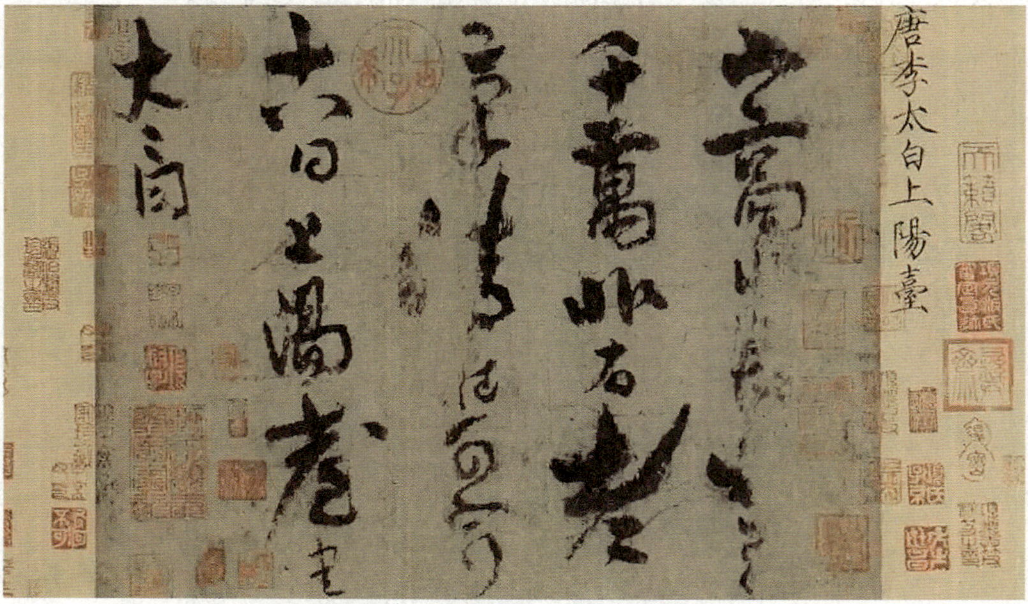

李白《上阳台帖》故宫博物院藏

人何薳藏有李白“醉草”，其《春渚纪闻》“赵德麟跋太白帖”云：“‘虽自九天分派，不与万李同林。步处雷惊电绕，空余翰墨窥寻。’此赵德麟跋薳所藏李太白‘醉草’后，其实自谓也。”[①]《上阳台帖》流传有绪，民国间被张伯驹所得，后捐赠国家。宋黄庭坚《题李白诗草后》曰：“余评李白诗，如黄帝张乐于洞庭之野，无首无尾，不主故常，非墨工椠人所可拟议。吾友黄介读《李杜优劣论》曰：‘论文政不当如此。’余以为知言。及观其稿，书大类其诗，弥使人远想慨然。白在开元、至德间，不以能书传，今其行草殊不减古人，盖所谓不烦绳削而自合者欤？”[②]

李白曾有《见京兆韦参军量移东阳二首》，其一云：“闻说金华渡，东连五百滩。他年一携手，摇艇入新安。”李白在诗中表达了游新安江的愿望。而民国《歙县志·艺文志·诗赋》将此诗改名《新安江》，并将诗句删减为“闻说金华渡，东连五百滩。全胜若耶好，莫道此行难。猿啸千溪合，松风五月寒。他年一携手，摇艇入新安。”李白《清溪行》诗云：“清溪清我心，水色异诸水。借问新安江，见底何如此？人行明镜中，鸟度屏风里。向晚猩猩啼，空悲远游子。”一般认为此诗与新安江有关，但读后觉得未必。清溪在池州，而“借问新安江，见底何如此”句，是疑问新安江水的清澈不如清溪，难以说明李白曾游过新安江。有关记载说李白曾到新安，唐天宝十三年（754），李白游黄山，并有《送温处士归黄山白鹅峰旧居》《夜宿黄山闻殷十四吴吟》《赠黄山胡公晖求白鹇》诸诗，民国《歙县志》收录有李白《送温处士归黄山白鹅峰旧居》《至陵阳登天柱酬韩侍御见招隐黄山赋此诗答》（即《至陵阳山登天柱石酬韩侍御见招隐黄山》）《黄山闻吴吟》（即《夜宿黄山闻殷十四吴吟》），其中《夜宿黄山闻殷十四吴吟》诗云：“昨夜谁为吴会吟，风生万壑振空林。龙惊不敢水中卧，猿啸时闻岩下音。我宿黄山碧溪月，听之却罢松间琴。朝来果是沧州逸，酤酒醍盘饭霜栗。半酣更发江海声，客愁顿向杯中失。”但有关史料认为此黄山为当涂县的黄山，海拔 54 米，山如初月形，又名浮丘山。李白与当涂渊源，与其族叔李阳冰任当涂县令有关。《送温处士归黄山白鹅峰旧居》之黄山被认为是新安黄山，但是送温处士归黄山，与李白是否曾到黄山没有必然关系。

李白与新安之传说尚有不少，如李白曾到黟县谒薛稷，黄宾虹致许承尧信札云：

---

① [宋]何薳：《春渚纪闻》，中华书局，1983年，第103页。

② [宋]黄庭坚：《山谷题跋》，浙江人民美术出版社，2016年，第23页。

“歙中文艺，萌芽唐代，李白谒黟令，薛稷游兴唐寺。”民国《黄山指南》和安徽通志馆《黄山金石表》记载，温泉至汤岭关途中，鸣弦泉岩壁上的“鸣弦泉”及“洗杯泉”石刻，均为李白书。唐天宝三年（744），李白初到新安，为访歙县许宣平而来。李白在练江浅滩有诗云：“天台国清寺，天下称四绝。我来兴唐游，与中更无别。卉木划断云，高峰顶参雪。槛外一条溪，几回流碎月。”现太平桥头有太白楼，桥下有碎月滩。太平兴国寺始建于唐，原名兴唐寺，亦称水西寺，因寺院在练水之西而得名。更为重要的是南宋魏庆之（醇甫）所著《诗人玉屑》21卷，卷之十四云：“新安水西寺，寺倚山背，下瞰长溪，太白题诗断句云：‘槛外一条溪，几回流碎月。’今集中无之。”南宋距唐尚近，彼时已明确记有“新安水西寺”，看来李白曾到新安，是有根据的。

(四)白居易

白居易（772～846)，字乐天，号醉吟先生、香山居士。祖籍太原，生于河南新郑。贞元十六年(800)进士，授秘书省校书郎、翰林学士、秘书监，刑部侍郎，刑部尚书、太子少傅等。唐代现实主义诗人。他与元稹共同倡导新乐府运动，世称“元白”，与刘禹锡并称“刘白”。代表诗作有《长恨歌》《卖炭翁》《琵琶行》等，有《白氏长庆集》。约在贞元四年（788），白居易父白季庚任检校大理少卿，兼衢州别驾时，白居易有睦州、桐庐客次，并结识崔存度，有《宿桐庐馆同崔存度醉后作》，诗云：“江海漂漂共旅游，一樽相劝散穷愁。 夜深醒后愁还在，雨滴梧桐山馆秋。”

白居易不以书法名世，但有署白居易款墨迹数种及著录记载，其中《楞严经册》传为其所书。苏轼在《天竺寺（并引)》云：“予年十二，先君自虔州归，为予言：‘近城山中天竺寺，有乐天亲书诗云：一山门作两山门，两寺原从一寺分。东涧水流西涧水，南山云起北山云。前台花发后台见，上界钟声下界闻。遥想吾师行道处，天香桂子落纷纷。笔势奇逸，墨迹如新。’今四十七年矣。予来访之，则诗已亡，有刻石存耳，感涕不已，而作是诗。”宋徽宗制《宣和书谱》评曰：“观其书《丰年》《洛下》两帖与夫杂诗，笔势翩翩，大抵唐人作字无有不工者，如白居易以文章名世，至于字画不失书家法度。作行书妙处，与时名流相后先。盖胸中渊著，流出笔下，便过人数等。观之者亦想见其风概。”[①] 白居易有《画竹歌（并引)》：“协律郎萧悦善画竹，

①《宣和书谱》，浙江人民美术出版社，2012年，第90页。

举世无伦。萧亦甚自秘重。有终岁求其一竿一枝而不得者。知予天与好事，忽写一十五竿，惠然见投。予厚其意，高其艺，无从答贶，作歌以报之，凡一百八十六字云。”诗中不仅赞扬了萧悦的高超技艺，也发表了自己对于画竹的见解，可解读为白居易的画论诗。

(五)裴休

裴休 (791 ~ 864)，字公美。河内济源（今河南济源）人，祖籍河东闻喜（今山西运城闻喜）。唐朝中晚期名相、书法家，浙东观察使裴肃次子。唐穆宗时登进士第，历任监察御史、礼部尚书、同中书门下平章事、中书侍郎，金紫光禄大夫、上柱国、御史大夫、户部尚书，累官至吏部尚书、太子少师，咸通五年 (864) 去世，追赠太尉。裴休曾在大中初为歙州刺史，二年（848）移镇宣州。

裴休操守严正，著述佛教经典序文颇多，被唐宣宗誉为“真儒者”。《全唐文》录有其文 9 篇《全唐诗》录其诗两首。文章外，尤工书法。擅正书，遒媚有法，源出欧阳通、柳公权，寺刹多请其题额。存世书迹有大中九年（855）十月立《定慧禅师碑》，全称《唐故圭峰定慧禅师传法碑》，裴休撰文并书，柳公权篆额，现存陕西省户县东南草堂寺。从此碑风格看，确实有近欧阳询、柳公权处，风格严谨、劲健。清人叶昌炽《语石》记：“赵德甫录裴休两碑，《韦翃志》已佚，《圭峰和尚碑》尚存。其书遒紧而无蕴藉，学之易滋流弊。细参之，其运笔之操纵，结体之疏密，与诚悬昕合无间。《大达法师》，裴撰文而柳书之，此碑则柳题额而裴书之，两碑微言奥义，非精于梵乘者不能作，其文固宜出于一手，窃讶裴之书又何以神似柳？既而豁然悟曰：此碑亦裴撰而柳书，特书丹时并题裴款耳。此言虽创，自谓不为古人所欺。”[①]此固一家之言，录以存照。

(六)杜牧

杜牧 (803 ~ 852)，字牧之，号樊川居士，京兆万年（今陕西西安）人。唐代诗人、散文家、书法家。唐文宗大和二年（828）进士，授弘文馆校书郎，后赴江西观察使幕等，又任国史馆修撰，膳部、比部、司勋员外郎，黄州、池州、睦州刺史等职。会昌六年（846），杜牧由池州刺史调任睦州刺史，任职近两年。有《樊川文集》。

杜牧工行草书，气格雄健，存世有《张好好诗》卷真迹。大和二年杜牧进士及第后，

---

① [清]叶昌炽：《语石》，辽宁教育出版社，1998年，第203页。

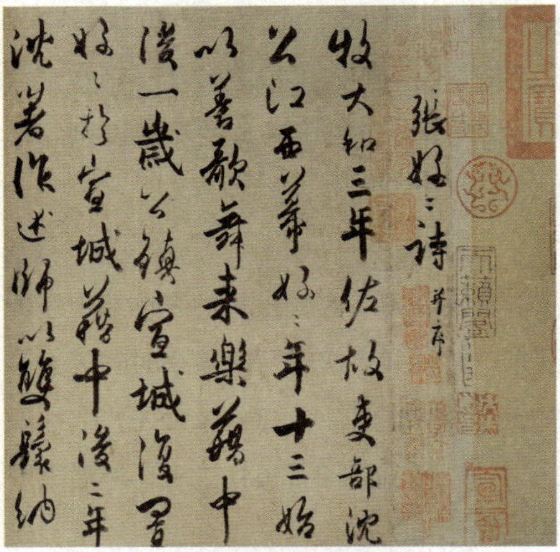
杜牧《张好好诗》故宫博物院藏

奔赴江西洪州，开始其幕府生涯。其时沈传师为观察使，辟召杜牧为江西团练巡官。杜牧经常出入沈宅，对沈家一位歌女张好好有了好感，但沈传师弟将其纳为小妾，使杜牧不胜忧伤。大和八年(834)，杜牧在洛阳与张好好不期而遇，此时的张好好已沦落他乡，以当垆卖酒为生。杜牧感慨之余，写下《张好好诗》。此文不仅文笔清秀，书法亦很飘逸，是为合作。《宣和书谱》评论杜牧：“作行草，气格雄健，与其文章相表里。大抵书法至唐，自欧、虞、柳、薛振起衰陋，故一时词人墨客，落笔便有佳处，况如杜牧等辈耶？”[①] 此作有宋徽宗、贾似道、年羹尧、乾隆等鉴赏印。后此卷被清逊帝溥仪携出宫外，流散民间，为民国四公子之一张伯驹所得。1956年，张伯驹将其捐赠，现藏于故宫博物院。张伯驹在《杜牧之赠张好好诗卷》中记：“唐书家书存世者亦不多见，而诗人书尤少。余所见惟太白《上阳台帖》、李郢《七言诗稿》卷与此卷而已……牧之诗风华蕴藉，赠好好一章与乐天《琵琶行》并为伤感迟暮之作，而特婉丽含蓄……此卷不惟诗可贵，而书法亦为右军正宗。经董玄宰暨梁清标刻帖。”[②]

(七)陆希声

陆希声(？～895)，字鸿磬，号君阳遁叟，苏州吴县（今江苏省苏州市）人。唐朝宰相，父为诗人陆翱。罗愿《新安志》载：“陆希声，苏州吴人。乾符初，召为右拾遗。时惏腐秉权，岁数歉，梁宋尤甚。希声见州县刓蔽，上言当谨视盗贼。明年王仙芝反，株蔓数十州，遂不制。擢累歙州刺史。昭宗闻其名，召为给事中。乾宁中，遂以为相。”[③] 又有资料云陆希声在乾宁二年(895)正月，出任户部侍郎、同平章事。但身处相位，无所作为，罢为太子少师。扈从唐昭宗出逃秦岭，途中去世，获赠尚书左仆射，谥号文。

---

①《宣和书谱》，浙江人民美术出版社，2012年，第88页。

② 张伯驹：《春游社琐谈·素月楼联语》，北京出版社，1998年，第39、40页。

③ [宋]罗愿撰，萧建新、杨国宜校著：《新安志》，《〈新安志〉整理与研究》，黄山书社2008年，第305页。

陆希声博学多才，善于属文，好游名山胜水，记之于诗文，有《颐山录》《山居二十七咏》等。陆希声六世伯父陆柬之以草书高天下，有《陆机文赋》真迹存世。其高祖父陆景融曾任工部尚书，博学工书。至陆希声出，能复振家法。北宋大臣钱若水云："古之善书，鲜有得笔法者。唐陆希声得之，凡五字：擫、押、钩、格、抵。仍用笔双钩则点画遒劲而尽妙，谓之拨镫法。希声言，自斯翁及二王以至阳冰，皆传此法。希声以授沙门䛒光。䛒光入长安为翰林供奉。刁衎言江南后主得此法，书绝劲，复增二字曰：导、送。今待诏尹熙古亦得之，而所书为一时之绝。"①

第二节　两宋时期

一、绘画

960年，赵匡胤陈桥兵变，黄袍加身，建立了宋朝。北宋初期加强了中央集权，解决了藩镇割据问题。继而在农业上采取种种政策措施，农业和手工业得到恢复，宋真宗、仁宗时期步入盛世。1127年，金兵北撤，掳去徽钦二帝。北宋亡，历时167年，凡9帝。五月，康王赵构即位南京，改元建炎，建立南宋。此后争战，至1276年，宋奉表投降。五月，益王昰在福州即位，改元景炎。1278年，赵昰死。陆秀夫等立8岁卫王赵昺，改元祥兴。1279年二月，宋元军队在厓山决战，宋军大败，大臣陆秀夫背着幼帝赵昺跳海而亡。南宋9帝，153年。两宋历18帝，共320年，是中国历史上经济、文化、科学技术高度繁荣的时代，政治亦较开明，是中国历史上的黄金时期。而"宋代的绘画，是中国绘画史上的鼎盛时期，标志着我国中古时期绘画高峰的出现。"②

宋代立国之初，即设立了翰林图画院，广罗画家，尤其是北宋，规模更为庞大，而宋徽宗赵佶本人即是绘画高手。"五代及宋，始设画院，于是性情之道微，而精能之习胜矣。"③宋代人物画颇为发达，名画家有石恪、李公麟、苏汉臣、李嵩、梁楷、

① [宋]罗愿撰，萧建新、杨国宜校著：《新安志》，《<新安志>整理与研究》，黄山书社2008年，第328页。
② 王伯敏：《中国绘画通史》(上)，生活·读书·新知三联出版社，2018年，第325页。
③ 黄宾虹：《黄宾虹文集全编·书画编》(上)，荣宝斋出版社，2019年，第8页。

陈居中、张择端等，尤其是李公麟的白描和梁楷的简笔人物开一代风气。北宋山水伟岸，多全景式样。南宋空灵、清秀，多一角、半边之构，“徽宗之子高宗，营新都于临安。文艺之潮流渐集中于是，而山水之画亦为之一变”。[①] 巨然承袭董源，“董、巨”并称，为南派正传。李成师法荆、关，多雪景寒林，“惜墨如金”，范宽与之齐名。其间苏轼“开文人墨戏画”（黄宾虹语），苏轼、米芾“以才豪挥霍，借墨为戏，天机变幻”，米芾、米友仁父子创“米点皴”水墨写意，另创一格。其他名家有郭熙、王诜、许道宁、燕文贵、李唐、刘松年、朱锐、萧照、贾师古、马远、夏珪、赵伯驹、赵伯骕、王希孟等。花鸟、动物画名家有黄居寀、赵昌、易元吉、林椿、崔白、李迪、法常等。另外，梅、竹在宋代为一种独立画科，其他还有水墨葡萄、兰花等，多为文人画家为之，如文同、苏轼画竹、扬无咎写梅，郑所南撇兰，赵孟坚水仙、温日观葡萄等，更多注入人文关怀或遗民情结。

“宋朝创性理之学，学者概耽理论，而论画亦然。”[②] 宋代不仅绘画达到艺术顶峰，画学著作也颇可观，如郭熙的《林泉高致》、郭若虚的《图画见闻志》、邓椿的《画继》、刘道醇的《五代名画补遗》《圣朝名画评》、韩拙的《山水纯全集》、米芾的《画史》等。刘道醇在《圣朝名画评》中，提出了绘画“六要”“六长”，郭熙《林泉高致》则提出“三远”透视法：高远、深远、平远，给画家提供了发挥表现的具体办法。而《山水纯全集》中进一步提出“阔远”“迷远”“幽远”，成为山水画中的“六远”。郭熙“三远”是在具体表现方法上，而韩拙的“三远”中，尤其“迷远”“幽远”，则是抽象的、空灵的层次，是全新的描述。郭若虚《图画见闻志》论用笔三病：板、刻、结，是技法方面的论述。黄休复《益州名画录》将画品分作四格，置逸品在神、妙、能三品之上，是其创举。米芾论画，与其处事、为人、为艺一致，多取“意”，意到即可。苏轼有诗句云：“论画以形似，见与儿童邻。”提出绘画不能停留在“形似”层面，而是要求“神似”，对于后来的写意画起到指导作用。米芾亦云：“（绘画）信笔作之，多烟云掩映，树石不取细，意似便已。”对于“形神”问题，各家议论有所不同，甚至有完全对立的声音存在。宋代画论，除了纯理论和技巧外，尚有一些泛论，如鉴赏、装裱之类，颇多发明，亦可借鉴。另外，苏轼、黄庭坚等人的题画诗值得关注，

① 陈师曾：《中国绘画史》，长江出版社，2015年，第42、43页。

② 陈师曾：《中国绘画史》，长江出版社，2015年，第49页。

如苏轼的《书晁补之所藏与可画竹》《书鄢陵王主簿所画折枝二首》《跋王进叔藏画》诗等，黄庭坚的《题李亮工戴嵩牛图》《题子瞻墨竹》《题子瞻枯木》诗等，苏轼除了在《书鄢陵王主簿所画折枝二首》提出“论画以形似,见与儿童邻”的绘画见解外，在《书晁补之所藏与可画竹》诗中描述了画家在作画时的物我两忘、身心俱遗的境界。《跋王进叔藏画》诗中“洗出徐熙落墨花”句，则说明徐熙“落墨法”早已闻名遐迩。而画家李唐《七绝》:“云里烟村画里滩，看之容易作之难。早知不入时人眼，多买胭脂画牡丹。”说明时人还是更爱艳丽的画风。

(一)朱熹

朱熹(1130 ~ 1200)，字元晦，改字仲晦，号晦庵、晦翁、云谷老人、沧州病叟，别称紫阳，世称朱文公。祖籍新安婺源（今江西婺源）人，家建阳，自谓“吾家先世居歙州歙县之篁墩，后迁建阳”（自撰《婺源茶院朱氏世谱》后序)。哲学家、教育家、诗人、书画家。绍兴十八年戊辰（1148）进士。光宗时，除焕章阁待制，追封徽国公，赠太师，谥曰文。淳熙时崇祀孔庙，后列十哲。师事李侗，为二程（颢、颐）四传弟子。在哲学上发展了二程关于理气关系的学说，集理学大成，建立起一个完整的客观唯心主义的理学体系，世称程朱理学。曾任江西南康、福建漳州知府、浙东巡抚、秘阁修撰等。有《四书章句集注》《诗集传》《周易本意》《楚辞集注》，后人辑有《朱子大全》等。

黄宾虹在《黄山丹青志 · 朱子画学》中说 :“道学之余，旁及绘事……传称其画法衣褶，深得吴道子家数，落笔迅疾，无意求工，寻其点画波磔，无一不合书家矩度。”[①] 黄宾虹在《宾虹论画 · 尚文》中记述 :“朱晦庵（熹，新安人）亲传已像，得吴道子之真。”[②] 清人刘声木在《苌楚斋随笔 · 朱子兼工画像》中记 :

朱文公为理学名儒，生平虽不以工书名，而字迹实工，流传者甚多，见于考文公遗事及记载者累矣，从未有言其工于写真者。将来画史传中，亦可高置一席，贤者固不可测，有如是也。声木于石拓中，获睹徽国文公遗像一纸。上截载文公自箴之语，正书八行，行□字。下截是文公自绘之象，拱手端立，岸

① 黄宾虹 :《黄宾虹文集 · 书画编》(下)，上海书画出版社，1999年，第225、226页。
② 黄宾虹 :《黄宾虹美术文集》，人民美术出版社1994年，第11页。

然道貌。‘徽国文公遗像’六字，为后人所追加。观文公自题之语，象实为文公对镜自绘，箴亦文公所书也。文云：“从容乎礼法之场，沉潜乎仁义之府，是子盖将有志焉，而力莫能与也。佩先师之格言，奉前烈之余矩，惟暗然而自修，或庶几乎斯语。绍熙五年孟春良月，熹对镜写真，题以自警。”云云。按绍熙五年，文公年□有□岁。①

朱熹《自画像》福建省博物馆藏

刘声木所云朱熹自画像，由建阳征集、现藏福建博物院。从人物及衣纹线条看，作者具有相当的功力，画名非虚。碑刻之下方有跋云：“碑旧藏考亭书院道元堂。咸丰戊午秋，粤匪毁书院，得此于灰烬中，虽非全璧，窃幸硕果仅存，愈足珍矣。急召匠整理如今式，俾后之景仰先贤者，藉以瞻当年气象，且使世世子孙谨守，勿失不忘先人之手泽云尔。时同治甲子，考亭二十世孙人骥谨识并书。”

除了自画像，朱熹对历代绘画多有题跋、赋诗，如跋苏东坡《枯木怪石》、米芾《下蜀江山水图》及汤君墨梅、吴道子画、李公麟马等。朱熹擅书，后文再述。

(二)杨妹子、杨镇

杨妹子，即宋宁宗恭圣仁烈杨皇后（1162～1232)，原名杨桂枝，严州（今浙江淳安）人。庆元元年(1195)，封为平乐夫人。庆元三年（1197)，册封婕妤。嘉泰二年（1202)，被宁宗立为皇后。其“五年进婉仪，六年进贵妃。恭淑韩皇后去世，以贵妃颇涉书史，知古今，立为皇后。性颇机警，如诛杀权相韩侂胄便出

① 刘声木：《苌楚斋随笔·卷五》，中华书局，1998年，第94页。

杨后做主。”关于杨妹子籍贯，还有另说，如《宋史·恭圣仁烈杨皇后》云：“少以姿容选入宫，忘其姓氏，或云会稽人。……有杨次山者，亦会稽人，后自谓其兄也，遂姓杨氏。”①

杨妹子《百花图卷》吉林省博物馆藏

杨妹子能诗词，由理宗取名为《杨太后宫词》，共50首。在淳安里商乡杨家村保存的《弘农杨氏宗谱》中，刻录有杨皇后诗作30首。其擅画花卉，有《百花图卷》《樱桃黄鹂图》《月下把杯图》等。小楷娟丽工整，多题于名家画上，如马远《华灯侍宴图》《倚云仙杏》《松院鸣琴图》，无款宋人《桃花》等，书写的《道德经》至今犹存。《百花图卷》在清初吴其贞《书画记》中有“杨妹子绢画一卷十七卷”记录：“气色佳。画天日云三则，余皆花卉。法简而文绝，无画家气。每则有一题咏。前识云：‘御

① 《宋史》卷二百四十三《列传第二·后妃下》，中华书局，1985年，第8656页。

制中殿生辰诗，四月八日。'仍有题识，失记其名，上有'三城王'图章。"[①]此画卷在清末皇宫流出后，辗转被张伯驹收藏，后捐赠吉林省博物馆。

一说杨妹子为杨皇后之妹，一说为杨皇后本人，众说不一。吴其贞《书画记》记"马麟雪梅图小绢画一幅"云："上有杨妹子题五言绝句一首，有'坤卦'印，此乃杨后印，后妹子姊也。"[②]又在"马麟风晴雪月梅花图四幅"云："画法高简，气韵幽然。每幅上有杨妹子题咏。有'坤卦'图书。此四图相传余乡将百年矣。"[③]黄宾虹云："杨娃，字妹子，杨后之妹也。书似宁宗，印章有杨娃者。以艺文供奉内廷，凡远画进御，及颁赐贵戚，皆命娃题署云。"[④]张伯驹在《宋杨婕妤百花图卷》文中云："杨后与杨妹子是一人，抑二人，书画鉴定家各有说。一说杨妹子即杨后，而非杨后另有妹。元吴师道题马远《仙坛秋月图》自注已云：杨后幼年以歌儿入宫，忘其姓名籍贯，以杨次山为兄，有兄而后有妹，人遂以为杨妹子矣。以杨后之出生孤孑无依，何来有妹。且杨妹子题或画，亦不应僭用坤卦小玺，及坤宁睿笔印记。又在宋代皇后能诗者，惟宁宗杨皇后，与高宗吴皇后。杨皇后《宫词册》宫词五十首，经汪水云、钱功甫、毛子晋、黄尧圃藏……子晋以刻入《五家宫词》。厉樊榭《宋诗纪事》杨皇后诗在卷一中。另闺媛一门八十家，无杨妹子诗也。"[⑤]启功《谈南宋院画上题字的'杨妹子'》云："杨氏本是宫廷乐工张氏的养女，十岁入宫为杂剧孩儿，受到吴太后的宠爱……其初自耻家事卑微，引杨次山为兄，周密《齐东野语》卷十说：'密遣内珰求同宗，遂得右庠生严陵杨次山，以为侄（按此'侄'为'兄'之误）。'"[⑥]

现藏故宫博物院的马远《十二水图》卷上，皆有杨皇后题写的四字图名，并钤长方形朱文鉴赏印，启功《谈南宋院画上题字的"杨妹子"》一文释读"壬申贵妾杨姓之章"，纠正了明王世贞将"杨姓"误作"杨娃"。而"美国加州大学洛杉矶分校李慧漱教授的博士论文中改释为'壬午贵妾杨姓之章'……最近，谭频璇硕士撰文指出，所谓'贵妾'二字，实为'坤宁'的误释……香港北山堂藏有一幅南宋宁宗为祝杨皇后生辰所作斗方《为坤宁生辰诗》，宁宗以'坤宁'称呼杨皇后，可以

① [清]吴其贞：《书画记》，人民美术出版社，2006年，第200页。
② [清]吴其贞：《书画记》，人民美术出版社，2006年，第21页。
③ [清]吴其贞：《书画记》，人民美术出版社，2006年，第131页。
④ 黄宾虹：《黄宾虹文集全编·书画编》（上），荣宝斋出版社，2019年，第191页。
⑤ 张伯驹：《春游社琐谈·素月楼联语》，北京出版社，1998年，第233页。
⑥ 启功：《坚净居忆往》，江苏凤凰文艺出版社，2017年，第169页。

作为佐证。此外，上引徐邦达先生文中曾提及，杨皇后题马麟《层叠冰绡图》轴诗后钤‘丙子坤宁翰墨’‘杨姓之章’二印，亦可以作为佐证。由此可见，马远《十二水图》卷上印文应改释为‘壬午坤宁杨姓之章’，《樱桃黄鹂图》上印文亦应改释为‘癸酉坤宁杨姓之章’。印文‘坤宁’实为宁宗皇后‘杨妹子’以‘坤宁宫’（即皇后宫）借为自称之词。”①

壬午坤宁杨姓之章

杨次山官至少保，封永阳郡王。子名杨谷，官至太傅、保宁军节度使，封新安郡王，石永宁郡王。侄孙杨镇（1275年前后在世），字子仁，号中斋（据里商《宏农杨氏宗谱》载“杨镇系杨太后侄儿杨谷之曾孙”）。一说为严陵辽源（今淳安）人，宋理宗女周汉公主的丈夫。官至左领军卫将军、驸马都统，谥端孝。书学张即之，工画，“尤善写墨竹，师于毛存，凡画赋诗其上，卷轴印记，精致异常，用驸马都尉印，盖镇尚理宗周汉国公主也”。②

(三)赵孟坚

赵孟坚(1199 ~ 1264)，字子固，号彝斋，宋宗室，为宋太祖十一世孙，浙江海盐人。理宗宝庆二年（1226）进士，授集贤殿修撰，曾任湖州掾、转运司幕、诸暨知县、提辖左帑、严州太守。时“严州饥荒，发廪赈赡，活民五万余户”。景定初，迁翰林学士承旨，不久罢归。曾为贾似道幕，与之交善。工诗文，有《彝斋文编》。家富收藏，“时比之米南宫，而子固亦自以为不谦也。东西薄游，必挟所有以自随。一舟横陈，仅留一席为偃息之地，随意左右取之，抚摩吟讽，至忘寝食。所至，识不识望之，而知为米家书画船也。……薄暮，入西泠，掠孤山，舣棹茂树间。指林麓最幽处瞪目叫绝曰：‘此真洪谷子、董北苑得意笔也。’邻舟数十，皆惊骇绝叹，以为真谪仙人”。③赵孟坚从他人处得白石旧藏五字不损本《兰亭》，归家时，“风作舟覆，行李衣衾，皆淬溺无余，子固方被湿衣立浅水中，手持《禊帖》示人曰：‘《兰

① 曹锦炎：《历代印鉴中的古文字入印》，《西泠艺丛》2018年第8期，第54、55页。
②《中国画家大辞典》，中国书店，1982年，第583页。
③ [宋]周密：《齐东野语》，齐鲁书社，2007年，第240、241页。

亭》在此，余不足介意也。’因题八言于卷首云：‘性命可轻，至宝是保’”。[①]

赵孟坚绘画受扬无咎影响，擅画梅、兰、竹、松，尤精白描水仙，用笔劲利流畅，多用水墨勾勒，淡墨微染，风韵秀雅，时人珍之。有《墨兰图》《墨水仙图》《岁寒三友图》等。赵孟坚擅书法，宗王献之、李邕，有《自书诗卷》，颇多圭角，与他反对欹侧，“书字当立间架墙壁”相符。元末张绅跋曰：“子固笔力雄健，固出豫章，而纵逸又有襄阳标度。”其论书云：“学唐不如学晋，人皆能言之，夫岂知晋岂易学。学唐尚不失规矩，学晋不从唐入，多见其不自量也，仅能欹倚，虽欲媚而不媚，翻成画虎之犬耳。”[②] 倒也能实话实说，颇有见地。

赵孟坚《岁寒三友》台北故宫博物院藏

亦有记载赵孟坚曾入元，不乐仕进，隐居于广陈（今浙江平湖）。实误，徐邦达有《赵孟坚生卒年岁订正》，可参看。[③]

翟院深（生卒年不详），营丘（今山东临淄）人，北宋画家。出身乐工，善山水，画学李成。宋代传李成画派者三人，即许道宁、李宗成、翟院深，评者谓许道宁得

① [宋]周密：《齐东野语》，齐鲁书社，2007年，第241页。
② 黄宾虹、邓实：《美术丛书》，江苏古籍出版社，1997年，第1271页。
③ 徐邦达：《历代书画家传记考辨》，上海人民美术出版社，1983年。

成之气，李宗成得成之形，翟院深得成之风。歙县博物馆藏有翟院深《雪山归猎图》，绢本水墨，长155厘米，宽99厘米。此画表现北方冬天寒冽景象，古木寒柯，一片萧疏，画之左下署款“营丘翟院深画”。《雪山归猎图》为安徽境内唯一宋画，意义重大。但也有人认为非宋画，当进一步探讨研究。

二、书法

宋代书法代表人物大致可以分成“北宋四家”和“南宋四家”。宋代书法以帖学胜，这和刻帖大行不无关系，如《淳化阁帖》《绛帖》《潭帖》《大观帖》《太清楼帖》等。宋人多擅行草，所谓“宋人尚意”，遥接晋帖，注重抒情、自然，追求“书卷气”和个性。“北宋四家”中，除了蔡襄，苏轼、黄庭坚、米芾无不个性鲜明、独树一帜，给人以全新的审美体验。另外，“宋四家”除蔡襄外，苏轼、黄庭坚、米芾均与新安有关，《新安志》“庙学”载：绍圣二年（1095），黄朝散将庙学“还之于（歙州）东北隅，米礼部芾为书，所为记，世所传《歙州新学记》是也。宣和中焚于睦寇”。[1]苏、黄则下面专门叙述。在个性化方面，不能不提到宋徽宗的“瘦金书”，所谓“天骨遒美，逸趣蔼然”，将个性发挥到极致。梦英以篆书闻名，而吴说的“游丝书”也别具一格，自己亦颇为自负，曾作有《吴傅朋出游丝书求诗》。与宋徽宗情趣和气质颇为接近的还有宋高宗赵构，精通诗词、音乐与书、画，他初学黄庭坚，中年学米芾，继学“二王”，他的喜好直接影响到南宋的书风，杨万里在《诚斋集》中曰：“我高宗初作黄字，天下翕然学黄；后作米字，天下翕然学米；最后作孙过庭字，故我孝宗与今上皆作孙字。”可谓上行下效，投其所好。上述的优、缺点在“南宋四家”及其他书家中得到延伸和保留。

宋代陈槱在《负暄野录·近世诸体书》中说：

> 余尝评近世众体书法……行草则有蒋宣卿、吴傅朋、王逸老、单炳文、姜尧章、张于湖、范石湖，蒋、吴极秀媚，所乏者遒劲；逸老草法甚熟，而间有俗笔；单字法本杨少师凝式而微加婉丽；姜盖学单而入室者；于湖、石湖悉习《宝晋》，而各自变体。今世俗于篆则推明叔，隶则贵仲房，行草则取于湖，盖初无真识，但见其飘逸可喜。殊不知此皆字体之变，虽未尽合古，要各自有一

---

① [宋]罗愿撰，萧建新、杨国宜校著：《新安志》，《〈新安志〉整理与研究》，黄山社，2008年，第30、31页。

> 种神气，亦足嘉尚。人效之者，往往但得形似，非惟不及，且并失其故步，良可叹也！

陈槱文中评到的书家，有的后人几乎无人提及，不能不说时间是最好的试金石。宋人张邦基在《墨庄漫录》记建德喻陟擅长散隶："喻陟明仲，睦州人，持节数郡，政绩蔼著。雅善散隶，尤妙长笛。"①宋元祐元年（1086），喻陟任福建提点刑狱。八年（1093），为湖北转运副使。而今天多记载他的诗词，书法几乎无人谈起了。

淳安"詹氏墨宝"值得一提。"宋代郭村詹氏显赫一时。有詹安躬教五子举进士；有詹仪之官至礼部侍郎，以理学显；有詹骙状元及第，官至龙图阁大学士等。詹家为官为学者在漫长的历史长河中留下部分文书墨迹，一直为詹家后人妥为保存，被历代学者称为'詹氏墨宝'。詹氏墨宝主要有宋高宗《敕詹棫、王曮易任牒》卷、宋孝宗《敕詹棫及夫人等书》卷、《朱熹等三家六札卷》、宋孝宗《授詹仪之文林郎敕牒》卷、宋孝宗《赐詹骙诗拓及詹骙谢表》卷等。"②《朱熹等三家六札卷》为南宋朱熹、张栻、詹仪之三位学者的信札合卷，其中朱熹信札两通、张栻三通、詹仪之一通。为三人往复答问、阐明学术、针砭世风的信札。据考证信札书写时间在淳熙六年（1179），保存了三人论学墨迹，对于研究南宋书法史和学术史有重要的史料价值。

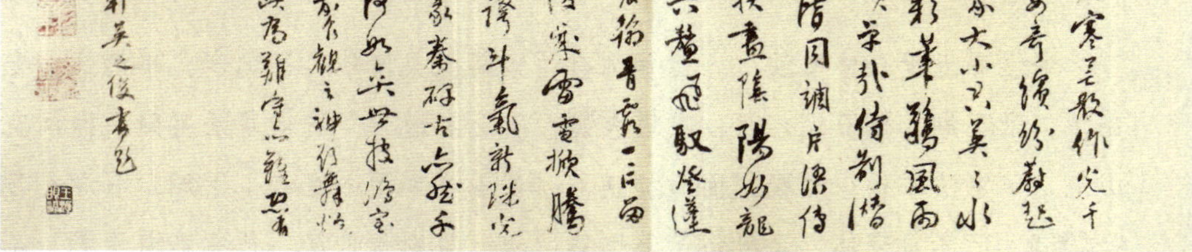

吴之俊《詹氏墨宝歌》

① [宋]张邦基：《墨庄漫录·过庭录·可书》，中华书局，2002年，第63页。
②《淳安县志》，浙江人民出版社，2014年，第1528页。

信札后还保存了明、清学者题跋23段，明万历癸丑（1613）进士、歙县人吴之俊在万历四十三年（1615）任遂安知县，第二年书《詹氏墨宝歌》。詹氏墨宝历经800多年沧桑保存至今，在20世纪80年代后期，詹氏墨宝流向海外。90年代中期，海外文物回流，由拍场拍得宋高宗《敕詹棫、王曮易任牒》卷、宋孝宗《敕詹棫及夫人等书》卷、宋孝宗《赐詹骙诗拓及詹骙谢表》卷。2001年，故宫博物院从香港嘉德拍卖公司拍得《朱熹等三家六札卷》。2002年，又从北京嘉德拍卖公司拍得宋孝宗《授詹仪之文林郎敕牒》卷。现均收藏于故宫博物院。

宋代是刻帖较早、发展最全面时期，著名者有《淳化阁帖》《元祐秘阁续帖》《大观帖》《绛帖》《潭帖》《汝帖》《群玉堂帖》《博古堂帖》《宝晋斋帖》《绍兴米帖》等。新安摩崖、碑刻在宋代存世量较多，齐云山摩崖石刻近30处，并有熙宁九年（1076）《石桥岩记》石碑一块。黟县碧山乡碧西村南宋培筠园遗址中，还保存了一块《张九成诗碑》，当时园主人汪勃致仕后回故里，其好友、南宋状元、理学家张九成远道来访，见碧山有林泉之胜，流连数月始返，并写七绝《碧山访友》以赠："万仞巍然叠嶂中，泻来峻落几千重。森森松柏松花老，又见黄山六六峰。"并勒石置于园中。南宋绍兴二十七年（1157）12月，黟县黄村灵惠庙大殿之左侧墙上立有《大宋敕赐庙》石碑一块，石碑记载有当年方腊义军过黟县西武时的史料，故俗称《方腊纪事碑》。该石碑的重要性不言而喻，因此石碑于1957年被安徽省博物馆征集收藏。另，碧山村章山题壁为南宋开禧三年（1207）所刻。建德航头镇铁帽山南坡灵栖洞有宋元石刻多处。另有宋雍熙二年（985）《睦州大厅记》、宋雍熙三年（986）《文宣王庙碑》、宋至道三年（997）淳安知县事孙说撰记《栅源院重建殿宇记》、宋熙宁五年（1072）《灵香阁记》。熙宁九年（1076）淳安知县何友直重修《重兴古渠记》，越二年，元丰元年（1078）冬，淳安方仲谋撰记。方仲谋字公辅，宋嘉祐二年（1057）进士，曾任歙州推官，累官殿中臣，有《雉山集》等。宋政和四年（1114），里人捐资建桥，睦州知府李勉之请谏议大夫、邑人江公望撰记《睦州政平桥记》，江公望还撰有《九峰庵记》（宋政和五年）、（兴福寺记）、《惟庵记》（宋政和七年）、《龙泉院记》（宋政和七年）。淳熙七年（1180），知南剑军州事罗愿撰记《社坛记》，罗愿（1136～1184），字端良，号存斋。歙县人，撰有《新安志》《尔雅翼》等。旧志记载黄山温泉虎头岩石壁上"虎头岩"三字，为罗愿题。宋淳祐间，寿昌县令、新安人朱涣建翼教堂，请寿昌高桥人郑颖撰记《儒学翼教堂记》，宋宝祐二年（1254），淳安人、官至吏部尚书方逢辰撰记《清溪县修学记》。两宋摩崖、碑刻实物或记载尚多，此不赘述。

宋人书论中，比较有影响的有朱长文的《墨池编》，米芾的《书史》，姜夔的《续书谱》，赵构的《翰墨志》，董逌的《广川书跋》及《宣和书谱》等，朱熹《朱文公全集》中有不少关于书法的题跋，另有《论字学》八条，不乏真知灼见。苏轼、黄庭坚、蔡襄等题跋中也多有警句妙语。另外，金石学在宋代勃然兴起，是宋代学术的一大成就。宋仁宗时，刘敞和欧阳修大力搜集古代器物，进行著录和考订，分别撰成《先秦古器记》和《集古录》。另外，吕大临的《考古图》、王黼的《博古图》、赵明诚的《金石录》、薛尚功的《历代钟鼎彝器款识》等，皆为金石学研究的著作。沈括《梦溪笔谈》、郑樵《通志》等书中，也包括有金石考古方面的内容。杨克辑有历史上第一部印谱——《集古印格》。此外，还有颜叔夏的《古印谱》、姜夔的《姜氏集古印谱》等。

(一)范仲淹

范仲淹(989 ~ 1052)，字希文。苏州吴县人，宋代政治家，文学家。祥符八年(1015)进士，授广德军司理参军，任兴化县令、秘阁校理、陈州通判、苏州知州等职。明道二年（1033），范仲淹任右司谏，直言谏废皇后郭氏，遭贬斥。景祐元年（1034），出知睦州。康定元年(1040)，范仲淹与韩琦为陕西经略安抚副使，范仲淹兼知延州，次年知庆州。宋又分陕西为秦风、泾原、环庆、鄜延四路，各设马步军都部署、经略安抚沿边招讨使，以韩琦、王沿、范仲淹、庞籍分任之。庆历三年(1043)，入京为枢密副使、参知政事，范仲淹向仁宗上《答手诏条陈十事疏》，仁宗采纳大部分意见，施行新政。不久，新政受挫，范仲淹以“朋党”罢参政，被贬出京，历知邠州、邓州、杭州、青州。皇祐四年(1052)，改知颍州，逝于途中，年 64 岁。追赠兵部尚书、楚国公，谥文正，世称范文正公。有《范文正公集》。虽然范仲淹守睦州不足半年，他不仅扩建修葺儒学院，还修建了严子陵祠堂，并撰写了《严先生祠堂记》:“先生，汉光武之故人也。相尚以道。及帝握《赤符》，乘六龙，得圣人之时，臣妾亿兆，天下孰加焉？惟先生以节高之。既而动星象，归工湖，得圣人之清。泥涂轩冕，天下孰加焉？惟光武以礼下之……”旧睦州府治有潇洒园，范仲淹在郡时，常吟咏其间，留下了吟咏桐庐风光和风物的《潇洒桐庐郡十咏》诗，有诗句“潇洒桐庐郡，乌龙山霭中。使君无一事，心共白云空”，并留下了石刻。另有《范文正高风堂记》碑刻。

范仲淹政绩卓著，意欲改革时弊，裁减闲冗，文章多阐述其政治主张。黄庭坚在《跋范文正公诗》中说 :“范文正公在当时诸公间第一品人也，故余每于人家见尺牍寸纸，未尝不爱赏弥日。想见其人，所谓‘先天下之忧而忧，后天下之乐而乐’。此文正公饮食起居之间，先行之而后载于言者也。”①

范仲淹有书名，今存世有《道服赞》《来教帖》《起居帖》等，其书迹清秀、疏朗，黄庭坚评其书法云：“范文正公书，落笔痛快沉着，极近晋宋人书。往时苏才翁笔法妙天下，不可一世人，惟称文正公书与《乐毅论》同法。……老年观此书，乃知用笔实处，是其最工。大概文正妙于世故，想其钩指回腕，皆优入古人法度中。”“范文正公书《伯夷颂》，极得前人笔意，盖正书易为俗，而小楷难于清劲有精神。”② 范仲淹《道服赞》纸本，纵 34.8 厘米，横 47.9 厘米。小楷精整，笔势凌厉，锋芒外露。文同题跋曰：“文正词笔观之，若侍其人之左右，令人既喜而且凛然也。”此作历代流传有序，后为张伯驹以 110 两黄金从北京琉璃厂古玩商手中购得。现藏故宫博物院。

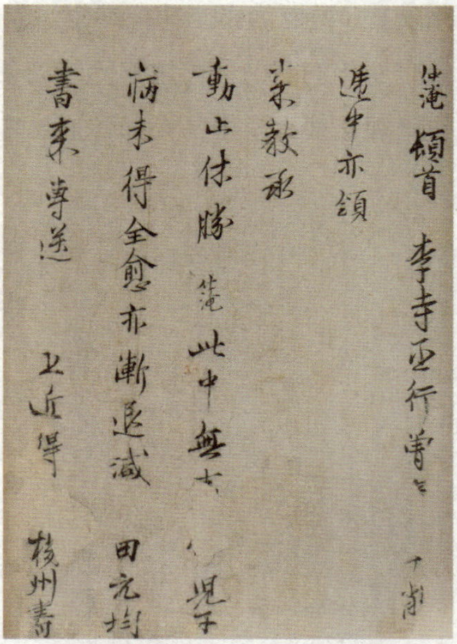

范仲淹《师鲁帖》台北故宫博物院藏

宋方勺《泊宅编》中载：“范文正公知睦州，奏以唐处士方干配食严光。谓干为御史方蒙远祖，下鸬鹚源取画像，本家无以塞命，乡人但塑一幅巾道服者，置之祠中。元祐间，有旨下诸郡，取前贤画像，睦守以严、方应诏。”此资料可补宋代配享画像事。③

（二）章惇

章惇（1035 ~ 1105），字子厚，号大涤翁，建宁军浦城（今福建省南平市浦城县）人。北宋政治家、书法家。嘉祐二年（1057），章惇进士及第，其族侄章衡考中状元，章惇耻于章衡之下，乃弃之去。嘉祐四年（1059），章惇再次参加科举考试，进士及第，名列第一甲第五名，开封府试第一名。历商洛县令、武进知县、集贤殿校理、中书检正、判军器监、翰林学士、右谏议大夫、蔡州知州、陈州知州、汝州知州、杭州

① [宋]黄庭坚：《山谷题跋》，浙江人民美术出版社，2016年，第97页。
② [宋]黄庭坚：《山谷题跋》，浙江人民美术出版社，2016年，第96、97页。
③ [宋]方勺：《泊宅编·卷四》，中华书局，1983年，第21页。

知州等，元祐八年(1093)，宋哲宗亲政，章惇被起用为宰相，以章惇为特进，封申国公，拜山陵使。宋徽宗罢免章惇特进，授越州知州，贬为武昌军节度副使，于潭州安置，再贬为雷州司户参军。崇宁元年(1102)，章惇调为舒州团练副使，睦州居住。崇宁四年(1105)，移越州团练副使，迁湖州团练副使。同年，在贬所逝世。政和间，重赠观文殿大学士、太师，追封魏国公。

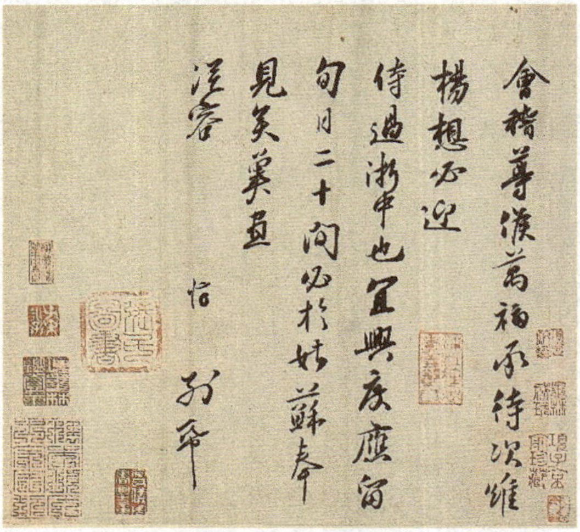
章惇《会稽帖》台北故宫博物院藏

章惇是宋朝的重要政治人物，新旧党争的主要角色，苏轼曾说："子厚奇伟绝世，自是一代异人，至于功名将相，乃其余事。"章惇对自己的书法颇为自负，自谓"墨禅"。黄伯思评章惇书法说："近世书人惟章申公能传笔意，虽精巧不迨唐贤，而笔势超超，意出褚、薛之上矣。"[①] 章惇存世书迹有《会稽帖》，纸本行书，纵27.8厘米，横29.6厘米，台北故宫博物院藏。书法骨架劲挺，圆润清秀，行笔流畅间不失沉着，老道谨严。另有行书《草堂寺题记》石刻存世。

宋人王铚在《默记》中曾记述章惇事，皆发生在睦州："章子厚在睦州，见贡士学制颁下，谓郡守方通曰：'蔡元长改学制，自旧用诗赋，也有状元，也做宰相；后用经义，也有状元，也有宰相'。""章申公在睦州，暮年有妾曰蒨英，有殊色，公宠嬖之。一日，其子援至所居乌龙寺僧房，有玉界尺在案上，乃公所爱。因究其所从，群婢共言与僧通已久。公怒，令为爨婢，布衣执爨而已，未尝棰也。而罪群婢不能防闲，缚而尽棰之。蒨英既执爨，请令十二县君供过，乃援妻也。缚其僧，棰而送郡，其供出事，目如牛腰，即枷送狱。郡守方通亲鞠而亟断之，杖其背，厅事震动，而僧不动如山。蒨英执爨四十日，衣敝。申公思之，令援曰：'十二县君不须出，令蒨英依旧服侍。蒨英即着旧衣。'蒨英坚不肯着，呼至前，曰：'相公送至州县则送之，蒨英不着好衣，不服侍相公。蒨英宁死耳！'言讫，吞气立死。""世

① [宋]黄伯思：《东观余论·论书六条》，上海书画出版社，1979年，第86页。

言章申公在睦州遇猴事，时方通为守，实然也。云有大猿数十，遂使人擒而缚之。忽于乌龙山后突出数千大青猿，解缚夺而去之，人皆莫敢近。余晋仲目击。”①

（三）苏轼

苏轼（1037 ~ 1101），字子瞻，又字和仲，号东坡居士。眉州眉山（今四川眉山）人，北宋文学家、书画家。嘉祐二年（1057）登进士，位列榜眼。元丰二年（1079）三月知湖州军州事，七月被捕，十二月出狱，任黄州团练副使。明年贬居黄州。元丰七年（1084）移汝州团练副使，改常州居住，知登州曾任中书舍人、翰林学士兼侍读、杭州太守、颍州太守、定州太守。谪居惠州，再贬儋州，内徙，卒于常州。苏轼学识渊博，天分极高，但一生仕途坎坷，空有抱负，但这丝毫没有影响到其艺术才华的展现，诗文书画无一不精。为“唐宋八大家”之一，与欧阳修并称“欧苏”。擅长行书、楷书，与黄庭坚、米芾、蔡襄并称“宋四家”。有《苏东坡全集》《东坡乐府》行世。

宋神宗熙宁六年（1073）二月，任杭州通判的苏轼巡查富阳、新城，放棹桐庐，过七里濑，词兴大发，赋《行香子·过七里滩》一首：“一叶舟轻，双桨鸿惊。水天清、影湛波平。鱼翻藻鉴，鹭点烟汀。过沙溪急，霜溪冷，月溪明。重重似画，曲曲如屏。算当年、虚老严陵。君臣一梦，今古空名。但远山长，云山乱，晓山青。”词中除了对自然美景的描述，借古喻今，看透名利，同时也寄托了自己积极的人生态度。

苏轼书法崇尚晋人，也学徐浩、李邕、颜真卿、杨凝式等名家，书法自成面目，曾自称“我书造意本无法”。又云：“吾书虽不甚佳，然自出新意，不践古人，是一快也。”②黄庭坚评：“东坡道人少日学《兰亭》，故其书姿媚似徐季海。至酒酣放浪，意忘工拙，字特瘦劲，乃似柳诚悬。中岁喜学颜鲁公、杨风子书，

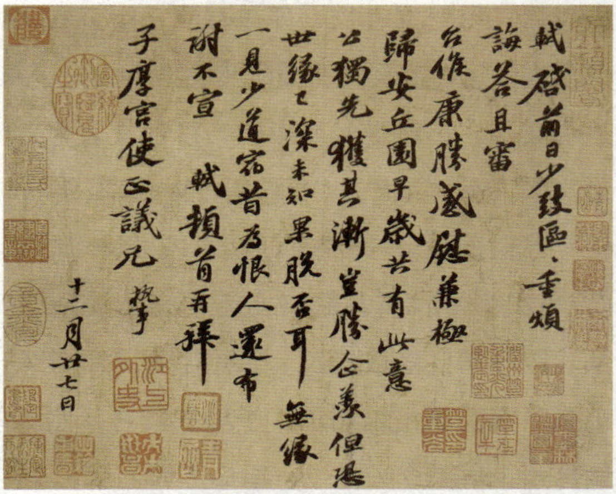

苏轼《归安丘园帖》台北故宫博物院藏

① [宋]王铚：《默记》，中华书局，1981年，第47页。
② [宋]苏轼：《东坡题跋》，上海远东出版社，1996年，第218页。

其合处不减李北海。”“东坡先生常自比于颜鲁公，以余考之，绝长补短，两公皆一代伟人也。至于行草正书,风气皆略相似。”[①]其《黄州寒食诗》被誉为“天下第三行书”，这是苏轼被贬黄州第三年的寒食节所书，表达了他惆怅孤独的心境。前三行字较小，到第四行字逐渐变大，乃至更大，直到最后一行收尾。通篇起伏跌宕，气势奔放，如同聆听一首交响乐，令人激动不已，心潮难以平静。黄庭坚跋 :“东坡此诗似李太白，犹恐太白有未到处。此书兼颜鲁公、杨少师、李西台笔意，试使东坡复为之,未必及此。”苏轼书法存世尚多,著名者有《祭黄几道文》《次辨才韵诗帖》《群玉堂春帖子词》《李白仙诗卷》等。苏轼亦善画，喜作墨竹、枯木等，妙得天趣，在文人画中占有特殊地位。其画论见解独到，并提出“士人画”概念，被认为是文人画的滥觞，宋代代表人物即苏轼和文同、米芾等。

(四)苏辙

苏辙(1039 ~ 1112)，字子由，一字同叔，晚号颍滨遗老。眉州眉山(今属四川)人，北宋文学家、书法家，与父亲苏洵、兄苏轼合称“三苏”。嘉祐二年(1057)进士，官试秘书省校书郎、商州军事推官。熙宁二年(1069)八月，被贬出为河南府留守推官。熙宁八年(1075),改授齐州掌书记。熙宁十年(1077),改任著作佐郎。元丰二年(1079)八月，苏轼以“谤讪朝廷”罪被捕入狱，苏辙上书请求以自己官职为兄赎罪，不准。谪监筠州盐酒税，五年不得升调。元丰七年(1084)七月，为歙州绩溪县令。宋哲宗即位后，以秘书省校书郎被召回，历官右司谏、御史中丞、尚书右丞，终门下侍郎。苏辙去世后，追复端明殿学士、宣奉大夫。宋高宗时，累赠太师、魏国公。宋孝宗时，追谥文定。苏辙受父兄影响，以散文著称，擅长政论和史论，其诗淳朴无华，然略逊文采。有《诗传》《春秋集传》《栾城集》《后集》《三集》《应诏集》等。

苏辙善书,其书法有苏轼之风,风神沉着,运转自如,传世墨迹有《致子璋秘丞帖》《安君文字帖》《雪甚帖》《雪诗帖》《上谒帖》《晴寒帖》《新晴帖》《晚来帖》《见访帖》等。其《跋怀素自叙帖》云 :“世传怀素书，未有若此完者。绍圣三年三月，予谪居高安，前新昌宰邵君出以相示。予虽知其奇，然不能尽识其妙。予兄和仲特善行草，时亦谪惠州，恨不令一见也。眉山苏辙同叔记。”其自谦与对兄长的敬重之情跃然纸上。

---

① [宋]黄庭坚 :《山谷题跋》,浙江人民美术出版社,2016年,第80页。

(五)黄庭坚

黄庭坚(1045 ~ 1105)，字鲁直，号山谷道人，晚号涪翁。江西修水人，北宋文学家、书法家。宋治平四年(1067)进士，任国子监教授、太和县知县、校书郎、集贤校理、秘书丞、国史编修官、宣州知州等、宁国军判官、舒州知州等。江西诗派开山之祖，与张耒、晁补之、秦观游学于苏轼门下，被称为“苏门四学士”。“庭坚学问文章，天成性得。……而庭坚于文章尤长于诗，蜀、江西君子以庭坚配轼，故称‘苏、黄’”。[①] 有《山谷词》《山谷题跋》。

黄庭坚书法独树一帜，为“宋四家”之一。擅长行书、草书，上溯晋唐，也受到苏轼的影响。黄庭坚对王羲之《兰亭序》推崇备至，尝云：“《兰亭序》草，王右军平生得意书也。反复观之，略无一字一笔不可人意。”但“《兰亭》虽是真行书之宗，然不必一笔一画以为准。譬如周公、孔子不能无小过，过而不害其聪明睿圣，所以为圣人。不善学者，即圣人之过处而学之，故蔽于一曲。今世学《兰亭》者多此也。”[②] 此真善学也。黄庭坚有一首《题杨凝式书》诗篇，可以窥出他对书法的认识：“俗书喜作兰亭面，欲换凡骨无金丹。谁知洛阳杨风子，下笔却到乌丝阑。”[③] 黄庭坚行楷大字得益于《瘗鹤铭》，形成了长枪大戟、笔画开张、古拙奇峭的书风。可以说黄庭坚是书法史上很早就将碑帖结合的书家。黄庭坚草书曾学时人周越，后得张旭、怀素等人笔法之妙，又得益于书外之功的参悟，如《论书》云：“来僰道中，观长年荡桨，群丁拔棹，乃觉少进，意之所到，辄能用笔。”苏东坡曾评：“鲁直以平等观作欹侧字，以真实相出游戏法，以磊落人书细碎事，可谓‘三反’。”[④] 可谓知者言。黄庭坚晚年以幸灾谤国罪除名羁管宜州，昙秀来见东坡，持黄庭坚“草书一轴，问此书如何。坡云：张融有言，不恨臣无二王法，恨二王无臣法，吾于黔安居士亦云。他日黔安当捧腹轩渠也”。[⑤] 苏轼表面虽以戏说意味评语黄字，但实际上说明黄庭坚书法已脱离了旁人藩篱而自具个性和面目了。黄庭坚作品流传尚多，代表作有《诸上座帖》《松风阁诗帖》《李白忆旧游诗卷》等。

① 《宋史·卷四百四十四·列传第二百三》，中华书局，1985年，第13110页。
② [宋]黄庭坚：《山谷题跋》，浙江美术出版社，2016年，第56页。
③ [宋]黄庭坚：《山谷题跋》，浙江美术出版社，2016年，第68页。
④ [宋]苏轼：《东坡题跋》，上海远东出版社，1996年，第235页。
⑤ [宋]苏轼：《东坡题跋》，上海远东出版社，1996年，第247页。

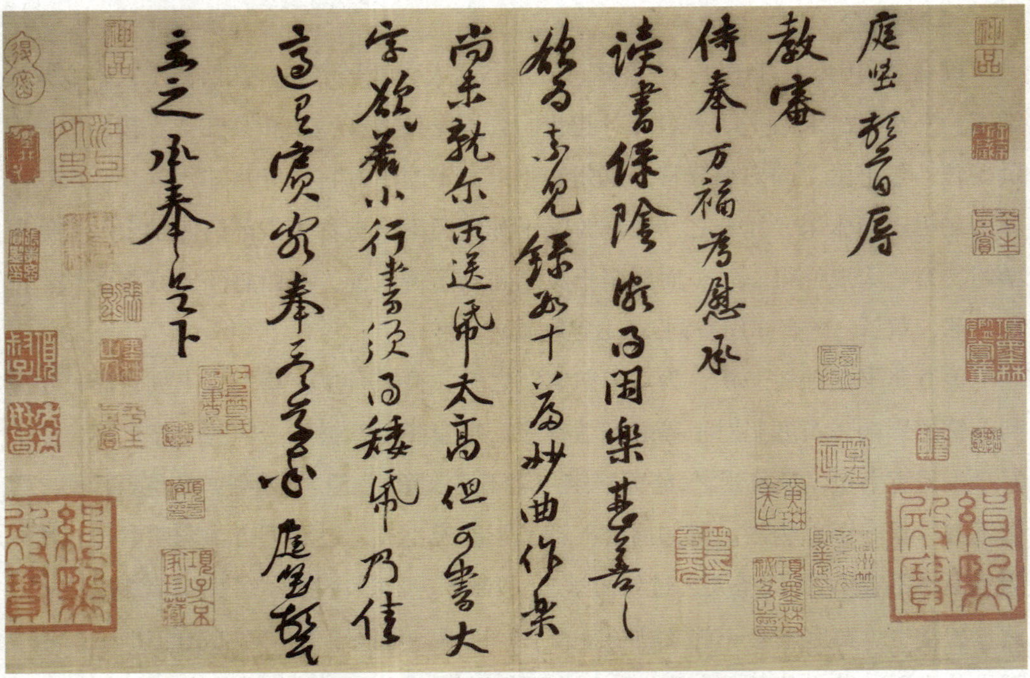

黄庭坚《致立之承奉尺牍》 台北故宫博物院藏

黄庭坚在洛阳时，歙县人祝硕（字有道）因知命以识。黄庭坚被贬为涪州别驾，黔州安置。祝硕前往黔州拜访，黄庭坚为祝硕书帖：“凡士大夫胸中不时以古今浇之，则俗尘生其间，照镜则面目可憎，对人亦语言无味。”又赠以词，“尝书一本赠硕……硕藏鲁直文稿三枚，率以连纸百幅为之，改窜甚多”。[①] 上海博物馆藏黄庭坚《小子相帖》，语句接近，不知二者之间关系如何。

黄庭坚与新安笔工交往密切，如吕道人、吕大渊、张遇等，曾赞誉张遇所制毛笔，比宫廷制笔名家诸葛元的笔还好用。黄庭坚曾为吕大渊藏赵公佑画题跋，他在《笔说》中认为：“歙州吕道人非为贫而作笔，故能工，于是以此授之。黟州道人吕大渊心悟韦仲将作笔法，为余作大小笔凡二百余支，无不可人意。因见余家有割余狨皮，以手撼之，其毫能触人手，则以作丁香笔，今试作大小字，周旋可人。”[②] 黄庭坚与笔工的交往时间，可能是在宣州知州或宁国军判官任上，宣州为当时制笔中

① [宋]罗愿撰，萧建新、杨国宜校著：《新安志》，《〈新安志〉整理与研究》，黄山书社，2008年，第352、353页。

②《钦定四库全书·集部·山谷别集·卷六》。

心。他还到过婺源砚山，作有《砚山行》长诗：

新安出城二百里，走峰奔岳如斗蚁。陆不通车水不舟，步步穿云到龙尾。龙尾群山耸半空，人居剑戟旌幡里。树接藤腾两伴根，兽卧崖壁撑天宇。森森冷风逼人寒，俗传六月常如此。其间有石产罗纹，眉子金星相间起。居民上下百余家，鲍戴与王相邻里。凿砺砻形为日生，刻骨镂金寻石髓。选堪去杂用精奇，往往百中三四耳。磨方剪锐熟端相，审样状名随手是。不轻不燥禀天然，重实温润如君子。日辉灿灿飞金星，碧云色夺端州紫。遂令天下文章翁，走吏迢迢来涧底。时陈三日洒倾醇，祓祝山神口莫鄙。悬岩立处觉魂飞，终日有无难指拟。不知造化有何心，融结之功存妙理。不为金玉资天功，时与文章成里美。自从元祐献朝贡，至今人求不曾止。研工得此瞻朝夕，寒谷欣欣生暗喜。愿从此砚镇相随，带入朝廷扬大义。写开胸臆化力霖，还与空山救枯死。

从诗中细节看，诸如“居民上下百余家，鲍戴与王相邻里”句，没到过实地是写不出来的。从“新安出城二百里，走峰奔岳如斗蚁”来看，他应是先到新安或休宁县衙后出发的。

(六)洪适

洪适(1117～1184)，原名造，后更名适，字景伯，又字温伯、景温，号盘州，饶州鄱阳（今江西省鄱阳县）人。父洪晧曾任礼部尚书、大金通问使、徽猷阁直学士、提举万寿观兼权直学士院，封魏国忠宣公。绍兴十二年(1142)二月，与弟洪遵同中博学宏词科，洪遵第一状元，洪适第二榜眼。累官至尚书右仆射、同中书门下平章事兼枢密使，官至右丞相，封太师、魏国公，卒谥文惠，祀乡贤。罗愿《新安志》“牧守”记载：“洪适左朝奉郎，二十九年九月十六日到任，任内累转左朝请郎。三十一年二月二十九日，除提举浙西常平茶盐。”① 洪适任徽州知府之职，时在南宋绍兴二十九年（1159)。

洪适与弟洪遵、洪迈皆以文学负盛名，人称“三洪”。《宋史》洪适“以文学闻望”，诗文论著很多，有《盘州文集》《盘州乐章》《唐登科记》《五代登科记》《宋登科记》等。

① [宋]罗愿撰，萧建新、杨国宜校著：《新安志》，《〈新安志〉整理与研究》，黄山书社，2008年，第34页。

洪适工书，有评价“其书颇雄伟”。洪适喜爱临摹、收藏汉隶，积三十年所得，约藏一百数十篇，著《隶释》27卷，前19卷载隶书碑刻，以楷书录全文，于假借通用之字亦一一疏通辨证，其中碑文与史事有关者，则详辨异同。后8卷为汇载诸家碑目。《隶续》21卷，是在《隶释》刻成后，以续得诸碑补其所遗，体例与正篇同。又著《隶缵》《隶图》《隶韵》,但《隶韵》未成。今传世者仅《隶释》和《隶续》两种。此前欧阳修《集古录》和赵明诚《金石录》,仅收金石文之目录及跋尾．而《隶释》《隶续》先依碑释文，著录全文，后附跋尾，具载论证，开金石学最善之体例，对后世影响很大。

(七)陆游

陆游（1125～1210)，字务观，号放翁。越州山阴（今绍兴）人，南宋文学家、诗人、书法家。绍兴二十四年（1154)，陆游试礼部，名列第一，忤秦桧被黜。绍兴二十七年（1157)，始出仕，任宁德主簿，调福州决曹，绍兴三十二年（1162)，迁枢密院编修官，赐进士出身。任镇江通判、通判隆兴军府事、夔州通判等，入范成大幕，居参议职。淳熙十三年（1186)，陆游62岁，知严州，过确陛辞，上谕曰：“严陵，山水胜处，职事之暇，可以赋咏自适。”七月，抵严州任。次年，应门人请，集所作诗250余首，为《剑南诗稿》20卷刊于严州。淳熙十五年（1188)，杨万里路经严州，陆游载酒相劳于钓台江亭之上。七月，卸严州任。除军器少监、礼部郎中兼实录院检讨官，不久罢官归里。庆历五年（1045)，作《严州乌龙广济庙碑》。以太中大夫充宝谟阁待制致仕。陆游一生笔耕不辍，诗词文均有成就，尤以诗的成就为最，存世近万首。陆游亦有史才，他的《南唐书》具有很高的史料价值。

陆游不以书名，实为诗名所掩。沈曾植评论：“淳熙书家，就所见者而论，自当以范（成大)、陆（游）与朱子为大宗，皆有宗法、有变化，可以继往开来者。”①陆游对自己的书法颇为自负，从他的《夜饮示座中》诗中可以窥见一二。诗中有句云：“纵酒长鲸渴吞海，草书瘦蔓饱经霜。付君诗卷好收拾，后五百年无此狂。”我们再从他的诗里看其师承，《暇日弄笔戏书》：“草书学张颠，行书学杨风。平生江湖心，聊寄笔砚中。”《自勉》：“学诗当学陶，学书当学颜。正复不能到，趣乡已可观。”陆游擅行、草，师法晋唐法帖，又受到“宋四家”影响，但更多地是出于自运，

① [清]沈曾植：《海日楼杂丛》卷八《淳熙书家》。

以“瘦”为贵，简札精妙挺拔，意致深远，草书则遒健奔放，疏狂之态溢于纸上。《自书诗卷》纸本长卷，纵 31 厘米，横 701.5 厘米，为其 80 岁所书，是其传世作品最为著名者。全卷一气呵成，字画遒劲。其他书法作品还有《怀成都十韵诗》及尺牍等，清孙承泽在《庚子销夏记·陆放翁诗稿》中云：“书法劲逸，老年不衰如此。诗句冲淡，全无烟火色相。盖公以宝章阁待制修《实录》完即致仕，优游若耶溪久，领林泉之乐，故其笔墨清胜如此。”[①] 陆游书法虽师法晋唐，但更多地是出于自运，这正是其书法可贵之处。

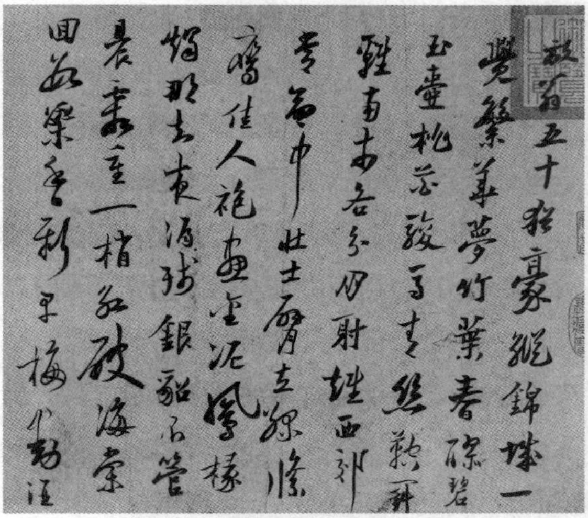

《怀成都十韵诗》(局部）故宫博物馆藏

(八)范成大

范成大（1126 ~ 1193)，字至能，一字幼元，号此山居士、石湖居士。吴县（今江苏苏州）人，南宋文学家、诗人、书法家。绍兴二十四年（1154)，范成大登进士第，历官尚书吏部员外郎、处州知州、礼部员外郎、实录院检讨官、中书舍人、成都知府、礼部尚书、端明殿学士、建康知府、太中大夫、福州知州，封吴郡开国侯、资政殿大学士。卒后赠少师、崇国公，谥号文穆。范成大为官颇有政声，兴利除弊，不遗余力。工诗，自成一家，与杨万里、陆游、尤袤，并称南宋“中兴四大诗人”。有《石湖集》《揽辔录》《吴船录》《吴郡志》《桂海虞衡志》等。

范成大与新安、严州皆结下不解之缘。绍兴二十六年（1156)，授新安司户参军，于此年春夏之季抵任，绍兴三十年（1160）冬离开新安。其《石湖诗集》34 卷存其赴新安任至离别新安时期所作诗共 135 首，另有赋一篇。在新安任职期间所作诗 122 首。《四库全书总目提要》卷一百六十《集部·石湖诗集》称：“(范成大）初年吟咏，实沿溯中唐以下”“自官新安掾以后，骨力乃以渐而遒。盖追溯苏（轼)、黄（庭坚）遗法，而约以婉峭，自为一家，伯仲于杨（万里)、陆（游）之间，固亦宜也。”

① [清]孙承泽·高士奇：《庚子销夏记·江村销夏录》，上海古籍出版社，2011年，第32页。

“范成大寓居烟霞之地，出城过河西，登黄山，到歙北，游问政；城内登南楼，游郡圃，上乌聊，饱览溪山，留下不少佳作。”绍兴二十八年（1158）秋，范成大开始外出行役，为公文交涉之事奔波。“范成大三年行役，由徽宁古道北上宣城、芜湖等地；东经新安江下钱塘，又由陆路经昌化、昱岭、王干岭回徽州；西到浮梁、鄱阳湖，见识愈广，诗文骨力益增”。“《石湖诗集》卷七《淳安》诗范成大自注云：‘以后十五首沿檄严杭道中。’孔凡礼著《范成大年谱》载：《骖鸾录》干道九年正月初一日纪事：‘予自绍兴己卯岁以新安户曹沿檄来识钓台，题诗壁间。’此15首诗中，第3首为《钓台》，而绍兴己卯即是绍兴二十九年；又从第6首《余杭》《春晚山花各静芳》及《刈麦》《插秧》《晒茧》《科桑》等诗可知，此次出游当是在暮春时节。范成大曾作有《浣溪沙·新安驿上留别》，从词意‘送尽残春更出游，风前踪迹似沙鸥。浅斟低唱小淹留，月见西楼清夜醉。雨添南浦绿波愁。有人无计恋行舟。’可知，出游时同僚宾朋曾在新安驿为范成大饯行。范成大由水路从歙浦到淳安，艄公力战波涛，水石相击如钟鸣，惊险万端，真个是‘欲识人间奇险处，但从歙浦过桐江’。经严州，上钓台题诗，过桐庐，到富阳，又从余杭由陆路经于潜、昌化、百丈山、昱岭、王干岭到回到徽州州城，一路皆有诗作”。①

干道七年（1171），范成大以集英殿修撰出知桂林静江府兼广西经略安抚使。干道八年（1172），范成大从吴郡（苏州）出发，经湖州、余杭，至富阳而入富春江，随后经桐庐、兰溪入衢江，经江西入湖南境，并陆行经永州、全州入桂林。他在《骖鸾录》中记：

> （十二月三十日）晚宿严州桐庐县。癸巳岁正月一日，巳午间至钓台。率家人子登台讲元正礼，谒三先生祠。登绝顶，扫雪坐平石上。诸山缟然，冻云不开，境过清矣。臧获亦贪殊景，皆忍寒犯滑来登。始，予自绍兴己卯岁，以新安户曹沿檄来识钓台，题诗壁间。后十年，以括苍假守被召复至，自和二篇。及今又四年，盖三过焉，复自和三篇。薄宦区区如此，岂惟愧羊裘公，见篙师滩子，惭颜亦厚，乃并刻数字于右庑柱间，而宿西口。二日，午至严州，泊定

① 以上所引，皆出自张艳红《范成大在徽州的行迹、诗文创作及人际交往考述（绍兴二十五年至绍兴三十年）》，刊《徽州社会科学》。

> 州馆。三日，泊严州。渡江上浮桥，游报恩寺，中有潇洒轩，取吾家文正公“潇洒桐庐郡”之句以名。浮桥之禁甚严，歙浦杉排，毕集桥下，要而重征之，商旅大困，有濡滞数月不得过者。余掾歙时，颇知其事。休宁山中宜杉，土人稀作田，多以种杉为业。杉又易生之物，故取之难穷。出山时价极贱，抵郡城已抽解不赀。比及严，则所征数十倍。严之官吏方曰：“吾州无利孔，微歙杉不为州矣。”观此言，则商旅之病，何时而瘳。盖一木出山，或不直百钱，至浙江乃卖两千，皆重征与久客费使之。四日、五日，皆泊严州。六日，发严州，宿大羊。七日，至婺州兰溪县……[1]

范成大与范仲淹郡望相同，后世将“二范”并称，以成大为小范。范成大曾祖赠太子少保，祖父赠太子少傅，父为左奉议郎、秘书郎，赠少师，祖孙三代赠列“三少”之位。范成大的母亲蔡氏是蔡襄的孙女、文彦博的外孙女。出生于簪缨世家的范成大真是得天独厚，故其渊源有致。范成大书法初学蔡襄，继学晋唐二王、褚遂良、

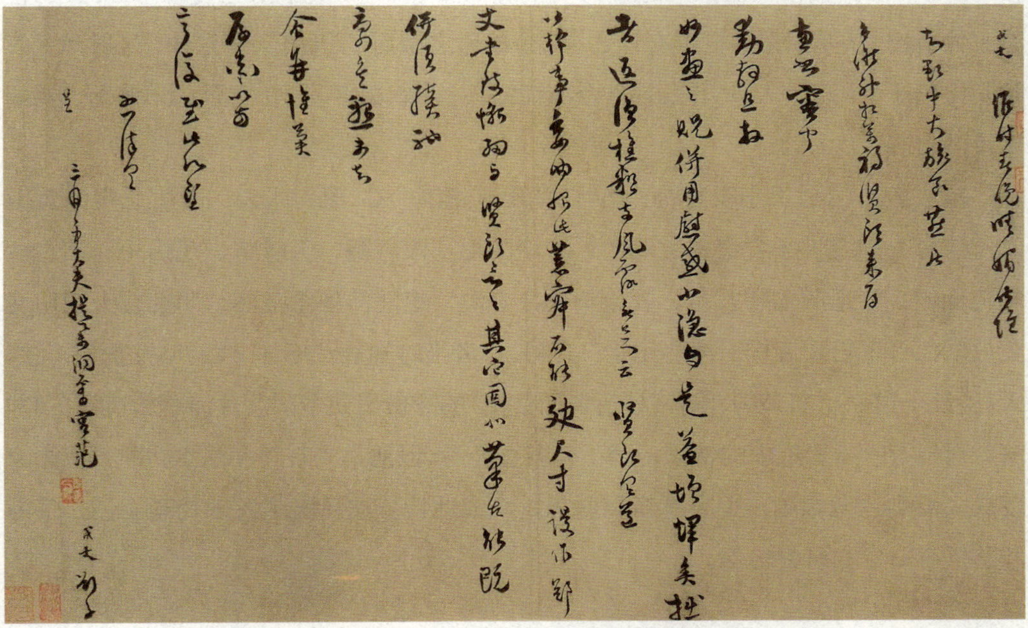

范成大《春晚帖》(局部) 上海博物馆藏

① [宋]范成大：《骖鸾录》，《范成大笔记六种》，中华书局，2002年，第44、45页。

怀素以及杨凝式、苏轼、黄庭坚、米芾，其书法清新隽永、典雅俊秀而“遒劲可观”。范成大喜题刻，除了钓台，在桂林景区就留下11处刻石。真、行书之外，尚有隶书。范成大传世墨迹以尺牍简札居多，有《玉侯帖》《春晚晴媚帖》《荔酥沙鱼帖》《西塞渔社图卷跋》等。范成大的书法思想散见于著述及题跋上，如“汉人作隶，虽不为工拙，但皆有笔势腕力，其严于后世真、行之书，精严意度，粲然可以想见笔墨畦径也。”方爱龙认为：“范成大所曾进行的书法创作和书法活动，不仅是构成他立体形象的一个方面，而且已成为南宋书法史上屈指可数的典范之一。……其书法在历代均受到一定程度的重视，并都曾给予相应地位，这是历史的选择与裁定。我们把他作为南宋时期的代表书家之一，是结合时代的艺术发展概况和范成大本人的书法成就，所作出的整体判断。”[①]

范成大对绘画颇有研究，他在《梅谱·后序》谓：“梅以韵胜，以格高，故以横斜疏瘦与老枝怪奇者为贵。”“近世始画墨梅，江西有杨（扬）补之者尤有名。”但范成大认为他画的梅“大略皆气条耳，虽笔法奇峭，去梅实远”。所谓气条，“其新接稺木，一岁抽嫩枝直上，或三四尺，如酴醿、蔷薇辈者，吴下谓之气条”。又云：“惟廉宣仲所作，差有风致，世鲜有评之者，余故附之谱后。”廉布，字宣仲，号射泽老农。楚州山阳（今江苏）人，一作山阴（今浙江绍兴）人。妙年登科，官至武学博士。善画，以诗酒自娱。

范成大有《画工李友直为余作〈冰天〉〈桂海〉二图〈冰天〉画使北虏渡黄河时〈桂海〉画游佛子岩道中也戏题》：“许国无功浪着鞭，天教饱识汉山川。酒边蛮舞花低帽，梦里胡笳雪没鞯。收拾桑榆身老矣，追随萍梗意茫然。明朝重上归田奏，更放岷江万里船。”诗作于淳熙元年（1174），作者当时知静江府、广西经略安抚使。《冰天》所绘干道六年（1170），作者以“祈请国信使”的身份出使金国渡黄河时的情景。《桂海》则画游佛子岩道中的情景。画工李友直无考，但他是具有写实基本功的一位画家。范成大看到这两幅画，引发感慨和联想，赋成此诗。此诗对了解宋代画工创作情形和动机有一定的研究价值。

① 方爱龙：《范成大书法寻绎》，《中国书法全集·40·赵构、陆游、朱熹、范成大、张即之》，荣宝斋出版社，2000年，第20页。

(九)朱熹

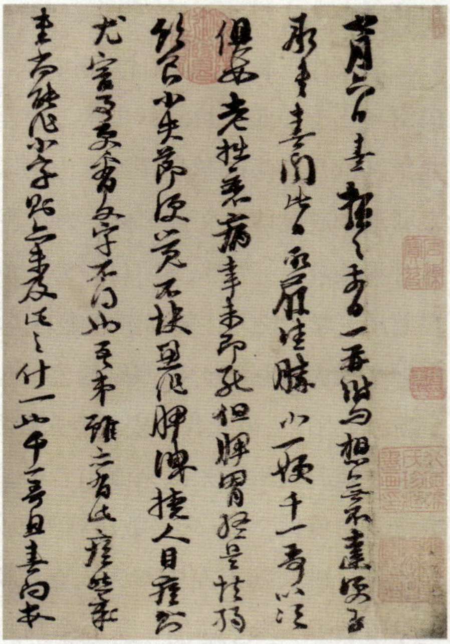

朱熹《书翰文稿卷》(局部) 辽宁省博物馆藏

中国两千多年以来的儒家思想体系中，“程朱理学”占有崇高的地位。二程、朱熹祖籍都是新安人。二程的书法我们无缘一见，只是在明吴士奇《新建程朱阙里记》中，有记方宏静司徒“尝睹程伯子书于豫章唐氏”。在朱熹的论书中，引用了程颢对书法的见解：“明道先生曰：某书字时甚敬，非是要字好，只此是学，握管濡毫，伸纸行墨，一在其中；点点画画，放意则荒，取妍则惑，必有事焉，神明厥德。”① 朱熹不仅是理学家、教育家、诗人，同时还是一位很有造诣的书法家。王世贞在《震泽集》中说：“晦翁书，笔势迅疾，曾无意于求工，而寻其点画波磔，无一不合书家矩矱。”黄宾虹曾云朱子：“幼尝从群儿戏沙上，独端坐以指画沙，视之八卦也。”② 有遗迹数种存世。传歙县长陔南源古寺的岩壁上，凿刻有朱熹手书的“新安大好山水”。晚清歙县汪宗沂《新安访碑记》记歙县长陔有朱熹石刻。至于宗祠、书院里，以他书迹为底本制作的“忠孝节义”“孝弟忠信、礼义廉耻”等内容的匾额、楹联随处可见，他的书法创作与他的书法思想交相辉映。

朱熹父亲朱松是北宋理学家“二程”再传弟子罗从彦的学生，爱好金石，藏有一些先贤的墨迹，这些都对朱熹产生了一定的影响。后朱熹师事“武夷三先生”（胡宪、刘勉之、刘子翚），刘勉之把女儿许配朱熹为妻。青少年时期，朱熹开始学书法。从学李侗后，在读圣贤书之际，还整理了所藏金石碑版拓片，并进行了一定的学习。在其日后从政的岁月里，对书法皆有研求，每到一处，多喜留题。朱熹早期书法，受到颜真卿、蔡襄等人的影响，后上溯魏晋钟、王，并心仪朱敦儒、喻樗书法，

---

① [宋]朱熹：《朱文公文集》，卷八十五“书字铭”。

② 黄宾虹：《黄宾虹文集·书画编》(上)，上海书画出版社，1999年，第311页。

董其昌谓："晦翁书近钟太傅法，亦复有分隶意。"其书虽断简残编，亦被奉为至宝加以珍藏。

朱熹曾应詹仪之邀赴淳安讲学，詹仪之（？～1189），遂安郭村（今属淳安）人。宋绍兴二十一年（1151）进士，官至吏部侍郎，知静江府。曾在干道七年（1171）、九年（1173）两次邀朱熹到瀛山书院讲学，尝与詹仪之研讨《大学》"格致章"。与康塘洪守成昆仲会文百琴楼，为之题写"三瑞堂"匾额，撰写《康塘三瑞堂记》《康塘百琴楼歌》。淳熙二年（1175），詹仪之知信州，时值朱熹、吕祖谦及陆九渊兄弟在鹅湖论学，仪之往复问辨无虚日。淳熙十二年（1185）五月，张栻撰、朱熹书《宋左中奉大夫直秘阁封建德男詹公（至）墓志铭》，全文2078字。原碑立于遂安移风乡新村之阳，后被元代遂安县尹朱倬徙置狮城儒学之东庑。淳熙十六年（1189）二月，詹仪之退归故里，朱熹来瀛山看望。七月，仪之逝世。朱熹闻讣，于次年又来致奠，撰《祭詹侍郎文》。朱熹数次到淳安和桐庐，留下了《题方塘》《青溪》《过许由山》等诗作。碑文《宋左中奉大夫直秘阁封建德县男詹公墓志铭》。为了纪念朱熹，后人专门刻了"朱子遗像"立于狮城无碍寺后。

第三节　元　代

一、绘画

1271年，忽必烈建立元朝。1279年，彻底消灭了南宋政权。元代在历史上虽然不足百年，但在美术上却是一个伟大的时代。元代绘画的最大特点是突出了文人画，这大约和元代统治者不太重视绘画，没有像两宋那样设立翰林图画院有关。黄宾虹云："唐人刻画，宋人纵横，至元人乃得中和。"元代书画最重要的代表人物无疑是赵孟頫，他是宋代宗室。入元后，忽必烈搜访"遗逸"，经程巨夫荐举，赵孟頫官刑部主事，累官至翰林学士承旨，封魏国公。赵孟頫在绘画上是全能画家，更是诗书画印"四全"人物。更为重要的是，他将书法因素加到绘画中来，他在《秀石疏竹图》中题诗云："石如飞白木如籀，写竹还应八法通。若也有人能会此，须知书画本来同。"柯九思说："写竹，干用篆法，枝用草书法，写叶用八分法，或用鲁公撇笔法。"吴镇则说："画事为士大夫词翰之余，适一时之兴趣。"元代绘画并出现诗书画结合的作品，文人化趣味增强。王伯敏认为："元代绘画的发达，突出的是文人画。文人画思潮的影响很大……这个时期，水墨写意画的风格显得很别致。"①

元代山水画之变，始于赵孟頫。他变革了南宋院体画的格调，留意北宋，远法晋唐，早年多青绿，后期以水墨为主，他和钱选都是将青绿过渡到水墨的实践者。黄宾虹说："画法莫备于宋，至元搜抉其意蕴，洗发其精神，实处转松，奇中有淡，而其趣乃出。四家各有真髓，其中逸致横生，天机透露，大痴尤精进头陀也。"②"元四家"的出现，将中国山水画带入一个新的高峰，对后世画家的影响可谓巨大。如黄子久的萧散，吴镇的沉郁，倪云林的旷逸，王蒙的深秀。尤其是黄公望，曾受到赵孟頫的影响，更主要师承董、巨，兼及李成，水墨老辣苍率，境界高远，开一代新风。之后，山水画几乎以学董师黄为主要风气，几百年不衰，至今尤有余响。元代花鸟画著名者有王渊、边鲁、陈琳、张舜咨等。张舜咨，字师夔，号栎山。杭州人，曾任宁国路儒学教授。天顺二年（1458）调江浙行省承宣使，后调任休宁县主簿。盛昌年，字纯良，杭州人，故宫博物院藏其水墨《柳燕图》。曾居歙县紫阳山下，"以种花呼鸟为自得"。黄宾虹整理《黄山画苑略》，认为他"客居古歙，与汪仁甫为忘年交"。③画竹名家较多，如管道升、吴镇、李衎、柯九思等。另有画梅名家王冕等。道释画一度发达，人物、肖像画虽不突出，但有刘贯道、卫九鼎、张渥、王绎等较为杰出的画家，但影响不太显著。王绎有《写像秘诀》传世，其中《彩绘法》《写真古诀》《收放用九宫格法》等内容，为现存较古之传统画像技法。

赵孟頫与严州有一定的渊源，他的从兄赵孟坚曾官严州，弟子俞和是严州桐庐人。赵孟頫本人是来过严州的，曾留下了《桐庐道中》《严陵濑》《过严陵钓台二首》等诗篇。另外，回族诗人、书画家萨都剌曾画有《严子陵钓台图》，藏台北故宫博物院。萨都剌晚年避居杭州、萧山等地，常游历名胜古迹，《严子陵钓台图》当是其游历后所作。新安画家戴仲德、程政、杨鉴泉、朱璟、汪罕、王绎、王胜甫等有名于时，可知新安绘画由来已久。黄宾虹在论元明新安画家兴盛原因时说："至于南渡，新安民人多徙舒池、无为界中。米元章评画，言池州画工作九华山图甚佳，有古法。绩

① 王伯敏：《中国绘画通史》（上），生活·读书·新知三联书店，2018年，第475页。
② 黄宾虹：《黄宾虹文集全编·书画编》（上），荣宝斋出版社，2019年，第27页。
③ 王伯敏：《中国绘画通史》（上），生活·读书·新知三联书店，2018年，第536页。

溪县，为昔时徽郡趋京之轨道，必经宁国，舟行沿新安江而下，由淳安至严州，历桐庐、富阳，过浙江为尤近。至于胡元，作者为多，而赵松雪、唐子华及元季四家，时最称盛，戴仲德、程政先得其学风。”①

元代画论较著名的有夏文彦的《图绘宝鉴》，汤垕的《画鉴》，饶自然的《绘宗十二忌》，以及黄公望的《写山水诀》和王绎的《写像秘诀》等。《图绘宝鉴》《画鉴》以鉴别真伪为主，《写山水诀》《写像秘诀》则重在技法。

(一)黄公望

黄公望(1269 ~ 1354，一作 1355)，传其本名陆坚，因出继永嘉黄氏而改姓。名公望，字子久，号一峰、井西老人。黄公望籍贯众说纷纭，莫衷一是，有说江苏常熟人，又有永嘉、杭州、松江、富阳、衢州等地说，明万历陈善纂《杭州府志》则云“徽州人”。曾任浙西宪吏（都察院掾吏），因“经理田粮”事获罪，在京师又遭监禁。天历间皈依全真派，别号大痴道人。往来松江、虞山、杭州、富春江等地卖卜、隐居、遨游。黄公望通音律，擅书能诗，尤工山水，撰有《写山水诀》。山水师法董源、巨然，又常写生，“皮袋中，置描笔在内，或于好景处，见树有怪异，便当模写记之”。所绘山水苍秀高旷，笔墨老到雄劲，又擅作“浅绛山水”。与吴镇、倪瓒、王蒙合称“元四家”，被誉为“元季四大家之冠”。存世作品有《富春山居图》《九峰雪霁图》《丹崖玉树图》《天池石壁图》等。

《黄公望像》浙江省博物馆藏

《富春山居图》(无用师卷)，纸本，水墨，纵 31.8 厘米，横 636.9 厘米，加《剩山图》共长 691.3 厘米，作于至正七年(1347)，时断时续，“阅三四载，未得完备”。“此卷原有六张纸，长三丈六尺，曩为藏卷主人宜兴吴问卿病笃焚以殉，其从侄子文俟问卿目稍他顾，将别卷从火中易出，已烧焦前段四尺余矣。今将前烧焦一纸揭下，仍五纸长三丈，为丹阳张范我所得。……予于壬辰五月二十四日偕庄澹庵往谒

① 黄宾虹：《黄宾虹文集全编 · 书画编》(上)，荣宝斋出版社，2019年，第318页。

借观，虽日西落，犹不忍释手。其图揭下烧焦纸尚存尺五六寸，而山水一丘一壑之景全不似裁切者。今为予所得，名为《剩山图》”。[①] 富春江为钱塘江上游，新安江与兰江汇合后的河段始称作富春江，下起富阳，上至淳安县，长110公里。它的下游连接有“人间天堂”美誉的杭州西湖，上游则连着“新安大好山水”。富春江两岸山色青翠秀丽，江水清碧见底，素以水色佳美著称。《富春山居图》描写富春江两岸初秋景色，峰峦叠翠，山峰起伏，云树苍茫，平岗连绵，沙汀村舍，江水如镜，境界开阔辽远，布局疏密有致，变幻无穷。此图取法董、巨，又自出新意。用披麻皴，干笔皴出，笔墨疏朗清润，或干墨，或湿墨，或枯笔，似平而实奇，达到了“山川浑厚，草木华滋”的境界。邹之麟跋云：“余生平喜画，师子久，每对知者论子久画，书中之右军也，圣矣！至若富春山图，笔端变化鼓舞，又右军之《兰亭》也，圣而神矣！”此画在清乾隆时入内府，著录于《石渠宝笈三编》。《富春山居图》主要部分藏于台北故宫博物院，《剩山图》藏于浙江省博物馆。《富春山居图》无法确指为哪一段风光，它早已经画家的剪裁而变得似是而非，是自然之山，更是画家心中理想之山。诚如吴其贞所说：“此图不惟为大痴第一画，当为亘古第一画。夫图画者，基于太极，成于秦汉，盛于晋唐宋元。评者曰：‘画人物今不及古，画山水古不如今，二者指元人也。’而元人山水又首推大痴。”[②] 董其昌题跋云：“此卷规摹董巨，天真烂漫，复极精能。展之得三丈许，应接不暇，是子久生平最得意笔也。”观此卷，确实给人以咫尺千里之感。除了吴其贞曾藏《剩山图》之外，《富春山居图》还有歙县雄村曹文埴“恭跋”（金士松书）。

黄公望绘画上承董巨，下启明清，对后世绘画影响至深，对新安画派也不例外。黄宾虹自题《新安待邹亭图》云：“龚半千谓明贤学大痴，邹衣白入其室，恽道生登其堂。新安汪无瑞学于李周生，僧渐江画得大痴意亦多。邹来新安，歙人为筑待邹亭迓之。”[③] 可见渊源有致。

（二）唐棣

唐棣（1296～1364），字子华，斋号遁斋，祖籍钱塘（今浙江杭州），迁徙归安（今浙江湖州）。唐棣幼即聪颖，有“奇童”之称，为赵孟頫、马煦赏识，弱冠时拜赵

---

① [清]吴其贞：《书画记》，人民美术出版社，2006年，第191、192页。

② [清]吴其贞：《书画记》，人民美术出版社，2006年，第190页。

③ 黄宾虹：《黄宾虹文集全编·题跋编》，荣宝斋出版社，2019年，第60页。

《松阴聚饮图》上海博物馆藏

孟頫为师。马煦升刑部尚书后，携唐棣进京，延祐初进荐仁宗，以绘画侍奉宫廷，在嘉熙殿画屏风“挥洒立就，天子称赏”，待诏集贤院，有机会遍览历代书法名画。天历二年(1329)，应诏在南京龙翔寺绘制画壁，至顺四年(1333)第二次北上大都，奉诏在宫廷作画。工山水，近师赵孟頫、黄公望，远学李成、郭熙，尤得后者神韵，詹景凤《东图玄览》记：“唐棣子华《秋山饯别图》……布景法唐人，出入黄子久。”《竹斋诗集》诗云：“近来山水画郭熙，江南独称休宁令。”[①]亦工诗文，有《唐子华诗集》《味外味稿》等。传世作品有《林荫聚饮图》《霜浦归渔图》《携琴远眺图》《雪港捕渔图》《云浦驾舟图》《仿郭熙秋山行旅图》《松阴聚饮图》等。

唐棣先后在郴州、处州、江阴、嘉兴等地为官，50岁时，迁官休宁县尹。至正九年（1349），在休宁任满，转任婺州路兰溪知州。至正十七年（1357）致仕，归故里隐居。其在休宁任县尹的政绩为人称颂，人称“唐休宁”。他的部分诗稿即名《休宁稿》。新安佳山水对唐棣的绘画起到提升的作用，张羽《唐子华云山歌》云：“长松平远早已工，更上歙州看山水。”[②]唐棣与休宁名士朱升为友，而休宁邵谊、邵孜从其学。

(三)戴仲德、程政、杨鉴泉

戴仲德（生卒年不详），元代绩溪大石门人。嘉靖《徽州府志》云：“绩溪县人，善画，尝写骏马于驿旁古祠壁，马见之皆辟易。汪克宽称其博洽，而画马尤工，几夺造化。”[③]黄宾虹《黄山丹青志》认为：“（戴仲德）近于吴兴赵松雪画者。徽郡之

① 转引自郭因、俞宏理、胡迟：《新安画派》，安徽人民出版社，2005年，第33页。
② [明]张羽：《静居集》卷二。《钦定四库全书·浙江巡抚采进本》。
③ 嘉靖《徽州府志·卷之二十·艺术》。

人以画著名，当自仲德始。”[①]画马之外，兼能山水、人物、花卉。黄宾虹《增订黄山画苑论略》云：“至于元代，以画名者，赵松雪、唐子华，皆吴兴人。元季四家，浙人居其三，时最称盛。黄山画派颇多取法吴兴，戴仲德、程政先得其学风。”[②]

程政（生卒年不详），字逊之，元代绩溪市东人。嘉靖《徽州府志》云：“能诗，工书翰，画山水、人物兼花草、翎毛。今死已久，画益贵重。”[③]黄宾虹《黄山丹青志》载：“余曩见其画山水，水墨纸本，圆笔攒点，墨气浑厚，雅似梅沙弥笔。此元人之善用墨者也。”[④]

杨鉴泉（生卒年不详），元代绩溪人。善写真，尤工山水。名取文公“半亩方塘一鉴开”之义。一日过乳溪之上，写朱将军（克用）惟肖，其精致匪时流可及。(《贞素家藏集》)

(四)朱璟、汪罕

朱璟（1298～1330），字景玉，小字爱梅，别署玉峰。元代歙县人，一作绩溪人。[⑤]33岁早逝，终身未娶。郑玉《师山集》为其撰《朱爱梅墓志铭》：“按朱氏新安之望。宋淳熙间，有为广东经略安抚使者，于爱梅为高祖，至父世贤家事益落……郡人郑玉惧其事之不传也，乃为铭刻之墓上。铭曰：世有幽人，兰芳芷馨。天胡丰于其才，而啬于其龄，吾欲问天，而天冥冥；吾欲问人，而人不闻。姑取其孤高之行、贞洁之操，书而刻之坚珉。”[⑥]朱璟少年时代读书于郡斋中，学官藏有一幅米友仁（元晖）的画，张挂在墙壁上。朱璟经常观摩此画，日子久了，掌握了此画的妙处和技法。稍长之后，又爱高克恭（彦敬）的青山白云作品，遂将米友仁、高克恭两家山水融为一体，自成一家。每当得意之时，就挥毫泼墨，纯属自娱，不为外人所役。因家贫母老，为求得俸禄养母，谋到绩溪西坑寨吏之职，仅仅三个月，就放弃了，云：“岂我辈所堪为也。”平时有人召他饮酒，从不推辞。某日大雪天，独自坐在空山巅上，有人问为什么，他说：“吾将以增吾胸中丘壑耳。”黄宾虹记：“徽郡江氏旧藏绢本雪景，仿赵子昂青绿小轴，笔意刻挚，林木秀劲，用粉钩出山坳霁雪，款署玉峰山

① 黄宾虹：《黄宾虹文集·书画编》(下)，上海书画出版社，1999年，第227页。
② 黄宾虹：《黄宾虹文集·书画编》(下)，上海书画出版社，1999年，第435页。
③ 嘉靖《徽州府志·卷之二十·艺术》。
④ 黄宾虹：《黄宾虹文集全编·书画编》(下)，上海书画出版社，1999年，第227页。
⑤ 葛又华：《绩溪画家传略》，刻印本。
⑥《钦定四库全书·集部五·师山集》，《朱爱梅墓志铭》。

民朱某。书法沉着古厚。”① 黄宾虹又得其山水竹石画册，“笔墨挥洒，洵得宋人矩矱而超出其藩篱。”

汪罕（生卒年不详），字仲罕，元代休宁西门人。官丽水主簿、石城尹，授慈湖书院山长。郑玉《师山集》有《送汪仲罕主簿序》。其父汪巽元，字称隐，号退密老人。历官漳、饶二州教授、将仕郎、安仁、钱塘主簿，以建康路总管府判官致仕。有诗 8 卷。郑玉“父事而师承之者，唯汪先生而已”。郑玉每次到汪宅拜访，见“壁间所书，无非警学者语，而于戒酒之训尤拳拳焉。似若为其仲子罕发也”。汪罕工书善画，嗜好饮酒，终日醉陶陶，对于世间荣辱利害，丝毫不放在心上。所绘醉墨淋漓，人们争取之以为奇玩。某年冬天，郑玉侄子来说汪罕戒酒了，郑玉尚不敢信。春天见到汪罕，汪罕云：“吾为酒所困二十年，今而戒之，岂惟不致废事，神气清爽，于养生之道，盖有得焉，是皆吾父之教也。今将之官丽水，子于吾有兄弟之好，其何以教我？”② 关于酒，黄宾虹曾在《黄山丹青志》中“大痴善饮”中说：“若汪仲罕者，善饮为戒酒，而江湖俗子，浪费笔墨，每多假事曲蘖，恣其狂诞，岂不谬哉。”

(五)王绎

王绎（约 1333 ~ ?），字思善，号痴绝生。睦州（今浙江建德）人，居杭州。王绎少时喜绘画，十二三岁已能写照，后经画家顾逵指点，技艺大进。擅人物写像，多线描，少晕染，往往在与对方谈笑间，默记其音容情态，胸有成竹后，方才绘画。所画既能貌似，亦复传神。据记载，曾为倪瓒画过肖像。其传世作品有至正二十三年(1363)作《杨竹西小像》卷，是其存世作品，藏故宫博物院。纸本水墨，纵 27.7 厘米，横 86.8 厘米，描绘元末松江人杨谦（号竹西居士）肖像，倪瓒补松石并题记：“杨竹西高士小像，岩陵王绎写。句吴倪瓒补作松石。癸卯二月。”后并有元代诸家题跋。是流传有绪的杰作。人物面部用细笔勾描，略染淡墨，形象刻画细致入微。衣纹线条洗练，突出画中人物曳杖而行，寄情诗酒，放浪松

王绎《杨竹西小像》故宫博物院藏

① 黄宾虹：《黄宾虹文集全编·书画编》(上)，草宝斋出版社，2019年，第319页。

②《钦定四库全书·集部五·师山集》，《送汪仲罕主簿序》。

竹坡石间的高洁不凡气度。此卷曾藏于两淮巨商、歙县人江孟明处。

王绎还绘有《良常张先生像》，倪瓒《良常张先生像》云："钱塘王生思善画，德常时年四十二矣。德常高情虚夷，意度闲雅，顾非顾长康之丘壑置身，曹将军之凌烟润色，又那缘得其气韵耶？王生盖亦见其善者几耳。今日因过德常草堂，出此图求赞，且欲作树石其旁，乃先缀数语像上，树石俟它日补为之。"① 惜《良常张先生像》已佚。

（六）邵孜、邵谊

黄宾虹《黄山丹青志》将休宁邵孜、邵谊兄弟列入"唐棣传人"。

邵孜（元末明初），字思善。以给事县尹唐棣，日侍笔砚，于唐棣绘画时有受教。邵孜曾有远游，郑玉为作《送画者邵思善远游序》："休宁人邵思善……今将远游四方，以广其见，征余言以壮其行。或谓新安山水窟大好之称，著于昔代，欲知山水之妙者，舍吾新安何往哉？余曰：斯言之惑。邵生之所以游也，夫天地之大幅之广，四方之山川无或同也。巴蜀之山，峭拔而水峻急，江汉发焉。吴楚之山，秀丽而水渟滀，五湖在焉。齐鲁之山多特起，众水所归，东海会焉。幽燕之山多绵亘，水皆支流，滦潞夹焉。画者与山水写神者也，苟非遍历四方，尽其态度而穷其性情，则生于巴蜀者不知秀丽渟滀，生于吴楚者不识夫峭拔峻急，其何能以画山川之妙哉！邵生是行，收揽山川形势以为胸中丘壑，他日来归，闭门解衣盘礴，不出环堵之间，而尽天下之胜，皆自此游得之也，岂独司马子长之文章为然哉。"②

邵谊（元末明初），字思宜，号瓜圃锄云、青门生。洪武初，以文学举休宁训导，旋调黟县。工画山水，尤精红梅墨菊。隶书学《受禅碑》，颇为雅劲。

（七）石隐、程均敬、金汝霖

石隐（生卒年不详），元代黟县僧。传为宋末进士，元初出家为僧。《黟县志》记载其："不知所自来，善诗画。在石鼓寺数十年，与奇墅、韩海友善，旦夕赋诗谈道。"

程均敬（生卒年不详），元代休宁五城人。工画山水。朱同有《题五城程均敬画》："云散山连晴碧，江空树倚高楼。天外归舟何处，山中十二层楼。"

金汝霖（生卒年不详），元代歙县人。号藤溪钓叟。善画龙，兼擅梅花。元代

① [元]倪瓒：《清閟阁集》，西泠印社出版社，2010年，第295页。
② 《钦定四库全书·集部五·师山集》，《送画者邵思善远游序》。

李祁《云阳集》之《藤溪钓叟歌》云："新安金汝霖，才俊之士也。薄声名而慕闲旷，从容山水间，游戏翰墨，咸有深趣。其自号曰藤溪钓叟。海沤道人李某为之作歌：'藤溪钓叟清且奇，出处不与傍人知。翛然垂钓坐溪上，下上云月相追随。朝看溪上云，暮踏溪头月。青山绿水是生涯，红蓼丹枫共萧瑟。有时欲写苍龙姿，雷轰电掣风雨驰。高堂素壁见挥扫，凛凛毛发寒生肌。有时直向梅花下，弄笔摇毫恣描写。新条旧干总横斜，嫩蘂踈花亦潇洒。藤溪钓叟非钓徒，遁世不见真良谟。得鱼沽酒唤溪友，颠倒汗漫同欢娱。君钓藤溪鱼，我作藤溪歌。风尘澒洞豺虎出，一笑奈尔藤溪何。'"[①]《题龙头》诗："昔年登虎榜，人道是龙头。此日频看画，清霜满鬓秋。"诗后加注："金汝霖为予作此，偶题二十字以寄畴昔，感叹之意麄鄙可笑也。今卷以赠王君本立，故复识于此。"[②] 此外，还有《题金汝霖龙头》诗。李祁，湖南茶陵州人。元统元年（1333）榜眼，曾官婺源州同知。累迁江浙儒学副提举。

关于金汝霖的籍贯，有可能是休宁人，因休宁有藤溪乡名。另，与朱升有交往，朱升有《送金汝霖之浙》诗："景辉老子挺前修，喜有名孙入品流。恰自西江得休暇，遄从东土作清游。圣书六字标吴墓，世宝千龄閟虎丘。更上会稽探禹穴，归来肯复写龙头？"诗中亦写到龙头，可见金汝霖画龙的名气。

二、书法

赵孟頫在元代绘画的变革中起到关键的作用，在书法方面，其作用有过之而无不及。赵孟頫五体书皆擅，尤以楷、行书著称，书风遒媚、秀逸，结体谨严、笔法娴熟，书法直接魏晋，尤其重视王羲之，曾说："昔人得古刻数行，专心而学之，便可名世。况《兰亭》是右军得意书，学之不已，何患不过人耶？"在复古的过程中，又提出"书法以用笔为上，而结字亦须用工。盖结字因时相传，用笔千古不易"的理论。赵孟頫提倡的复古，对同时代及后人产生很大的影响，一时成为风气，如鲜于枢、邓文原、揭傒斯、柯九思、康里巎巎、俞和、饶介等，无不高执传统大旗。

除了行书、草书之外，元代还是章草、篆隶流行时期，出现了许多大家，如邓文原、俞和、吾丘衍、吴叡、泰不华、周伯琦等。另一方面，元代对汉人的待遇和重视不够，再加之有遗民倾向者更是隐而不仕，或出家方外，造就了自己的书法个性，代表人

① 《钦定四库全书·集部别集类·云阳集》，卷一。
② 《钦定四库全书·集部别集类·云阳集》，卷二。

物有倪瓒、吴镇、杨维桢、张雨、方从义等。另外，元代集画家、书法家于一身者颇多，这和赵孟頫所说“须知书画本来同”是一致的，说明彼时的画家学习书法已是自觉的追求。

元代国祚较短，但也留有一些摩崖、碑刻，黄山、齐云山、屯溪花山、建德棋坪山等皆有摩崖石刻遗存。元至元二十三年（1286），咸淳元年（1265）进士、官至大理寺卿的淳安人何梦桂撰记《西真宫记》，又撰记《白云山法华院记》（元至元二十五年）、《参知政事高公平盗记》（元至元二十七年）、《建德路罢金课记》（元至元二十九年）、《建德路新创三皇庙记》（元大德三年）；元至大二年（1309），邑人徐唐佑撰记《淳安县儒学增田记》；元延祐七年（1320），淳安县令郑千龄建朱文公祠，至治元年（1321），新安王仪撰记《新建朱文公祠堂记》；至正二十二年（1362）淳安县令胡惟贤修葺县学，立《淳安县重修儒学记》碑，严陵王建中、洪仲源书丹；另有《故丹阳书院山长马君墓碣铭》，元天历三年（1330），累官集贤修撰、翰林待制、奎章阁侍书学士虞集撰书。

赵孟頫《松雪斋书论》《评十一家书》《阁帖跋》《兰亭十三跋》等都是重要的书论，其他还有郑杓的《衍极》、陈绎曾的《翰林要诀》、苏霖的《书法钩玄》等。

（一）方回

方回（1227 ~ 1305）[①]，字万里，一字囦甫，号虚谷。新安歙县人，诗人、书法家。幼孤，从叔父学，颖悟过人，吕午、方岳等亟称之。景定三年（1262）以别院省元登第，调随州教授，改官通判、安吉州都堂、严州（今浙江建德）知府。与贾似道不和，一再除官，辄遭诬劾。方回上《论贾似道十罪可斩疏》，言之凿凿。入元，授嘉议大夫、建德路总管兼府尹，迁通议大夫，依旧任。在郡七年，至卖寓屋犹不足以偿逋贷，“徜徉钱塘湖山间二十余年，豁达轻财，喜接引后进，嗜学至老不厌。经史百氏，靡不研究，而议论平实，一尊朱文公熹”。[②]方回节操为世所论，其善诗文，倡江西诗派“一祖三宗”之说，诗亦学习黄庭坚、陈师道，为江西诗派殿军。其散文简当扼要，《四库全书总目》说：“学问议论，一尊朱子，崇正辟邪，不遗余力，居然醇儒之言。”罢官后，即徜徉于杭州、歙县一带，有诗如《出歙港入睦界》《舟行青溪道中入歙

① 弘治十五年《徽州府志·卷七·文苑》载其卒年81岁。
② 弘治十五年《徽州府志》卷七《文苑》。

十二首》之一："歙州民与睦州民，比似吴儿大较贫。为问山中有何好，山中剩有读书人。"晚年在杭州卖文终老，其有《予丁亥生壬寅年七十六留杭十二年》诗："吾生已是三分过，此地胡为一纪留。万事无心偶然耳，久将身世付浮休。"有《碧流集》《桐江集》《名僧诗话》《瀛奎律髓》《读易释疑》《易中正考》等。《桐江集》刻于严州，65卷。今存《桐江集》4卷，《桐江续集》36卷。"

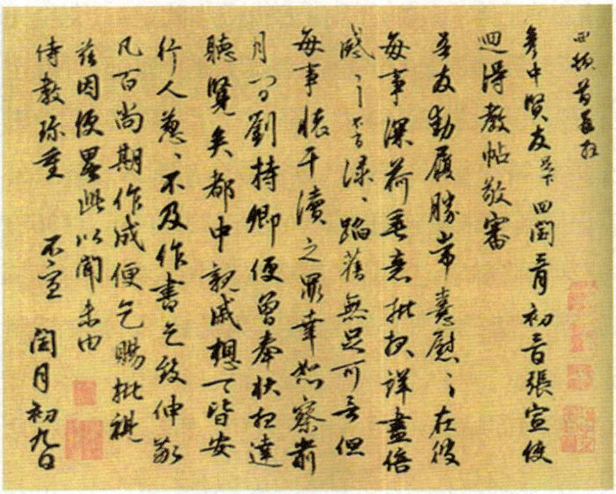
方回《得救帖》故宫博物院藏

方回擅书，存世墨迹有《得救帖》，纸本，纵30．3厘米，横49．9厘米。故宫博物院藏。该帖行笔自然，笔力劲健，颇似赵书，唯变化略逊。方回与赵孟頫交往密切，书法与之也很相似，可见受其影响不小。在他的诗中，有不少直接与间接和赵孟頫相关的诗作，如《题沈伯隽所藏赵子昂墨兰》《送赵子昂提调写金经》《题仇仁近白驹诗图赵子昂画及书》《为合密府判题赵子昂大字兰亭》《为孙同签瓒题赵子昂马》《题赵子昂摹唐人二戏马驹》《为徐企题赵子昂所画二马》，其《送赵子昂》云："文赋早知名，君今陆士衡。真能辨龙鲊，未可忘莼羹。剩喜修途辟，深防俗目惊。时闻黄耳信，缓步取公卿。"在方回的书法中，可以感受到《兰亭序》遗韵，在他的诗中，不乏与《兰亭序》有关的诗篇，如《题禊帖图》："永和九年晋癸丑，禊帖至今家家有。遗墨一纸出昭陵，摹本宇宙同不朽。甲子循环十六周，甫近千岁未为久。之字二十我谛观，谁绘此图夸妙手。晋人之学吾能□，□以庄子为六经。大同小异立议论，漆园遗意入兰亭。七情静动应万事，一气聚散钟千形。乐极必悲生必死，倏开忽阖风天萤。岂不痛哉逸少语，畏怖生老病死苦……"诗中不仅提到《兰亭序》二十个"之"字，也提到了对生死等的感悟。其他还有《题陈正之兰亭》《小本兰亭二种》《兰亭》等。方回不仅与赵孟頫友善，和鲜于枢交往亦密切，有《赠鲜于伯几》《次韵鲜于伯几秋怀长句》《次韵鲜于伯几秋怀古体》《送临安洪行之次鲜于伯几韵》《鲜于伯几举近诗有一官屡厄黄杨闰之句忘其全联因赋呈之》诗。

从方回诗来看，其对绘画亦有研究，有不少题画诗，其中不乏名家之作。如题古代作品有《次韵受益题荆浩太行山洪谷图五言》《次韵受益再题荆浩山水图当是洪谷子自写所居》《题陈仲良宅观古物及徐熙来禽卷》《题郭熙雪晴松石平远图为张季野作是日同读杜》《东坡真迹》《题东坡先生惠州定惠院海棠诗后赵子昂画像并书》《题米元晖寒林》《为徐企题李伯时马》《题罗观光藏陈所翁墨竹》等，题同时代人作品有《题钱选木芙蓉》《跋高舍人钱舜举君选着色山水》《题钱舜举着色山水》《钱舜举瓜画》《题李仲宾竹二幅》《题孙廷玉藏李仲宾墨竹》《题罗观光所藏李仲宾墨竹》等，都是名载史册的书画巨匠和大家。

(二)鲜于枢

鲜于枢(1246～1302)，字伯机，号困学山民、寄直老人，晚年营室名“困学之斋”。祖籍金代德兴府（今张家口涿鹿县），生于汴梁（今河南开封），大都（今北京）人，一说渔阳（今津蓟州区）人，寓居杭州。曾辗转于扬州、杭州、金华等地，元至年间以才选为浙东宣慰司经历，后改浙东省都事。大德六年(1302)任太常典簿，未及到任，逝于杭州。鲜于枢身材魁梧，胡须浓密，友人称其“髯公”。诗人柳贯说他“面带河朔伟气，每酒酣骜放，吟诗作字奇态横生”，颇有北方人的慷慨豪气。其旷达、自负随意的性格，导致他常与上司争论是非，一语不合，就拂袖而去。

鲜于枢工诗词、作曲和抚琴，精鉴古物，文名显于当时。有《困学斋杂录》《困学斋集》。以书法成就最著，擅行草，尤工草书。书法由唐人入手，上溯二王。雄逸挺健，笔法纵肆，圆润遒劲，气势恢宏。酒酣吟诗作字，奇态横生。善悬腕作书，陈绎曾记：“今代惟鲜于郎中善悬腕书，余问之，瞑目伸臂曰：胆！胆！胆！”[①] 赵孟頫对其极为推重，两人也甚为友善，同为元代书

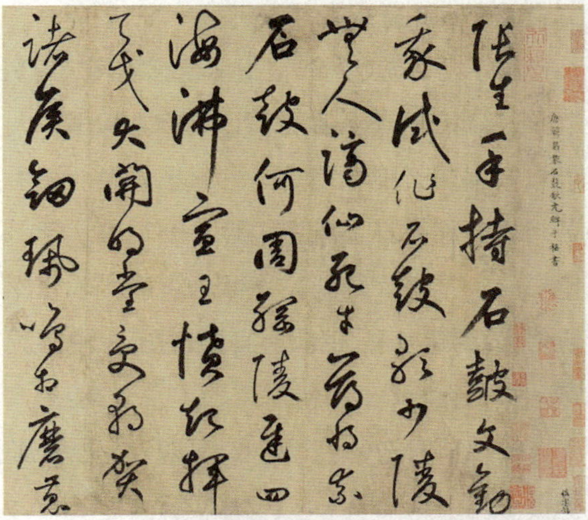

鲜于枢《草书石鼓歌》美国大都会艺术博物馆藏

① [元]陈绎曾：《翰林要诀》，《历代书法论文选》，上海书画出版社，1979年，第480页。

坛“巨擘”，并称“二妙”“二杰”。存世墨迹有《苏轼海棠诗卷》《杜工部行次昭陵诗卷》《秋兴诗册》《唐诗卷》《韩愈送李愿归盘谷序卷》《石鼓歌》《王安石杂诗卷》等，草书《石鼓歌》是鲜于枢代表作之一，圆劲丰润，朴茂凝重，淋漓酣畅又蕴含法度。清人高士奇跋美国纽约大都会博物馆所藏《石鼓歌》卷云 :“临川聂大年评……鲜于伯几与赵文敏同学书，而草有过文敏处。”赵孟頫自己也说 :“余与伯机同学草书，伯机过余远甚，极力追之而不能及。伯机已矣，世乃称仆能书，所谓无佛处称尊耳。”虽是谦辞，也说出了一些事实。

《王安石杂诗卷》，纸本，纵 50 厘米，横 1025 厘米。曾入内府，著录于《石渠宝笈》，现藏辽宁省博物馆。《王安石杂诗卷》末题 :“右荆公杂诗。至元辛卯二月八日，过君锡真味堂，出纸命书，遂为尽此。君锡书法得前人之正，又所收秘籍在诸家法帖上，亦须拙笔，亦爱忘其丑之意耶。鲜于枢记。”本卷是鲜于枢为其好友“君锡”所作。君锡，即方逢辰 (1221 ~ 1291)，原名梦魁，字君锡，号蛟峰。学者称蛟峰先生，淳安县城郭高坊（今浙江淳安）人。宋理宗淳祐十年 (1250)，廷对第一，并为之改名“逢辰”，后便以君锡为字。累官至婺州知府、兵部侍郎、户部尚书。丁母忧去国，从此绝意仕途。后改礼、吏部尚书，不受。宋亡，元世祖诏御史中丞崔彧起用他，拒不受。有《蛟峰文集》等。辛卯为至元二十八年（1291），即方逢辰去世那年所书。方逢辰之真味堂或在淳安。

鲜于枢曾游建德，留下《建德溪行二首》：“山截溪将断，川回路忽通。鸟声青嶂里，人语翠微中。玄圃参差是，桃源想象同。平生苦行役，翻爱打头风。”“碧水一千里，青山十二时。推篷皆是画，移棹总堪诗。乐此浑忘倦，公焉遂及私。船头有官酝，时复一中之。”

(三)杨维桢

杨维桢 (1296 ~ 1370)，字廉夫，号铁崖、铁笛道人、铁心道人、铁冠道人、铁龙道人、梅花道人等，晚年自号老铁、抱遗老人、东维子。元绍兴路诸暨州枫桥全堂（今浙江诸暨）人。与陆居仁、钱惟善合称“元末三高士”。

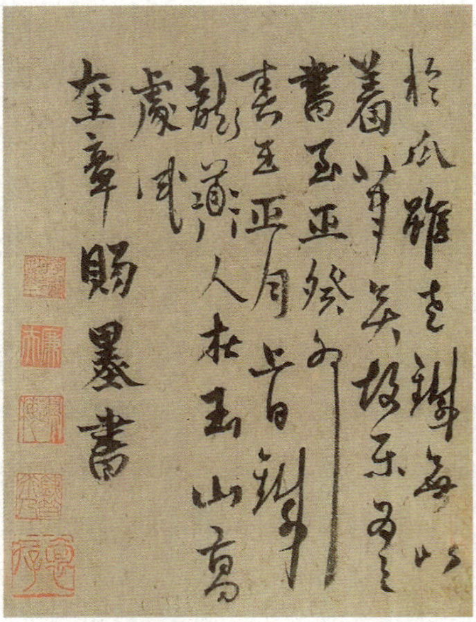

杨维桢行书册(局部) 上海博物馆藏

其父杨宏筑室铁崖山中，环绕书楼植梅百株，藏书万卷，令其与从兄杨维翰专心读书，并将梯子撤去，每天用辘皿传食，如此苦读五年。泰定四年(1327)进士，历任天台县尹、杭州四务提举、建德路总管推官。元末，杨维桢避寓富春江一带，张士诚屡召不赴。后在松江筑园圃蓬台，与杨谦、陆居仁、吕良佐等知交，吟咏唱和，诗赋相乐，人以为神仙中人。明太祖朱元璋再三派人敦促其出山，抵南京见太祖表明心迹，太祖碍其名望太大，不敢过于勉强。杨维桢至家，易箦，急撰《归全堂记》，掷笔而亡。宋濂为撰《元故奉训大夫江西等处儒学提举杨君墓志铭》。有《东维子文集》《铁崖先生古乐府》《丽则遗音》《复古诗集》等。

杨维桢诗学李贺，其古乐府诗婉丽动人、雄迈自然，人称“铁崖体”。书法工行草，时带章草笔意，个性强烈，迥异于时人，传世作品有《张氏通波阡表》《城南唱和诗卷》《元夕与妇饮诗》《竹西草堂记卷》等。元至正十七年（1357），建德兜率寺主持释真如重修寺毕，请杨维桢撰记《建德路重修兜率寺记》。同年九月，为建德晋太傅羊公庙撰记《晋太傅羊公庙碑》，“乃九月朔，遣睦推官会稽杨维桢诣庙所，用牲币祠之，且为新亭父老立碑志始末。”

(四)郑玉

郑玉(1298～1358)，字子美，新安歙县郑村人。博通六经，尤精《春秋》。门人甚多，构师山书院一处，学者称师山先生。曾经隐居东南神山覆船山招隐草堂十余年。至正间，以翰林待制、奏议大夫遣使赐御酒、名币浮海征之，玉不起。日以著述为事。明兵至，守将要之使出，郑玉曰：“吾既不得慷慨杀身以励风俗，犹当从容就死，以全节义。”遂自缢死。有《师山集》《周易大全附注》《春秋阙疑》《程朱易契》等。

郑玉擅书，歙县章岐孝女乡有《章氏二孝女庙记》。在黄山温泉石壁上有隶书题刻，浑朴厚重，其内容颇具史料价值，书于逝世前一

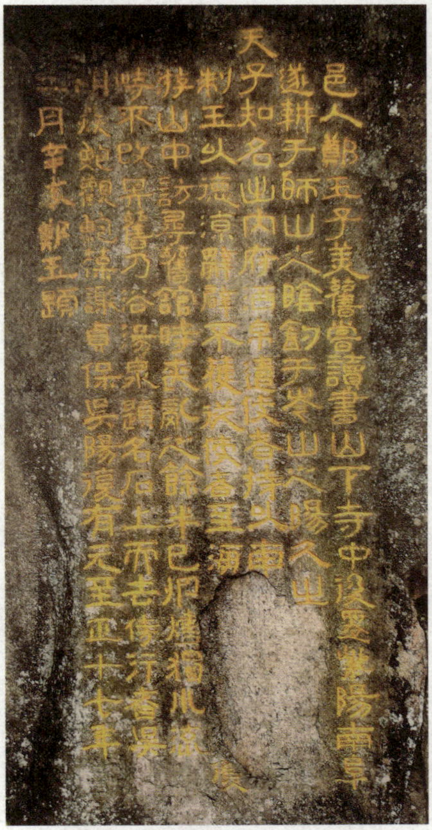

郑玉《隶书摩崖刻石》

年，抄录于此：

> 邑人郑玉子美，旧尝读书山下寺中，后迁紫阳南阜，遂耕于师山之阴，钓于岑山之阳。久之，天子知名，出内府酒帛，遣使者持以南，诏（玉为翰林待）制。玉以德凉辞辟不获，从使者至海（上，以疾而返）。复游山中，访寻旧馆。时丧乱之余，半已煨烬，独川流山峙，不改其旧。乃浴汤泉，题名石上而去。侍行者吴诜、胡焱、鲍观、鲍葆、谢贞保、吴阳复。有元至正十七年春二月□□郑玉题。

元至治元年（1321），淳安县尹李思明修葺杏坛，郑玉为之撰记。黄宾虹在《黄山丹青志》“师山晓画”中说：“师山先生郑玉，家居歙县贞白里……宋邓椿言多文晓画，宜师山先生，言中肯綮也。”[①] 郑玉在《师山集》中为多位画家作传，言之有物，故黄宾虹有是言矣。

（五）舒頔

舒頔（1304 ~ 1377），字道原，绩溪人。博学广闻，初征聘为池阳贵池教谕，后调丹徒校官、台州学正，后时艰不仕，隐居山中，屡召不出，终老于家。归隐时曾结庐为读书舍，书斋名“贞素斋”。善诗，其诗盘桓苍古，无纤巧之习。有《贞素斋集》《北庄遗稿》等。史载其擅长隶书，亦长于篆书，《贞素斋集》卷七《黄氏敦睦堂》诗注云：“风俗之薄久矣，敦睦之风我独见于克敬兄弟焉。乃为篆书其额，赠之诗文。”又曾为休宁吴筠轩题《山水窠手卷》。

（六）俞和

俞和（1307 ~ 1382），字子中，号紫芝、紫芝生，晚号紫芝老人、清隐散人等。所居斋号醉墨轩，桐江（今浙江桐庐）人，其父游钱塘（今杭州），喜而寓居。

俞和少时见赵孟頫用笔之法，遂极力工书，书名日甚，篆楷行草，各臻于妙。其临摹晋唐人法书，尤称妙绝。有戏用赵孟頫私印者，人不能辨其真赝。风日清美，宾友会集，酒过数巡后，俞和濡笔伸纸，一挥数十行，真有惊蛇入草，飞鸟出林之态，自谓“颠长史不我过也”。人争购藏以为珍玩。俞和不乐仕进，至正初，朝廷修

① 黄宾虹：《黄宾虹文集·书画编》（下），上海书画出版社，1999年，第228页。

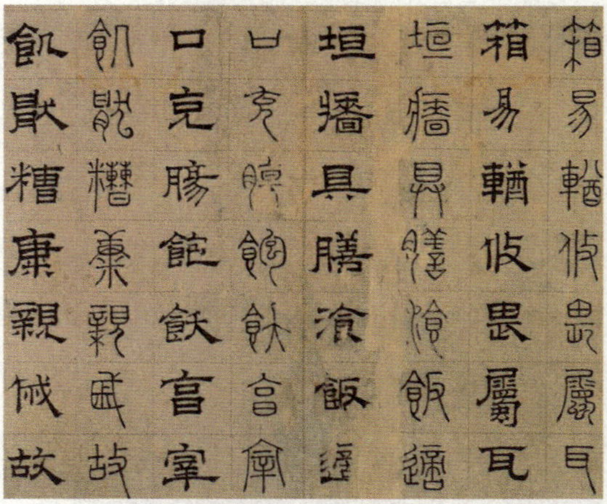

俞和《千字文》局部 台北故宫博物院藏

辽金宋三史成书，移文江浙行省，缮写镂版，遣翰林应奉张翥来视工，行省参知政事秦从德任程督事。张翥谓秦从德曰：“此朝廷盛典，字画惧不如式，宜得精书法如俞子中者校正。”秦从德即日命有司奉币请俞和入局，如式校正。竣事后，秦从德拟以学校官处之，俞和辞谢曰：“某以国家有文事，效薄劳耳，不愿仕也。”当时的文章巨家如黄溍、陈旅先后任江浙提学，每文章脱稿，必请俞和书写。名士张伯雨亦与俞和来往密切。

至正四年(1344),俞和曾题李唐《关山行旅图》,故宫博物院藏其所临《定武兰亭》《自书诗卷》等,台北故宫博物院藏有《篆隶千字文册》《临张芝帖》。《篆隶千字文册》书于元至正十四年(1354),是俞和48岁时所书。此书笔法丰富,清新秀雅,书写自然,一气呵成，诚为佳构。美国普林斯顿大学附属美术馆藏俞和临《乐毅论》，小楷劲秀，深得精髓。明人桑悦云：“紫芝所书，深得松雪笔意，而圭角稍露，比之松雪，正如献之之于羲之也。”比喻十分恰当。

(七)邵亨贞

邵亨贞(1309～1401)，字复孺，号贞谷，一作贞溪、清溪。浙江淳安人，一作桐庐人。邵亨贞祖父邵桂子为南宋咸淳七年(1271)进士，及第后任浙江处州教授一职。宋亡，邵桂子不仕，迁松江华亭隐居，娶松江曹应符之女，遂为松江华亭人，占籍云间(今上海松江)。曾任松江训导,入明后终于儒官,足迹不出乡里。好学博览,工诗文，通阴阳、医卜。邵亨贞在诗词创作中颇有成就，文徵明将其与杨维桢、钱惟善、孙作、陶宗仪合赞为“杰然天下士”。著有《野处集》《蛾术文集》《蛾术诗选》《蛾术词选》。

邵亨贞祖母一兄弟即元代著名画家曹知白，邵亨贞童年时就常从其左右，后又觞咏饮筵、游山赏水，邵亨贞曾有文记述：“追思翁(曹知白)康强时，幅巾野褐，扶短筇节，招邀文人胜士，终逍遥于嘉花美木、清泉翠石间。论文赋诗，挥麈谈玄，援琴雅歌，觞咏无算，文采风流不减古人。其有得于文字间者，未易臆计也。暇日

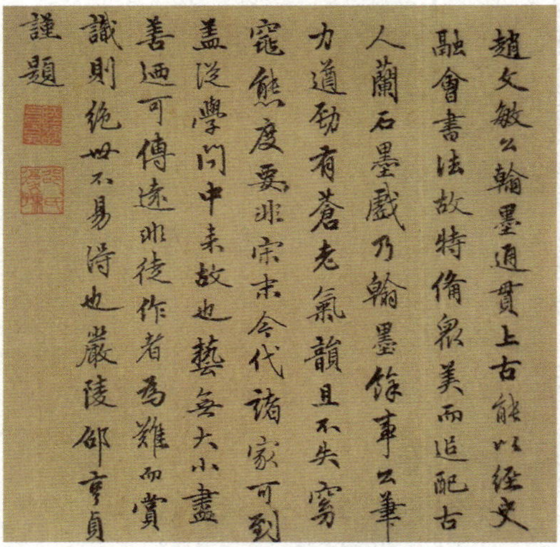

邵亨贞行书题跋

屡从翁游，得所书诗文、小简，凡数十纸，至今宝藏。”[①] 邵亨贞与黄公望有交谊，黄公望曾绘《富春大岭图》赠邵亨贞，款题“大痴为复孺画”。今藏南京博物院。杨维桢、钱惟善等与之亦过从甚密。

邵亨贞擅书法，《松江志》说他“工真草篆隶书”，《中国美术家人名辞典》云其：“书牍雅赡，善真、草书，尤工篆、隶。”传世有行书《诗帖》，纸本，纵 24.5 厘米，横 58.9 厘米。故宫博物院藏。帖云“敬次东维内翰先生寄示答延英诸公移馈严韵，唯赐教乃幸。”“东维”即指杨维桢，其别号东维子。此帖笔画遒劲有力，间架端庄大方。书风有赵孟頫特征，兼具宋人意味。《诗帖》写于元至正二十三年（1363），邵亨贞时年 55 岁。诗帖落款云：“至正癸卯暮春既望，契生严陵邵亨贞顿首再拜书于野处堂。”有意思的是，“癸”上有“壬”字，被点去。癸卯上一年为壬寅，刚至暮春，大约写习惯了，刚写一“壬”字即发现错误。另外，自称“严陵邵亨贞”，籍贯自明。

(八)刘基、冷谦

刘基(1311 ~ 1375)，字伯温，浙江青田人。元统元年(1333)进士，至元元年(1335)为江西高安县丞。至正七年（1347），为江浙儒学副提举兼行省考官。明初任御史中丞兼太史令，明朝开国元勋。洪武三年(1370)，为弘文馆学士，赐封诚意伯，岁禄 240 石。四年（1371），赐归，居乡隐形韬迹，唯饮酒弈棋，口不言功。后被左丞相胡惟庸所讦而夺禄，入京谢罪不敢归。八年(1375)，刘基感染风寒，并愈来愈重，遂遣使护归，居一月而卒。正德九年（1514），追赠太师，谥号文成。刘基博通经史，尤精象纬之学，号为神机妙算，时人比之诸葛亮。文学史上，刘基与宋濂、高启并称“明初诗文三大家”，有《郁离子》《诚意伯文集》。

刘基善书，师法钟繇、王羲之、智永、虞世南、赵孟頫等，上海博物馆藏其

① 《钦定四库全书》卷二，《题钱素庵所藏曹云翁手书〈龙眠述古图序文〉》

《春兴八首诗卷》，颇具赵孟頫遗意。刘基曾在严州驻留，有《钓台》诗。传建德大洋镇棋枰山，有刘基楷书题“石壁”二字。黄冠道人冷谦题自画《白岳黄山图》云：“至正癸未秋，与刘伯温订朝新安白岳，泛舰溯流，由桐江经严台之睦州路，闻水碎碎、心怀骇骇，辘轳而上于万山之中，至时已十有七天星月矣。历阶而升几十里，始得睹一天门，参谒圣像，眺玩山川，步壶天五老峰、仙洞珠帘，远映瘦僧异兽，岌而参天穿云，森森而列前。询及乡人，答以黄山计一日程可至其间。于是乘兴悠远，见怪松奇石，巍峨峭壁，飞温泉，丹台鼎灶，猿吟鸟语，留我心身，遏我神思，援萝及巅，大江一线，金陵瞭然，南北无几，四隅八荒，悉障目前。而刘曰：肯误入仙山也。吟咏不已，于是强余模写，余亦勉涂。黄冠道人冷谦作并题于硃砂庵。”画之左上角有刘基题诗，署“青田刘基题”。

冷谦《白岳图》台北故宫博物院藏

冷谦（生卒年不详），字启敬，一作起敬，道号龙阳子。元末明初道士。武陵（今湖南常德）人，寓居嘉兴。擅绘画，有《蓬莱仙弈图卷》等。洪武初，以善音律仕太常协律郎。有《太古遗音》《琴声十六法》。

三、篆刻

中国古代典籍中，关于玺印起源的记载不多，周秦间《逸周书·殷祝篇》记载有关天子玺印的描述：“汤放桀，取天子之玺，置天子之座前。”[1] 玺印的运用，除了

① 孙慰祖：《中国印章——历史与艺术》，外文出版社，2010年，第34页。

象征权力的天子之玺外,其他用途则有印封物品和工匠在器物上“物勒工名”。如《周礼·地官·司市》:“凡通货贿,以玺节出入之。”“货贿”即商品总称,商品出入为“通”。司市之官掌握商品出入权,凭信所盖印记,即为“玺节”。“玺节”即以玺为节,郑玄注:“玺节,今之印章也。”新石器时代出现的陶印模与玺印初始功能也很相似,作为抑压工具是印模的一方面,另一方面则朝着“玺印”发展,后来的封泥当是由印模触动而生发的结果。

安阳殷墟发现的三方铜玺,即台北“中央研究院”所藏“商三玺”,基本被确认为晚商时期之物。1998年秋,中国社会科学院考古研究所在安阳殷墟遗址范围内,发掘到一枚殷墟铜纽玺,印面为兽面纹饰。2009年,河南安阳殷墟王裕口村南地出土了一枚铜印,“整体略呈方形,横截面为梯形。印文面边长2.2～2.4厘米,壁厚0.45厘米,鼻纽高0.89厘米。锈蚀严重,保存较差。出土时,印文难以辨识。后经与该墓其他铜器铭文比对,并经X射线透视,确认其为‘□’字。印文为印文,印面内凹。应钤印在软性材质之上。”[①]2010年,安阳殷墟刘家庄北地祭祀坑H77出土了一枚夔龙纹印。而三者在外器形上基本相同,这些发现都将其定位在了商代。陕西周原遗址则出土了两枚西周图纹印章,一是1980年扶风黄堆乡西周中晚期灰坑出土的三角纹和窃曲纹印,一是1980年初扶风法门乡西周中期灰坑出土的有目窃曲纹印。其他传世品,如上海博物馆藏一枚西周铜质火纹玺和故宫博物院藏一枚饕餮纹印,这些发现和藏品都弥补了玺印发展中商代与春秋战国之间的缺环。

春秋战国时期,完全意义上的玺印已开始流行于社会各个方面。战国时期的官、私印体系及其制作规范已极为成熟。其后印章历史经历了秦、两汉、三国、两晋、南北朝、隋唐宋元等的发展,我们不妨将隋唐之前的印章称作“青铜时代”,将隋唐以后称作“钤朱时代”。清代汪中《释印》云:

> 黄山民治地获铜印二,外圆内方,围某寸,径某寸,文曰:“管军万户府印。”其背曰:“中书礼部监造。”二印同,一治平三年月,一太平三年月。江都汪中释之曰:汉之军,以言乎一营也,唐之军,以言乎一道也。宋之军,以言乎一州也。元明之军,以言乎一人也。管军者,元诸路号也。万户府,元官,

① 《考古》2012年12期,第13、14页。

有上万户府，管军七千之上，达鲁花赤一员，万户一员，俱正三品。副万户一员，从三品。中万户府，管军五千之上，达鲁花赤一员，万户一员，俱从三品，副万户一员，正四品……治平三年者，罗田人徐寿辉据蕲水为都，国号天完，僭称皇帝，改元治平，其三年，当至正之十三年，在丙戌也。①

"由实用的印章逐步变成美术作品，那是唐以后的事。再进一步而成为一种专门学术，即印学，亦称篆刻学，更是近七八百年的事……宋代'文人画'盛行，把诗、书、画结合起来，成为综合的艺术形式。最后加上印章，美术的含义就更丰富。印章本身也从此变成一种美术作品。"②明中期后，石章成为主要印材，文人士大夫开始介入创作，开启了"石章时代"，随着文人印章创作群体的扩大，中国印章因此转入以文人篆刻为主流的历史时期。

文人参与和使用篆刻的历史，要上溯到北宋时期。新安吴士奇《新建程朱阙里记》记载了，明代方宏静曾看见北宋程颢书于豫章唐氏，有"忠壮公裔之章。司徒（方宏静）悚然曰：'噫，千载疑之，而一朝决之也。'"许承尧加按："此二程之出篁墩，乃赖一印章证之耳。"③

朱熹在《名堂室记》中记述其父朱松事："紫阳山在徽州，里尝有隐君子居焉，今其上有老子祠。先君子故家婺源，少而学于郡学，因往游而乐之。既来闽中，思之独不置，故尝以'紫阳书堂'者刻其印章，盖其意未尝一日而忘归也。"而论对文人篆刻历史的贡献，当属米芾。米芾（1052 ~ 1108），书画家、鉴藏家、印学家。41 岁前名黻，字符章，别署火正后人、鹿门居士、襄阳漫士、海岳外史等。祖籍太原，后徙襄阳（今湖北襄樊）。其所著《书史》中有论印、用印法，如"印文须细，圈须与文等""贞观、开元皆小印，便于印缝"。米芾尝自篆印，如他曾说："王诜见余家印记，与唐印相似，始尽换了作细圈，仍皆求余作篆。如填篆自有法，近世皆无法。"此语可证其自篆印章。一说其能刻印，如丁敬在《略观大意》印跋云："米襄阳自刻姓名'真赏'等六印，且致意于粗细、大小间。盖名迹之存，古贤精神风范斯在，非欲与贱技者流，仆仆争工拙也。"又在《胡姓翰墨》印跋中云："余昔藏

① [清]汪中：《述学》，中华书局，1991年，第113、114页。
② 沙孟海：《印学史》，西泠印社，1987年，第89页。
③ 许承尧：《歙事闲谭》，黄山书社，2001年，第105页。

米元章真迹六十字，后有朱文‘米姓翰墨’印，盖公自刻者。”沙孟海在《印学史》中说：“我们观察他自用诸印，多数镌刻粗糙，与他同时代的欧阳修、苏轼、苏辙等人的印文镌刻工细相比，大不相同。说他自己动刀，也可相信。”[①] 宋代是金石学昌盛时期，如吕大临的《考古图》、赵明诚的《金石录》、王俅的《钟鼎款识》等。关于印章的研究也开始勃兴，最早有北宋中后期杨克一的《集古印格》，传宋徽宗“敕撰”有《宣和印谱》，清徐真木在《观妙斋集印》中云《宣和印谱》：“其书长八寸，黄朱为格，泥以麝粉，澄心堂纸，首以秦九字玺……藏于盐官许同行先生处。”南宋则有王厚之的《复斋印谱》、颜叔夏的《古印式》、姜夔的《集古印谱》，但均已佚。宋代王俅（子弁）所辑《啸堂集古录》，是较早集古铜器铭文书，该书收摹刻古印 37 方，印下多注有释文，王俅“自幼至今，每得一器款识，必摹本而投之以箧，积三十余年，凡得数箧，则又芟夷剪截，独留善者编次之，其志犹以为未足也。他日再获古文奇字，即续卷末，将示子孙永为家宝”。成书约在南宋淳熙三年（1176）。

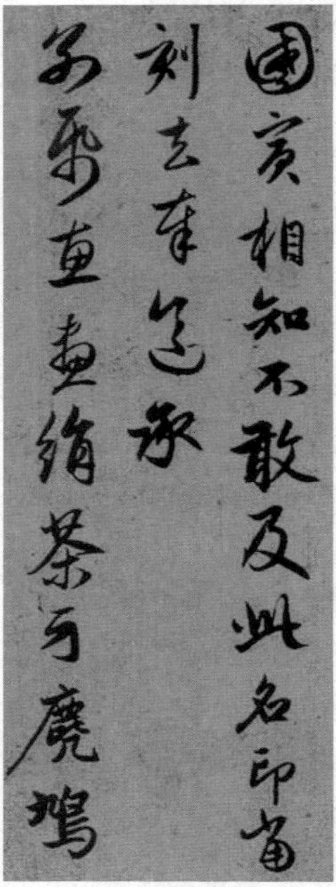

赵孟頫《致国宾山长帖卷》
故宫博物院藏

赵孟頫是印史上较明确的印人，他擅“圆朱文”，亦作“元朱文”，细笔婉转，姿态柔美，明甘旸谓：“赵子昂善朱文，皆用玉箸篆，流动有神之。”[②] 清人陈炼在《印说》“圆朱文”中谓：“元赵松雪善作此体，其文圆转妩媚，故曰圆朱。要丰神流动，如春花舞风，轻云出岫。”[③] 故宫博物院藏赵孟頫《致国宾山长帖卷》云：“名印当刻去奉送。承别纸惠画绢、茶，与麂、鸠、鱼干、乌鸡、新笋，荷意甚厚，一一祗领。不胜感激。”赵孟頫辑有《印史》2 卷，为古印汇录，赵氏亲自钩摹。遗憾的是书已佚，仅存序文一篇：

① 沙孟海：《印学史》，西泠印社，1987年，第90页。
② 韩天衡：《历代印学论文选》，西泠印社出版社，1999年，第79页。
③ 韩天衡：《历代印学论文选》，西泠印社出版社，1999年，第294页。

余尝观近世士大夫图书印章，一是以新奇相矜：鼎彝壶爵之制，迁就对偶之文，水月、木石、花鸟之象，盖不遗余巧也。其异于流俗，以求合乎古者，百无二三焉。一日，过程仪父，示余《宝章集古》二编，则古印文也，皆以印印纸，可信不诬，因借以归，采其尤古雅者，凡摹得三百四十枚，且修其考证之文，集为《印史》，汉魏而下典型质朴之意，可仿佛而见之矣。

由此序文，可以揣测该书之大概。

吾丘衍（1272 ~ 1311），一作吾衍，清初避孔丘讳，字子行，号贞白、竹房、竹素，别署真白居士、布衣道士，世称贞白先生。太末（今浙江龙游）人，侨居杭州。元代金石学家、印学家。嗜古学，谙音律，工篆隶，辑有《古印式》2卷，亦名《学古印式编》《汉官威仪》，早佚。又有《周秦刻石释音》《闲居录》《竹素山房集》《学古编》等。《学古编》成书于大德庚子（1300）年，卷一为《三十五举》，次载《合用文籍品目》，尾系附录。《三十五举》为此书主体，阐述篆隶演变及篆刻知识，被认为是最早研究印学理论的著述。吾丘衍与赵孟頫为文字交，时有往还。其友人夏溥在《学古编序》中记述吾丘衍治印方面的事迹："私印有'竹素山房''吾氏子行''我最懒'……此数印串印鼻小韦带，常在手摩弄之。"又谓此书行世所致影响："遂变宋末钟鼎图书之谬，寸印古篆，实自先生倡之，直第一手。赵吴兴又晚效先生法耳。"① 吾丘衍小赵孟頫 18 岁，"赵吴兴又晚效先生法耳"，值得注意。

除了上面提到的元代印人外，还有钱选、吴福孙、吴叡、叶森、朱圭、王冕等。钱选有《钱氏印谱》，吴福孙有《古印史》等。吴睿编有《吴孟思印谱》，一名《汉晋印章图谱》，一卷，存摹古印 92 方，印下注释文、印材、纽式，间附考证及藏者。另有杨遵辑《杨氏集古印谱》4 册，摹集汉印 700 余方。王冕（1287，一说 1310 ~ 1359），字符章，号煮石山农、饭牛翁、会稽外史、梅花屋主等，浙江诸暨人。牧牛出身，后在寺院做工，夜坐佛膝上映长明灯读书。会稽韩性闻而异之，录为弟子。曾游北京，客秘书卿泰不华家。王冕以画梅著名，亦能画竹和作诗，有《竹斋诗集》。另外，他还是一位篆刻家，用花药石（后泛称花乳石）刻印，篆法高妙。从他自用印的风格看，是相符的。另有昆山人朱珪，字伯盛，从吴叡学书法，工篆刻，辑有《印

① 韩天衡：《历代印学论文选》，西泠印社出版社，1999年，第10页。

文集考》，杨维桢为撰《方寸铁志》。

在方回的诗中，有几处关于篆刻的史料，如《桐江续集》中有《赠刊印朱才俊》诗："科斗何年变篆字，至秦程邈翻为隶。今人但习真草行，谁会六书三耦意。篆所最难柱与圈，学打一圈费三年。岂容臆决蔑师授，汩没形象迷傍偏。九江法帖钟鼎刻，兵火以来犹可得。人间亦有说文本，臣翱反切臣锴释。朱生赠我古印章，奎躔璧度森开张。自言少小嗜此艺，意欲径上阳冰堂。细观刀笔最佳处，颇识传笺通训故。苟焉糊口栖此身，元来亦是知书人。"《赠刊工程礼》："镂金镌石切瑶琨，深入诗家不二六。刻画工夫初亦苦，终然芒角了无痕。"《赠俞碧岩体仁刊图书》："上古包羲卦初画，五行之金刀为革。两仪四象生□□，□初一圈为太极。八卦之上六十四，右干左坤名曰易。因重□定科斗书，削木为方竹为册。捣纸束毫写今字，世降俗□动山积。何如简径却艰难，筱荡梓桐事雕刻。所以近人刊图书，篆籀依稀规鸟迹。博雅君子具老眼，尔□生者□不识。紫阳山西星源州，遥见长虹贯白日。伊人□□□□间，云气开晴碧岩碧。一旦飘然□□湖。硎刃如□□□□。谁尝石鼓玩陈仓，忽似野碑揭争峄。赠我三印红屈蟠，细□游丝疏复密。侯王黄金橐驼纽，韩彭何曾得渠力。如我□绿绶亦无，不过小匣藏寸物。闲诗倡和外谨封，家书时用报儿侄。佩之如宝汉刚卯，不惧取将轰霹雳。"

在这三首诗中，我们知道了宋元之际有朱才俊、程礼、俞体仁（碧岩）三位印人的姓名，而朱、程、俞三姓皆新安的显姓和大姓，极有可能是新安印工。

第四节　明　代

一、绘画——早、中期及人物、花鸟画家

元至正二十八年（1368），朱元璋称帝，国号大明，历经十六帝，传十二世，共276年。明朝在中央和南京各设置吏、户、礼、工、刑、兵六部，这是与前代不同的地方。相比之下，南京六部除兵部、户部外，其他四部基本没有实权。

王阳明、李贽、王船山、黄梨洲、顾亭林等人的哲学思想十分活跃，晚明书院的兴盛冲击和动摇了官学地位，一些知识分子利用讲学批评时政，倡导新思想和人

生观，平等交流、自由探讨辩论，是开明进步的学术方式。

中国古代画家，唐多居蜀，宋多居汴，元明则以江浙称盛。明建国之初，朱元璋征召画家入内廷供奉，服务于宫廷，有的长期供事于内府，有的画家画御容称旨，被授予官职，供奉于翰林。明成祖永乐朱棣想仿效宋代体制，建立明代的翰林书画院，但未能实施。明宣宗朱瞻基本人精擅绘事，媲美宋徽宗赵佶，以恢复两宋画院盛况为己任。除前朝供奉的画家，如边文进、谢环、郭纯等，继续留任外，又从江浙一带征召高手，一时名家云集，如周文靖、李在、倪端、商喜、孙隆等。除少数供奉内廷的画家安排原机构外，大多隶属于文华殿、仁智殿和直武英殿，可视作与宋代翰林书画院同等性质的机构。画家所授职衔，除了武英殿待诏等外，多武官名衔，如锦衣千户、锦衣卫指挥，领薪俸而不司军职。其后，明宪宗朱见深、孝宗朱祐樘均擅长绘画，画院名家有林良、吕纪、吕文英、殷善、郭诩、王谔等人，形成明“院体”时代特色，为鼎盛时期。明正德朱厚照后，宫廷绘画日益衰败，画院虽在，但风光不再，只有朱端、吴彬、崇文震亨等数人，但画风都已游离于“院体”，随明亡而绝。

浙派是明代前、中期画坛一个重要绘画流派，由戴进（浙江钱塘人）开创。吴伟（湖北江夏人）学戴进，风格略有不同，形成浙派重要旁支江夏画派。浙派与明代宫廷绘画（院体派）成为当时画坛的主流。明中期后，浙派衰弱，“吴门画派”崛起，沈周、文徵明、唐寅、仇英被称为“吴门四家”“明四家”，是一个有广泛影响的绘画流派。清初徐沁《明画录》记约 800 人，而苏州一地就有 150 人。稍晚，以董其昌为首的“松江画派”活跃于松江地区，是与吴门派关系最密切的山水画派。明末，蓝瑛与戴进、吴伟合称“浙派三大家”，风格与戴进不同，被称为“武林派”“后浙派”。人物画家有戴进、吴伟、唐寅、陈洪绶、崔子忠、吴彬、曾鲸，以及新安人丁云鹏、林直（字圆），为嘉靖间传神高手。明代是水墨写意发展时期，花鸟画家有林良、徐渭、陈淳、周之冕、陈括等，许多擅画山水的画家亦花鸟高手，如沈周、文徵明、唐寅、陆治等。工笔画家则有边文进、吕纪等。

宋元时期，新安画家尚寥寥无几，明代渐多，到万历以后，始见繁荣。“新安画派”肇始于明末，一般以程嘉燧、李流芳、李永昌等为先导。但在此之前，有著名画家见于资料中，如明初之朱同，其《覆瓿集》中有大量的绘画记载。成化、弘治、正德间，歙县向杲人吴鐄、吴鉴兄弟及鐄子吴澈皆工诗善画，但画迹未存，只有故宫博物院藏汪承等《行书玩芳亭诗》卷，有 18 位作者书法，其中便有吴澈及叔父吴鉴、从叔吴铠书迹。明嘉靖《徽城朱氏谱》中《敬泉记》载:“歙朱生应皋以写真名,识者谓之神品,别号敬泉。”[①] 按:朱应皋为朱氏三十世,应生于成化年间,为斗山街朱家巷人。程敏政与沈周关系甚密,弘治元年(1488),程敏政以旧侍从官致仕,沈周赠诗云;“人从今日去,雨是几时晴?”程敏政与沈周酬赠之作尤多,为其所题藏画诸诗,对古人画理尤所领会,并多次修书求沈周之画,如其答姑苏刘振之信札云:“乡人自吴中回得手书佳作,披诵之际,如见故人,接谈笑。是日并得石田诗及书画,山房寂寥,忽尔增重。”沈周曾来新安,馆潭上黄氏,“所居亦久,邦人学画,师承授受有自来矣”。[②] 黄次孙则云:“幼时习闻先人言,沈石田尝以讼累避地来新安,馆于歙之潭渡,吾宗燕翼堂松轩敬礼之,濒行为写松、柏、桐、椿四大幅,清初归于太史家所有。乾嘉之际,家业中落,以五画及周钟一,质千金于族人某。洪杨之后,仅存松、椿二画,后收得之。”[③] 今安徽省博物院藏沈周大幅绢本《椿萱图》,纵172.9、横92.8厘米,所绘工整谨严,为早期所作,沈周作品仅见,此或即黄氏所藏之“椿”,待考。江念祖曾师事沈周,并延至江村,为作《瑞金秋霁》《长湖烟雨》。又,沈周于临河程氏厅前画一虎,神采骏发,羊犬为之辟易。祝允明游歙,主西山汪氏,为书《黄庭经》,甚至筐筥什器,皆枝山笔。吴其贞《书画记》中“王叔明幽谷读书图小纸画一幅”记:“此图购于歙之西山汪氏,今入在大册中。余向闻之已久,故特去访之。登其堂,堂曰西麓,是祝枝山题者。余询其由,主人曰:‘曾祖号西山,延祝先生在此榻二载,其堂额是此时所取也。’所以余到溪南见祝字甚多。至寿文、寿诗,自二旬以及七八旬者皆属祝书。原来地近西山,求甚便故多耳。”[④] 唐寅36岁时曾来新安,与歙县富溪汪荣(字时萃,号实轩,别号双鉴)为友。正德十四年(1519)为其作《双鉴行窝图》,今藏故宫博物院。

嘉靖间,歙县灵山画家方阳坡绘有《灵阳十景图册》,方暹《灵阳十景叙》署年“嘉靖庚子”,可知此画最晚作于嘉靖十九年(1540),日本私人藏。从画面看,有浙派风格。但目前此画册被人冠以明代夏芷作。黄宾虹《黄山画苑论略》载:“吴一桂,字延秋,溪南前街人也,富家子弟。出游姑苏,闻文氏一门皆良史,遂请谒焉。因言新安山水,

---

①《徽城朱氏谱·二支七皓公下徽城传文》,嘉靖三十四年刊本

② 黄宾虹:《黄宾虹文集全编·书画编》(上),荣宝斋出版社,2019年,第320页。

③ 黄宾虹:《黄宾虹文集全编·书画编》(上),荣宝斋出版社,2019年,第446页。

④ [清]吴其贞:《书画记》,人民美术出版社,2006年,第134、135页。

方阳坡《灵阳十景图册》

在在画图，文德承（伯仁）为之心动。其后德承独走新安，因叹延秋之言不诬，而德承丹青精进，大德山水之助，遂为文氏丹青白眉。”[①] 又吴一桂从文伯仁学画，有人讥讽：“富家儿亦能解此耶？”一桂答：“云林、松雪非富家儿耶？”于是一座皆惊。后文伯仁到歙县，这时吴一桂家已困落，仍充为山中主人，尽地主之谊。新安“绘事渊源，每由父诏其子，师授其弟，习俗流派，恒有不同。兼以法书名画，搜罗庋藏，鉴赏好事诸家，骚人墨客，又得时时往还，共相讨论。平居娴习，耳濡目染，闻见宏广，自无市井恶滥之气绕其笔端。明季俶扰，沧桑变易，黍离麦秀之感，孤臣畸士，思托零缣片楮，抒写幽思，故取境益高，造诣益进。”[②]

所见新安明代中后期画家有：程敏德字克俭，号梧冈、在庵。休宁陪郭人，程敏政弟。入吏部试优等，授参事府主簿等。画学高彦敬，篆隶学余阙，俱可观。江念祖（遥止）师元人。程儒，字素时，绩溪仁里人。工诗画，编纂有《绩溪文献诗》《程氏世肖录》。程项，字谨之，号适斋、清溪。婺源上溪源人。书画并工，题室名“八可庄”，有《牧羊山人诗》《吴下行稿》《南山倡和稿》。程胜，字仲奇，号六无，歙县人。工山水，以焦墨写蕉兰，肆笔草草。程寰，工青绿山水人物，师法仇英。程一字，汰万，

① 黄宾虹：《黄宾虹文集·书画编》（上），荣宝斋出版社，2019年，第322页。
② 黄宾虹：《黄宾虹文集全编·书画编》（上），荣宝斋出版社，2019年，第327页。

号海鹤。休宁城北人。善画，耽孙吴黄老诸书。陈有廙，号墨泉，晚号水云道人。休宁人。精敏多能，善画仙姬，而云烟尤为长技。程达，歙县人，善人物、山水。邵龙，号云窥。休宁万安人。工画山水、人物，妙得唐宋名人法。黄尚文，字无文，号三株。歙县黄家坞人。工书画，于宋元诸名家无不临摹，而自有一种天趣超然尘外。吴万春，字符生。歙县翀山巷人。工画花卉翎毛，信笔俱佳，山水纵横任意，卓然名家。江益（明末），字无方、无疆，号黄白山樵。歙县人，工山水。程沧（明末），字元清、之清。休宁人。工山水。吴家凤（明末），字瑞生、琮生，号研舟。西溪南人。善诗画，工山水。安徽博物院藏《山水轴》，有董巨遗风；又故宫博物院藏《仿倪瓒耕云轩图卷》。曹堂（明末），字仲升。绩溪人，画学元人。顺治六年（1649）作《仿黄鹤山樵》轴。汪都，字瀛海。新安婺源（今江西婺源）大畈人，为薄溥（亳）州吏目。工书画、文辞，而画尤绝技，山水人物，点染颇佳。晚年以双筋代笔，婺源博物馆藏其《坐观飞泉图轴》题跋："自识丹青绝世无，几年磊落在江湖。老来不用狸毫笔，双筋能挥十丈图。瀛海居士汪都以筋代笔写，时年六十有四，万历戊申岁孟夏。"有《拟古诗》《早朝诗》《铜钱赋》。潘峦，字碧井。婺源桃溪人。经纬、象数、书画能窥其奥，尤精于音律，有《礼乐志》《八家行草》《君臣图鉴》《切韵指南》。另，汪肇、朱邦、丁云鹏等，皆有名于时，可谓新安绘画传承有致。

明中期出现商业集镇和资本主义萌芽，商品经济得到发展，文化艺术呈现世俗化趋势。徽商形成于明代，在这个时期亦达到了鼎盛，无论是从业人数还是活动范围、商业资本等方面，都位居前列，有"无徽不成镇"谚语。即以盐业为例，"邑之以盐策祭酒而甲于天下者，初则有黄氏，后则汪氏、吴氏相递而起，皆由数十万以汰百万者"。[①] 新安书画、篆刻也兴于此时，并非巧合。书画之装裱，歙县亦有高人，万历《歙志》记载："装池，则柳氏独擅。章皇帝（宣宗朱瞻基）天纵睿资，精于鉴赏上方名画，召海内良工裱褙，有司举以上闻，而柳氏一门称旨。授以文思院官，遂令世习此艺。至成化甲午，而裔人柳真保为文思院副使，住司礼监，乃今柳永照诸人皆其子孙，然则此艺之精不独吴人也。"[②]

明代画论有韩昂的《图绘宝鉴续编》、朱谋垔的《画史会要》、何良俊的《四友

---

① 万历《歙志》，黄山书社，2014年，第416页。
② 万历《歙志》，黄山书社，2014年，第407页。

斋画论》、徐沁的《明画录》、屠隆的《画笺》、王穉登的《国朝吴郡丹青志》、李开先的《中麓画品》、顾凝远的《画引》、董其昌的《画旨》、沈灏的《画麈》、汪砢玉的《珊瑚网》、张丑的《清河书画舫》、郁逢庆的《郁氏书画题跋记》等。休宁詹景凤在书画理论方面造诣高深，其《东图全集》末四卷《玄览编》及所附题跋一卷和见存于《詹氏小辨》卷四十、四十一的《书画旨》二卷，所论书画最详。崇祯八年(1635)，歙县呈坎罗周旦（孔兼）撰《古今画鉴》，收明代歙县人甚多，自序云："笃好绘事，见元夏士良《图绘宝鉴》，病其挂漏，以见闻所及家藏画之有名款者增补之。……所载于邑里较多，则见闻囿之。然吾郡实擅场画手，即如余家含章、伯屡父子，并作雅观。伯符画亦工，而为书名所掩。以近准远，吴会云间，正堪并论。"此书后被朱鸿均增入清代人物，并易名为《古今画史》。

明代画论在文人画方面颇多阐述，强调意趣、天趣，并对书法与绘画关系讨论比较深入，作画称之为写，蒋乾有"书中有画，画中有书"之谓，体现了当时对书画关系的认识高度。绘画理论在明代颇为发扬光大，内容丰富多彩，形式多样，成为专集的，就有50余种。

意大利的天主教耶稣会传教士、学者利玛窦值得一提。虽然之前有意大利马可·波罗和他著名的《马可·波罗游记》，但"其关于中国的经历的描写，在中西方史学界尚存有一定争议，而且争议双方都不能有充分的证据证明其来过或者未来过中国"。

《程氏墨苑》"天主图"

利玛窦（1552～1610）是天主教在中国传教的最早开拓者之一，他广交中国官员和社会名流，在中国传播了西方天文、数学、地理等科学技术知识，产生了深远的影响。万历十一年（1583），利玛窦进入广东肇庆，并在崇禧塔旁建了一座带有教堂的房子，出版了第一份中文世界地图，起草了第一部《祖传天主十诫》，肇庆瞿太素成为他的好友和弟子。万历十七年(1589）夏，利玛窦被派往韶州。万历二十二年（1594），利玛窦获得在南昌居住，并建立了第三个传教驻地。万历二十五年（1597），利玛窦被任命为中国传教的主管。万历二十六年（1598），利玛窦离开南昌赴南京，并由南京礼部尚书王忠铭促成其第一次进京，虽然最后未能如愿见到神宗皇帝。万历二十八年（1600），利玛窦再次赴京，于次年1月抵达。神宗对贡品兴趣十足，十分喜爱，正是这些“欧洲方物”打开了利玛窦进入宫廷的大门。由于自鸣钟需要专门维护，传教士被允许定期进宫进行检修，神宗下诏允许利玛窦等人长居北京，获准在城内择民房长住，并可以进行传教活动。利玛窦在宣武门内修建了一座教堂，即著名的南堂。利玛窦在教堂里举办西方图书和科学仪器的展览，吸引了大批官员和儒士前来参观，扩大了天主教在士大夫中的影响。与利玛窦交者，不乏朝廷高官，如内阁首辅沈一贯、吏部尚书李戴、礼部尚书冯琦、刑部尚书萧大亨等。对利玛窦传教事业帮助最大的，当属“圣教三柱石”：徐光启、李之藻和杨廷筠。经过利玛窦的努力，到万历三十三年（1605），北京已有200人信奉天主教，其中不乏公卿大臣。

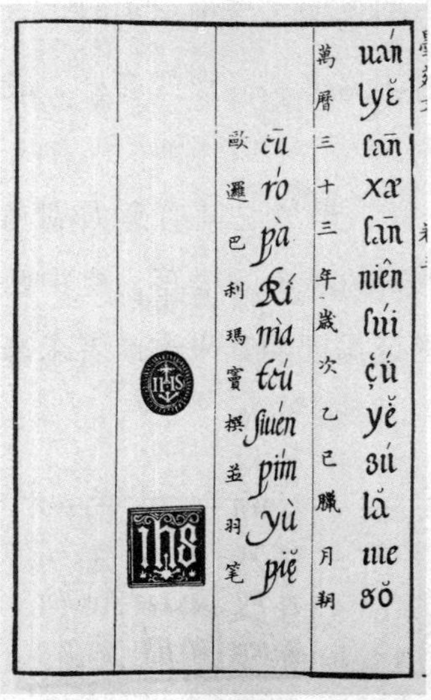

《程氏墨苑》

利玛窦与徐光启合作，出版了《几何原本》的前六回译本，印刷《畸人十篇》，并编纂他的历史著作《基督教远征中国史》。万历三十八年（1610），利玛窦病逝于北京。虽然利玛窦本人不会绘画，但他随带的美术作品给人带来出乎意料的效果，如圣母像等绘画作品，让许多人第一次见到油画、版画等。

远在新安一隅的制墨家程大约在万历三十三年（1605），由程氏滋兰堂出版《程氏墨苑》墨谱刻本，在《程氏墨苑》第十二卷中，意外地收录了《天主图》等四幅天主教题材的作品，是根据利玛窦所携欧洲铜版书所影刻，《程氏墨苑》并录利玛窦序文一篇：

今岁窦因石林祝翁诗柬，幸得与幼博程子握手，知此君旨远矣。程子寿逾艾而志气不少衰，行游四方，一意以好古博雅为事。即其所制墨，绝精巧，则不但自作，而且以廓助作者，吾是以钦仰大国之文至盛也。向尝见中国彝鼎法物，如《博古图》所载，往往极工致。其时人无异学，工不二事，所以乃尔。今观程子所制墨，如《墨苑》所载，似与畴昔工巧无异。吾乃谂大国之文治，行将上企唐虞三代，且骎骎上之矣。程子闻敝邦素习文，而异庠之士且文者殊状，欲得而谛视观之。予曰：子得中国一世之名文，何以荒外文为耶？褊小之国，僻陋之学，如令演绎所闻，或者万分之一，不无少裨大国文明之盛耳，若其文也，不能及也。万历三十三年岁次乙巳腊月朔，欧逻巴利玛窦撰并羽笔。

程大约（约1550—?），字幼博，又名君房，号筱野、玄玄子、守玄居士。歙县岩寺（今徽州区）人。程大约的《程氏墨苑》请了著名画家丁云鹏、吴廷羽等绘图，著名刻工黄鏻、黄应泰、黄应道、黄一彬等镌刻图谱。邀请当时诸多名流题跋写序，以壮声色，又彩色套印，开启了套色木刻的先声。而在墨谱中破天荒地刻入意大利传教士利玛窦所赠四幅西洋宗教绘画作品，并请其作序，这一举动有点匪夷所思，令人刮目相看。从利玛窦序文中，可以知道两人有缘认识，而此时利玛窦已在北京，可以接近皇帝及诸多达官贵人，具商业头脑的程大约正是利用外国传教士这一新鲜而特殊身份，邀请写序。而利玛窦也不失时机地在墨谱中加入宣传天主教的内容，从而皆大欢喜。这一行为创造了新安制墨史和外国美术图籍的首次合作的一段佳话。

(一)朱同

朱同（1338 ~ 1385），字大同，号朱陈村民、紫阳山樵。翰林学士朱升之子，一般认为朱升为休宁回溪人，朱同亦当是。然其钦定四库全书本《覆瓿集》卷四《舟行分韵诗序》云："以为诸公别，且将跂足林下，以徯所谓好消息者，为吾邦斯文之庆幸也，公其尚有取于愚言乎？同是行者，婺源四人：胡原昉、江道全、江道原、胡德耕，休阳五人：余子韶、朱曰可、汪铭德、汪德懋、江彦名，余歙人朱同也。是为序。"汪世清《艺苑疑年丛谈》言朱同为歙县石门人，并言："他的存世画迹只有日本京都国立博物馆所藏的一幅花鸟画，题作《白梅双鸦图》，作于洪武五年壬子（1372），署名紫阳山樵。"[①] 读赵吉士《休宁志》始知，"朱升，字允升。生休宁，后徙居歙之石门"。[②] 又，《寄园寄所寄》引《稗史》："允升生休宁，徙居歙石门，馆临河程氏。"[③] 朱同为洪武十年(1377)举人，任本郡教授，修《新安志》。洪武十三年（1380）举人才，授吏部司填充员外郎，升礼部右侍郎。后坐蓝玉案，赐

① 汪世清：《艺苑疑年丛谈》，紫禁城出版社，2002年，第5页。
② [清]赵吉士：《寄园寄所寄》，黄山书社，2008年，第869页。
③ [清]赵吉士：《寄园寄所寄》，黄山书社，2008年，第883页。

自缢。朱同资敏，尽传家学，文才武略，通群经、音律，诗具盛唐风致，《明诗综》录其诗一首。朱同诸艺毕给，时称“三绝”。有《覆瓿集》8卷。

朱同长于书画，洪武十年（1377）书《寿春堂记》，懿文太子喜爱他的书法，颇为器重。《覆瓿集》有海阳范標跋：“礼侍公枫林先生子也，讳同，字大同，以外家陈姓号朱陈村民，又号紫阳山樵，志景仰也。公文才武略，图绘丹青，无所不精，时称为三绝。”《覆瓿集》有题画诗30余首，如《率溪汪茂卿求写西山小隐图，因题图左》：“渐江天际来如丝，委蛇下绕孙王祠。两岸青山如走马，势与江水俱驰下。疏烟远近见村墟，茅屋竹篱总堪画。隐士家居溪上村，云烟水石供晨昏。田园岁入了官赋，足迹不到王侯门。溪鱼入市充盘餐，啄黍有鸡牢有豚。论文痛饮醉方已，高朋满座无空樽。秋风萧萧岁云暮，奔走谁能免公务。乾坤如许憾身多，何况持家立门户。写画题诗良独苦，梦魂想象无由睹。我欲作诗奉明主，挽此高风还淳古，四海苍生悉安堵。”《汪宾谷因李雪斋求余写临清楼图并诗》：“野人未上临清楼，作图题诗神预游。题诗不尽登临兴，作图漫写凭栏秋。水南鬟黛入帘小，松萝空翠当窗流。想象赋成终未稳，安得乘兴来上头。”以上诗皆可证为题自画。朱同画迹著录有《为曹子纯画扇》《古木寒林图》《万松道人吹箫图》《墨菊图》《云溪归隐图》《乔松古木图》等，可见其能山水及花卉。

（二）汪肇、朱邦

汪肇（活动于成化、嘉靖间），字德初，号海云。休宁东门人。汪肇性喜交友朋，“当事欲见之，辄不往。山人墨客闻名，则欣然挥毫寄赠”。有膂力，好持矛舞剑，喝酒能鼻饮至数斗，号“象饮”，尝自负谓“作画不用朽，饮酒不用口”。曾误登贼船，贼见他外貌壮硕，不敢加害。继而饮酒，汪肇“象饮”，贼见状只好纵之去。后来因事连累而被逮捕入狱，东方司理久闻汪肇善画，就准备下笔墨要当场试汪肇的绘画。汪肇将墨汁全倒在绢上，东方大吃一惊，汪肇则用饱蘸水的笔将墨团晕开，或点或勾，成就一幅《薄晓图》，并题诗一首：“五更风雨时，四野云烟障。行人迷所之，幸得东方亮。”东方大喜道：“人有如此才，而使久困囹圄，非有司之过乎？”汪肇遂得以释放出狱。

汪肇善书法，工山水、人物、花卉，尤擅于翎毛，豪放不羁，自谓其笔意“飘飘若海云”，因自号海云。初受业于詹景凤从兄詹景宣，后流寓江浙、杭州一带，为浙派名家，出入于戴进、吴伟，“张路、汪肇、蒋嵩等，虽受浙派熏染，但是他们的画法，更接近吴伟，当属江夏一派”。[1] 多用粗笔水墨渲染，行笔率真，这种风格在《起蛟图》上表现得淋漓尽致。其画亦能工整，如《柳禽白鹇图》。黄宾虹云：“近年屡见绢本花卉大轴，笔意恣肆，如林良、徐渭，多有设色者。写石用北宗法，而墨色稍淡，全无吴门一派习气。”[2] 浙江省博物馆藏《芦雁图》写六雁或飞翔，或观望，或栖息，极为生动活泼，勾画芦苇、涧草简练、洒脱，墨色苍润。传世作品有《暮云欲雨图》《晓风残月图》等。

汪肇《起蛟图》故宫博物院藏

朱邦（嘉靖间），字正之，号九龙山樵、丰溪渔父、丰溪渔叟、隐叟，又称酣齁道人。休宁人。为戴进、吴伟一派名家，所绘山水、人物用笔草草，墨汁淋漓，兼工带写，与郑颠仙、张路相仿佛。有《雪江卖鱼》等作品。

（三）丁瓒、丁云鹏、吴羽

丁瓒（明嘉靖间），休宁人。丁氏自宋业医，擅小儿科，丁绳为医门祭酒。绳兄胜，生子瓒。丁瓒父母亡后，丁绳将医术尽授丁瓒。丁瓒医术高超，然性耿介。新安多有好蓄聚者，“瓒独以好古雄，得三代尊彝，酌酒悲歌，递举递酹；凡诸法书名画，不难倍价购之。”丁瓒为五城黄洲家治病，病愈，主人奉谢五铤金。丁瓒看中主人一官窑瓶，乃辞金请瓶，主人诺之。回家后，妇人问取金钱以卒岁，丁瓒出瓶示之，得意扬扬云：‘即百金不易也。’妇人诟骂，且羸其瓶，丁瓒抱瓶而逃，只好质子钱家以供岁事。又尝客吴田，其家贮白石，尺有咫，其声如磬，其气如虹。病者起，却主人金而抱石以归，枕之终身，曰：‘鸿宝在是矣。’”丁瓒好酒，即使乘醉看病，醒后复视药方，亦无所失。人以为仙，因自号“海仙”。瓒负仙才，又翩然任侠，急公好义，颇受赞誉。丁瓒叔父丁宽贾真州，以盐策起家，丁宽谓丁瓒云：

① 王伯敏：《中国绘画通史》（下），生活·读书·新知三联书店，2018年，第14页。

② 黄宾虹：《黄宾虹文集·书画编》（下），上海书画出版社，1999年，第318页。

“若业医而多人，曾无补于贫，能从吾游，吾为若起千金产。”瓒谢不敏：“贾则安能？瓒提一药囊，诸酒徒三十余曹侍瓒而给，即丈人能为瓒地，终不忍弃穷交而独事远游。”① 丁瓒工书画，有米、倪风。卒年60。育有六子，三子即丁云鹏。

丁云鹏(1547～1628)，字南羽，号圣华居士、黄山老樵、文举，休宁人。康熙《休宁县志》载：“瓒子，善书善诗，以绘事名海内，比李龙眠。人得其片纸，什袭珍藏。汪司马伯玉为之传。”供奉内廷十余年。民国叶为铭《广印人传补遗》收录丁云鹏词条：“字南羽，号圣华居士，休宁人。善写佛像。”丁云鹏与何震皆为詹景凤门人，除书画外，詹景凤对篆刻亦有研究和造诣，对丁、何二人不无影响。朱简在《印经》中自谓印章自顾汝修、项子京家藏铜玉印越褚上珍谱4000余方外，又于沈从先、赵宧光、李流芳、吴仲飞等人及“吾乡何主臣、丁南羽诸家得其所集不下万余，用是涤心刮目，抡成《印品》一书”。② 可见，丁云鹏是有一定数量印章藏品的，抑或自己能刻也未可知。

丁云鹏《溪山烟霭图卷》南京博物院藏

丁云鹏书法学钟、王，善画白描人物、佛像、山水，无不精妙。评者谓“丝发之间，而眉目意态毕现”。詹景凤有《丁南羽画山水歌》：“丁生傲兀思离奇，登楼十日众不知。科头独坐青松古，坦腹空山白日迟。兴来大嗷忽高踞，援笔煽赫生风雨。千里移来屋壁看，江山杳霭知何处……”与董其昌等交游，董其昌赠以印章“毫

① [明]汪道昆：《太函集·卷之三十八·丁海仙传》，黄山书社，2004年，第819页。
② [明]朱简：《印经》，《篆学丛书》，中国书店据上海文瑞楼印本影印，1984年。

生馆"，其得意之作，尝一用之。《湖中画船录》载其画有："着色达摩一尊，朱砂衣，石青发，甚深黝。'弟子丁云鹏写'，印因绢零落不可识。上方董文敏小行书《心经》一篇，笔意精妙，字虽如豆，而锋芒转折，舒展自如，洵称神品。"[①]上海博物馆藏《漉酒图》《兰亭修禊图》，故宫博物院藏《寒岩飞瀑图》，安徽省博物馆藏《伏虎尊者》等，曾为《方氏墨谱》《程氏墨苑》及《泊如斋重修宣和博古图录》《泊如斋重修考古图》绘图。丁云鹏晚岁栖心禅观，参紫柏、憨山二大师，时聆普门说法，佐兴慈光寺。歙县桂溪村东一里许，有小溪院，又称桂溪寺，为歙第十丛林，"壁有丁云鹏水墨观音罗汉像，僧置栏护之"。[②]今壁画犹存，但不能肯定为丁云鹏真笔。丁云鹏以画佛像著称，然南京博物院藏《溪山烟霭图卷》却是董、巨遗法，是卷作于万历二十年（1592），年43岁，正是盛年时期，可见为詹景凤门人非虚名也。卷后光绪元年（1875）沈吾跋是卷："画法之古，布置之妙，林峦交错，沙溆平远，茅屋板桥，参差隐见。于溪烟山霭中，丘壑深邃，浑然天成，洵脱尽画家畦径，足称此老杰作。然展卷乍视，若乱头粗服，略存形似。细玩之，则条理分明，六法兼备，有不可以语言文字形容者。要非深得董、巨三昧，未能臻此化境也。南羽素好绘佛像，亦为世所珍，其山水流传，甚为罕觏。中年尝往来云间、娄水，与王弇州、董思翁辈交契，思翁尝曰：吾友丁南羽诗文书画少而工，老而淡，淡胜工，不工亦何能淡。东坡所谓笔势峥嵘，文采绚烂，渐老渐熟，乃造平淡，实非平淡，绚烂之极也。"

吴羽（嘉靖、万历），一名廷羽，字左干，新安西溪南人。《歙县志》载："少从丁南羽学写佛像，已逼肖之，又自出天机作山水花鸟，气韵生动。"吴羽作品传世极少，影响了后人对他的认识和评价。吴羽曾参加《方氏墨谱》

《吴廷像》安徽博物院藏

①《美术丛书》，江苏古籍出版社，中国书店，1997年，第606页。

② 民国《歙县志·营建志·寺观》。

的绘制，又和丁云鹏一同为西溪南吴养春的《泊如斋重修宣和博古图录》《泊如斋重修考古图》绘图。吴羽《山楼绣佛图》自题云："管夫人旧有此作，余往见于长安，适至广陵，孟公命笔，强为拟之。忆门上书有'山回新绮阁，竹掩旧朱门'之句。余老眼不能作蝇头楷也。时壬子秋暮，吴廷羽识。"壬子为天启二年（1622）。首都博物馆藏吴羽《仿倪瓒溪山亭子图轴》，许承尧藏有西溪南"余清斋"主人吴廷的画像，许跋曰："吴用卿太学廷遗像。并疑为吴左干所绘，以用笔近似也。因记之以俟证。"

（四）黄柱

黄柱（1557～1639在世），字子立，号碧峰、又痴、黄山老人。歙县潭渡人。曾历五朝至崇祯。善音律，工梓刻，画翎毛、花卉、人物佛像俱妙。黄宾虹云："潭渡黄氏多画师，明代碧峰先生柱最有名。碧峰生嘉靖隆庆中，人物尤擅长。尝于村居对岸之圣僧寺粉墙，画十八应真渡海罗汉像，观者以为吴道子复生。"[①] 民国《歙县志》载："圣僧庵……明隆庆中汪司马道昆为僧自明增创精蓝，中为般若台，题曰众中尊。有余伯祥太史写《金刚经》刻石，有黄柱画壁，许文穆、龙膺、王寅、方承宾作《圣僧庵集》。"[②] 圣僧庵内前殿屏风墙背面绘手拿杨柳侧坐南海观音及两庑罗汉，均为黄柱所作。观音像落款："万历丁丑孟春吉旦，黄柱焚香叩首拜写。"丁丑，为万历五年（1577）。西壁画降龙定性尊者等九罗汉，东壁画伏虎驱魔精进尊者等九罗汉，两壁画各被山柱隔成三部分，均可独立成幅，为折屏画表现形式。在罗汉的上方，残存有题款："……戊寅岁季春朔歙西孝行里人黄柱焚香叩首写。"戊寅，为万历六年（1578），此画比观音晚绘一年。后进东廊内左壁画《翠柏图》，右壁经后人重砌，壁画已

黄柱《侧坐观音像》

① 黄宾虹：《黄宾虹文集全编·书画编》（上），荣宝斋出版社，2019年，第446页。

②《歙县志卷二·营建志·寺观》，民国二十六年刊本。

不可见，据有关资料，为《苍松图》。据黄宾虹先生云，为柏树：“殿之两庑，写渡海罗汉，笔笔吴道子、卢伽棱，设色古淡。塑像后壁写白描大士，高丈余。客堂壁上，画柏树二株，蟠根错节，墨气淋漓，方之张璪、韦偃，不啻也。”[①]观音、罗汉高度近三米，观音形象慈祥、庄重。罗汉或踩水渡海，或龙腾驾雾，有的盘膝而坐，有的以手搔耳，神态各异，刻画入微，人物衣纹勾画苍劲有力。明代寺观笔画多工笔重彩，而黄柱以写意手法表现，可谓别开生面。黄柱绘圣僧庵笔画，年仅弱冠，可谓胆识、才艺过人。安徽博物院藏黄柱山水轴一帧，题“已卯秋杪，八十三翁又痴黄柱画”。此幅画于崇祯十二年（1639），浅绛画法，山重水复，笔墨精能，无老年颓态。

潭渡村人偶得一白鹊，以为瑞兆，黄柱为之绘《白鹊图》，乾嘉中，黄真民仿之。真民之孙次孙于同治间到武昌，忽于市摊见到黄柱所绘“白鹊图”，索直裁两千，仍不肯让。第二天再去，已被他人买去。黄柱有题画诗云：“禽声入丛木，树密隐荆扉。莫道无人至，足音殊未稀。”黄柱儿子黄守孝，孙黄明扬、黄明邦皆能传其艺，明扬并工山水。

(五)郑重

郑重（万历间），字重生，号天都懒人、风道人，释名无著。因丁云鹏爱其画，推为赵伯驹后身，遂号千里。歙县堨田诸郑（今朱郑）人。“所居额曰潭上居，赵寒山为书也。千里佐普门开山，甲寅普门邀之北上，绘《法海图》进呈称旨，命画御书《莲经》引首，赐锦赐宴。东宫亦命画篴，赉以金钱、宫蜡。将官之，以方外力辞，还山。晚岁潜心净业，忽感微疾，有鹊环噪，遂合十端然而逝”。[②]流寓金陵，好楼居，日事香茗，写佛像，必斋沐而后举笔。亦画山水，摹仿宋、元体均精妍。清黄钺《壹斋集》中，有《游仁义院观吴仲道、郑千里画壁》诗：“……殿脚遥窥佛无量，廿四圆光种种相。”诗中夹注：“殿壁画大士二十四相。”“我向山僧征画史，郑姓重名字千里。颉颃时有丁云鹏，规矩远师吴道子。浪游山寺遍吴会，辄见郑君有图绘。净慈大士像庄严，报恩诸天笔雄快……”。夹注“杭州净慈寺方丈悬千里所画大士像，长丈余，有须数十茎，极庄严之致。江宁大报恩寺殿壁天尊，相传亦千里笔也。”[③]

① 黄宾虹：《黄宾虹文集全编·书画编》(下)，荣宝斋出版社，2019年，第720页。
② 许承尧：《歙事闲谭》，黄山书社，2001年，第422、423页。
③ [清]黄钺：《壹斋集》，黄山书社，1999年，第142页。

黄宾虹在《黄山丹青志》中“伯驹后身”中，记述岩镇娑罗园云："轩内左右分四壁，一绘苍松，一写修竹，一画远山，一图沧海，为郑千里笔也。轩后雪洞，曰钵缘居，千里又写大士像，生致灵动，神趣超妙，趺坐相对，觉有拈花微笑之意。"[①] 许承尧云曾在文华殿见郑重所画佛像，有乾隆题赞。安徽博物院藏其《山水轴》画法细密，册页则逸笔草草，生气远出。南京博物院藏《双松图》扇面，自署“己卯暮春写似子任词丈”，为崇祯十二年（1639）所作。又，方维，字尔张。歙县人。学画于千里，故佛像、山水似千里，而稍加流动。

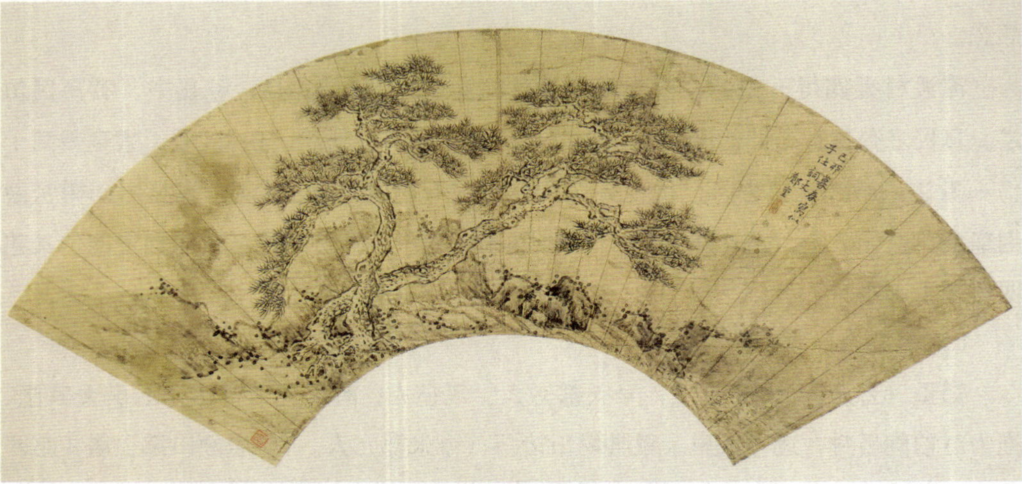

郑重《双松图》南京博物院藏

（六）黄生

黄生（1622 ~ 1696），一名琯，又名起溟，字扶孟。明亡，改名生，号白山、白山老叟、冷翁、莲花外史、虎耳山人。学者称白山先生，所居曰吾庐。歙县潭渡人。明诸生，国变弃去。顺治、康熙间，馆于扬州吴蓉城家近十年。又在顺天学政蒋超（虎臣）府中任幕僚两年，并寄书劝其归隐，后蒋超弃官为僧，没于峨眉，有诗纪之。48 岁后家居授徒、著述，所交皆当世名士，如王炜、龚贤、屈大均等。江天一抗清兵败被杀，黄生率先倡导抚恤其家。黄生博学多识，好小学，精通训诂，善诗文，兼工书画，是黄吕之父，黄宾虹的远祖。《清史列传》及《安徽通志》《徽州府志》

① 黄宾虹：《黄宾虹文集·书画编》（下），上海书画出版社，1999年，第237页。

《歙县志》等有传。黄生《字诂》是研究文字声义的著作，于六书多所阐发，每字皆见新义而根底奥博，与穿凿者有殊。《义府》上卷论经，下卷论史、子、集、金石，辨证精确，开新安考据学的先河。虽篇帙无多，其可取处不在方以智《通雅》之下。《字诂》《义府》被收入《四库全书》。另有《杜诗说》《唐诗摘抄》等16种均佚。所著《一木堂诗稿》刻于康熙二十二年（1683），在乾隆年间被列入禁书而遭销毁，其余所辑各书也多散佚。其书法如龙虎盘踞，得晋人韵。同治中，黄崇惺藏有其画册，以墨点山水树石，自然高妙。《一木堂诗稿》有题自画诗和题画诗多篇，字里行间透露其画风不俗，如《题自画》："泉声憾户山逾静，树影笼窗日正长。读罢黄庭无一事，篆烟闲袅午帘香。""小桥流水对柴门，三两人家自一村。翻恨经年无客到，白云青霭镇朝乐。"《题画》："水光山色两相宜，尽日松风细细吹。可惜无人知此意，瘦筇闲倚立多时。"

黄生与郑旼、江注、汪于鼎、龚贤等交往密切。黄生还有《寄龚半千》诗。安徽博物院藏有他的《游桂石山庄》草书诗卷，康熙三十三年（1694）书，纸本，为二级文物。

二、绘画——新安画派萌芽期

新安早中期画家的绘画，多取法宋人及浙派，部分学宋元，并多为人物、山水、动物、花鸟兼画，中国古代山水画自明代董其昌提出南宗和北宗，陈继儒则把南宗画称作"士夫画"。而南宗画家常欲溯源书法，将书画合二为一，此典型特点之一，故南宗画家多善书。董其昌与陈继儒与新安渊源很深，并数度来到新安，对新安画派的画家产生过较大的影响，而一些新安画家则侨居嘉定、松江一带，风气所致，故晚明新安画家多为南宗，亦风气使然。

民国《歙县志》载："新安画风在明代作者林立，实可争衡吴下。溯其最初，乃道源于唐薛稷、僧贯休。至明，而沈周、董其昌辈先后来游，吕纪、吴伟之迹，歙中最富，风尚熏习，蔚为大观。"[①] 历史上，新安画家群体有天都画派、新安画派、后又有黄山画派之说，以天都画派为最早提出，且天都画派画家多为明末时期人。美国坎布里奇哈佛大学福格美术馆藏有龚贤山水长卷，题跋云："孟阳开天都一派，至周生且气足力大。孟阳似云林，周生似石田仿云林。孟阳程姓名嘉燧，周生李姓

① 民国《歙县志·卷十六·杂记·拾遗》。

名永昌，俱天都人。后来方式玉、王尊素、僧渐江、吴岱观、汪无瑞、孙无逸、程穆倩、查二瞻，又皆学此二人者也。诸君子并皆天都人，故曰天都派。”虽然天都派未提到李流芳、杨明时、詹景凤等，我们在叙述新安画派之前，将这些画家均作为新安画派萌芽期列入。而僧渐江、吴岱观、汪无瑞等，将放在清代绘画介绍。

(一)董其昌、陈继儒

董其昌 (1555 ~ 1636)，字玄宰，号思白，别号香光居士。松江华亭（今上海市）人。万历十七年（1589）进士，授翰林院编修，湖广提学副使、福建副使、太常少卿、南京礼部尚书、太子太傅。谥文敏。董其昌擅书画，书法擅楷书、行草，出入晋唐，生秀淡雅，自成一家，有“颜骨赵姿”之誉，时与邢侗、米万钟、张瑞图并提。山水师法董源、巨然、米芾、黄公望、倪瓒，所作山水平淡中和，秀润潇洒。曾自评：“余画与文太史（徵明）较，各有短长。文之精工具体，吾所不如；至于古雅秀润，更近一筹。”又云：“画与字各有门庭，字可生，画不可不熟；字须熟后生，画须熟外熟。”①早年曾受华亭顾正谊影响，曾说“吾郡画家，顾仲方中舍最著。其游长安，四方士大夫求者填委，几欲作铁门限以却之，得者如获拱璧。”但董其昌后来居上，遂为华亭派代表。

董其昌《秋景山水图》南京博物院藏

① [明]董其昌：《画眼》,《美术丛书》,江苏古籍出版社、中国书店，1997年，第128页。

陈继儒（1558 ~ 1639），字仲醇，号眉公、麋公。松江府华亭（今上海市松江）人。明诸生。29 岁焚儒衣冠，隐居小昆山，后居东畲山，闭门著述。屡次皇诏征用，皆以疾辞。工诗及书画，功力很深。倡导文人画，重视画家修养。有《陈眉公全集》《小窗幽记》《妮古录》等。

董其昌提倡的“画分南北宗”说影响极大。“禅家有南北二宗，唐时始分。画之南北二宗，亦唐时分也；但其人非南北耳。北宗则李思训父子着色山水，流传而为宋之赵干、赵伯驹、伯骕，以至马、夏辈。南宗则王摩诘始用渲淡，一变拘研之法；其传为张璪、荆关、董巨、郭忠恕、米家父子，以至元之四大家，亦如六祖之后，有马驹、云门、临济儿孙之盛，而北宗微矣。要之摩诘所谓‘云峰石迹，迥出天机，笔意纵横，参乎造化’。东坡赞吴道子、王维画壁亦云：‘吾于维也，无间然。’知言哉”！[①]“南北宗”说在理论上梳理了美术史的两大脉络，具有极高的学术价值。王伯敏认为“在中国绘画史上，提出画分南北二宗，使中国画学形成流派理论的体系，这是一个有意义的创举”。[②]虽然董其昌倡导“南北宗”，但并不排斥他对“北宗”画家及作品的欣赏，如李思训《秋江待渡图》、李营丘《著色山图》、赵大年《夏山图》、范宽《雪山图》、郭忠恕《辋川招隐图》等，“俱吾斋神交师友，每有所如，携以自随，则米家书画船，不足羡矣”。[③]

董其昌与新安渊源极深，万历十七年（1589）中进士时，许国为主考官，故董其昌执弟子礼。许国（1527 ~ 1596），字维桢，号颖阳。歙县人。嘉靖四十四年（1565）进士，官国子监祭酒、太常寺卿、詹事、吏部侍郎、吏部尚书兼东阁大学士，入参机务，卒赠太保，谥文穆。万历十九年（1591）腊月除夕前五日，董其昌送许国回新安。许氏七十寿辰，董其昌赋《问政山歌为太傅许老师寿》七古诗以贺。许国去世后，董其昌作《太傅许文穆公墓祠记》，“余尝走新安，吊文穆之墓”。董其昌精鉴藏，有董源《潇湘图》、元四家精品等，曾与陈继儒数次来到新安，主西溪南吴廷“余清斋”及吴桢“清鉴堂”，为吴氏评鉴所藏书画及置换藏品，也留下了自己的作品。同时，他们对绘画的理念及观点也影响了当时新安的书画家及后来者。

① [明]董其昌：《画眼》，《美术丛书》，江苏古籍出版社、中国书店，1997年，第129页。
② 王伯敏：《中国绘画通史》（下），生活·读书·新知三联书店，2018年，第74页。
③ [明]董其昌：《画禅室随笔》，《艺林名著丛刊》，中国书店，1983年，第47页。

(二)杨明时

杨明时(1556 ~ 1600),字不弃,别号未孩子。歙县城东门上路人。其作品署款时,“杨”写作“扬”,自谓汉扬子云后人。而印章仍作“杨”。上路杨家为富家,收藏颇多,虽然杨明时尚能见到故物,然皆散佚之余了。杨明时聪明妙悟,于诗书画俱擅,事事摹古,少落时调。又精鉴别,约在万历四年(1576)来到都门,以书画游走于公卿士大夫间。与吴国逊(周卿)、吴廷(用卿)兄弟相知,寓吴氏在京都开设的古玩铺余清斋。吴氏兄弟亦负博雅名,杨明时虽孤狷,独与吴氏兄弟交深,为其鉴别,一时名噪都下,后殁其寓中。

杨明时《仿沈周山水轴》安徽博物院藏

杨明时工山水、兰竹,山水宗董源、元人,程邃对杨明时颇为推崇,其仿杨明时画自题云:“黄鹤山樵画法,纯用荒拙,以追太古,粗乱错综,若有不可解者,是其法也。余乡杨不器云独臻其妙,惜为吴江村一流,窃其所作,每为虎贲中郎,而杨氏名不甚著。予绝爱杨作,可以掩映争光,往往规抚之,遂质之,且为前辈传其传不传者如此。”[①] 上海博物馆藏其《滋兰树蕙图》,跋云:“岁丁酉秋九月廿有五日,予馆于吴用卿余清斋中,客有来相访者,主人饮以桑落酒,诵灵均词。客复道时事,有拔剑起舞者,纵横上下如神光掣电,予壮之,乃号之三,遂取纸笔写此,仍题曰《滋兰树蕙图》。未孩子扬明时。”丁酉,为万历二十五年(1597),此图水墨纵横,意境开阔,有咫尺千里之势。发挥了个人擅画山水、兰竹及擅书法的优势而融于一体。安徽博物院藏其《仿沈周山水轴》,飞瀑流泉,山峦起伏,题跋:“万历己亥岁夏五月望日,余独居山斋中,几窗明朗,墨和笔精,漫检佳纸,遂学启南先生笔。杨明时

① 许承尧:《歙事闲谭》,黄山书社,2001年,第562页。

识。”可谓窗明几净，笔墨精良，心手双畅。

(三)程嘉燧

程嘉燧（1565～1644），字孟阳，号松圆、偈庵。晚年皈依佛教，释名海能。歙县长翰山人（明史误作休宁人），侨居嘉定。长翰山有松圆阁，阁旁有璎珞松，程嘉燧尝栖逸于此。少不羁，弱冠赴试未中，遂弃举子业。学剑不就，刻意读书。精音律，擅书画，诗为晚明一大家。其论诗主张先立人格，然后有诗格，钱谦益尤嗜其诗，尊之曰“松圆诗老”。与娄坚、唐时升，并称“练川三老”。与唐时升、娄坚、李流芳，合称“嘉定四先生”。吴伟业将他与董其昌、杨文聪、张学曾、卞文瑜、邵弥、李流芳、王时敏、王鉴9人，呼为“画中九友”。程嘉燧与李流芳为亲戚，程嘉燧姑父李汝节为李流芳之伯父。程嘉燧为人随性，友人王士骐荐其到嘉靖进士、右都御史兼兵部左侍郎顾养谦幕府任职，渡江遇酒人，与人欢饮三日，赋诗五章，竟然不见顾养谦而返。友人挟之入长安，长安贵人闻其至，争友之，而嘉燧多避匿不见。与钱谦益交最久，尝言：“识牧斋于未第时，阅三十年。”钱谦益尝题程嘉燧画：“孟阳最矜重其画，不轻为人点染……近有吴中画家，伪作孟阳一册，属予题识，予面斥之，不怿而去。”[①] 钱谦益与程嘉燧、李流芳交谊最厚，钱谦益《题檀园墨戏册》云：“悠悠世事，一切摆落。惟故人如孟阳、长蘅，时时入梦想中。”[②] 李流芳曾对钱谦益说：“精舍轻舟，晴窗净几，看孟阳吟诗作画，此吾生平第一快事。”钱谦益笑曰：“吾却有二快，兼看兄与孟阳耳。”

万历十九年（1591），程嘉燧自余杭至临安、临安至昌化、昌化至屡溪，再发淳安：“自淳安县而下，溪阔可四五里，两崖多颓岸，高一二丈，或时有小山临岸，远着去数里，盖山夷水舒，旷如也。……坐舲间，观潭水如展镜，浸濯峰趾，倒影沉碧。菖蒲藤树，披拂涯涘，悠然历之，疑非人间也。”[③] 程嘉燧尝题李流芳《溪山秋霭图》：“余往谒长蘅于西湖，皆经信宿。甲寅孟夏，将游广陵，宿长蘅家，因夜论诗，约为黄山之游。又归新安，故人方伯雨与诸子居烟村，溪上有溪堂，题画诗均为黄山之游。”[④] 甲寅，即万历四十二年（1614）。九月，李流芳曾回新安扫墓。天启四年（1624），

① [明]钱谦益：《牧斋杂著》，上海古籍出版社，2007年，第902、903页。
② [明]钱谦益：《牧斋杂著》，上海古籍出版社，2007年，第851页。
③ [明]《程嘉燧全集》，上海古籍出版社，2015年，第312页。
④ 黄宾虹：《黄宾虹文集全编·书画编》(下)，荣宝斋出版社，2019年，第606页。

程嘉燧在黄山，画有《松谷庵》扇面。

崇祯十四年（1641），钱谦益与程嘉燧订黄山之游，约以梅花时相寻于武林之西溪。逾月程嘉燧不至，钱谦益遂与吴去尘等游，过长翰山中，特造访程嘉燧旧居，并题诗壁上。钱谦益乘舟由新安江归，在桐江与程嘉燧相遇，两人推蓬夜话，依依惜别。年底，访得古烧松捣煤法，即回家乡尝试制墨。崇祯十五年（1642）、崇祯十六年（1643）均在故乡，崇祯十六年（1643）作《书画册》，图八幅，对题五幅，其中《富春烟暝》《方舟话雨》《严濑扬舲》《渔浦晓发》四幅，写崇祯十四年（1641）所见新安江之景色。第七幅对题书“壬午岁尽，题画送照微归莲花峰碣石居”七古一首，有句云：“莲花峰腰三尺雪，飞鸟无声人迹绝。”天水博物馆藏程嘉燧书自作诗稿书法一帧，诗题为《奉陪徐宗伯集张二丈新居同叔达子柔伯偶孺谷即事二首》，款署“崇祯岁次癸未冬至后二日，书旧作二律于黄山僧舍。松圆老人程嘉燧稿”。可知，崇祯十六年（1643）程嘉燧在黄山。《歙事闲谭》云：“孟阳素深于《庄》《老》《楞严》诸书，适惠藩送一斋律师赴云谷，遂裹粮皈依心座下，法名海能，长斋持戒，一如老衲。”[①]

程嘉燧《夏山待渡图》南京博物院藏

程嘉燧工画山水，宗元人倪瓒、黄公望，所作山水恬静枯淡，意境闲适幽远。黄宾虹在《自题山水册》评价程嘉燧云：“松圆老人以诗名海内，其画意秀逸圆劲，

① 许承尧：《歙事闲谭》，黄山书社，2001年，第423页。

为开新安四家之祖，而罨润之致，时复过之。”[①] 安徽省博物院藏《远山古屋图》，作于万历四十六年（1618），笔墨简洁，寥寥数笔将山石质感、阴阳向背表现得淋漓尽致。程嘉燧画作不多，更不以画为生，其“性嗜古书、器玩，一当意辄倾囊购之。子复豪纵，不事生产，而嘉燧顾益喜，谓称其家儿。以是益困，然终不屑俯仰于人”。[②]

（四）胡皋

胡皋（1568～1649），字公迈，婺源清华人。画追顾（恺之）、陆（探微），尤工书法及诗歌古文词。遨游京师三十余年。天启中，将军赵佑宣抚朝鲜，部选技能超群者随之，胡皋应诏，朝鲜人得其片楮如获珍宝。在使馆勤奋作画，将砚石磨穿，故作《穿砚赋》。从朝鲜归国复命，部将大用，而胡皋以魏忠贤当政，辞归家乡。人求画者，必到家无隔夜粮才作画。黄宾虹致许承尧信札云：“（胡皋）画似郑千里而简易中遇千岩万壑之境，足见新安画派之高，不廑自渐公始也。”

胡皋《和风烟雨图》
安徽博物院藏

安徽省博物院藏胡皋《和风烟雨图》轴，自题“和风烟雨至，恍惚失山村。丁亥重九前三日，写于蚺城客次，似于王词兄一笑。”图中描绘烟树远山，在微风细雨中，屋宇隐现，景致一片苍茫。黄宾虹曾见其仿高房山雨景山水，有宋人笔意，此似得之。

（五）李流芳（附李杭之）

李流芳（1575～1629），字长蘅，一字茂宰，号檀园，别署泡庵、慎娱居士等。歙县（今属徽州区）西溪南人，侨居嘉定（今上海）。万历三十四年（1606）领乡荐，李流芳与钱谦益同举南畿，再上公车不第。“天启壬戌（1622），抵近郊闻警（注：指这一年金兵渡运河，陷西平堡，广宁降，巡抚王化贞退至大凌河），赋诗而返。遂绝意进取，誓毕其余年，读书养母，刳心学道，以求正定之法。”[③] 是年，他在《长林丰草图》上题诗道：“欲挂衣寇神武门，先寻水竹渭南村。却将旧斩楼兰剑，买

① 黄宾虹：《黄宾虹文集全编·题跋编》，荣宝斋出版社，2019年，第88页。
② 康熙三十八年《徽州府志·第十三卷·人物志二·文苑》。
③ [明]钱谦益：《列朝诗集小传》，上海古籍出版社，1983年，第581页。

得黄牛教子孙。”“长蘅为人，孝友诚信，和乐易直，外通而中介，少怪而寡可，与人交，落落穆穆，不为翕翕热。磨切过失，周旋患难，倾身沥肾，无所鲠避。家贫，资修脯以养母；稍赢，则以分穷交寒士。视世之竖立岸崖，重自表襮者，不啻欲唾弃之。”[1]崇祯初，李流芳听说钱谦益“以枚卜被放，抚枕浩叹曰：‘不可为矣！’病剧，遂不起”。咯血而卒，年仅55岁。

李流芳工诗，擅书画，精篆刻，为人外和而中介，与程嘉燧、唐时升、娄坚四人“暇日整巾，拂撰杖履，联袂笑谈，风流弘长。与之游处者，咸以为先民故老，不知其为今人也。”[2]知县谢三宾将四人的诗文镂版行世，名《嘉定四先生集》。陆廷灿又刻《嘉定四君子集》，王渔洋序。王渔洋并评程孟阳诗、娄子柔文、长蘅画为“三绝”。李流芳有《檀园集》《西湖卧游图题跋》。李流芳好游山水，对西湖情有独钟，数次前往，并构“南山小筑”，起名“清晖阁”。

李流芳书法学苏轼。偶戏刻竹，学朱松邻。山水师承董源、巨然和元代的吴镇、黄公望等，笔法开张，格法平正，《吴中十景图册》中“虎丘图”的湿笔近似折带皴的画法，水墨交融，似受吴镇的影响。而《溪山林屋图》直接题“仿黄子久笔”，但李流芳认为“此册于荆、关、董、巨、二米、两赵无所不仿，然求其似，了不可

李流芳《山水扇面》安徽博物院藏

① [明]钱谦益:《列朝诗集小传》,上海古籍出版社,1983年,第581页。
② [明]钱谦益:《列朝诗集小传》,上海古籍出版社,1983年,第581页。

得。夫学古人者，固非求其似之谓也。子久、仲圭学董巨、元镇学荆关、彦敬学二米，然亦成为元镇、子久、彦敬而已”。言下之意，我虽学董、巨、吴、黄，但还是我李流芳。程庭鹭跋李流芳画云：“画虽师法古人，须时见本色乃得真趣。吾乡长蘅李先生，导源董、巨，得其神髓，仍复纵横酣适，墨采喷溢，此即其本色也。”周亮工则认为李流芳作画，如狮子孤行，不求伴侣。黄宾虹对李流芳十分推重，尝言：“鄙意极心折于李檀园，以为吾乡山水画之最合正轨者。”在“自题山水”中云：“明启祯间士夫画，不让元季诸贤，吾歙尤多杰出之作。余于李檀园最为心折，其得天趣胜也。”

万历四十二年（1614）九月，李流芳回新安扫墓。过吴门，与季弟无垢告别于寓舍。无垢持素册对李流芳说，遇新安山水佳处，当作数笔，可作卧游。自禹航从陆至丰干，一路溪山红树，掩映曲折，或旷或奥，皆在画中行。李流芳每欲下笔，但终不能成。第二年，李流芳北上，将无垢素册带在身边。但京师尘埃蔽天，笔冻欲死，更无画兴。第三年，李流芳落魄南归，长夏闲居，因随意画几笔，以解烦热。数日画册满，欲题字识此一段因缘，被邹仲锡看见，不由分说便夺了去。

康熙间，戏曲理论家、作家李渔的女婿沈心友有家藏的李流芳课徒稿数十页，“委曲详尽，无体不备，如出数十人之事”。但因李流芳的课徒稿“随意点染，未有伦次，难以启示后学”。于是沈心友请王槩增辑编次，分类仿摹，补其不逮，由原来的43页扩为133页，并辑历代名家全图40页，为初学宗式。李渔一见，“急命附梓，俾世之爱真山水者皆有画山水之乐，不必属画师之名，而已得虎头之实，所谓咫尺应须万里者，其为卧游不亦远乎。”[①] 康熙十八年（1679），《芥子园画传》以五色套版印成。

李杭之，字僧筏，李流芳子。诗文书画得自家学，年未40，弃诸生，放浪于山水之间。张征士题其《月泛图》云：“小李风流继阿翁，萧疏笔墨见心胸。”程庭鹭云：“里中藏长蘅画者尚有，僧筏之画绝少，尤足宝贵。”清顺治二年（1645），李僧筏死于乱兵，遗孤藐然，育于从兄宜之家。

（六）李永昌

李永昌（万历、崇祯间），字周生，号黄海。休宁皂荚树下村人（今潜阜乡）。能诗，有《画响》4卷。工书法，康熙《徽州府志》载：“善书画，与董思白齐名，思白雅

①《芥子园画谱》，李渔序，上海书店，1982年。

李永昌《仿元人山水轴》浙江省博物馆藏

重之。画今不可多得，其所书扁额，邑中多有存者。片纸只字，争珍惜之，如董笔云。”① 浙江省博物馆藏李永昌行草“七律诗轴”，洋洋洒洒，行笔自然、活泼，名不虚传。明末清初藏书家、学者姜绍书在《无声诗史》中记载，崇祯丙子（1636），自己参中府军事，李永昌过从，出示三代尊罍及所藏书画，俱各精好。其冠上缀汉玉二枚，雕琢清雅，神采陆离，亦奇瑶也。并评《画响》:“音调清越，皆阐扬画理者。”清代黟县胡积堂《笔啸轩书画录》记录李永昌山水两幅，一绢本大幅，为“知微词丈”作，自题《小重山》词；一纸本小幅，丁丑中秋后一日作。丁丑，为崇祯十年(1637)。自题云：“董宗伯云：宋人画皆刻画，不须学。元黄子久始以画为寄，作文人前茅，所当留意。则余此幅，又寄之寄。宗伯若在，不知以为何如？”许承尧跋李永昌山水小册页云：“按周生画极难得，生平所见，只汪旧翁藏一幅，但署名无题字。旧翁殁后，不知流转何所矣。此册为隆阜戴生伯瑚家旧藏，原七叶，余留其三，以不疏园旧写戴东原遗著《经考附录》二册报之。伯瑚，东原后人也。《经考附录》已刊入东原《全书》中，余所藏乃发见之祖本。辛巳春初，疑翁记于涤玄草堂，时年六十有八。”

①《徽州府志·第十七卷·人物志六·方技传》，康熙三十八年刊本。

李永昌画学董源、巨然、二米及元代黄公望、倪瓒等，画风能疏能密，能精绘，亦能逸笔草草。浙江省博物馆藏《仿元人山水轴》即繁写之代表，此图作于崇祯七年（1634），披麻、牛毛皴法混用，山势奇特险峻，用笔苍茫。山水外，偶写花卉、疏竹，点花蕊用笔如画山水笔法，别有情趣。又曾见崇祯戊寅仿梅道人竹石图轴，疏竹三两竿，旁立一石，萧疏淡远，清雅宜人。李永昌画之繁简两种，简笔多为晚年之作。

崇祯七年（1634）三月，李永昌在因可六吉堂观其所藏赵孟頫《水村图卷》（故宫博物院藏）并题跋："赵吴兴画格初年犹带宋法，至五十后始率意涂抹，天真烂漫，《青弁图》《鹊华秋色》皆是物也。此卷远汀断渚，苍秀更胜，乃知王叔明画从此发源。世以叔明画不似其舅者，皆未见此卷者也。甲戌春杪，余访因可先生六吉堂，出视此卷，余赞叹得未曾有，不唯余不多见，即在吴兴，亦不多得也。"此跋显示了李永昌对赵孟頫深有研究，不仅言之有物，书法亦潇洒、疏朗，富书卷气。

龚贤将程嘉燧、李永昌等目为天都派，云："孟阳开天都一派，至周生且气足力大，孟阳似云林，周生似石田仿云林。"龚贤与李永昌是认识的，在其《草香堂集》中有"忆周生"诗一首。汪之瑞是李永昌的高弟，李永昌并与汪度、孙逸、江韬（渐江）、刘上延合作《冈陵图卷》，先后与三位新安派代表人物有交集，俞剑华《中国美术家人名辞典》谓李永昌为"新安派先锋"，无疑是有识见的。

(七)项圣谟

项圣谟（1597 ~ 1658），初字逸，后字孔彰，号易庵，别号胥山樵、松涛散仙、存存居士、烟波钓徒、狂吟客、鸳湖钓叟、逸叟、不夜楼中士等。秀水（今浙江嘉兴）人。出身于高官、书画世家，祖父项元汴，字子京，是著名鉴藏家和书画家。项元汴有六子，为德纯、德明、德新、德成、德达、德宏。董其昌谓："元汴六子，或得其书法，或得其绘画，或得其博物，而季（德明）得其惇行。"在项圣谟的有关记述中，只言其祖父，而不知其父为谁。有言其父为项德新，然项圣谟称德新为伯，显然非其父。万历《秀水县志》载项圣谟为"德新从子"，也证明了这一点。项圣谟幼承家学，工画善诗，曾以秀才进国子监读书。明亡后，家庭败落，卖画自给，作品只署干支，不写纪年。

项圣谟善画山水、花鸟，能工能写，功力深厚。初学文徵明，后精研传统，出入宋元，所谓"取法宋而取韵于元"。又善于从生活中摄取素材，作品具有较强的风格，在画坛独树一帜。尤擅画松，人称"项松"。董其昌谓其绘画"士气作家俱备"。李日华赞他“英思神悟，超然独得”。清人徐树铭题其《山水诗画册》云：“用笔不落偏锋，位置亦都谨细，画史之董狐也。六月雪篇有时变之感，望扶桑篇有故国之思，诗史之董狐也。”项圣谟传世作品有《寒林雪景图》《大树风号图》《榆树图》《且听寒响图》《剪越江秋图》等。项圣谟长于诗，著有《朗云堂集》《清河草堂集》等。

这里，重点谈一下《剪越江秋图》。《剪越江秋图》曾被误传为《长江万里图》。此卷绢本设色，纵 34.5 厘米，横 688 厘米，藏于故宫博物院。卷首篆书题：“剪越江秋图。崇祯甲戌八月，古长水项圣谟扣舷写照。”甲戌，为崇祯七年（1634），项圣谟时年 38 岁。是年春，项圣谟与友约定，于秋天游黄山、白岳，但因事未能成行。八月间，项圣谟与表弟做了一次富春江与新安江的旅程，沿途游览并作画，完成了这件长卷。嘉庆二十二年（1817）嘉兴藏书家、书法家戴光曾题跋云：“是图至武林江干起，至遂安之锦沙村止，溯江而上约五百里记，所题诗二十一首，题署者八，补题者二。”淳安境内的茶园渡、崂山潭、龟石滩、小金山等地名出现于诗文中，淳安老县城之贺城映入眼帘。崇祯十一年（1638），项圣谟题跋云：“此余甲戌秋陈迹，将自江干写至练水，限于缣素中止，亦以云山吞吐处，笔墨稍酣，占地位耳。自锦沙村后，山水正多奇绝，当蓄楮墨，以续后缘，成此胜果。”这说明项圣谟曾到歙县练水，但不知黄山、白岳成行否？《剪越江秋图》是项圣谟早期代表作，正值年富力强。数年后，他感慨云：“虽云道与年而俱进，第恐聪明不及前，则又将若之何？”

项圣谟《剪越江秋图》故宫博物院藏

(八)郑元勋、郑为虹、金声

郑元勋（1598 ~ 1644），字超宗，号惠东。歙县长龄桥人，居广陵（今扬州），占籍仪征。郑重从子，程邃舅。崇祯十六年（1643）进士，官至清吏司主事。工诗，善画山水，宗吴镇，尤工山水小景，措笔洒落全以士气得韵。所辑《媚幽阁文娱》

刻成于崇祯三年（1630)，崇祯元年（1628)，赴松江请陈继儒序。并到董其昌家看画，未遇。崇祯四年（1631），董其昌过扬州，跋郑元勋《画卷》："超宗游云间，欲观吾家所收诸画。会余滞留吴门，且迫岁除，不能多待。家有装池未竟二三卷，就裱工阅之。如子猷看竹，不问主人也。兹余赴阙，过广陵，超宗出示此卷，笔法出入子昂、子久、叔明、元镇间。又如江淹梦中见景纯索锦，恨其裁割都尽。海内画苑添此国能士气作家，当入邓氏《画继》。"并为郑元勋家园林题"影园"额。郑元勋为盐贾巨豪，"其家园亭开黄色巨朵芍药花百余，集南北名流，品花赋诗，币请钱宗伯牧斋歉益主坛甲乙，首选者侯公子朝宗方域作也。超宗则又挥千金为公子寿。"①郑元勋兄弟家有嘉树园、休园，文人墨客来往酬酢无虚日。

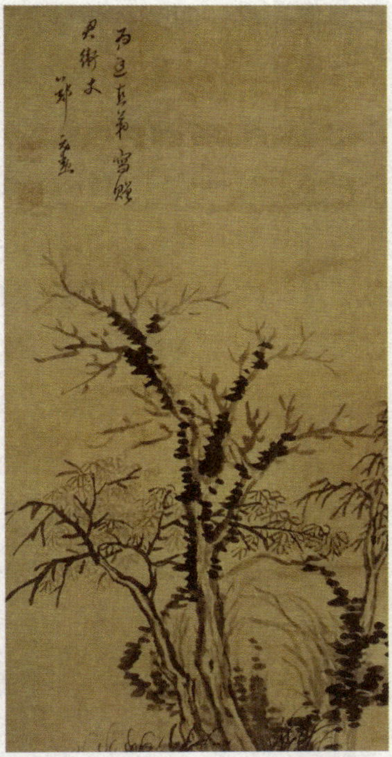
郑元勋《古木秀石图》安徽博物院藏

郑元勋英年早逝，徐沁《明画录》谓："因悍镇分地临扬，欲纾难而出语小误，为众击，惨死，时论惜之。卒年四十七。"传世作品有崇祯四年（1631)《临石田山水图》轴，苏州博物馆藏，董其昌题跋："沈启南自题画山水云：诗在大痴画中，画在大痴诗外。恰好百二十年翻身出世作怪，吾于超宗此图亦云然。其昌。"郑元勋自跋云："此余辛未冬临沈石田笔也，时年三十有四，腕力尚稚。然董思白先生已极赏之，为题数语。画不足存，题不忍废，当赖以传矣。付子为星藏之。崇祯辛巳初秋，重识于影园之蒿亭。"苏博另藏有《为镜月作山水扇面》。崇祯七年（1634）作《纪游山水册》（八开），藏于南京博物院。安徽省博物院藏其《古木秀石图》，逸笔草草，随意点染，而生机无限。著《佐国类函》《影园诗稿》《影园文稿》《读史论赞》《英雄令终录》等，辑《影园瑶华集》《媚幽阁文娱》。

郑为虹（1622 ～ 1646)，字天玉，号去疾。歙县长龄桥人，籍扬州，郑元勋侄，程邃表弟。崇祯十六年（1643）进士，授浦城知县。隆武间，授御史，浦民交章乞留，

① [清]金埴：《不下带编·巾箱说》，中华书局，1982年，第9页。

具言不可去者。乃命以御史知浦城，巡视仙霞关。改令巡抚长江上游四府，兼领关务。顺治三年（1646）八月，清兵破城，被俘，迫之跪，不屈。劝令剃发，慨然曰：“负国不忠，辱先不孝，我生何用？发不可断也！”喷血大骂，乃令斩之。为虹夺刀刺胸，不殊，遂见杀。家仆陈龙，都督洪祖烈，游击张万明父子，皆从死。叶廷琯《鸥陂渔话·范石夫朋旧尺牍跋语》云：“广陵竞渡绝盛，端午日男女空国出游。癸未（1643）岁，天玉招予往观，尽欢竟日。天玉闭门读书，不与家事，非奉尊甫命不出，其招予亦尊甫所治具也。恂恂寡言，真同处子。登第授浦城令，行取台中，临难不屈，烈烈而死。”① 龚贤《草香堂集》有《拜郑公墓（前御史为虹）》诗：“祠宇凄凉不忍经，草深蛇鼠护精灵。墓门野水一方白，石路新松四尺青。敢念杀身仇未雪，空余亡国恨无醒。阴风拜罢飕飕起，日落樵歌远在听。”郑为虹擅画，安徽省博物院藏其《山斋读书图》，笔墨简练少皴，有宋元余韵。题款曰“郑去疾”，钤“师山后学”印。黄宾虹云其甲申后所作画，皆不署真名。

金声自用印

金声（1589～1645），一名子骏，字正希，号赤壁，休宁瓯山人（今休宁万安镇徽光乡瓯山）。崇祯元年（1628）进士，官至御史。金声治学严谨，道德文章受后人推崇，有《金太史文章》《尚志堂集》等。清军攻陷南京后，金声与江天一起兵抗清。隆武元年（1645）八月，清军分三路围攻，他与江天一等固守绩溪，清兵久攻不克，后因黄澍出卖被俘。拒降，与江天一等在南京就义。金声工书画，喜画马，亦写佛像，传世作品有《浴马图》《无量寿佛》，书法《跋程母孙孺人卷》藏于安徽省博物院。

（九）方式玉、王尊素

方式玉（1604～1654），字玉如。歙县岩镇人。顺治元年（1644），以贡生授昆山训导。顺治十一年甲午（1654），赴秋闱，怏怏而卒。性孝友，工诗，尤工于画。方式玉生平资料极罕，黄宾虹《黄山丹青志》有其条目，且颇详细：“新安方氏，自汉黟侯储公始，分十大派，环山、岩镇共为一派，元明以来世以儒行显。方

① [清]叶廷琯：《吹网录·鸥陂渔话》，辽宁教育出版社，1998年，第78、79页。

式玉字玉如，号褱末。居歙之岩镇。幼颖敏，为文落笔有隽气。补诸生，试辄高等，以明经授鹿城训导。时鹿城雅乐尽阙，玉如至，举其废坠，悉如阙里志刊为图，元音赖以不绝。授昆山，作《拜石》诗。生平善诗文，尤长于画。著《醉翁涉江石照诗集》（《江南通志》云《涉江草》《醉翁石照》等）。清顺治七年庚寅，邑人汪叔向（家珍）为作画卷，题云：'是岁十二月朔日，屡雪不快，积阴未开，至十七日雪始大作。方子玉如早过格庵，置酒相呼，佳儿在膝，果食诵诗，哄笑如雷。时玉如为格庵书所赠传，笔墨之余，复出此卷索画，欲诸家合作，命余发端。余以画之传于今者，始王右丞，遂率尔下笔，因三人极兴而归，祁寒龟手，亦竟忘之，此日真足纪也。'次年辛卯，云间张子固（安苞）画并题云：'余薄游琅琊而得山水之乐，遇方玉如年兄定交，得友朋之乐，见玉如绘事，而山水友朋，又合为一乐。乃玉如出兹卷命予续貂，自惟小巫气尽，不敢不以志胜耳。时小春望日。'合作诸姓氏有僧渐江、江允凝（注）、汪蔼庵（然）、王尊素（玄度），皆歙人，何伯求（颙）与张子固为华亭人。卷为吕松壑旧藏……今见厂肆有张子固自题云：'栖碧画卷，从洮侯属余者，半岁始毕其逋，古今作家，俱未能梦见，小窗舒暖，自写已意耳。时癸巳长至。'后于为玉如画卷三年，笔法纯宗大痴，浅绛山水，树石无皴，而高雅绝俗，与莫廷韩可为伯仲，毫无华亭习气。"①《渐江资料集》载顺治八年（1651）十月，"渐江为方式玉补《持赠云烟合作卷》……方式玉北上谒选，路经南京，与渐江相遇。"②目前似乎尚未发现方式玉的作品，这是一件令人遗憾的事。

王玄度（1602～1656），字尊素，一作符素。歙县王干人。诸生，读书过目成诵，尝游江淮间。平生放浪诗酒，诙谐跌宕，晚知向道。曾礼山翁大师于静慧院，侍坐之次，玄度逡巡起曰："弟子茫然，求师开示。"适有以茶果进者，师取一栗啖之，玄度拱而立，捧而侍。师顾玄度曰："子不茫然。"玄度于此有省。工诗，著《轩辕阁诗集》。友人吴道会集其诗为《王学人遗诗选》，收入陈允衡辑《诗慰》，尚不足其生平所作诗之十一。

王尊素书法初学颜真卿，后宗二王。间画山水，学黄公望，画笔简洁遒媚，类邹衣白。与江天一、方式玉、许楚、程邃、渐江、汪家珍、江注等为好友，常在一

① 黄宾虹：《黄宾虹文集全编·书画编》（下），荣宝斋出版社，2019年，第745、746页。
② 汪世清、汪聪：《渐江资料集》，安徽人民出版社，1984年，第245、246页。

起切磋诗文书画，曾与方玉如、渐江等合作绘画，其作品拟宋元诸家。王玄度与龚贤交往颇深，龚贤《草香堂集》有《赠王玄度》《王玄度五十赠以诗》二首，后一首吟道：“河上老人王玄度，布袍声誉驰京华。颠来落笔诗满纸，纵意大书还自夸。双眼识尽侠烈士，王侯意气不敢加。扬州散金笑李白，我辈囊橐宁复奢。卒见异物不足怪，天地反复无吁嗟。量包山海混星曜，轻视一气同浮瓜。短歌岂顾善讴者，虞琴帝瑟皆浮哇。生平二日不曾醉，毋故逃乱山之涯……”而王玄度亦有赠答龚贤诗，如《过龚贤故园》《平山堂看荷花和龚半千韵》。西泠印社2008年秋季艺术品拍卖会“中国书画古代作品专场”上，有王尊素行草扇面一帧，笔法老到、奇逸。

崇祯七年（1634），江南青浦（今上海）诗人李雯来歙，酬赠王尊素诗云：“王郎读书如俊鹘，一扫林莽无留行。家传名山世所识，神峰磊落冠群英。”“闻君少年不得意，家徒四壁书百城。胸中常有不平事，拔剑夜起星辰横。”通过诗句，我们大致可以了解一点他的境况。崇祯十二年（1639），王尊素与许楚、方式玉游燕子矶，相与啸咏五日。弘光元年（1645），金声、江天一抗清被执，十月遇害于南京通济门外，王尊素与汪沐日、吴霖、汪蛟等人先后入闽，渐江与程守哭别相公潭上，由水路赴闽。隆武二年（1646），渐江居武夷山，与王尊素、张蚩蚩、周元修等相唱和。次年八月，隆武政权覆灭之后，复明的希望也宣告破灭，王尊素离闽北返。顺治五年（1648），王尊素与洪琮同客芜湖，旋去扬州。顺治十一年（1654）秋，王尊素客南昌，游庐山，而方式玉卒于此年。顺治十三年（1656），王尊素亦卒。

王尊素《书法》“西泠印社2008秋拍中国书画古代作品专场（明及明以前）”

三、书法

明代早期书法受到元代书风影响，实际上许多书家跨越了元明两代，界限并不明显，如危素、詹希原、宋濂、宋克、陈璧、姚广孝等，个人风格不甚明显。此期是“台阁体”书法形成时期，代表人物有三宋（宋克、宋璀、宋广）、詹希原、杜环、沈度、沈粲等，其中新安詹希原因表现得较为突出，被认为“是明代台阁体书法的先导”。这一点，与明代科考制度要求不无关系，明人郎瑛在《七修类稿》“本朝科场”中云：“本朝科场，自洪武三年第一场经义一篇，限五百字；四书义一篇，限三百字。第二场礼乐论，限三百字。逮至第三场，时务策一道，务直述，不尚文藻，一千字以上。三场之后，骑，观其驰骤便捷；射，观其中数多寡；书，观其笔画端楷。”[①] 明人谢肇淛认为：“国初能手，多黏俗笔，如詹孟举、宋仲温、沈民则、刘廷美、李昌祺之辈，递相模仿而气格愈下。自祝希哲、王履吉二君出，始存晋、唐法度。……今国家诰敕及宫殿扁额，皆用笔法极端楷者书之，谓之‘中书格’。但取其庄严典重耳，其实俗恶不可耐也。洪武初，詹孟举以此技鸣，南京宫殿省寺之署，多出其手。”[②] 黄惇认为“（明代）地域书风非常突出，中心在苏南，究其源流与吴门画派的出现相关。……元山水画四大家多活动于江、浙，并影响到明代，所以明代书家几乎多从活跃于长江下游的画家中产生，其中吴门、华亭二书派最具这种特征而为人注目。”[③] 如文徵明、祝允明、陈淳、王宠等。明人书法“尚姿”，与画家兼书家表现得较为明显。明代厅堂高大，悬挂书法亦与之匹配，尺幅增长，字亦增大，这一现象在晚明最为典型。明人多能行草书，不知名者写来亦有可观。万历皇帝朱翊钧雅好书法，每携王献之《鸭头丸帖》、虞世南《临乐毅论》、米芾《文赋》以自随。崇祯帝朱由检书法运笔全自王羲之《玉润帖》中来。晚明一批书家，强调个性，风格独特，如黄道周、张瑞图、王铎、傅山等，为明代书法之亮点。篆隶非明人强项，但晚明书家已注意撷取新的资料融入书中，亦颇具色彩，如赵宧光的“草篆”，傅山的古篆，取法高古。宋珏隶书师承《夏承碑》，书风下启郑簠。王铎偶涉隶书，不染俗笔等。明代新安书家增多，除了詹希原，著名者有詹景凤、方元焕、吴楚、俞可进等。

明代摩崖、碑刻甚多，兹不列举。除了摩崖石刻、碑刻和纸本书法，书法还被

① [明]郎瑛：《七修类稿》，文化艺术出版社，1998年，第157页。
② [明]谢肇淛：《五杂俎》，上海古籍出版社，2012年，第117、118、119页。
③ 黄惇：《中国书法史》，中国书法家协会书法培训中心教材，第108页。

另一种形式保存下来，即碑帖。摩崖石刻、碑刻多为端楷，出发点是要百姓通晓易读。相比而言，刻帖的目的是纯粹为了书法的学习和欣赏，较之摩崖、碑刻更注意体现书法的艺术性和表现力。明代刻帖盛行，文徵明刻有《停云馆帖》，董其昌刻有《戏鸿堂帖》，邢侗有《来禽馆法帖》等。新安受时风影响，也有刻帖问世，知名的有吴廷的《余清斋帖》，吴桢《清鉴堂帖》及《兼葭馆帖》等。《余清斋帖》由董其昌、陈继儒为之选目、鉴定、评题，不仅确保了《余清斋帖》中书家墨迹的可信度和质量，同时也带来了他们对书法艺术价值的评判与艺术思想，他们的题跋，包括吴廷的墨迹也一并被刻入《余清斋帖》中。董其昌、陈继儒除了为《余清斋帖》《清鉴堂帖》题跋，还为两家留下不少墨迹，如陈继儒为吴桢之祖怀野翁作《德求堂记》，又作序赠吴桢。另外，范允临篆额，陈继儒书《吴氏修墓记》。《歙西莘墟重修诰赠许氏宜人祖母墓记》则由何如宠篆额，董其昌撰并书。

明代书论有解缙《春雨杂述》，丰坊《书诀》，项穆《书法雅言》及董其昌《画禅室随笔》等。

(一)詹希原

詹希原（元末明初），原名詹希元，后改希原。字孟举，号逸庵、丙寅讷叟。婺源庐源人，为元善用库大使。洪武初，为铸印局副使，后官中书舍人。善写榜书，宫殿、城门、坊匾多其所署，一些重要碑文也出自其手，如洪武三年（1370）《大明诏旨碑》等。陶宗仪谓其正书师法虞世南，其字愈大愈善。杨士奇谓："国朝大字，希元为第一。盖兼欧虞颜柳之法，而有冠冕佩玉之风者。"丰坊在《书诀》中将今隶（楷书）分五等：一曰铭石，二曰小楷，三曰中楷，四曰擘窠，"五曰题署，亦颜公为优，太白次之，君谟又次之。本朝惟孟举可配古人，自后未见其比也。"[①] 詹景凤云："希原署书于端重严整中寓苍劲雅秀之趣，是为难能耳。若小字则稍熟媚。"谢肇淛评曰："詹孟举书虽俗而端庄遒劲，盖亦渊源于欧、虞而稍变之，非姜立纲可望也。评孟举书者，谓兼欧、虞、颜、柳之法，而有冠冕佩玉之风。然冠冕则有之矣，法度未易言也。真楷书者，如文征仲，斯可矣。"虽然人们盛赞[②] 詹希原大字，但其小楷亦颇可观，评者谓其小楷劲健，骨力洞达。詹希原书有小楷书王宾《叙字》，弘治十四年（1501）

---

①《历代书法论文选》，上海书画出版社，1979年，第508页。

②［明］谢肇淛：《五杂俎》，上海古籍出版社，2012年，第119页。

文徵明跋，刻入《停云馆帖》中。

詹希原亦擅篆书，用笔类泰不华。詹希原书法曾风靡一时，解缙、许鸣鹤、王敬等跟他学书，就是宫中的皇亲、嫔妃亦从其学。詹希原还曾在元末创制“五轮沙漏”，比漏刻更为精确。“詹希元的五轮沙漏计时器的结构原理和现代钟表的结构原理几完全相同”。

（二）商辂

商辂（1414～1486），字弘载，号素庵。淳安芝山（今里商）人。明宣德乡试、正统会试、殿试皆第一，为明代近三百年科举考试中第二个“三元及第”者。授修撰，郕王监国，入阁参与机务。景泰时，累迁兵部尚书。英宗复辟，被诬下狱，斥为民。罢官南归居家十年中，多在深洞岭下“仙居书屋”读书赋诗自娱，并募工凿山开道，去险就夷。曾应邀赴庐山白鹿洞书院、铅山鹅湖书院讲学。成化初，以故官入阁，官至太子少保、吏部尚书兼谨身殿大学士。因得罪宦官，以“疾作休致”，辞归故里，居家十年而卒，宪宗特赠太傅衔，谥文毅。历仕英宗、代宗、宪宗三朝，为人刚正不阿、宽厚有容，临事果决，时人称“我朝贤佐，商公第一”。歙县潭渡黄祚（蛟峰）曾从商辂受《尚书》。著有《蔗山笔尘》《商文毅公集》《商文毅疏稿略》《宋元通鉴纲目》《商文毅藏书目》《续资治通鉴纲目》等。万历间，淳安知县萧元冈在老城建有“三元宰相”坊。

商辂工书，师法晋唐，惜传世墨迹较少。《中国美术家人名大辞典》记：“王世

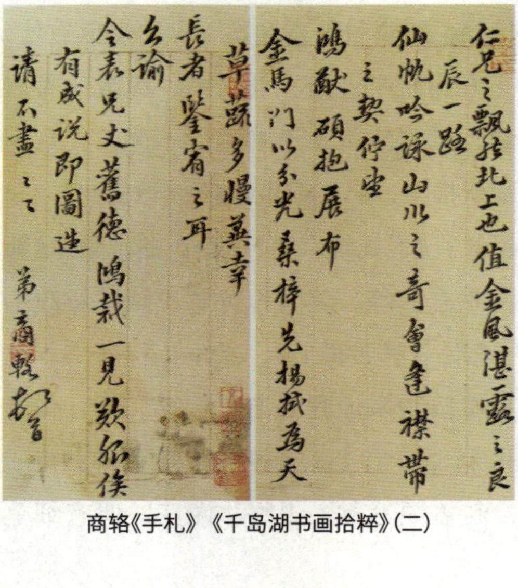

商辂《手札》《千岛湖书画拾粹》（二）

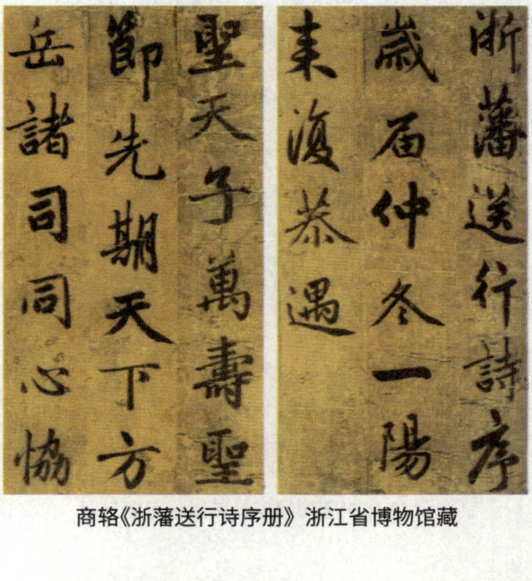

商辂《浙藩送行诗序册》浙江省博物馆藏

贞《国朝名贤遗墨》有其书。”浙江省博物馆藏其《浙藩送行诗序》，甚为珍贵。明成化十九年（1483），浙藩参议梁克宣函表进京贺明宣宗寿，同僚赋诗为其送行，商辂写下了《浙藩送行诗序》。这件书法中锋用笔，提按自如，书风端庄清丽、中正刚健，不急不厉，一派正人君子之风。翁方纲跋云：“此序虽亦近明初诰敕之体，实能得吴兴运笔意者，应勒石以传之。”姚元之跋云：“此册若掩去文毅之名，以为吴兴真迹，识者也难以辨。”翁、姚皆指近赵孟𫖯书风，可谓英雄所见略同。商辂书写此卷，时已 70 岁，可见功力不凡。有资料说《明画韵编》记商辂“善画鹰”，其作有不少题画诗，大约可以佐证吧。

（三）程敏政、程敏德

程敏政（1446 ~ 1499），字克勤，中年号篁墩、篁墩居士、篁墩老人、留暖道人。新安休宁陪郭人，南京兵部尚书程信之子。10 岁随父到四川，巡抚罗绮以神童向朝廷举荐。另一被举荐神童为李东阳。英宗亲自召试，出上联云：“螃蟹一身麟甲。”程敏政应答：“凤凰遍体文章”。李东阳对：“蜘蛛满腹经纶。”英宗十分惊异，召试《圣节》《瑞雪》诗并经义各一篇，援笔立就，遂就读于翰林院。大学士李贤有意将女儿许配给程敏政，在筵席上指莲藕出一联：“因荷（何）而得藕（偶）？”程敏政答：“有杏（幸）不须梅（媒）。”满座皆惊。成化二年（1466），程敏政殿试高中榜眼，授翰林编修、左春坊左谕德，充东宫讲读官、詹事府少詹事兼翰林院侍讲学士、礼部右侍郎。弘治十二年（1499）春，因涉徐经、唐寅科场鬻题案下狱。出狱致仕，愤恚发痈而卒，赠礼部尚书。程敏政秀眉长髯，风神清茂。于书无所不读，文章为同辈所推崇，有《皇明文衡》《咏史诗》《宋遗民录》《程氏统宗谱》《程氏贻范集》《新安文献志》等。美国程可庵氏藏程敏政书《为志瑞书雪崖操册》，纸本，行楷书。此为程敏政赠宗侄程志瑞赋琴操二章，作于成化十八年（1482）。书法具颜真卿、褚遂良、赵孟𫖯笔意，规整、端庄，偶有细笔

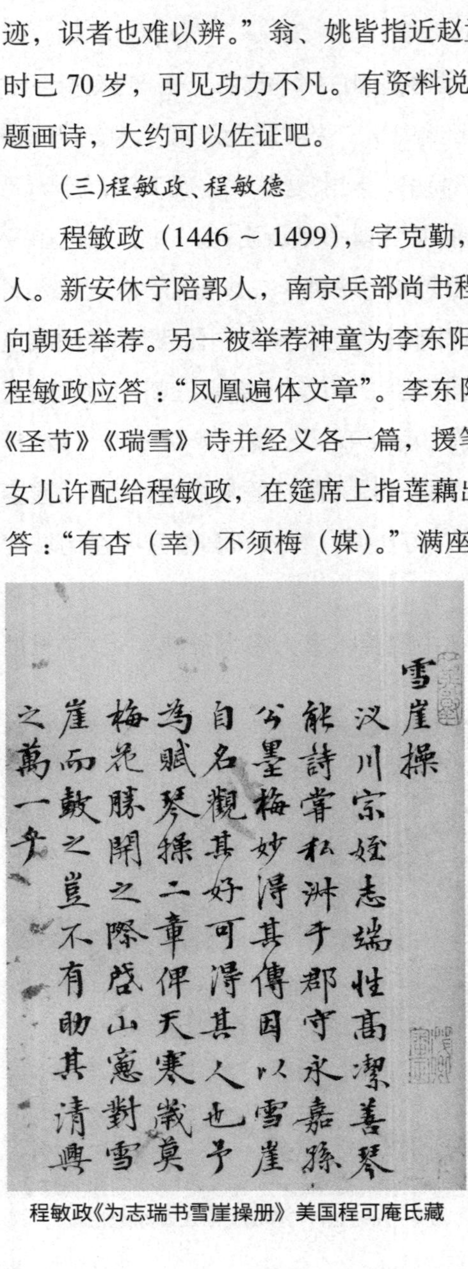

程敏政《为志瑞书雪崖操册》美国程可庵氏藏

牵丝映带，生动多姿，结体优美。

程敏德（弘治间），字克俭，号梧冈、在庵。休宁陪郭人，程敏政弟。以父荫补胄监，入吏部试优等，授参事府主簿等。多才艺，画学高彦敬，篆隶学余阙，俱可观。有《在庵稿》。

(四)海瑞

海瑞(1514～1587)，字汝贤，一字国开，号刚峰。广东琼山（今属海南）人，本贯番禺，后迁琼山。嘉靖二十八年(1549)，海瑞乡试中举，任福建南平教谕。执教期间，有官员来视察，唯独海瑞长揖行礼。嘉靖四十一年(1562)，海瑞任淳安知县，兴修学宫，改建清溪书院。置地十八亩，建阅武堂，修仓储备。淳安山多地瘠，赋役负担不均，土地丈量误差大。于是海瑞重新丈量土地，按土地数目分摊赋税。按田地多少、贫富情况来确定负担徭役多寡，是谓“均徭”。淳安农民负担有所减轻，不少逃亡民户又回到故乡。又明断疑案，深得民心。海瑞生活节俭，穿布袍、吃粗粮糙米，老仆种菜自给。因得罪权贵，海瑞已提为嘉兴通判，却被贬为兴国州判官。嘉靖四十五年(1566)，吏部尚书陆光祖主张文官选举，海瑞为户部云南司主事。嘉靖四十五年(1566),海瑞上《治安疏》而入狱。同年明穆宗继位，奉先帝世宗遗诏，赦免所有谏言，海瑞官复原职，改兵部主事、尚宝丞、两京左右通政、右佥都御史，外放应天巡抚，辖区包括应天、苏州、常州、镇江、松江、新安、天平、宁国、安庆、池州十府及广德州，所到之处兴利除害，兴修水利，除暴安良，百姓称其“海青天”。隆庆三年(1569)，海瑞遭戴凤翔弹劾，改任南京粮储。海瑞遂因病引退，回到琼山老家。

海瑞像 南京博物院藏

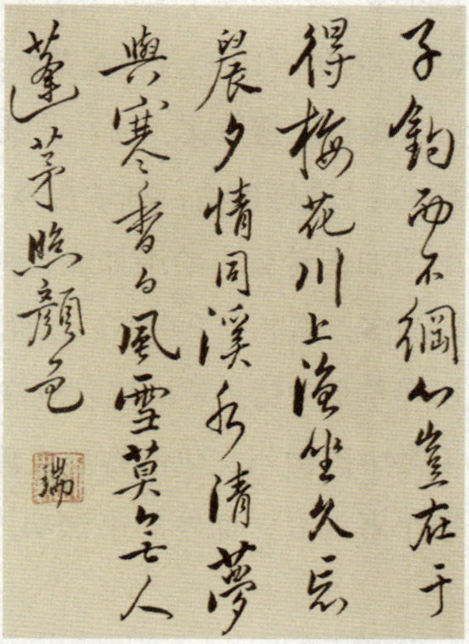

海瑞《自书诗》上海博物馆藏

明神宗朱翊钧颇器重海瑞的名望，召海瑞为南京右佥都御史。赴任途中，改为南京吏部右侍郎。最终为南京右都御史。万历十五年(1587)，海瑞病故于南京任上，追赠太子太保，谥忠介。有《海忠介集》《淳安稿》《淳安县政事》《备忘集》等。

海瑞一生经历了正德、嘉靖、隆庆、万历四朝，民间故事传说亦多，如海瑞背纤、海瑞罢官等。其为民请命、平反昭雪的形象活跃在文学及艺术作品中。但作为书画家的海瑞，人们则知之甚少。海瑞书法以钟繇、王羲之、颜真卿、柳公权、李邕及宋人为学习对象，中、晚年后则主要取法颜真卿。其小楷《管子·权修》写得一丝不苟，但又不斤斤计较于点画的得失，小字得大字气象。行草笔法使转流畅、刚劲多姿，气势磅礴，不主一家而法为我用。康有为云："明人无不能行书……海刚峰之强项，其笔法奇矫亦可观"。①

嘉靖四十一年（1562），淳安河村人徐廷绶考中进士，便道归省，适逢海瑞离任，徐廷绶受父老之嘱，撰《海刚峰先生去思碑记》。百姓又修建海瑞生祠于老县城西察院左。万历间，邑令吴天洪改建于南山之麓，1959年淹没于水底。1985年，新建海瑞祠于千岛湖龙山岛。

(五)詹景凤

詹景凤（1532～1602），字东图，号白岳山人，又号大龙宫客等。休宁流塘人。隆庆元年（1567）举人，始选江西南丰教谕，补湖北麻城教谕。1595年，谪四川保宁教授，所至题咏几遍。1598年，升广西平乐府通判，"分署列邑，推奖誉髦，苗风丕变，以疾卒于官"。有《东图玄览》《西游稿》《留都集》《詹氏性理小辨》64卷、《六纬撷华》10卷及《画苑》《字苑》等。

詹景凤擅诗文、书画、鉴藏。书法以草书著名。康熙《休宁县志》卷十二"文苑传"载其："雅好诙谐，抵掌古今成败，历历可数。人言癖古如倪元镇，博洽如桑民怿，书法如祝希哲，绘画如文征仲。"詹景凤书学羲、献父子，草书师法怀素，存世墨迹尚多，草书《千字文》存世数卷，其家乡的安徽省博物馆、休宁县博物馆各存一卷。所写草书中锋用笔而辅以侧锋搅转，变化多端，技巧娴熟，一气呵成，可谓心手双畅。安徽中国徽州文化博物馆藏其杂记手稿六开，字体行书、小草杂糅，虽是随手札记，字小者如豆，深厚的书法功力依然尽显笔端。屠隆《致詹景凤札》云："足下入都

① [清]康有为：《广艺舟双楫》,《艺林名著丛刊》,中国书店,1983年,第60页。

门一日而倾其都人，征辞赋、索笔札，闻如云矣。”可见詹氏诗词文章、书法受到欢迎和重视的程度。明末朱谋垔《续书史会要》认为詹景凤：“深于书学，用笔不凡，如冠冕之士，端庄可敬。狂草若有神助，变化百出，不失古法，论者谓可与祝京兆（允明）狎主当代。”[①] 詹景凤善画，山水、花卉俱能，山水学元人黄公望、倪瓒，黄宾虹云其笔墨喜为南宋人画法，于马远、夏珪尤近，笔力沉着，墨采古厚。晚年以书法写兰竹。

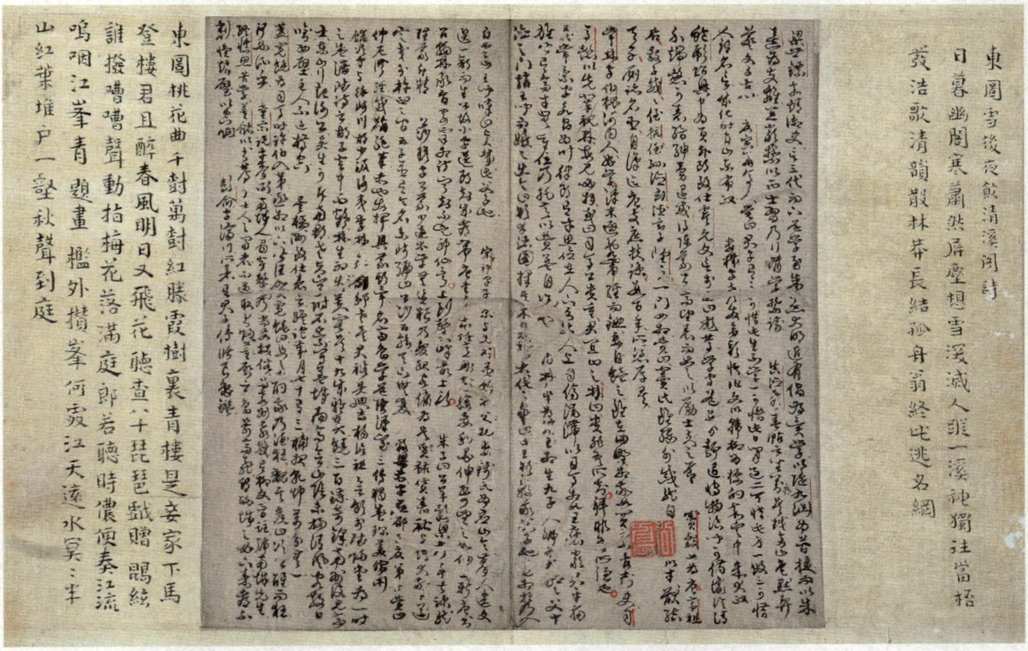

詹景凤《手稿》安徽中国徽州文化博物馆藏

（六）祝世禄

祝世禄（1540 ~ 1610），字延之，号无功、石林。学者、书法家，江西德兴人。明万历十七年（1589）进士，为歙县许国门生。授休宁知县，迁南科给事中、尚宝司卿。随户部尚书、心学泰州学派耿定向修业，讲学东南，与潘去华，王德孺同是耿定向门下高徒。工诗，善草书。有《祝子小言》《环碧斋诗集》《环碧斋尺牍》等。

祝世禄未任休宁知县之前，已曾数游新安。在休宁六年（1589 ~ 1595），创办还

① [明]朱谋垔：《续书史会要》，《书史会要·续书史会要》，浙江人民美术出版社，2019年，第363页。

古书院并题额，举办“新安讲学大会”，与会者众。《江西通志》记载休宁有兄弟二人讼，历十余年而不解，祝世禄曰：“此未可曲直折也，乃系以银铛，而坐之狱，令朝夕同起卧，久之，遂兄弟如初。”一时传为佳话。祝世禄与新安诸多人物交往，如汪道昆、詹景凤、孙一奎、汪徽、毕懋康等，他与时任南京吏部司务任上的詹景凤交谊颇深，詹景凤回乡，与子招祝世禄饮于小扑居。祝世禄作有《夜过詹吏部东图园居》，而詹景凤尝赠书画给祝世禄。祝世禄又为程君房《程氏墨苑》题字，作诗《赠汪仲徽》，与印人何震亦有交往。祝世禄到南京后，对新安商贾、士人也尽量给予照拂。休宁缙绅士大夫以书院为祝世禄所肇建，故在书院后建祝公祠三楹以为纪念，额“石林风磴”。

祝世禄书法名，今不显赫。然其在世时则很受欢迎，明代姚旅在《露书》中记述金陵有“十忙”，祝世禄“写字忙”为其中之一，可见受欢迎的程度。祝世禄善行书、草书，董其昌弟子周之士评其书法：“祝世禄书亦有风致，但笔多任意，法有出入，可备书家禅种。”祝世禄书法似乎没有透露出明显的师承关系，似颇多自运，各个时期书风也不一致，可见时时在探索、实践中。而祝世禄不染时习，是其高妙之处。其佳作亦不失笔酣墨饱、沉着洒脱、欹正相参之神采。祝世禄偶一刻印，颇多拙趣。祝世禄书“元夕夜登白岳一首”扇面，行笔凝重、迟涩，信为老笔。

祝世禄扇面 天一阁藏

(七)方元焕

方元焕（? ~ 1620），字子文、晦叔，号两江。歙县信行人，山东临清籍，书法家。嘉靖十三年（1534）乡贡，嘉靖十六年（1537）举人。一生好古文辞，天性颖慧，性情孤傲，尤擅书法，长于行草，自矜以为雄伟有力，而涉疏野粗放，有狂旭颠素之态，齐鲁人极重之，而江左不重也。署书稍胜。有“若无两江字，不是大人家”之誉，隆、万间名噪一时，闻名海内外。“安南（越南）驿使不惜千金买其字”。嘉靖进士、松江华亭人周思兼评其书法云：“两江书如卫霍子弟兵，千里赴利神气自倍；又如鹰隼乘风搏狐兔转顾自如。”有《茗柯堂》《半林堂》《临清志》等。安徽博物院藏有草书轴，浙江省博物馆藏有其《草书诗卷》，此卷并钤有“弘仁”“渐江智”等印。

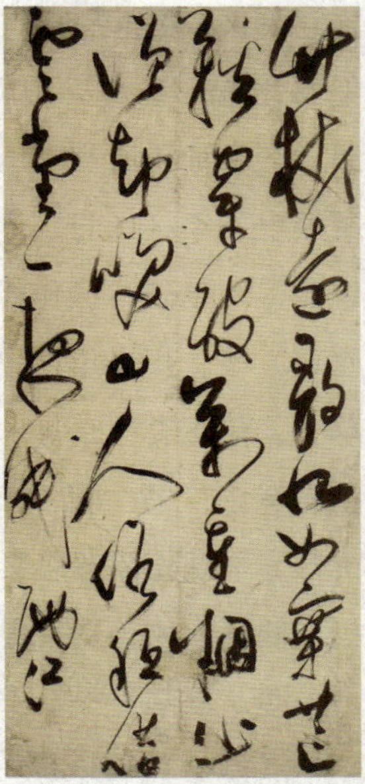
方元焕《草书轴》
安徽博物院藏

（八）担当

担当(1593～1673)，名普荷，号担当。云南晋宁人，祖籍淳安。俗名唐泰，号大来。13岁考取秀才第一，33岁以明经进京赶考未中，遂寻师访友，拜董其昌为师，结识陈继儒，又访湛然、云门和尚。崇祯十一年（1638）十月初三，徐霞客欲往晋宁，与唐元鹤州守、担当作别。初四日，徐霞客在晋宁第一次见到担当，“唐大来选贡，以养母缴引，诗画书俱得董玄宰三昧。余在家时，陈眉公即先寄以书云：‘良友徐霞客，足迹遍天下，今来访鸡足并大来先生。此无求于平原君者，幸善视之。’……唐大来，其先浙之淳安籍，国初从戎于此。曾祖金，嘉靖戊子乡荐，任邵武同知，从祀名宦。祖尧官，嘉靖辛酉解元。父懋德，辛卯乡荐，临洮同知。皆有集，唐君合刻之，名《绍箕堂集》。……大来言历数先世，皆一仕一隐，数传不更，故其祖虽发解，竟不仕而年甚长。今大来虽未发解，而诗翰为滇南一人，真不忝厥祖也。”[①] 二十四日，

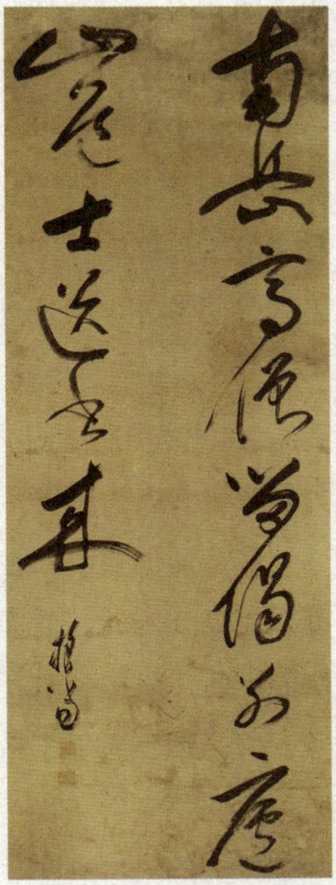
释担当《行草轴》
云南省博物馆藏

① [明]徐霞客：《徐霞客游记》，中华书局，2009年，第447、448页。

告别大来，登骑就道。唐大来母亲去世后，又看“国祚将亡”，于崇祯十五年（1642）削发为僧，参水目山无住和尚受戒律。来往于点苍山与鸡足山之间，与蒙化陈翼叔、浪穹何稚元、剑川赵云升、歙县江蛟等交游唱酬，人谓“云中一鹤”“南中高士”。康熙十二年（1673）十月，担当在感通寺染疾，十九日晨起，端坐辞众，书偈语：“天也破，地也破，认作担当便错过，舌头已断谁敢坐。”掷笔而逝。有《翛园集》《橛庵草》等。担当早期书法明显可以看出受到董其昌的影响，以行、草书为主，尤擅草书，有怀素的神韵，笔走龙蛇，纵肆跳跃，洒脱飘逸，晚年书法生拙意味愈加浓烈。担当有诗、书、画“三绝”之誉，画作传世极稀，山水源于倪云林、董其昌而自出机杼。早期作品署唐泰，传世较少。晚年作品笔墨愈来愈老辣，信笔为之，意境高远。担当偶画人物，别有趣味。

四、篆刻——新安流域鼎盛时期

安徽省博物院藏有一方“新安卫左千户所百户印”官印，此为新安所存之古代官印。明洪武二十六年（1393），定天下都司卫所，共计都司十有七，留守司一，内外卫三百二十九，守御千户所六十五。“新安卫”治今新安歙县，与扬州卫、金山卫、苏州卫等属中军都督府。“明初，置千户所。设正千户，正五品；副千户，从五品；镇抚、百户，正六品。……核诸将所部有兵五千者，为指挥使；千人者，为千户；百人者，为百户；五十人为总旗；十人为小旗。”[①] 清废。

明“新安卫左千户所百户印”安徽博物院藏

许多证据表明，在文彭之前，已经有不少文人参与刻印，并已使用石章，历史可以上溯到宋元。然而，文人篆刻形成流派，对时人和后人产生很大的影响，当以文彭为始，而文彭对新安早期印人的影响尤为关键。文彭（1497 ~ 1573），[②] 字寿承，号三桥，别号渔阳子、三桥居士、国子先生。长洲（今江苏苏州）人，文徵明长子。

①《明史·卷七十六》，中华书局，1974年，第1874页。

② 文彭生年，一般做1498年，现从周新月的《文彭年表——纪念文彭诞辰五百周年》及刘东芹的《文彭年表》考订。

以明经廷试第一，授秀水训导，官国子监博士。工书画，尤精篆刻。能诗，有《博士诗集》。

周亮工《书文国博印章前》记载："余闻国博在南监时，肩一小舆过西虹桥，见一蹇卫驮两筐石，老髯复肩两筐随其后，与市肆互诟。公询之，曰：'此家允我买石，石从江上来，蹇卫与负者须少力资，乃固不与，遂惊公。'公睨视久之，曰：'勿争，我与尔值，且倍力资。'公遂得四筐石，解之，即今所谓灯光也，下者亦近所称老坑。时祺中为南司马，过公，见石累累，心喜之。先是，公所为印皆牙章，自落墨而命金陵人李文甫镌之，李善雕箑边，其所镌花卉皆玲珑有致。公以印嘱之，辄能不失公笔意，故公牙章半出李手，自得石后，乃不复作牙章。"[①] 此故事我们不能当作信史来看，里面有许多与史实不符之处。但在文彭传世的印章中，确实有象牙与石章并存的现象。孙慰祖认为："石章成为印材的主流，经历过长期的社会应用选择，是中国印材体系不断拓展的自然结果，并不是一个突然或者偶然现象。"[②] 今天已有许多实物或文献可以证实明代及更早的宋元时期，都已有不少文人参与以石刻印的事例。如宋代"引意""默盦"石印，1994 年松江西林禅寺出土"仲文"青田石章及"如斗"寿山石印。1969 年，上海肇嘉浜明代朱氏家族墓中出土了 9 方印章，其中有 3 方青田石。印章主人为朱豹、朱察卿父子，朱豹为正德十二年（1517）进士，朱察卿卒年在隆庆五年(1571)后。万历四十五年(1617)，太仓张灏编《承清馆印谱》，印谱收"金印二十方，银印二十方，宣铜二十二方，琥珀二十一方，玛瑙二十方，宝石二十二方，水晶二十方，玉二十一方，冻石四百九十八方，总计六百六十四方。"[③] 可以看出，彼时石章已占篆刻用材的绝对优势。

明代印谱的编辑已有显著的增长，如《沈润卿刻谱》《集古印正》《集古印谱》《古今印则》《古印选》等。明中期的《沈润卿刻谱》摹自《吴孟思印谱》有 156 方，补入 36 方，格式也依据吴谱。其中尤以顾从德辑《集古印谱》为著。此前的印谱，皆为摹刻古印，或枣梨翻刻、辗转钩摹，面目失真。而顾氏《集古印谱》首次采用秦汉原印蘸朱泥钤盖，准确地再现了秦汉篆刻原貌，可谓石破天惊之举。而襄助辑

---

① [清]周亮工：《印人传》，《篆学丛书》，中国书店据上海文瑞楼印本影印，1984年。

② 孙慰祖：《从考古发现资料看石章时代的开启——兼论中国印章形态转变的历史契机》，中国徽州文化博物馆：《徽州文博》总第1期，第22页。

③ 韩天衡：《天衡印谭》，上海书店，1993年，第278页。

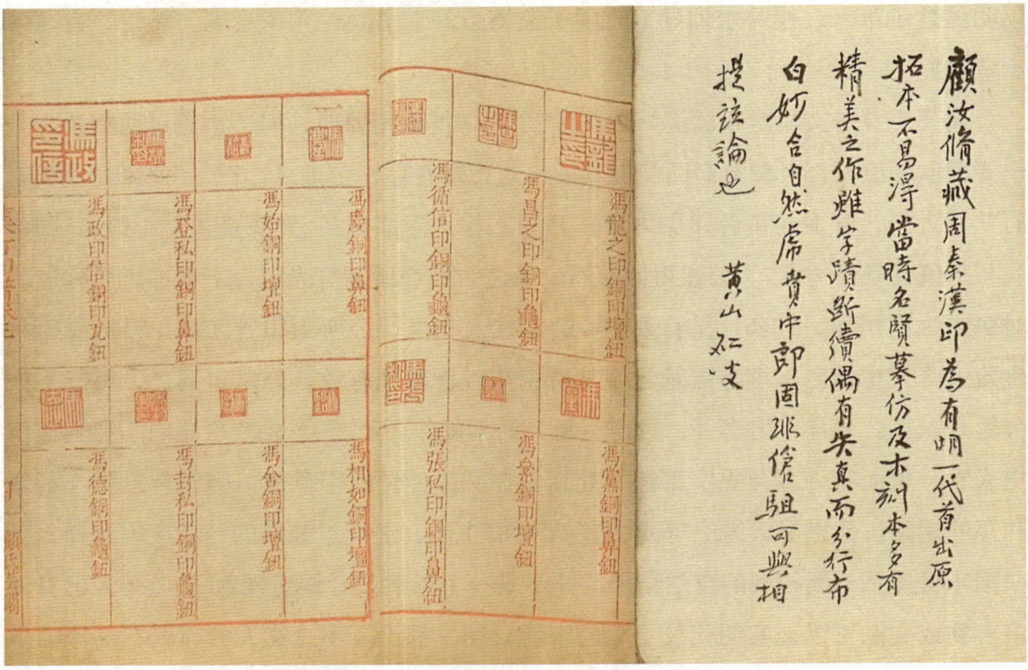

明《集古印谱》(红印本)黄宾虹图跋 浙江省博物馆藏

谱者，为新安罗南斗。罗南斗（1535 ~约 1607），字伯廛，号吴野生。新安呈坎（今黄山市徽州区）人。父制墨名家罗小华，初从胡宗宪征倭，后入严世藩幕。嘉靖间世藩伏法，小华同死西市。为避祸，南斗隐姓改名王常，字幼安，又字延年，号青羊生、懒轩。出亡吴、越间，鬻骨董自给。潘之恒《亘史钞 · 罗龙文传》记 ：“(罗龙文被斩西市后）海上顾氏父子俱游宦京师，与龙文交厚，固匿其子某。……子某更名王常，进之幸舍，潜心摹古，博雅绝伦。人以王生呼之，不测为何许人也。居海上四十年，而始冠其姓，名曰罗王常，字曰延年。”隆庆六年（1572），罗南斗以原印辑上海顾从德所藏古玉印、铜印钤拓成《集古印谱》共 20 部。清初呈坎人罗逸(字远游）题族人罗公权印章册云 ：“(罗小华）后坐事见籍，独古印章存。延年益校其精者梓而行之，今《云间顾氏印谱》《海阳吴氏印谱》是也。”万历三年（1575)，“歙人王延年将上海顾汝修、嘉兴项子京两家收藏铜玉印合前诸谱，木刻《印薮》，务博为胜，殊无简择之功”。此木版翻摹之六卷本《印薮》，开晚明摹刻印谱风气。《印薮》版本很多，有红印的，还有墨印、蓝印的，有手卷，也有册页。万历三十四年（1606)，又编《秦汉印统》8 卷。罗南斗工篆刻，朱简《印经》称 ：“又若罗王常、何叔度、詹淑正、杨汉卿……皆自别立营垒，称伯称雄。”① 继《集古印谱》后，以原印钤谱蔚然成风，如范汝桐的《集古印谱》、郭宗昌的《松谈阁印史》等，对后人影响较大。其他较有影响的印谱，还有甘旸的《集古印正》、程远的《古今印则》、梁袠的《梁千秋印隽》、金光先的《金一甫印谱》、汪关的《宝印斋印式》等，张灏的《承清馆印谱》则汇集了文彭、沈野、何震、苏宣、李流芳等22位印人作品，首创辑众人作品于一谱之先河。又编《学山堂印谱》6册、10册本，汇集何震、苏宣、朱简、梁袠、程彦明、何通等50余家所刻成谱，可谓洋洋大观。明代印学理论也颇为发达，如徐官的《古今印史》、何震的《续学古编》、沈野的《印谈》、甘旸的《印章集说》、朱简的《印经》、徐上达的《印法参同》、潘茂弘的《印章法》等。如日中天的董其昌素与新安渊源较深，在他生平为人所见、所撰7种印谱、论著序跋中，其中两篇为新安印人吴迥《珍善斋印印》、潘茂弘《印章法》作序。

师承文彭者，称其为“文派”“三桥派”，尽管目前能确定文彭真刻者微乎其微，但并不影响他作为“吴门派”领袖，位居文人篆刻流派的先导地位。而文彭与新安诸人的交往由来已久，首推者为“徙中”，即官至兵部右侍郎的汪道昆。何震、苏宣与文彭交往都有明确记载，文彭还曾应何震的邀请来到婺源。袁宏道在《新安江行记》一文中，记徽商在经商以外的艺术爱好说：“徽人近益斌斌，算缗料筹者竞习为诗歌，不能者亦喜蓄图书及诸玩好。”② 赵宧光序朱简《印品》云：“余有心书草，悉力而衰《长笺》，《长笺》一则曰《刻符经》，时未卒业，知此道多落新都，新都故有心人也。尝与吴慎甫、黄表圣、金一甫、鲍伯英相与上下……”清末丘炜萲在《啸虹笔记》中云：“篆学图书，多出于新安，为他郡所不及。”③ 可知新安喜好篆刻由来已久。

“文彭之印”文彭篆刻

新安篆刻，曾被称为新安印派、黄山派、徽派及皖派，但皖派更多意义上是指清代以邓石如为代表的流派。明末新安篆刻远比新安书法辉煌，与绘画比较，其影响似也在其上。被韩

① 《篆学丛书》，中国书店据上海文瑞楼印本影印，1984年。
② [明]袁宏道：《袁中郎随笔》，作家出版社，1995年，第35页。
③ [清]丘炜萲：《啸虹笔记》，见《虞初新志》，上海古籍出版社，2012年，第252页。

天衡誉为“明季五大家”的文彭、何震、苏宣、朱简、汪关，除了文彭，其他四位都是新安人。文彭与何震，并称“文何”。文彭、何震、苏宣，则被誉为印坛“三鼎足”。明人万寿祺《印说》云“百年海内，悉宗文氏，嗣后何、苏盛行，后学依附。”新安印人学三桥派亦有之，如李流芳。何震被称作“何派”“雪渔派”，传人有梁袠（千秋）、吴正旸（午叔）、吴忠（孟贞）、刘卫卿（梦仙）、陈茂（子木）、胡正言（曰从）、吴迥（亦步）、邵潜（潜夫）、梁大年、罗伯伦、陈文叔、沈子云、谭君常、杨长倩、汪不易等；苏宣为“泗水派”，传人有程远（彦明）、程士颛（孝直）、何通（不违）、姚叔仪、顾奇云等；汪关为“娄东派”，传人有汪泓（宏度）、林皋（雀田）等。明季新安著名印人尚有罗王常（延年）、金光先（一甫）、吴良止（仲足）、汪徽（仲徽）、何遵（叔度）、詹濂（淑正）、黄圣期（表圣）等。

“琴罢倚松玩鹤”文彭篆刻

新安印人不仅开创了诸多流派，在篆刻方面其他方面也多有开拓之功，如何震创单刀刻款、首辑自刻印成《何雪渔印谱》，由此“开印人汇辑自刻印成谱之先河”。苏宣刻草书款，汪关刻篆书款，别开生面。历史上第一部以古玺印原印钤拓的明代《顾氏集古印谱》，编辑者王常即新安人罗南斗。朱简曾在《印章要论》中论述古印中有“先秦以上印”，已经敏锐地意识到古玺印的存在和时间划定。他不仅对玺印的考证辨误有功，还开篆刻批评的先河，撰有《印品》等，其短刀碎切法被认为是浙派切刀的滥觞。汪关将汉铸印工整一路表现得淋漓尽致，后世宗此派者深受其惠。在印学理论方面，也是成就卓著，如朱简的《印经》《印章要论》，徐上达的《印法参同》，潘茂弘的《印章法》等。周亮工为之赞叹：“自何主臣继文国博起，而印章一道遂归黄山。久而黄山无印，非无印也，夫人而能印也；又久之，而黄山无主臣，非无主臣也，夫人而能为主臣也。”[①] 明代新安篆刻家无论在成就方面还是在人数上，都可称印坛半壁江山。

(一)何震

何震（1535 ~ 1604），休宁邑前人。万历丁未《休宁县志》载 ：“何震，字长卿，号雪渔，邑前人。以高雅游名公卿间。工金石、篆刻，海内图书出长卿手，争传之。”[②] 有《续学古编》，但存在争议。关于何震生卒年问题，历来意见相左，莫衷一是。汪世清据冯梦祯《快雪堂集》中《题何主臣符章册》文记载，考出其生卒年，参见其致潘振球信札。[③]

何震曾是詹景凤的学生，与文彭关系“盖在师友间”，何震与文彭相识，或为汪道昆之绍介。汪道昆曾向文彭索石印百方请何震镌刻，又写推荐信使何震塞上游，“于是主臣尽交蒯缑，遍历诸边塞，大将军而下，皆以得一印为荣。橐金且满，复归秣陵”。[④] 汪道昆还作有《何长卿古篆印章》诗 ：“混沌谁开天子鄣，尔簪刀笔侍羲皇。临池科斗青云气，裂石龙蛇赤电光。刻画直须摹九鼎，飞扬早已逼三仓。而今一掷金如斗，径寸累累肘后藏。”[⑤] 黄宾虹云 ：“何主臣受汪太函提携，遍游朔漠，增益闻见，篆刻之学，遂震今古。”南京国子监祭酒冯梦祯与新安人关系颇为密切，与何震也曾有交往，其《快雪堂集》之《题何主臣符章册》云 ：“余闻之丁南羽，主臣之学符章也，破产游吴下，事文休承、许高阳最久，兼得其长，老而益精，遂纵横一时。”祝世禄在休宁为官时，就对何震颇为赏识，他到南京后对何更加照拂和提携。祝世禄在为何震的学生梁袠《梁千秋印隽》所作序中云 ：“往余令海阳时，得主臣甚喜，及官秣陵，数与相

“程德新印”何震篆刻

“延赏楼印”何震篆刻

① [清]周亮工 ：《印人传书 · 程孟长印章前》，中国书店据上海文瑞楼印本影印，1984年。

② 万历三十五年《休宁县志 · 卷之八 · 方技》。

③ 鲍义来 ：《汪世清书简》，安徽省徽学学会编印，2009年，第690、691页。

④ [清]周亮工 ：《印人传 · 书何主臣章》，中国书店据上海文瑞楼印本影印，1984年。

⑤ [明]汪道昆 ：《太函集》，黄山书社，2004年，第2594页。

习，所有印章，皆出其手。尝有好事者，以主臣所刻，杂他人刻者以试余。余辄得之，屡试屡得，百不失一，于是人称余善甄别。”[①] 明人姚旅在《露书》中描述当时活跃在金陵各个阶层的知名人物“有十忙”，说“何雪渔图书忙”。而周亮工在《书影》中说方于鲁、程君房墨与何震印，“皆可与古作者同蔽天壤”。

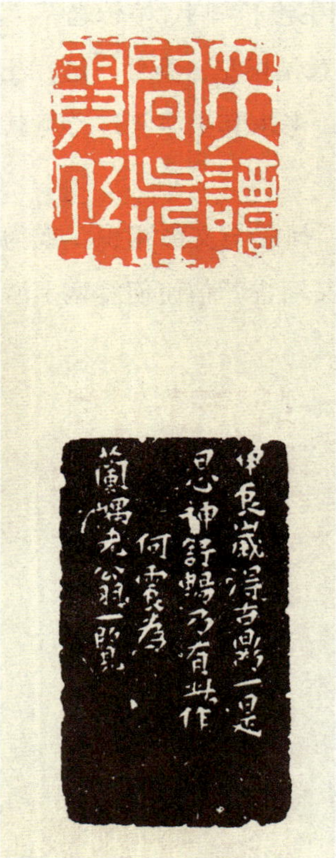
“笑谭间气吐霓虹”何震篆刻

何震篆刻初受文彭影响，后参以己意，创为一格，异军突起，称雄印坛。印风大致有两种，一为工稳平正，流转遒劲，如“吴之鲸印”“无功氏”“兰雪堂”等，多属于早期印风。另一种力酣沉雄，刀法猛厉，刀痕不做修饰。一任自然，如“放情诗酒”“烟波钓叟”“笑谈间气吐霓虹”等，则是晚年风格。“笑谈间气吐霓虹”为朱之蕃所刻，边款云：“甲辰岁得古鼎一，是日心神舒畅，乃有此作。何震为兰嵎老翁一览。”甲辰，为1604年，何震逝于是年，可见何震嗜古癖好至老不衰。何震又创单刀款识，纵横错落，刀笔雄健，开一代风气。约在1590年，何震将自刻印辑成《何雪渔印谱》，并由此“开印人汇辑自刻印成谱之先河。”[②] 李流芳评价何震的篆刻“各体无所不备，而各有所本，复能标韵于刀笔之外，称卓然矣。”自嘉靖到明末间，除了一部分标榜师承文彭外，大多数印人都或多或少地受到何震的影响，如吴正旸（午叔）、吴忠（孟贞）、刘卫卿、梁袠（千秋）、胡正言（曰从）、邵潜（潜夫）等。后人曾借何震名编成《七十二候印谱》，何震曾参与张学礼《考古正文印薮》一书的编、摹工作。

(二)金光先

金光先（1543 ~ ?），字一甫。休宁人。善书法，究心篆籀之学，秦刻汉碣，无不临摹。“以其余事，刻镂玺铜玉石，运刃如画沙，罔有凝滞，十三匠貌，十七匠心，斟古酌今，各得其半”。少时过吴门，访文寿承，得其笔意。游白门，与何

① 韩天衡：《历代印学论文选》，西泠印社出版社，1999年，第448页。
② 韩天衡：《中国印学年表》，上海书画出版社，2012年，第8页。

“潘武之印”“吴让私印”“潘庆”“武德长印” 金光先篆刻

震探究篆刻宗旨，又与黄圣期、吴敬父集赵宧光之野鹿园，探讨印章的玄妙。与赵宧光交三十年，情谊最深，而于印论而独称吾子行《三十五举》。后专攻汉印，临摹汉印不下千纽，形神俱佳，杂于汉印堆中，亦莫能辨。尝言篆刻：“必先明笔法，而后论刀法。乃今以讹缺多圭角者为古，又不究六书所自来，妄为增损，不知汉印法，平正方直，繁则损、简则增，若篆隶之相通而相为用，此为章法。谱所载笔法、章法，俱得古人遗意，而以刀法运之，譬之斫轮削虡，知巧视其人何如，不可口传也。”[1]辑有《金一甫印选》2册，亦名《复古印选》，成书于万历四十年（1612）。上册摹秦、汉官私印，下册辑自刻印，取法何震、秦、汉人印。文士英（及先）从其学。

（三）苏宣

苏宣（约1553～1626后），字尔宣，一字啸民，号泗水，朗公。新安歙县人。父苏汇，通古文词。幼承庭训，读书之余，习击剑。其身世颇为传奇，其自谓“遭不平，遁迹淮、海间，如古夷门屠狗卖酒者流，久之怨家渐销”。姚士慎在《苏氏印略》说得更加明白：“余友尔宣先生，少年学书，值不平，便学击剑杀人，白日潜匿下邳，寻求黄石。”陆淘序中亦云：“尔宣氏少读书，肆力于文章，居然一才士。既被仇，弃书学剑，文面诟身，必报其所孽。而后遁迹淮南、海上，溷居屠沽，人无识者。又类侠士，乃夫善饮酒，骁勇有纪律。能拈诗，超然不以诗自见，又类夫豪而隐者。夫以其才士、侠士、豪士之肝肠，宜无不自得，乃悉脱去，而独以郁愤之气，浩衍之精，专而致之雕虫，此宁尔宣意也。”李应征赠句有“仇人

“张灏印章”金光先篆刻

“啸民”金光先篆刻

① 韩天衡：《历代印学论文选·李维桢序》，西泠印社出版社，1999年，第460页。

血溅丹砂红”。

清人孙光祖在其《古今印制》中认为：“印章只有烂铜，碑刻乃有剥蚀，印文剥蚀，历朝未有。明苏啸民欲以其胸中《石鼓》《季札》诸碑刻之道，形于铁笔之间，因脱去摹印之成规，力追仓、史神理，篆宗碑帖，故点画亦作剥蚀痕，虽与秦、汉以来之印文不合，而其钟鼎白文，志在仓、史，挽回斯、邈之失者，篆学之功臣也。杨汉卿、程彦明诸公，剥蚀与啸民同。而骨力坚苍，书卷渊博，自以啸民为杰出。”①烂铜与剥蚀如何区分？孙光祖也未具体指明，以笔者浅见，其“苏宣之印”或为烂铜，其“我思古人实获我心”或为剥蚀。孙光祖对苏宣由衷佩服，赞其“心雄志高，眼大骨劲，轶矩创则，似奇而正，神品也”。而对何震则颇有微词：“何震作《二十五举》(《续学占编》)，论篆、论隶，误者比比。所篆印章，既不合于秦、汉摹印篆，则与三桥迥殊，又不合于籀、斯之碑帖，则与啸民悬绝，乃以残缺为伪古，名与三桥、啸民、文休、长蘅辈并重，异哉！”

“素公”金光先篆刻

“我思古人实获我心”
苏宣篆刻

苏宣曾游历松江、嘉兴一带，在顾从德、项元汴处饱览秦、汉古印，眼界大开，并悟印章之道，“世不相沿，人自为政”“始于模拟，终于变化”。遂吸收其长为已用，风格古涩苍茫、雄浑大气，人谓“泗水派”，与文彭、何震齐名，有鼎足而三之谓。师从泗水派的有程远（彦明）、何通（不违）、姚叔仪、顾奇云、程孝直等。明万历三十五年（1607），潘云杰辑《集古印范》10册，因病梨枣刊刻气象萎茶，乃由苏宣、杨当时以青田石摹勒秦、汉玺印，“不惟大小方圆，仿佛旧制，其刀法笔意，宛与古刻相肖，无毫发爽也”。虽然小逊于秦、汉原印，但远甚木板《印薮》。共得印2600余方。万历四十五年(1617)，苏宣辑自刻印成《苏氏印略》4卷，俞恩烨、姚士慎等序。

“深得酒仙三昧”
苏宣篆刻

① 《篆学丛书》，中国书店据上海文瑞楼印本影印，1984年。

（四）吴元满

吴元满（嘉靖间），字敬甫、抑之。歙县西溪南（今属徽州区）人。生而独目，尝言：“吾以一目外观，而以一目内照。觉内之所得者较多。”读私塾时，师授以章句，而元满逐字叩问，师穷无以对。因广贮书籍，力探六书意义、点划音韵，锲而不舍几十年，持所著东走吴证于赵凡夫，西走楚证于朱宗良，得二人称许，惟对其音声一部少有微词，实因方言不同之故。吴元满欲进一步探究，惜乎患病遽卒。万历《歙志》载：“起其后者徐上达，字学父，由印章而入。印章点画固已精工，而音义亦复深考，遂《印法参同》等书，则又欲求证于元满而未及也。”[①] 著《六书讲义》五卷、《六书总要》《正小篆之讹》一卷、《谐声指南》一卷。纂修《新安歙西溪南吴氏统宗谱》五卷。万历二十五年（1597）辑《集古印选》四册。篆溪南吴氏重修仁义院碑额。

（五）朱简

朱简（1570 ~ ?），字修能，号畸臣。新安休宁人。善诗文，恣情鱼虫籀迹之学，从云间陈继儒游，与李流芳、赵宧光等交好。孙光祖《古今印制》云：“赵凡夫草篆，创古今未有之奇，正者偏、藏者露、静者躁、庄者佻、舒者促、敛者肆，文敏之道，于兹失守矣。朱修能好奇，乃以寒山法入印，愈工而愈魔矣。”[②] 赵宧光（1559 ~ 1625）字凡夫，号寒山。江苏太仓人。古文字专家，书法家、篆刻家，撰《说文长笺》。曾到新安歙县江村，与觉华庵僧涤凡友善，居寓庵中，为题迦耶室联额。赵宧光少变吴《天发神谶碑》篆意，创“草篆”体，但赵宧光并没有将“草篆”用在自己的篆刻上，仍是规规矩矩刻印，而朱简反而采用其“草篆”法入印，自成面目，并评说“赵凡夫是古非今，写篆入神，而捉刀非任，尝与商榷上下，互见短长”。清代周亮工对朱简篆刻十分佩服，他在《印人传》“书汪宗周印章前”云：“自何主臣兴，印章一道遂属黄山。继主臣起者，

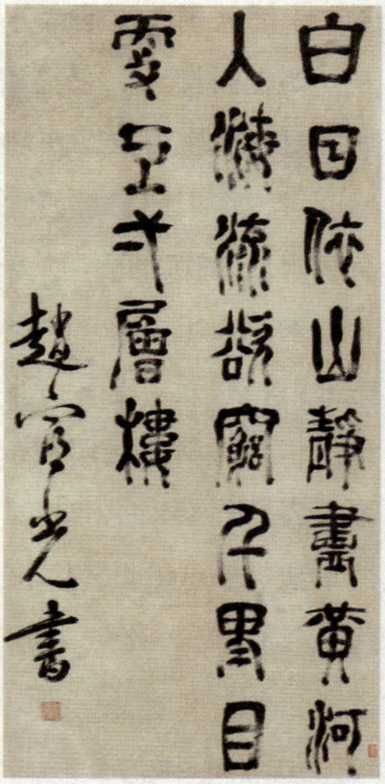

赵宧光书法 中国国家博物馆藏

① [明]《歙志》，黄山书社，2014年，第302页。

② 韩天衡：《历代印学论文选》，西泠印社出版社，1999年，第282页。

“寒山”赵宧光篆刻

“孙克弘印”朱简篆刻

不乏其人，予独醉心于朱修能，自修能外，吾见亦寥寥矣。”[①] 清代秦爨公认为：“朱修能以赵凡夫草篆为宗，别立门户，自成一家。虽未必百发百中，一种豪迈过人之气不可磨灭，奇而不离乎正，印章之一变也。敬服。”[②] 除了正面评价外，也有反面看法，如清人黄子高在《续三十五举》对赵宧光的“草篆”加以指责。清人孙光祖则在《古今印制》中说：“朱修能以寒山法入印，愈工而愈魔矣。”[③] 而今人看待这个问题，显然要客观得多，如孙慰祖、俞丰认为：“这是一个有趣的现象，双方执其一点，各骋异说，其中得失就颇值得玩味。今天再来对朱简的印章做一番冷静的审视，可以看到：以笔意为先而凸现个人风格的，朱简是首创，无论从他个人作品还是对后世的影响来看，朱简的成就都是十分杰出的。创变过程中受到的批评，也许是新事物发展难以避免的。”[④]

朱简篆刻着重笔意刀趣，善用切刀，印风涩滞苍莽，对后世丁敬的篆刻有所启发。如魏锡曾云：“修能用凡夫草篆法，笔画起讫，多作牵丝，是其习气，从来所无。如近时陈曼生刀法之缺蚀，亦从来所无。然两君皆解人，但不予人以学步耳。善学修能者，惟丁钝丁；善学曼生者，惟吾友赵抙叔，不似之似，难为不知者道也。”[⑤] 有《印品》《菌阁藏印》《修能印谱》等。

朱简在印学理论上很有造诣，撰有《印经》《印章要论》。又创造性地编纂了第一部汇辑缪篆之工具书《印书》二卷，将印学界编辑篆字工具书的历史上溯了一个世纪。同时又擅鉴印章，曾指出：“所见出土铜印，璞极小而文极圆劲，有识、有不识者，先秦以上印也。”清董洵在《多野斋印说》中云：“朱文小印，文多不识，而章法、篆法极奇古，相传为秦印，朱修能定为三代印。”[⑥] 针对当时认为“先秦时代未尝有印”，这是一个了不起的认识。又言：“璞稍大而文方简者，汉、晋印也；

① [清]周亮工著，于良子点校：《印人传合集》，浙江人民美术出版社，2014年，第78页。
② 韩天衡：《历代印学论文选·印指》，西泠印社出版社，1999年，第169页。
③《篆学丛书》，中国书店据上海文瑞楼印本影印，1984年。
④ 孙慰祖、俞丰：《印里印外——明清名家篆刻丛谈》，台湾汉采有限公司印行，2000年，第27页。
⑤ 韩天衡：《历代印学论文选·书<赖古堂残谱>后》，西泠印社出版社，1999年，第526页。
⑥ 韩天衡：《历代印学论文选·多野斋印说》，西泠印社出版社，1999年，第298页。

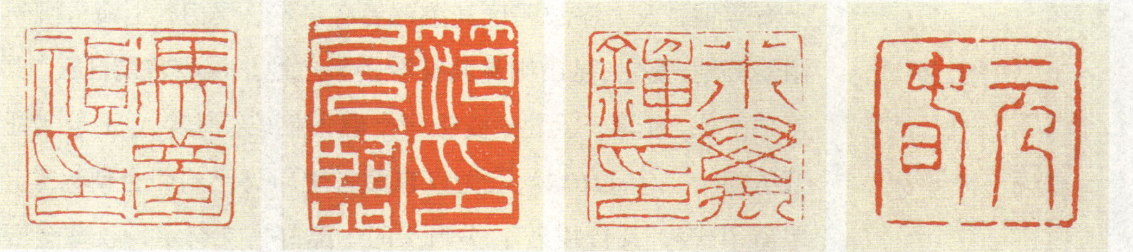

“冯梦祯印”“范允临印”“米万钟印”“元春” 朱简篆刻

璞渐大而方圆不类，文则柔软无骨，元印也；大过寸余，而文或盘曲，或奇诡者，定是明印。”[1] 关于他在印论方面的成就，后文还会提到。

（六）汪关（汪泓）

汪关（约1570前～约1628后），原名东阳，字杲叔，后得汉“汪关”印，更名关。李流芳字之曰尹子，室名宝印斋。新安歙县人，家娄东（今江苏太仓）。汪关早年家境优裕，自少酷好古文奇字，收藏金、玉、玛瑙、铜印不下200余方。然遭遇家厄，又有丧妻之痛，所藏散失殆尽，遂藉篆刻奔走天下自给，李流芳谓之“贫而痴”。

汪关篆刻不受晚明印人习气影响，遥接汉印纯正古典一脉，以冲刀法直追汉之铸印，篆法严谨，章法工稳停匀而富有变化，刀法稳重而灵动，风格典雅秀逸，人称“娄东派”。清初沈世和、林皋与现代陈巨来，均从其印风入手而成名家。其印名多得同里程嘉燧之延誉，唐时升、娄坚、李流芳亦与汪关有交往，娄、李曾为汪关《印式》撰序、跋，李流芳并为之撰《汪杲叔像赞》，并题其印谱云：“然能掩有秦、汉、宋、元之长，而独行其意于刀笔之外者，不得不推杲叔。”东南名流如董其昌、王时敏、文震孟、恽本初、归昌世、李流芳、钱谦益等人用印，多出汪关之手。考其足迹，涉及吴门、娄东、昆山、嘉定、松江、青浦、

“徐汧私印”汪关篆刻

“徐汧私印”汪关篆刻

“子孙非我有委蜕而已矣”汪关篆刻

① [明]朱简：《印经》，《篆学丛书》，中国书店据上海文瑞楼印本影印，1984年。

“史官张溥”汪关篆刻

上海等地，友人序跋明确其游踪者有嘉定、吴门、上海、杭州、阳羡等地，嘉定、昆山则是其交游密集之地。侯岐曾谓汪关“少年慕游侠，结客千金散，爱听华亭鹤，流寓东海畔”，正是实证。万历四十二年（1614），汪关以自藏古玺印与己刻印合辑为《宝印斋印式》，其自跋云：“关自少时，酷好古文奇字，收藏金玉、玛瑙、铜印不下二百余方。不幸早失怙恃，旋遭家难，流离琐尾，平日玩好之物，散失殆尽，今仅仅存此六十一印，亦覆荡之余耳，能保其长为我有也。用是手拓二十余本，公诸同好，以见不肖更名之意，亦将使后之学者，得睹古人之真面目，如染指鼎中，片脔知味。”《宝印斋印式》亦名《印式》，《印式》存世有数种，各本序跋及录印数量亦有不同。

汪泓（明末），字宏度，一作弘度。汪关子，篆刻得家学，但不拘泥而能自出新意。宏度性旷达不羁，以风流自命，身有余金即不肯为人奏刀，得之随手散去。汪关曾为张灏（彝令）“学山堂”客，张灏辑有《学山堂印谱》，周亮工在《书汪尹子印章前》云：“予闻尹子亦学山堂客，乃彝令于谱中注曰：‘弘度为杲叔子，杲叔素不解奏刀，每潜令其子代勒以溷世，遂浪得名。’尹子或晚年有不合于彝令欤？”又在《书汪弘度印章前》云张彝令言汪关刻印：“皆属弘度捉刀，尹子浪得名耳。予初疑其言然，未免有所惑，今观弘度作，乃知羲献大有分别在，诚如予所言，彝令必有私憾于尹子，故誉子以抑其父耳。”

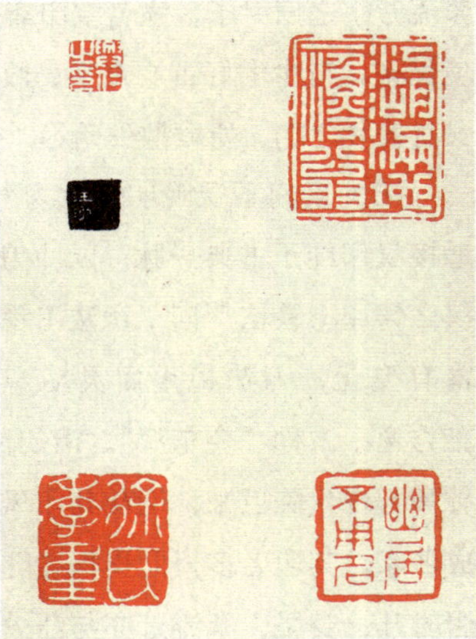

“兴仁之印”“江湖满地一渔翁”
“徐氏季重”“幽居不用名”
汪泓篆刻

(七)李流芳

李流芳于诗书画外，还精于篆刻，宗法文彭，亦受何震影响。《歙县志》载：“流芳闻何震工篆刻，戏效之，未久竟与震同工。”“每蒙天一笑”印极似何震的“笑谭间气吐霓虹”，不仅在刀法上，连“笑”字的最后二笔双腿张开状也是一模一样。李流芳似对斜笔情有独钟，另一方“山泽之臞”印“之”字也作斜笔处理。李流芳的印作流传很少，这是因为他主攻的是诗文绘画。在他众多的自用印中，除了别人刻赠给他，至少有一部分是自己所刻，文物出版社《中国书画家印鉴款识》一书自用印中，有一些可能出自李流芳本人之手，因为在刀法和气息上都接近于他的手法和作风。李流芳偶一刻竹，游戏而已。王志坚在《承清馆印谱》跋记载其与李流芳、归昌世三人雅聚的情景："方余弱冠时，文休、长蘅与余朝夕，开卷之外，颇以篆刻自娱。长蘅不择石，不利刀，不配字画，信手勒成，天机独妙……每三人相对，樽酒在左，印床在右，遇所赏连举数大白绝叫不已，见者无不以为痴，而三人自若也。"[①] 而李流芳在题汪关印谱时云："余少年游戏此道，偕吾友人休竞相模仿，往往相对。酒阑茶罢，刀笔之声，扎扎不已，或得意叫啸，互相标目前无古人。今渐老，追忆往事，已如隔世矣。"李流芳识见极高，其题朱简《菌阁藏印》云："印文不专以摹古为贵，难于变化合道耳。三桥、雪渔其佳处正不在规规秦、汉，然而有秦、汉之意矣。"又题汪关印谱，亦多有妙论。

"每蒙天一笑""山泽之臞" 李流芳篆刻

(八)吴迥

吴迥（约 1592 ~ 1636），字亦步。新安歙县人。善书法，篆刻师承何震，并早熟，董其昌序《珍善斋印印》谓："亦步于舞象时，笔已吞虎，今犹二十许人，试以其印章杂之长卿印章，不复可辨，不知异时复作何状。"黄汝亨赞其："南中今得吴亦步，既解书法，以刀法合之，俊整之中，亦复散朗……吴生又似宗之潇洒少年，可坐可谈，不止以刀笔见长，而将来刀笔之长，当不止此。"婺源汪道宇《古篆歌赠吴亦步》有句云："新安少年吴亦步，翩翩挺发人惊惧。八法纵横逐手奇，风雷迅作蛟虬怒……"

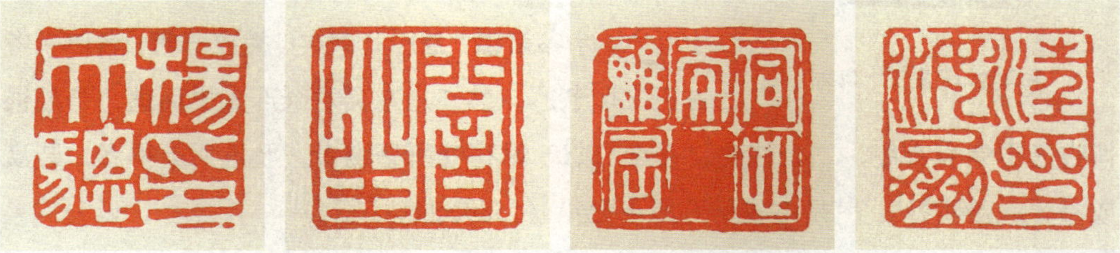

"杨文骢印""闇生""同心而离居""汪汝凤印" 吴迥篆刻

① 韩天衡：《历代印学论文选·王志坚跋》，西泠印社出版社，1999年，第478页。

吴迥精于小楷，学钟繇，其行书亦清雅可观。生平辑印谱数种，万历四十年（1612）辑《珍善斋印印》不分卷、《求定斋印章》一卷。另万历四十二年（1614）辑《晓采居印印》四册。

(九)吴良止

吴良止（嘉靖、万历），字仲足，亦字未央，号丘隅，歙县西溪南（今属徽州区）人，曾客寓江都。精于治印，镌款特精，万历《歙志》称其“笔笔古文汉法，庄严遒劲，画一截然，真如旧章出土，不复可辨”。时将其与何震并提云：“仲足无邪气，长卿有逸品。”所作八分书，时有别趣。上海博物馆藏其“采真堂印”铜印，真得汉印精髓。晚年以山人称，诗牵于本意，非其至也，而出于六书之余。良止弟吴良琦亦喜印章，“好图书，尝与岩镇方大治各得千余方，常出以相角”。

“采真堂印”吴良止篆刻

江都张学礼有印癖，幼年从金陵邢一凤游，始见吴良止。邢一凤（1508 ～ ?），字伯羽，号雉山。嘉靖二十年（1541）辛丑科探花。以围棋擅名。而吴良止“博通六书，尤善镂金玉章，相聚探索，焚膏继晷，鲜获倦焉，三人因结为忘年交。及予已卯春，就业金台，而吴君亦侠游于都下也。天涯同志，萍水复合，每坐语移日，思探金石异文，窥秦、汉奥室，各出所藏古碑文、印迹，汇为一家，择其文之正者，手摹一过，镌之金石。每一印不敢纤毫妄作，必求合古人义意之精”。张学礼尝游于齐、梁、燕、冀之间，搜集印稿7000余，选取3000与吴良止、何震、董玉溪等商议，“更十数名手，摹其体制，学其丰神。又五祀，始获十五六，余参诸谱，兹历廿载矣，类成一集，名曰《考古正文印薮》”。然“迩来吴君继邢太史而逝，予痛恨博古之志弗克有终，二公往矣，吾谁与归？罄将昔所摹镌者，及近所新得者，装潢成书，以贻同好”。[①] 是书成于万历十七年（1589）。

① 韩天衡：《历代印学论文选》，西泠印社出版社，1999年，第433页。

(十)吴忠

吴忠（万历），字孟贞，新安歙县人，寓居白门。幼年即好治印，后师事何震三十余年，尽得其授，恪守师法，所作足以乱真。何震逝，吴忠助殓，“伤逝念旧，悲怆不胜情”。吴忠年入衰迈时，“目力既竭，将休息鹪枝，无复问字考名之想矣。故捡平生交游所镌印章，淹然满笥，翻刻成帙，用质四方博雅明公”。遂辑《鸿栖馆印选》二卷，成书于万历四十三年（1615）。

王野在《鸿栖馆印选》序中，云学何震者：“惟吴孟贞氏入室，其余皆不及门。然泥法则无生气，离法则失矩矱；以有意则不神，无意则又不能研精；惟不即不离，有意无意之间，而能事毕矣。往者，人以汉印杂各代印试余，辄能辨之；以何氏杂汉，不复能辨矣。以诸家杂何氏，余辄能辨之，以孟贞杂何氏，则不能辨矣。今《鸿栖馆印选》杂汉与何，曾无异轨，宜为士林之宝也。”从文字表面来看，王野是在赞赏吴忠仿汉、仿何震的乱真，但何震之所以为何震，是有自己的面目。而吴忠只是一位高级的模仿者，没有形成自己的风格，这点是至为遗憾的。

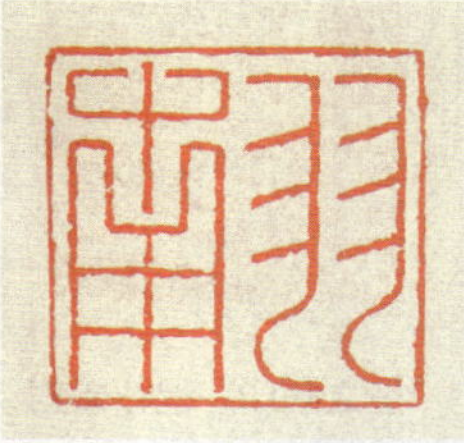

“羽南”吴忠篆刻

“匊泉”“吴一鹏印”
吴忠篆刻

(十一)程原、程朴

程原（万历、崇祯间），字孟长，一字六水。新安歙县人，居吴兴。精篆籀之学，旁通山水、人物，无不浓淡有致。子程朴（明末），字元素。机警负奇癖，印章不仅家传，更有天授。程原父子醉心何震篆刻，欲师何震，恨未及门。天启四年（1624）九月，潘藻生、茅远士从白门、武林归，或购何震原石，或搜求印谱，“一一流传有自，绝无赝鼎。又檄四方好事邮寄者，共得五千有奇。遂发欢喜缘，具坚忍力，精选千余”，命子程朴摹刻。虽然印石不依原石的大小，但与原作比较，皆能得其神韵。周亮工在《书程孟长印章前》云：“予见摹主臣者数十家，而独推程孟长父子……孟长父子之于主臣，可称毫发

“俞安期印”“查允抡印”
程朴篆刻

“吴之鲸印”程朴篆刻

无余憾矣。”[1] 所辑谱名《忍草堂印选》一册，亦名《何氏印选》，于天启六年（1626）年完成，陈继儒、韩敬等序，程原自序：“世之刻印谱者，何啻人隋珠、家荆璧，大都各标门户，各树旗鼓，而总未集其成。集大成者，吾不得不宗何主臣。”评何震篆刻：“白文如晴霞散绮，玉树临风；朱文如荷花映水，文鸳戏波；其摹汉人印急就章，如神鳌鼓波，雁阵惊寒。至于粗细切玉，满白烂铜，盘虬屈曲之文，莫不各臻其妙。秦、汉以后，一人而已。”[2]

(十二)胡正言

胡正言(1584 ~ 1674)，字曰从，号十竹主人，休宁文昌坊人，寄居金陵（今南京）鸡笼山侧，庭院中种翠竹十余竿，因名十竹斋。曾官明武英殿中书舍人。

胡正言留心经学，通书画，篆刻取法何震平实、工稳一路，并参以己意，功力深厚。胡正言印风曾风靡一时，难免为人诟病。如秦爨公云：“十竹斋古雅汉印则无矣，铁线校宋、元则软而媚，光而无骨。”其学生冯泌更进一步批评：“胡曰从辈毁觚为圆，力趋靡丽，一悦时目，古法于是复堕。吾师爨公力辟之，目为妖孽不为过，惜其书不传于世。至今学者矫揉造作，败坏成规，犹皆曰从流毒，则岂非好异者之过，而不揆于正哉。”[3] 所指之印，应是胡正言的“还遂草堂”“浮烟楼”“栖神静乐”一类较有明人习气的印章。萧云从曾到南京拜访胡正言，赠山水画，跋云：“曰从先生长余十二岁，别三十年。偶来金陵，拜瞻几杖，年开九秩。人景秋千，犹镌小印，篆成蝇头。神明不隔，真寿征也。”

“栖神静乐”“骨董”“浮烟楼”胡正言篆刻

① [清]周亮工：《印人传》，《印人传合集》，浙江人民美术出版社，2014年，第44页。
② 韩天衡：《历代印学论文选》，西泠印社出版社，1999年，第497页。
③ 韩天衡：《历代印学论文选·东里子论印》，西泠印社出版社，1999年，第171页。

胡正言在文化史上的影响和贡献大于他的篆刻，“十竹斋”经营木版水印，用饾版、拱花技艺印刷出版《十竹斋书画谱》，万历四十七年（1619）开刻，天启七年（1627）完成，崇祯六年（1633）又汇集成册，与崇祯十七年（1644）刊行的《十竹斋笺谱》，同属艺术珍品，名重于世。胡正言著有《印存初集》四卷及《胡氏篆草》《印史》《词林纪事》等。辑有《六书正伪》《千文六书统要》《牌统孚玉》《古今诗余醉》《诗谭》等20余种。

“墨庄老农”“玄赏堂印”“笔禅墨韵”“家在镜山深处”胡正言篆刻

第五节 清 代

一、清初及中期绘画——新安画派的形成和发展期

在以往的绘画史上，是以明代和清代来划分的，但王伯敏认为“明清绘画，有它自身的发展规律，如果完全按照时代来划分，似乎很难避免切断两个朝代之间绘画的连续性。对于明清的绘画研究，过去向有一种‘明清之际’的说法。这个说法，既包含明末相当的一段时间，也包含清初相当的一段时间”。① 虽然有一定的道理，但其实在每个朝代的交替之际，都会面临不少书画家跨越时代这个问题，只不过明清时期略为复杂一些。因此本文仍然按照传统习惯来划分。

清代没有画院，但宫廷绘画活动颇多，并设有专门场所，如“清制画史供御者，无官秩，设如意馆于启祥宫之南，凡绘工文史，及雕琢玉器、装潢帖轴皆在焉。初类工匠，后渐用士流，由大臣引荐，或献画称旨召入，与词臣供奉，体制不同”。康

① 王伯敏：《中国绘画通史》（下），生活·读书·新知三联书店，2018年，第6页。

熙帝曾六次南巡，康熙三十年（1691），诏画《南巡图》，由宋骏业主其事。宋又以重金迎其老师王翚进京合作，王翚则带弟子杨晋同来。草图呈康熙御览通过后，才开始绘画，正本《康熙南巡图》十二卷，历时三年得以完成，全图人物2万余，是皇室组织创作的最大作品。此后，又诏王原祁主持绘《万寿盛典图》及焦秉贞作《耕织图》、冷枚作《避暑山庄图》等。雍正时，则有郭朝祚绘《雍正平准战图》。而乾隆活动更加频繁，如徐扬主绘《南巡盛典图》及《平定伊犁受降图》《格登鄂拉斫营图》《黑水解围图》等，并几次诏画功臣像，规模、要求都很高。清代宫廷画家有专职的，也有兼职者，如禹之鼎、徐璋、焦秉贞、冷枚、孙祐、姚文瀚、张问达、金廷标、张宗苍、丁观鹏等，此外，还有欧洲传教士，如意大利人郎世宁、波希米亚人艾启蒙、法兰西人贺清泰、法国人王致诚等，都在康、雍、乾三代先后应征入宫，既画油画，也用中国传统绘画材料作画。外籍画家对部分中国本土画家产生过影响。如，焦秉贞“工人物，其位置之自近而远，由大及小，不爽毫毛，盖西洋法也”。[①]再如，清末任伯年所画人物侧眼，均符合透视，明显受到影响。

清代的王时敏、王鉴、王翚、王原祁是所谓的画坛正统派，“在明清的绘画史上，‘四王’的名声重极一时。‘四王’的绘画，是清代前期封建统治趋于稳定的历史条件下的产物”。[②]王时敏创“娄东派”，王翚开“虞山派”，“四王、吴、恽”功力深厚，颇为得势。清初山水画家有朱耷、弘仁、石涛、髡残，富有创造性，“新安派”活跃于皖南，与“黄山派”互为伯仲。龚贤面目独张，为“金陵派”领袖。“江西派”罗牧师古能化，自成风格。花鸟画家有成就的画家有恽南田、王武、蒋廷锡、邹一桂、沈铨、华岩等，各有所长，“扬州八怪”以张扬个性驰骋画坛。近代“岭南画派”吸收外来因素，画风独具一格。人物画以肖像画、行乐图为流行，禹之鼎、上官周、黄慎、罗聘、闵真、苏六朋、丁皋、焦秉贞、改琦、费丹旭等各擅胜场，而高其佩以指画另张一军。

民国《歙县志》载：

追明清间，渐江上人出，宗法倪黄，始趋坚洁简淡，卓然成派。汪之瑞、孙逸、

① [清]张庚：《国朝画征录》，浙江人民美术出版社，2011年，第58页。
② 王伯敏：《中国绘画通史》(下)，生活·读书·新知三联书店，2018年，第109页。

查士标所尚略同，王阮亭言新安画家乃渐师导其先路，以此也。传其学者，有从子允凝及姚宋、祝昌、吴定辈，宋字羽京，徽人久客芜湖；昌字山嘲，广德人，居歙最久；定字于一，黟县人。而同时郑旼亦极推尊渐江，造诣以允凝、郑旼、祝昌为最深纯，其合作殆与渐江无二。姚宋、吴定后，乃稍离矣。渐江本不轻为人作，殁后遗迹甚希，而周亮工辈坚求之不已，乃愈珍异。今传于世者，尚有《晓江风便图》，为吴不炎作。又《黄山图册》五十页，同时题咏极多，余则零星片楮而已。[①]

此时的画家有许尚远字文羽，仿二米，从查士标学画；汪滋穗（1616～1693后），字未斋。歙县潜口人。画《白岳全图》；毛际可（1633～1708），字会侯。遂安人。工诗书、善山水；程萝（1639～1718在世），字宾白，号諟庵。休宁由溪（今属屯溪）人。能诗，善画山水；释行慧，新安僧。善山水，私淑渐江；吴之驎，字子野。歙县人。工诗画；张绍龄（顺、康间），字度如，号梅谷老人。绩溪人。工山水、人物；张儒（康熙间），字素堂。歙县人。工山水，于胜国诸贤名迹无不临摹；程士镳（康熙），号盛瞻。歙县人。善画，笔情超逸；戴思望（康熙），字怀古。休宁人。画宗元人；汪霭（1678～1761），字胥原。歙县岩寺人。山水宗倪瓒、黄公望，时称逸品；吴麐（1691～1772），字栗园。歙县人。山水学倪、黄；汪士通（1711～1768），字宇亨。善山水，直入董、巨，兼诸家之胜；吴晨，字东白（雍正间）。新安人。工翎毛，山水学倪瓒；叶志灏（1656～1739在世），字懒云。休宁人。工山水；鲍楷（乾隆）字端人。歙县人。侨居扬州。先工花鸟，后作山水。

清代画论尤为大观，类别丰富，达350余种之多。有笪重光的《画筌》、石涛的《画语录》、高士奇的《江村销夏录》、张庚的《国朝画征录》、卞永誉的《式古堂书画汇考》、沈宗骞的《芥舟学画编》、唐岱的《绘事发微》、周二学的《一角编》、王时敏的《烟客题跋》、汤贻汾的《画筌析览》、方薰的《山静居画论》等。

明末清初间，休宁商山人吴其贞的《书画记》是另一部书画著录书，原收入《四库全书》子部，但在《钦定》刊行的《四库全书》中并没有收录，原因是在编纂过程中，发现“语有远碍”而被查禁，只有少数钞本流行。该书记载晋、唐、宋、元书画作品，

---

① 民国《歙县志·卷十六·杂记·拾遗》。

对作品的质地、保存状况、艺术特色、款识、题跋、收藏印记及他人和自己的鉴定意见等均有简要记录，对研究古代书画有很大参考价值。姚际恒（1647 ~约 1715），字立方，号首源、善夫。休宁人，居浙江杭州。家有“好古堂”，为藏书之所，就家藏书画，成《好古堂家藏书画记》，间加评论，可谓琳琅满目。乾隆间，歙县岩寺（今属徽州区）的金瑗（步蘧）为状元金榜侄、书法家方辅女婿，撰《十百斋书画录》稿本，上函 10 卷、下函 12 集，全书 22 册，自唐到明清，收录作品 1060 余件。主要辑录所藏、所见法书名画，绝大多数详录内容和题跋，并记印章和鉴藏印，标“精、妙、异、常”四字定作品优劣，有珍贵的史料价值。《十百斋书画录》搜罗了大部分新安画派作家的作品，知名者就有 45 家，作品 130 件。《国朝画征录》所论宗法渊源、造诣深浅，皆确然有据，评价较为客观。石涛《画语录》阐述了对绘画美学的认识，提出“一画”说，主张“借古以开今”“我用我法”和“搜尽奇峰打草稿”等，在中国美术史上具有重要的意义。清康熙四十七年(1708)，王原祁、孙岳颁、宋骏业等纂辑的书画类书籍《佩文斋书画谱》，共 100 卷，可谓洋洋大观。其他如《芥子园画传》《半千画诀》等画谱、课徒类书籍，则成为绘画入门的典籍。

二、新安画派之中坚

(一)汪之瑞

汪之瑞(？～约 1660)，[①] 字无瑞，号乘槎、瑞道人。新安休宁人，李永昌高足。山水宗黄公望、倪云林，而又自成机杼。康熙《徽州府志》载：“汪之瑞，字无瑞。休宁四都锡山头人。工书画，画仅写大意，得古人神髓，字法精妙，有汪湛若得其传，擅名扬州。”[②] 张庚《国朝画征录》载：“汪之瑞，字无瑞。休宁人。气宇轩昂，豪迈自喜，土苴轩冕，有不可一世之概。善山水，以悬肘中锋运渴笔焦墨，多麻皮、荷叶等皴，爱作背面山。酒酣兴发，落笔如风雨骤至，终日可得数十幅。兴尽僵卧，或屡日不起。非其人，望望然去之，虽多金不屑也。尝言画能疏能密，有奇有正，方为好手。又曰：‘厚不因多，薄不因少。’皆画家名言。字学李北海，生劲可喜，不愧为李周生高弟也。”[③] 张庚又云：“无瑞自率胸臆，挥洒纵横，以视世之规规于法者，诚豪矣哉。然

---

①《新安画派》一书转引林树中：《天都派和程嘉燧、李永昌》，认为汪之瑞生年早于渐江。卒年有1653、1658与约1660说。

②《徽州府志·第十七卷·人物志六·方技传》，康熙三十八年刊本。

③[清]张庚：《国朝画征录》，浙江人民美术出版社，2011年，第60、61页。

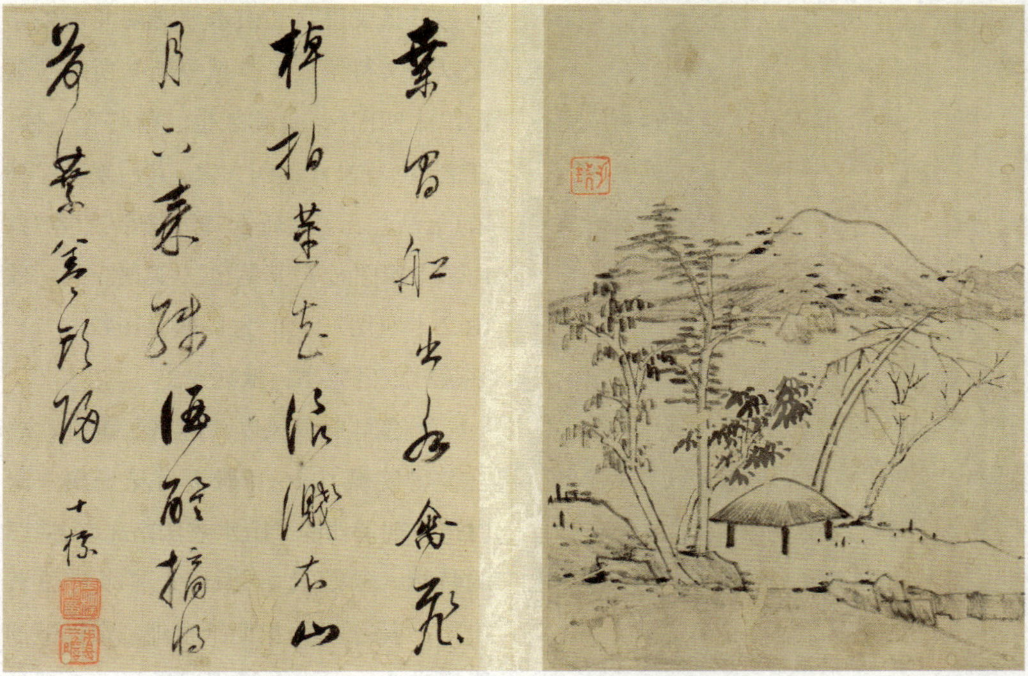

汪之瑞《山水册》故宫博物院藏

非六法正派也。”

汪之瑞生平记载较少，作品存世亦罕，为研究带来障碍。存世几件作品，多有查士标题跋，钦佩之情溢然纸上，如，故宫所藏山水，查士标跋：“此乘槎真迹，古气苍蔚，如见伊人。”又浙江省博物馆藏山水轴，查士标跋：“乘槎画近日绝少，而具眼者亦复寥寥，此幅犹吉光片羽也。子参道兄独能鉴之，町畦之外殊不易得。乘槎□在，又不知为之费几斗墨矣。老友梅壑道人不禁喜而为之识。时丙午腊月望前二日。”汪声远跋汪之瑞册页云：“画理有显有隐，显者观之易明，若隐者则非素有研究者不能知。家之瑞画造意平淡，而能令人玩味不穷，是乃理之隐者也，此种笔墨岂寻常人所能领略耶。”新安四家中，汪之瑞画最简，然须从繁中脱出，方不空疏。黄宾虹曾致曹一尘信札云：“鄙见尤爱汪乘槎，笔笔中锋，潇洒有致，谅不多睹。”安徽博物院藏其册页，简之不能再简，而不觉其少。程清溪尝言：“画不难为繁，难于用简。”读汪之瑞画，始悟所谓“工者易至，拙者难知”。

(二)孙逸

孙逸(1604 ~ 1658)，字无逸，号疏林、石禅。休宁人，流寓芜湖。工诗书，通

孙逸《山水册》故宫博物院藏

六艺，张庚说其“山水兼法南北宗各家，人以为文待诏后身。歙令靳某所雕《歙山二十四图》，是其笔也。前与查士标、汪之瑞、释渐江称四大家，其后复称‘孙萧(云从)’云。”[①] 所云“歙令靳某所雕《歙山二十四图》，是其笔也”，实误。绘《歙山二十四图》者，为吴逸（1642～?），字疏林，号莞亭。歙县人。

孙逸早期画风以“静格”著称，故宫博物院藏其16开册页可见一斑，同时也体现了他的“山水兼法南北宗各家”的特点。其跋云：“垢道人喜余进呈黄山图，意致酣𨢾，出旧纸索画。余性懒拙，匝岁甫成小册，力量不逮宋元，觉清气尚未尽泯耳。己卯秋杪，海阳孙逸识。”虽云不逮宋元，但清气满纸，这大约就是所谓的“静格”了。其中的几幅青绿山水，则有文徵明意趣。安徽博物院藏其《溪桥觅句图》，虽然是青绿山水，但线条简约，敷色亦淡，全无一般青绿之热烈，气息最近文徵明。

孙逸亦受“元四家”影响，尤其以黄公望为主，偶效倪瓒，如安徽省博物院藏山水扇面，题诗云：“云林不是人间笔，胸次无尘腕下仙。摹得东冈草堂法，两三株树小亭边。”此幅似倪瓒，但仔细玩味笔法，又不全是云林，仍有黄公望意味。中国徽州文化博物馆藏《慈鸟所栖处》，为孙逸法北宗之作，与习见的孙逸作品不同，当为其早年作品。题跋中所称“敬老社兄”，亦有时代特点。清人王应奎《柳南随笔·续笔》说：“自前明崇祯初，至本朝顺治末，东南社事甚盛，士人往来投刺，无不称社盟者。后忽改称同学，其名较雅，而实自黄太冲始之。”[②]

孙逸除了与萧云从、程邃过往外，与太平人而寓居芜湖的汤燕生亦为相识，汤

① [清]张庚：《国朝画征录》，浙江人民美术出版社，2011年，第41页。
② [清]王应奎：《柳南随笔·续笔》，中华书局，1983年，第171页。

燕生曾记："往从无逸先生游，见其棚户茅轩，庭草芜径，惟床头有数卷书及倪、黄先正诸轴而已。其人生平少长不以利欲干怀，勉志勤躬，夜以继日，惟知引轴自娱，逍遥图画。故尺幅所传，俱足际会风云，纵横千古。"[①] 龚贤《草香堂集》有《题孙山人逸画》诗："片石拔地起，居然卑五岳。面面皆天成，神功焉可托。"但不知两人有交往否？孙逸存世作品甚少，不能不说是件憾事。

(三)渐江

渐江(1610～1664)，俗姓江，名韬、字六奇。为僧后，法名弘仁，字无智、无执，号渐江及渐江学人、渐江僧、梅花老衲、梅花古衲。康熙《徽州府志》记载："僧弘仁，号渐江，俗姓江氏，名舫，字鸥盟。歙人。事孀母孝。师汪无涯，受五经。乙酉自负卷轴，偕其师入闽，游武夷，后依古航禅师为僧。行书法颜鲁公，楷法倪瓒，画则不名一家。尝住黄山，收松云岩壑之奇，一一著之于画。"[②] 民国《歙县志》云："旧志云，弘仁，名舫，字鸥盟。……皆不足据。"然王尊素有《程非二怀予诗见寄，因和原韵奉答，兼忆张蚩蚩、江鸥盟二道友》，又程守有《念江鸥盟》诗，可见非无中生有。渐江为歙县城桃源坞人。民国《歙县志》有："僧渐江宅。在邑城桃源坞，其侄允凝亦居此室，名若米舫。"[③] 顺治十七年（1660）春，渐江作《唐人诗意图册》，跋云："庚子春寒无事，适有素册在案，偶阅唐句，择其可入绘事者二十章漫图一过。渐江学人弘仁写于若米舫。"渐江为明诸生，少孤贫，有远志。于画则儿时好之，一生不倦。凡晋唐宋元真迹所归，必谋一见。新安画派奠基人，和查士标、孙逸、汪之瑞并称"海阳四家"。渐江擅山水，亦能人物，有《乔松羽士图》存世。汤燕生有《题渐江师小像》："谁从泉石中，貌出冰雪影？茗柯多瘦削，梅性还孤永。万族因人热，一身漱雪冷，自挈书画囊，独践莓苔岭。日踞万峰首，夜探绝壑境。灵异醒耳目，梧竹碧衣领。雁门僧自闲，虎头笔能整。一望俗虑消，再展竞情屏。龙湫老贯休，名山画宗炳。应愧我形恶，相对发深省。"小像早佚，通过诗句，可窥见渐江清癯貌、冰雪质、梅花性的老画师形象，如睹渐江之神。

《徽州府志》说渐江绘画不名一家，实际上渐江画学宋元，最喜倪瓒、黄公望。如《长林逍遥图》皆北宋人构图气象，而以元人笔墨表现。黄宾虹《僧渐江之高行》

① 郭因、俞宏理、胡迟：《新安画派》，安徽人民出版社，2005年，第95页。
②《徽州府志·第十七卷·人物志六·方技传》，康熙三十八年刊本。
③ 民国《歙县志·舆地志·古迹》。

载渐江购倪瓒画数年未得，一日获观于傅溪吴氏，遂佯疾不归，杜门面壁三月，恍然有得，落笔便觉超逸，遂将旧作悉数毁之。黄宾虹《讲学集录 · 第四讲》谈运用宿墨技法云："倪云林善用宿墨，能以渣滓见清光，此法最难。董玄宰、王廉州间亦有之。能用此法作者，多为逸品。画史以来，善用者，云林后僧渐江而已。"①张庚《国朝画征录》说："（渐江）工诗文，山水师倪云林。新安画家多宗清閟法者，盖渐师道先路也。""余尝见渐师手迹，层厓陡壑，伟峻沉厚，非若世之疏竹枯株，自谓高士者比也。"②

其实我们从渐江自己的画跋中，就可明白除了倪云林，他还学董源、黄公望、吴镇。如，渐江有《仿北苑山水轴》，《为复春画山水扇面》题"拟一峰老人（黄公望）设色"，《山水扇面》题"拟某沙弥（吴镇）墨意"，《巨然遗韵山水册》中一开题"拟吴仲圭"。故宫博物院藏有其《仿元四家山水图卷》。渐江还珍藏有倪瓒书画卷、王蒙挂幅，此为渐江生平十件长物中之两件。王泰征在《渐江和尚传》中记渐江："其于画则儿时，好之一生，不但晋唐宋元真迹，师必谋一见也。且云：'董北苑以江南真山水为稿本，黄子久隐虞山而写虞山，郭河阳至取真云惊涌以作山势，固知大块自有真本在，书法家之钗脚、漏痕，不信然乎？'师故独得画禅三昧"。③从以上可知，渐江主要师承倪瓒，旁及其他。又，另见周亮工《赖古堂集》中《题与然大师画册前》记渐江绘画皆脱胎于与然和尚："江宁孙公无修，名自修。以甲子乡荐授阳江令，有慈惠声。迁贰大同，感时乱，忽遣两爱姬，弃家薙发，为尉麟和尚弟子，游迹浙中，自号曰与然。岩栖谷汲，缚茅于人迹罕至地，颜曰悬溪庵，

渐江《山水册》故宫博物院藏

① 黄宾虹：《黄宾虹文集全编 · 书画编》，荣宝斋出版社，2019年，第576页。
② [清]张庚：《国朝画征录》，浙江人民美术出版社，2011年，第105页。
③ [清]王泰徵：《渐江和尚传》，汪士鋐、吴崧纂：《黄山志续编》"艺文部"卷三，民国二十四年安徽丛书编印处印行。

浙人多称之曰‘悬溪和尚’云。……公素精绘事，闻出世后，尚时点染数峰以自适。予见其所作寒梅册子寄胡君念约者，楚楚有致，此册不识为公僧后作，抑现宰官身时作？凡十番，笔致皆清微幼眇，无少点尘犯其手腕。观公于儿女情深时能拔出爱河，毫无黏滞，而一时为之友、为之弟者，皆化为佛弟子，即其人可知矣，笔墨欲不异于流俗得哉！黄山渐江上人绘事为世所重，然闻上人一水一石，皆脱胎于公云。”① 我们今天已没有机会看见与然和尚的作品，遂无从知晓渐江是否“脱胎”于与然和尚，况且周亮工也是听说而已。民国《歙县志》则直云 ：“又周亮工言其画出于悬溪和尚，皆不可据。”当然，除了学古人，画友之间的借鉴、熏陶、交流并互为影响，也是一个方面，如萧云从等。另外，也受到过前辈程嘉燧和李永昌的影响，但从渐江的画风来看，终是受到倪瓒影响最深。石涛跋渐江《晓江风便图》说 ：“笔墨高秀，自云林之后罕传，渐公得之一变，后诸公学云林，而实是渐公一脉。”

无论渐江是学倪瓒、黄公望还是程嘉燧、李永昌及与然和尚，成就渐江的还有一个关键所在，就是师造化，正如诗中所云 ：“敢言天地是吾师，万壑千崖独杖藜。梦想富春居士好，并无一段入藩篱。”除了武夷、匡庐、齐云等，黄山对渐江绘画影响至深，“渐江自幔亭（武夷峰名）归黄山，往来云谷、慈光间又十余年。挂瓢曳杖，憩无恒榻。每寻幽胜，则挟汤口聋叟负砚以行”。②“岁必数游黄山，每叹武夷之胜，胜在方舟泳游，而黄山之奇，海市蜃楼，幻于陆地，殆反过之”。③ 查士标题弘仁《松涧清音图》（故宫博物院藏）云 ：“渐上人画入武夷而一变，至晚岁而益奇。绝去规摹蹊径，而自成一家。”渐江曾留下吟咏黄山诗，在《偈外诗续》中，有《始信峰》《白龙潭》《汤池》《文殊院》《阻雨狮子林》《宿掷钵禅院》等篇章。黄山多奇峰怪石，耳濡目染，渐江的构图变化多样，平远、高远、深远法皆有表现。并将倪瓒横向“折带皴”技法，改良后创造性地运用在纵式的黄山景物中，贺天健认为黄山白龙潭上、朱砂峰西一带石壁，即是渐江石法的范本，“渐江的皴法，不是关仝的横解索皴，而是黄山白龙潭上石壁的横解索皴，是渐江独有的横解索皴法”。④ 石涛跋渐江《晓江风便图》时说 ：“公游黄山最久，故得黄山之真性情也。即一木一石，皆黄山本色，

① [清]周亮工 ：《赖古堂集》卷二十二，上海古籍出版社，1979年。
② [清]许楚 ：《黄山渐江师外传》，汪世清、汪聪 ：《渐江资料集》，安徽人民出版社，1984年，第7页。
③ [清]闵麟嗣辑 ：《黄山志定本》，康熙十八年刊本。
④ 汪世清、汪聪 ：《渐江资料集》，安徽人民出版社，1984年，第188页。

丰骨泠然生活。”

黄宾虹在《渐江大师事迹佚闻》总结：

> 渐师初学北宋，继效倪迂，超轶前明，冠绝千古；非但于新安画家，足以称宗作祖，即如江南山水，董巨正传，元代而后，已无其亚。盖集大成于李成、范宽、郭熙、荆浩、关仝，性情高洁，雅近云林，所谓有唐人之细而去其纤，有宋人之粗而去其犷。又得纵游名山，览武夷、匡庐诸胜，黄山、白岳，瓢笠久淹，师古人兼师造化，故能取境奇辟，命意幽深。数百年来，卓然大家，惟渐师始克当此。

山水画外，兼写梅竹，其梅尤其精到，骨干清奇、空灵。渐江未疾时，“尝语人墓上种梅为绝胜事。归卧竹根之日，尚有清香万斛，濯魄冰壶，何必返魂香也”。[①] 既归道山，葬披云峰下，莳梅花数十本，世称“梅花古衲”。

渐江亦有收藏，许楚《十供文》记有一宋版汉书，一云林书画卷，一黄鹤山樵挂幅，一淳化祖拓帖，一古坑歙砚，一梅花瘿瓢，一羊角竹杖；一击子铜炉，宣庙名工；一古瓷磬洗，一定州蔍根瓶，一阳羡匏壶。黄宾虹《梅花古衲传》记其“携先世所藏右军《迟汝帖》真迹，及宋元逸品书画凡数十种”。兹举他人有关渐江画学言论如下：

> 饶璟跋《黄山图册》：“渐师作画三十年，从无一毫画师习气。”
>
> 钱少嵋跋渐江《江村梅柳图轴》：“渐师山水，私淑云林，萧疏淡远中自具伟峻沉厚之气。岂世之瘦石枯树，自诩高士所能同日语耶？”
>
> 葛金烺题记渐江《吴中山水轴》：“渐江取法终身云林，用笔坚硬。此本游吴时见吴中山水而作，在渐江已自以为肥润矣。然须习见渐江画者知其肥润而仍坚硬也。茶熟香温，辨笔墨于毫厘丝忽，此中有领悟焉。

① 汪世清、汪聪：《渐江资料集》，安徽人民出版社，1984年，第4页。

（四）查士标、何文煌

查士标（1615～1697），[①]字二瞻，号梅壑、梅壑散人、梅壑道人、懒老、邗上旅人等。因崇拜董其昌，恰巧生年又与董其昌同干支，故又号后乙卯生。新安休宁人。明末诸生，明亡后弃举子业，流寓扬州、镇江、南京等地，以书画为生。“故家饶裕，多鼎彝及宋元人真迹，遂精鉴别”。[②]有《种书堂遗稿》。清人法式善《陶庐杂录·卷二》载：“国朝书家无爵位而名著者，查二瞻为最。收藏家多秘惜之。余观所书诗句，亦清矫拔俗，惜其《种书堂遗稿》不可问矣。”[③]法式善乾嘉时人，晚查士标138年，其时就已难觅《种书堂遗稿》了。查慎行《赠家二瞻兄八十寿》诗中透露查士标年80尚乏子嗣，仅有一女慰怀。

查士标《山水轴》故宫博物院藏

查士标山水师法米芾、米友仁、黄公望、吴镇、倪瓒、董其昌等，尤其受倪瓒画风影响最大，常在画上题“拟云林笔意”“仿倪云林法”等，他的“懒标”之号亦是从倪云林“懒瓒”之称而来。早期仿作各家，面目较多，功力深厚，能疏能密，又繁又简，格调超逸。晚年风格成熟，风神飘散，气韵荒寒，雄劲古厚，画益超迈，直接梅道人。安徽省博所院藏《沙清岸曲图》山水轴即拟倪瓒，丛篁疏林，小桥茅庐，空旷临水，远山烟霭渺渺，意境简淡萧散。技法源于倪瓒，笔

① [清]徐卓：《休宁碎事》卷七载查士标“年八十四卒于维扬”。一般资料也均作卒于清康熙三十七年（1698）。汪世清先生《艺苑疑年丛谈》则根据查士标同母弟查士模所撰《皇清处士前文学梅壑先生兄二瞻查公行述》记载，予以更正，兹从之。《艺苑疑年丛谈》，紫禁城出版社，2002年，第174页。

② [清]徐卓：《休宁碎事》卷七，清嘉庆十五年刻本。

③ [清]法式善：《陶庐杂录》，中华书局，1959年，第32页。

墨风神遥接于米氏云山。此作绘于绫上，墨色浓淡干湿互用，秀润以外，能得生峭劲利的笔法，不愧丹青好手。《曳杖过桥图》风格近渐江。《谡谡松风图》笔墨互为生发，一片迷蒙、混沌。他甚至还有《拟谢葵丘山水轴》，又是一种格调。查士标绘画风格多样，笔墨既能细腻淡雅，也能荒率豪放，有较强烈的摹古、拟古倾向。查士标出身于名门望族，家境殷实，家中藏有钟鼎彝器和宋元书画真迹，即使流寓在外，生活过得也较为安逸，挥洒不辍，求其书画者户穿为限，查士标友人夏乐子在给他的信中说："闻足下乔寓白门，问字者珠履满室，知张颠池水皆黑，智永蕉叶成冢矣。"查士标与"海阳四家"另三家的境遇完全不同，他作品中的萧散荒逸，是他师承中的遗传因子，当然也是他个人艺术格调的反映，故在他的作品中，流露出的几许潇洒和飘逸，性情使然耳。

查士标亦是诗人，73 岁时，还在扬州与孔尚任、龚贤、石涛等人参加春江诗社。诗风与画风都具有散漫的名士风，他喜欢标榜"懒"，也是他的气质表露手段之一。号"懒标"，是追拟前贤，也是自况。但此懒非真懒，嘉庆版《扬州府志》载："康熙初，维扬有士人查二瞻，工平远山水及米家画，人得寸纸尺缣为重。……时有一联云：'杯盘处处江秋水，卷轴家家查二瞻。'"《广陵诗事》记载当时风气："户户杯盘江千里，家家画轴查二瞻。"这既说明了查士标作品在当时受人喜爱的程度，也说明了他在书画创作上的勤奋。他有那么多的作品传世，也印证了上述所言不虚。查士标在明亡后，白日闭门高卧，日暮才起，借此躲避宾客以逃世，凡"应酬临池挥洒，必于深夜，不以为苦"。他"不求闻达，一室之外，山水而已"。①"意懒"二字，真足以概括他一生的精神追求了。

查士标兄弟六人，士标行二。五弟士模，字楷五，号秋谷。明诸生。工书画，风格近查士标。

何文煌（康熙间），字昭夏，号竹坡。休宁人，查士标弟子。能诗善画，书法亦老到。与虞山王翚（石谷）投赠诗颇多，题曰《水云亭访耕云》，又曰《喜晤石谷》诸篇。安徽省博物院藏其《溪山话别图卷》，题跋曰："公绅社兄应试都门，余亦将游南楚，时同客吴门，联床话别，慷慨激昂，彼所谓黯然销魂者，岂我辈事哉？因作图并诗为赠。己卯三月何文煌识。"图作于康熙三十八年（1699），纯学查士标水

---

① [清]曾灿：《序》，查士标：《种书堂遗稿》。

墨疏简一路风格，笔墨纯熟，几可乱真，惜步趋于后，且作品存世亦少耳。

（五）程邃

程邃（1607 ~ 1692），字穆倩，一字朽民，号垢区、垢道人、垢区道人、江东布衣、黄海、黄海钓者等。斋室名椟乐斋，新安歙县岩镇（今徽州区）人，生于云间（今上海松江）。明末博士弟子员，明亡不久即弃巾衫，隐居广陵数十年，老复移家金陵。陈鼎云其“方颐广额，双眸炯炯，高八九尺，修然伟丈夫。意谓神仙剑侠之流，接其所学，俨然有道之士也。至于不仕王侯，高尚其志，去三代之贤不远矣。”[①] 曾从黄道周、杨廷麟游，同万寿祺拜陈继儒为师，与吴伟业、王士祯、冒襄、周亮工、钱谦益、李渔、程正揆、施润章、查士标、吴山涛、梅清、石涛、王石谷、孔尚任等交好。康熙十八年（1679）春，清廷开博学鸿词科，当地官员举荐程邃应试，程邃辞不就。而程邃不少好友参加了举荐，也有被迫参加者。应试通过后，被授予了官职，如乔莱、朱彝尊、施润章、孙枝蔚、邓汉仪等。程邃则于康熙十九年（1680）春，移家金陵，保持了自己“八口绳枢在，甘穷有不为”的立场。在南京，程邃与石涛、喝涛、黄云、周之浚、梅清、曹溶、孔尚任、吴正治等友善。与龚贤为

程邃《山水轴》故宫博物院藏

① 黄宾虹：《黄宾虹文集全编 · 书画编》（下），荣宝斋出版社，2019年，第813页。

白头交，醉则慷慨悲吟，目空一切。程邃嗜酒，李渔《担灯行》原注云："程子多才嗜饮，往来同人之家，赋诗饮酒无虚日。其归必暮，暮必需灯，故每出必担灯自随。虽戴星而往，亦未尝稍辍，又恐酒后颠踬，常令幼子偕行。尝对人曰：'此非儿也，杖也。'予景其高见，喜其逸趣，作歌以赠，冀添词人一段佳语云。"[①] 宝应乔云渐送酒六大瓮，邓孝威（汉仪）为作《送酒歌》。程邃自己亦作《送酒歌和邓孝威韵》诗，此亦可见程邃性情之一斑。

程邃作画初学董其昌，后学王蒙、巨然，中年后用渴笔焦墨勾勒皴擦，多用渴笔，生动别致。张庚云其："善山水，纯用枯笔，写巨然法别具神味。"王昊庐题："穆倩与余为石交，自言不肯多画。张藻有生枯笔，润含春泽，干裂秋风，惟穆倩得之。"晚年愈加生辣苍涩、荒寒古穆。黄宾虹感慨其画："俱从身世感慨中而出，耿耿非可磨灭，安得不重为之宝贵！"范宽晚年多用焦墨，然焦墨非学力深厚不敢为，黄宾虹言："遥遥数百年，惟明季垢道人程穆倩山水，深明斯理，余子皆有不逮。范华原岂易觏哉。"[②] 程邃主张以画抒情，不做无病呻吟，曾有画跋云："仆性好丘壑，故镌刻之暇，随意挥之，以泄胸中意态，非敢云能事者也。"安徽博物院藏十二开《山水册页》，即用巨然法，然取其意而自运。所题隶书、行书，高古超迈，老笔纷披，对其隶书，似更多赞扬，如郑燮题《程邃印谱》云："本朝八分，以傅青主为第一，郑谷口次之，万九沙又次之，金寿门、高西园又次之。然此论其后先，非论其工拙也。若论高下，则傅之后为万，万之后为金，总不如穆倩先生古外之古，鼎彝剥蚀千年也。"[③] 陈鼎《垢区道人传》谓程邃："晚年书法益工，八分为第一。"[④]

钱谦益赠程邃序云："新安程子穆倩能诗，能草书，能画，能篆刻，萧森老苍，迥然有异。眉宇深古，视下而念沉；处治不媒进，处乱不易方。余语穆倩：吾行天下，求见一异人不可得，子殆其人欤？"程邃以文章、气节名动江南，书画、篆刻外，又善鉴书画及古器旧物，藏品亦可观，"（程邃）最耽珍异，罗列班班，几席之上，秦汉之间；如琳比璆，悦志怡颜；倘割其一，便足买山。"[⑤]《池北偶谈》记载："吴

---

① 许承尧：《歙事闲谭》，黄山书社，2001年，第816页。
② 黄宾虹：《黄宾虹文集全编·书画编》（上），荣宝斋出版社，2019年，第414页。
③ [清]郑燮：《郑板桥集》，岳麓书社，2002年，第321页。
④ 汪世清：《汪世清辑录明清珍稀艺术史料汇编》（二），上海古籍出版社，2020年，第969页。
⑤ 汪世清：《艺苑查疑补证散考》，河北教育出版社，2009年，第250页。

道子画《光武燎衣图》，今藏新安程穆倩邃家。”[①] 其所藏古物，“非得重直(值)不售”。[②] 著《萧然吟》，被清廷禁毁。

(六)戴本孝

戴本孝(1621 ~ 1693)，字务旃，号前休子、鹰阿山樵，别号黄水湖渔父、太华石屋叟等。侨居和州(今安徽和县)人，祖籍休宁隆阜（今属屯溪）人，以布衣隐居鹰阿山。

戴本孝父戴重(1601 ~ 1646)，字敬夫。能诗善文，14 岁为诸生，明崇祯十七年(1644)，拔贡生廷试第一，授湖州推官。清军入关，戴重与王元震结太湖义族为一军，三失三复湖州，转战数月后潜居马鞍寺庙内，作绝命词 15 首，绝食而死。戴本孝则终老布衣。康熙二十六年（1687），戴本孝画《天台山异松图》，跋云：“天台异松，前人尝为之图，陆龟蒙记而赞之。曩从好事家见有摹本，未善也，因追以意图之。近闻异松已多归于冥漠，盖天地山川之奇，一经为尘眼所狎，自不能久，如此不觉兴慨也。”弦外之音，不言而喻。

戴本孝工诗书，善画山水，画格超绝，学元代倪瓒、王蒙、黄公望等而自出新意，构图奇妙，山川丘壑变化多端，画面意境清新，枯旷淡远。善用干笔焦墨，山石略作勾勒，而施之以枯笔焦墨皴擦，略辅之以淡墨渲染，较少点苔。戴本孝既师古人，又重视师法自然，他有一方“师真山”印，表明了他的艺术主张。曾游歙，居无聊山城甚久，又入黄山，戴本孝画作精品多以黄山为素材，如《白龙潭》《望天都峰》《炼丹台》《登莲花峰》等。

戴本孝性喜交游，与渐江、龚贤、石涛、冒襄等友善。曾题自画云：“林光山气最清幽，添个茅亭更觉透。读罢蒙庄齐物论，端居一室得天游。”自跋云：“此昔予赠渐江句也，予家山居，常数为之图，多在六法之外。”戴本孝在金陵结识了石涛，两人一度同住长干寺，观戴本孝挥毫，并结为忘年交。美国华盛顿佛利尔美术馆藏石涛《雨中仿戴本孝并作山水图》，所录诗跋就记载了这段往事。田洪编《王己迁藏画集》谓：“戴本孝年长石涛二十岁。他们同为遗民，又都热爱诗画。石涛早期渴笔山水极似戴本孝，且二人画论有相似之处。石涛以‘一画’为核心的画论也是

① 王世禛：《池北偶谈》，中华书局，1982年，第260页。
② [清]张庚：《国朝画征录》，浙江人民美术出版社，2011年，第29页。

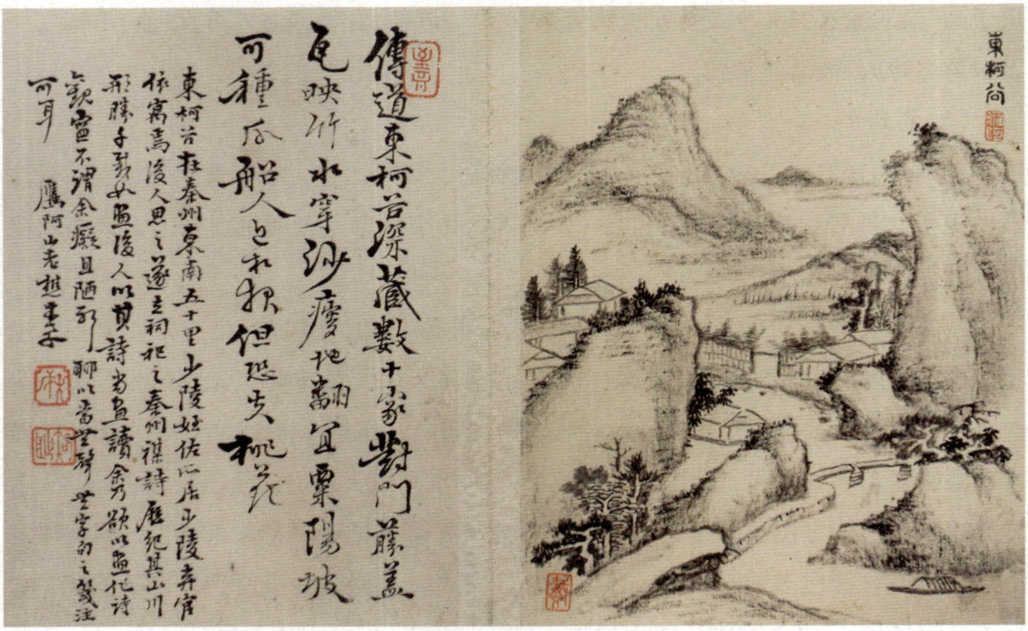

戴本孝《书画合册》 故宫博物院藏

戴本孝影响下的产物。”①

戴本孝曾寓居如皋文学家、书画家、“明季四公子”之一的冒襄（辟疆）水绘园，为冒襄刻六面印，绘《巢民老人观菊图》，又赠冒襄次子冒丹书（青若）自画册并跋：“冒子青若，生平事亲怀友之外，无他骛，进德修业，不出户庭，而誉闻四方。年近三十，始远游来京师，承亲志也。时予已旅食燕市两年。……青若少予十有八岁，因兄事予。”按此推算，戴本孝是在康熙五年（1666）前后来到北京的。王渔洋说尝在京师夜与友人谈华山之胜，戴本孝晨起即幞被往游。王渔洋有《送戴务旃游华山诗》：“扪虱雄谈事等闲，余情盘礴写孱颜。洛阳货畚无人识，五月骑驴入华山。”康熙七年（1668）春，戴本孝携杖履北走太原访傅山，西入潼关，过王弘撰“独鹤亭”，登太华之巅，作画一幅而去。戴本孝曾在康熙十六年（1677）作《华山毛女洞图》，黄宾虹之旧藏，题跋云：“太华北斗坪有毛女洞，巉峻深窅，尘迹罕至。余尝坐对图之，因囊以归。”康熙二十九年（1690）秋，王弘撰游金陵蒋山（钟山），与戴本孝重见于长干梵宇，戴本孝复赠《华山图》一幅、七言长歌一章。王弘撰则为戴本孝《守

① 田洪：《王季迁藏画集》“别册”，天津人民美术出版社，2018年，第86页。

砚庵文稿》作序。戴本孝另有《前生诗稿》《余生诗稿》等。

(七)郑旼

郑旼（1633～1683），字慕倩、穆倩、慕道人、遗甦等。歙县郑村贞白里人。幼嗜理学，家富藏书。工书画，擅篆刻。其父郑澹成，以理学名于世，辑有《贞白家风录》。

汤燕生在《郑慕倩先生像记》记："先生沉酣古籍，靡间寒暑，闲静寡言，笃怀远操，论者谓先世子真之风于君而嗣。而于经史积疑多所剖析，要其旨不诡于圣人，故可信今而行远。尤工篆刻，先秦两汉以为宗。而画法高古，纯以气韵生动示异，故能追步元人。至于风雅之作，或哀而伤，或怨而怒，非其赋才之激，遭遇使之然也。不幸中年遘疾、未展厥施，癸亥三月告逝，年五十一耳。"民国《歙县志》称郑旼："工诗，卓然名家。画出入元季，又学渐江上人，秀者近查梅壑，而俊逸过之。……亦时画兰，有小印曰'郑所南后身'。手辑《杜诗笺注》，尤嗜理学，有《拜经斋》《致道堂》《近己居》等集。"汪世清致罗长铭札云："程（邃）在当时交游甚广，名气很大；郑（旼）则僻处家乡，落落寡合。二人之性格与画风均不相同，其史料辑在一起，很有意思。"①

郑旼的画受元人影响很大，尤其是黄公望、吴镇、倪瓒等，如《仿倪元镇溪山亭子图》《仿吴仲圭》等，又学沈周，秀者近查士标，而俊逸过之。画面线条有简有繁，简者线条灵动，萧疏，而繁者苍茫灵秀，意境幽邃。郑旼善于点苔，变化很多。画上多题诗句长跋，书法之长处得以借题发挥。书法瘦劲，近渐江。郑旼以黄山为范本，画有不少作品，如安徽博物院藏《黄山四景图》《莲花峰图》，上海博物馆《黄山图轴》《黟山纪游》等。偶画兰，汪鞠卣藏其《兰

郑旼《仿古山水册》故宫博物院藏

① 鲍义来：《汪世清书简》，安徽省徽学学会编印，2009年，第377页。

册》八帧。

郑旼作品多不署年月。康熙二年（1663）秋，渐江以所临黄大痴本借与郑旼，郑旼竭五日夜缩为长卷，赋诗记之。这是郑旼作品较早的记录。其他记录干支的有：上海博物馆藏《黟山纪游》、故宫博物院藏《九龙潭图》，均作于康熙十二年(1673)；香港刘均量虚白斋藏《香烟诗意图》，作于康熙十三年(1674)；上海博物馆藏《黄山图轴》，作于康熙十四年(1675)；故宫博物院藏《山水册》、安徽博物院藏《蜀峡秋色图》，均作于康熙十五年(1676)。

(八)江注

江注（？～1690后），字允凝、允冰，一名万禧，号药庵。歙县人，渐江侄。江注生卒年不详，一般认为其活动于康熙年间，2017年9月8日，在中国徽州文化博物馆举行的《明月清风——故宫博物院藏新安八家书画展》中，故宫提供的文字资料，明确将江注生卒年定为1626～1685年，或有新据。安徽省博物院藏江注数幅作品，有纪年者《湖山怡情图》作于康熙六年丁未（1667），《陡壁丹台图》作于康熙二十年辛酉（1681），更早的文献记录为清人殷曙《渐江师传》：“（渐江）癸卯游匡阜归，与旅亭、允冰（江注）二君休夏披云峰下。每理棹石淙，焚香瀹茗，各出所藏书画鼎彝，纵观移日。”① 癸卯，为康熙二年（1663）。是年农历十二月二十二日，渐江示寂于五明寺。册页中题江注上款且有纪年者，按时间顺序排列如下：戊申（1668）王言跋，壬子（1672）施润章跋，癸丑（1673）杨履吉跋，丙辰（1676）程旷跋，己未（1679）计泽绎、苏仪跋，庚午（1690）中洲海岳跋，乙亥（1695）大涵跋。从上面题跋时间记录看，最早的王言题跋也未早于殷曙在《渐江师传》的记录，而最晚的大涵和尚题跋为康熙三十四年（1695）。多人称江注为翁，推测江注生于明末，与渐江年龄相差并不太多。然，大涵和尚康熙三十四年（1695）跋江注《黄山图册》云：“乙亥六月廿二日，余同云谷诸道人有游仙灯洞诗，近阅仙灯洞画，尚缺题咏，即遗其诗以补之。此乃允翁先生不请之作也，非曰能之，愿学尊耳。涵识。”根据题跋意思，诗作于乙亥，而“近阅”，可以是乙亥，还可以是其后一年或数年。如此跋为孤证。我们再看中洲海岳题跋：“庚午，夏日为允凝先生题政，醉石主人海岳拜草。”庚午为康熙二十九年（1690），也说明江注卒于1685年不确。

① [清]殷曙：《渐江师传》，汪世清、汪聪：《渐江资料集》，安徽人民出版社，1984年，第8页。

江注“性夷旷，傭笔治生”。幼从渐江学画，“尤以墨妙世其学，得师心印者，则有侄允凝，名注”。[①] 可谓得渐江真传，形神兼备，是新安画派中画风与渐江最为接近者。但笔力稍弱，艺术个性欠缺。《黄山志续集》载清孙觚《题江允凝黄山画册》诗：“巨僧衣钵在江师，小阮生成狮子儿。总对真山留粉本，却传梦笔入神奇。群峰削出飞无迹，大壑藏来夜可移。似我早衰难济胜，卧游何意得全窥。”[②]

江注“家去黄山浮邱、容成诸峰百二十里，春秋佳日，无岁不赍楮囊砚以游。游必搜胜穷幽，或分钵僧茅，或敲火岩下，哦云拜石，弥月不归”。[③] 善诗，有诗集存世，许承尧记其所见江注诗集：“只一册，非全集也。中分《川上草》《湖上草》《岑山诗》《宛陵诗》四集。《川上草》为避乱南源作，《湖上草》为游西泠作，《岑山诗》为结夏岑山作，《宛陵诗》为游宣城作。前有施润章题序云：‘黄山诸诗，搜奇凿险，有石破天惊之势。又画为大册，盈尺许，予常笑谓之曰：君肺腑手口，直化作一座黄山矣。’”[④]《湖上草》有江注自序云：“己未夏初，由新安江鼓棹为武林之游。私幸又泛西子湖，如见故旧。”其《晚发新安江》诗云：“踪迹浮家出，推蓬日下春。激滩排乱石，柔橹画群峰。渴疾眠非傲，狂吟兴不慵。可怜江月好，尊酒竟谁供。”《夜坐松寿堂建云师谈家渐公曾寓此》谈到渐江往事：“闻道先师曾挂锡，幸予下榻避尘喧。

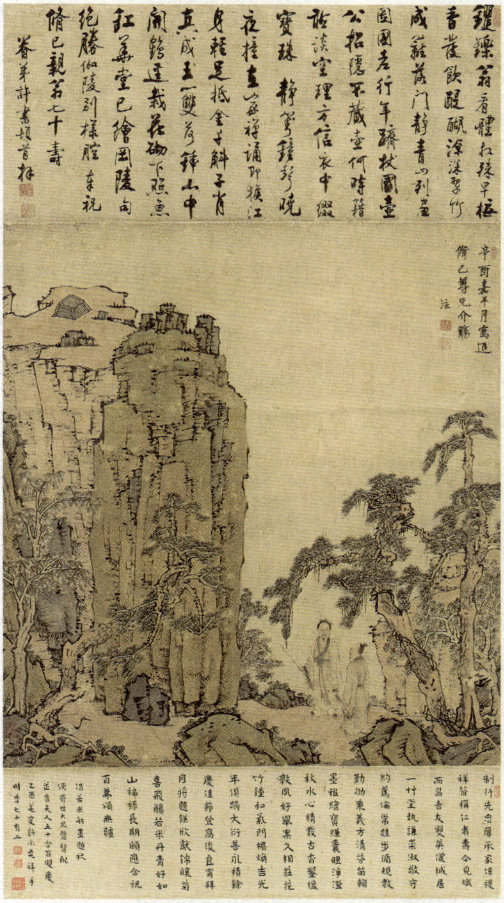

江注《陡壁丹台图》安徽博物院藏

① [清]王泰征：《渐江和尚传》，汪世清、汪聪：《渐江资料集》，安徽人民出版社，1984年，第4页。
② [清]汪士鋐、吴菘：《黄山志续集·赋诗志》，民国二十四年安徽丛书编印处印行。
③ 黄宾虹：《黄宾虹文集全编·书画编》(上)，荣宝斋出版社，2019年，第15页。
④ 许承尧：《歙事闲谭》，黄山书社，2001年，第405、406页。

松阴犹覆摊书阁，月影还侵作画轩。共叹久归芒屦事，终惭空负竹林言。天涯沦落多知己，踪迹从兹又溯源。”己未，为康熙十八年（1679）。其《岑山诗》中，有《岑山陪施愚山少参赋》诗。不久，施愚山招游敬亭山，居有两个月，其间与诸友欢聚，如有《夏日梅瞿山先生召集爽轩同倪观湖沈方邺钟书泉吴晴岩惊远汪东大令兄古愚令侄素五子彦耦长时出家藏书画见示》《沈方邺梅耦长招同施愚山唐辅宸王安又梅瞿山诸先生及素五子彦吴晴岩惊远集世忠堂》诗，又，《同愚翁仿喝涛石涛两师双塔寺》。

(九)吴山涛

吴山涛（1609 ~ 1690），字岱观，一字寒松，晚号塞翁、醉吟先生。歙县泽富人，侨居杭州。崇祯十二年（1639）举人，顺治十三年（1656）任浙江德清训导，顺治十八年（1661）出为陕西成县（今属甘肃）知县，康熙四年（1665）罢官南归，未再出仕，以书画自娱，有《知寒草》《西塞诗》。吴山涛仕宦秦中，漂泊扬州，虽生于歙，然居杭州垂五十年，又十数年一归，里中后起之英，多不相识。

许承尧在吴山涛《秋江图》卷后，抄录《余杭县志》董作栋撰吴山涛《传》甚详：“(吴山涛）歙县人，十岁随父雪门徙诸暨，十六抵武林，入诸名人文社有声。访诸父山东，尝就临清州入泮，弃去，复就钱塘为诸生。登崇祯己卯贤书，南宫被放，再上公车，值流寇讧河北，道梗还。甲申京城陷，山涛时在杭。乙酉夏，大兵收金陵，传檄定浙。山涛省父，越中军令取未仕举人授民牧，山涛以亲疾得予假。已而，越中挟鲁藩抗兵梗薙发令，金陵马士英、方国安复以溃师反江上，向子弹冠士，仓卒膏刃矣。顺治三年，有司敦迫授职，山涛愿就校官，得西安训，旋以父艰去。初，山涛父丰于赀，随手济人略尽，以光禄寺丞守选京师，既而归。国变，闽中唐藩称制，以少卿征，不行，至是卒。服阕，补德清谕。康熙二年，升陕西成县令。……山涛为人敦风尚，重交游，书画臻逸品，少刻有《知寒草》，宦成有《西塞》诗三十首，吴薗次极赏之。其举于乡也，后场射策，伤悼东林死事诸名臣，语太刻露，几汰。癸未，四方先正倪鸿宝、黄石斋、刘念台诸公，云集湖上，山涛厕牛耳焉。甲申，虞山陈梅臣将筑亭湖山，山涛劝为建祠，祀两朝死事忠烈。三学生徒掊击从贼诸绅家，监司执下狱，山涛排闼见直指，号呼救之。其宰成才一载余，葺黉序，拓署门，浚裴公湖，筑有客堂祀少陵，召生徒饮酒论诗，筑云锦堤、文笔楼。修邑志未成，以授新尹。过兵茶马之役，痛成人疾苦，恸哭誓诸神，仅以集事。追小川驿置，成人谓公实生我，建吴台书院尸祝之，自是不朽于成矣。山涛既解任，授经刘中丞幕府。

吴山涛《山水卷》安徽博物院藏

寻以癸卯帘事累，往复都门，遂归浙。先是，子兆鲁赘余杭李氏，入余庠，因卜居焉。既而刘公总制闽浙，山涛谒于境上，制府挈之行，不能辞，年已六十余。数年归，与邑族人泰裔雁行莫逆，徜徉以终，寿八十七。"

吴山涛善书法，飘逸不羁，晚年行书《江南杂诗卷》有董其昌风韵。其《西塞诸诗册》录诗16首，"丙寅舟过吴门，倚舷作此"，为其78岁书，行书疏朗劲逸，而诗意苍凉，诗、书两合。上海博物馆藏《西塞诸诗册》十开，书诗14首。吴山涛山水初师董其昌，后作山水不落蹊径，用笔简练，古秀苍茫，逸笔草草。其名声显赫，人称之"天下不世奇才"。吴山涛尝称画以简洁为难，如，安徽省博物院藏《仿邹衣白山水卷》题跋云："画家齐宗黄一峰，不知其源出于北苑也。近代惟邹臣虎先辈能得其神，妙处正不在多耳。余画秋江图，略得邹之简，于宋元仍未入家耶。"从这里可以知道，其晚年的简笔是受到邹之麟画风的影响。黄宾虹为翁纫秋题吴山

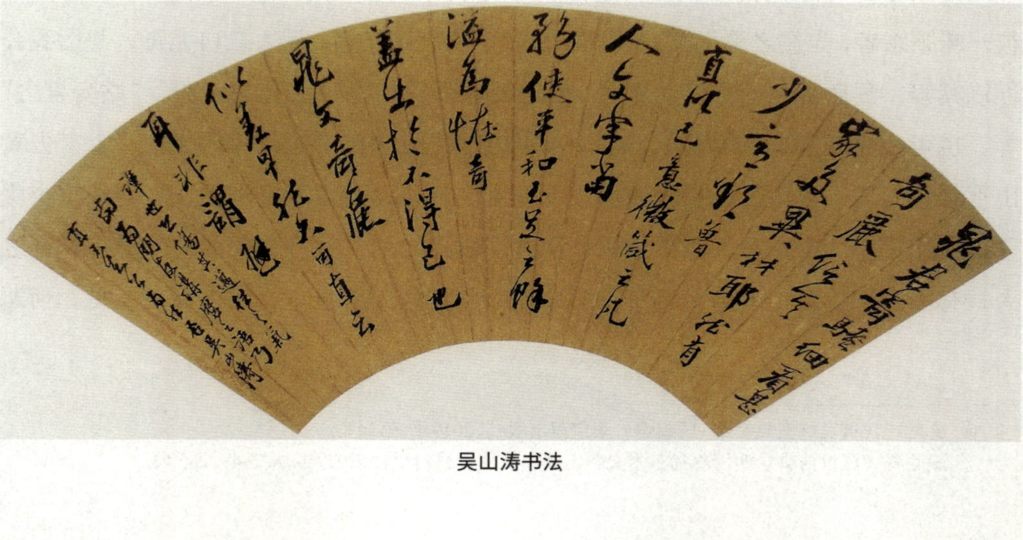

吴山涛书法

涛《江山寥廓图卷》云："塞翁画多简笔，遒媚如邹衣白，疏放类查二瞻，胸襟潇洒，意境高超，是得大痴神髓，而成逸品，宜非寻常画史可能望其项背矣。"①

龚贤与吴山涛相识较早，其《草香堂集》中有《题画赠吴孝廉山涛》七绝二首。

吴山涛自题《山水册》："予生新安，侨居武林垂五十年，又十数年一归。凡里中后起之英，多不相识，间有邮筒，仅于楮际睹音容而已。"② 吴山涛 80 岁时跋江注《黄海丹台图册》云："黄山吾故里，杖履曾未经到。年冉冉老矣，登陟恐难，吾作梦游想耳。"吴山涛至少 80 以前未到过黄山，与江注也不熟，和新安画家交往亦不多。龚贤将其归"天都派"，盖因籍贯及画风缘故。

(十)汪家珍

汪家珍（明末清初），又名葵，字叔向，号璧人。歙县岩寺（今徽州区）人，罗长铭云为瞻淇人。明诸生，入清后不仕，布衣终身。能诗，工山水，山水初学黄公望、王蒙，后又临仿弘仁，与汪之瑞、孙逸齐名。人物、花鸟、虫鱼，尤传神入妙。所绘黄山景致无不姿态生动。汪洪度云："吾乡绘事，国初为盛，松圆老人后，僧渐江、程垢区、查梅壑、祝壮猷工山水；家璧人、汪无际工人物。"顺治七年（1650），汪家珍等 8 人为方式玉作山水卷，此卷又名《格庵山水合锦卷》，1925 年神州国光社珂罗版印刷出版《神州国光集》第九辑收入。合作 8 人分别为汪家珍、汪然、祝昌、张安苞、吴星、弘仁、何颙、王玄度。汪家珍所绘最早。另，汪然字于然，号蔼庵道人，家珍从弟。除了张安苞、吴星、何颙三人，余皆新安人。分别绘于滁州、扬州、南京等地。

汪家珍亦有遗民情绪，其自题岳武穆像云："成则郭汾阳，不成则岳武穆。谓彼一味厮杀者，先儒之论已非。而谓不班师未必能成功者，后人之口尤毒。我图我公，匪以其容，拜而赞之，惟以劝忠。"其闲章有"不从门入""作将来眼""姑妄言之"等，也可窥见其志向和情趣。渐江《黄山山水册》中，有汪家珍题跋："余家去黄山百廿里而遥，去渐公家廿里而遥，无弱水之环也，无虎豹之当关也，乃结想半生，无因缘相见。丙申八月，惠然肯来，因共了黄山之愿。其幸为何如。嗟乎！吾郡之人，有垂老不见黄山者矣，有身见黄山而心不见黄山者矣。吾两人身心交见，何悲

① 黄宾虹：《黄宾虹文集全编·题跋编》，荣宝斋出版社，2019年，第34页。
② 汪世清：《汪世清辑录明清珍稀艺术史料汇编》，上海古籍出版社，2020年，第2849、2850页。

见晚？今览斯图，杖履烟霞，俨如未散，相从之谊，日笃不忘耳。乙巳九日，汪家珍识。”丙申，为顺治十三年（1656）。八月与渐江结伴共游黄山，汪家珍十月作《黄山卧游图》，藏安徽省博物院。而乙巳，为康熙四年（1665），渐江逝世一年。汪家珍追忆往事，不胜唏嘘。汪家珍作品存世不多，康熙十九年（1680）仲冬作《移居图》（黄宾虹旧藏），从这些作品看，笔触较为粗犷爽利，一股放荡不羁之气跃然纸上。

汪家珍亦擅花卉，有言《汪家珍花鸟画册》者，作于顺治十七年（1660），惜资料有限，不能了解详细。汪家珍画多有题跋，项圣谟创作于顺治九年（1652）年的《花卉十开》，每一开都有汪家珍的题跋。或楷书，或行书，汪家珍题：“尝见赵昌有折枝石榴，丹皮外绽，皓齿内鲜。今复见此，直欲与之血战，世多谓古今人不相及，吾不信也。古人善山水者不能写生，如洪谷子人物倩人填入，他可知矣，何物易庵独兼而有之，而家壑庵主人谓写生尤胜，真具只眼。今收此十册，属予识咏，一时乘兴，遂尔盈纸。戊戌玄月既望。”戊戌，为顺治十五年（1658）。

汪家珍《黄山卧游图》安徽博物院藏

（十一）汪洪度、汪洋度

汪洪度（1646 ~ 1721），字于鼎，号息庐。歙县松明山人，寓扬州，弟汪洋度，皆负时名，学诗出王阮亭之门，王阮亭谓之“松山二汪”。清上元籍诸生，工诗古文词及书画，书擅行书、隶书。安徽博物院藏其隶书《石田诗》，许承尧题跋：“息庐小楷书学晋人，极工媚。分书乃古拙至此，能者信不可测矣。”靳治荆修《歙志》，延请汪洪度专志山水。所作山水竹石，超逸、平淡、简古，不失倪、黄高致，画法为时所重，有题画句云：“曩梅壑与愚兄弟论画，曰简曰冷，宋以前都不解此，元四家惟倪黄得此意，若曹云西、徐幼文，间有合作。明则石田、思白而外，不少概见。其持论如此。此梅壑为方至画卷，虽初年笔，而天真幽淡，神韵生动，遂已至此，由其宗派，且得教外别传耳。”① 南京博物院藏其《黄山图》卷，山峰隐现，虚无缥缈。晚年归卧黄山，筑草堂于始信峰下，汤燕生有《寄题汪于鼎文冶始信峰草堂》诗，王士祯、屈大均也有赠诗。著《息庐文集》《新安女史徵》《黄山领要录》。

汪洋度（1647 ~ 1714 后），字文冶，号月庵。歙县松明山人，与兄并有才名，惜早逝，工书法，所为诗拔俗有逸致。洋度子长祺，字维吉。善书，汪洪度作《桃源图卷》，前有长祺小楷书《桃花源记》《桃源行》。关于汪洋度生卒年问题，汪世清考证云：“汪洋度生于顺治丁亥（1647 年），仅小于洪度 1 岁。志乘多有言‘洋度早逝’的。曾见汪洋度书扇，署年‘甲午’，为康熙五十三年（1714 年），时年 68 岁，已近古稀。其卒年尚未能确知，但必在此以后。故早逝之说，实不可靠。”②

(十二)姚宋

姚宋（1648 ~ 1701 后），字羽京，号野梅，初名雩，字雨金。歙县人，寓居芜湖。善书，秀劲清雅。工画，初师渐江，有似渐江画风者，世有姚宋作渐江款作品。既而泛滥诸家，安徽省博物院藏有《仿山樵笔法》，画法清疏。于山水、人物、花草虫介，以及指头、木片、西洋纸等靡不工，又能于瓜子上画十八阿罗汉。中国徽州文化博物馆藏其《钟馗》一帧，十分传神，款题“于范罗山下野梅阁写，姚宋”。范罗山在芜湖，为赭山余脉，与鹤儿山、雨耕山毗连，西濒大江，山仅海拔 35 米，却是昔日芜湖名胜。此画是姚宋居芜湖的实证。屯溪区博物馆藏其山水小册页四开，绝似渐江。无款，仅钤“姚宋”连珠印。有吕绍莱跋：“枯木竹石，云林为宗，后惟董文敏公画得其妙，百余年来未可多觏。乃于市中购得此本，倪、董而后，如野某（梅）者殆亦不可多得欤。

姚宋《钟馗》
安徽中国徽州文化博物馆藏

① 黄宾虹：《黄宾虹文集全编 · 杂著编》，荣宝斋出版社，2019年，第44页。
② 汪世清：《艺苑疑年丛谈》，紫禁城出版社，2002年，第211页。

因赘数语于后。墨卿吕绍莱跋。”

(十三)祝昌

祝昌（顺治、康熙间），字山嘲。安徽广德人，一说舒城，久居新安，晚客扬州。一般均介绍祝昌为顺治六年(1649)进士，查《明清进士题名碑录》，是年二甲67名进士为祝昌，但其籍贯为河南固始，恐怕为同名同姓者。另，年龄也未必相符。山水学渐江，题字亦似。后学元季诸家，画多逸致。“性孤介，遇不以礼，虽饼金不售”。安徽博物院藏其册页十二开，画法精妙，出入渐江，题跋云：“过访仁期社兄，拟题十二册进教。己亥，弟昌。”为顺治十六年（1659）作。又藏《拟云林山水轴》，题“邗上旅舍，拟云林笔法”。此已在扬州矣。

祝昌(山水册) 安徽博物院藏

苏州博物馆藏《溪山无尽图》长卷，题长跋云：“旅迫柴扃事事删，空斋拟墨写深山。扁舟故点千峰冷，草阁今添一个闲。亦释衣冠行世外，自无车马到烟间。笔锋收画□天远，雨雨风风总不关。归隐者，余以言志也。未遂买山之心，空负泉石之性，聊以笔墨寓意烟霞。丙午暮春，偶抹长卷三十尺，自不知丘壑布置，前无古人矣，予友吴子渍□意欲怀之。吴子素探六法，以弟事之，良焉苦心，岁月侵进。昔一峰为清閟作长卷，清閟以师事之。清閟超绝，别开生面，今之吴子有期矣，并教我。山史祝昌。”丙午为康熙五年（1666），祝昌应在扬州。此卷钤引首章“生计云山”，为祝昌自况。此卷高25.2厘米、长达1050厘米，为祝昌生平杰构，画法仍以渐江为主。

(十四)饶璟

饶璟（清初），字景玉，号石臞、石臞道人。斋室名贝研斋，歙县北关人，隐居不仕，工诗，精书画，楷书跋祝允明书法，工整雅洁。山水遒劲雄直，笔意简拔，纯用中锋，类邹之麟、程邃，而雄厚过之。片纸寸笺，人珍藏之。康熙间，杨自发跋其画卷云：“石臞先生于诗古文词，无所不妙，而独以丹青名家，故不肯轻易授人。余交有年，未能获片纸……嗣渊与石臞同事□□，风雨晦明，无顷刻离，而两人又称道义交，又善收藏赏鉴，以故嗣渊所获甚富。此卷运笔之妙，大抵从李、范、董、巨、子昂、子久而来，更自成一家。”[①] 汤燕生有《饶景玉临流赋诗图》：“殊状标云岫，安流傍石床。看山寻谢客，画壁敌长康。绝境四时碧，孤吟众壑香。招将人外侣，散发漱沧浪。”施闰章有《为饶景玉题画》《送景玉入浙》《山阴送饶景玉归歙兼讯诸旧游》等诗篇。有《山居雪课》《贝研斋诗集》《凤凰媒传奇》。

三、新安画派及与新安画派有渊源的画家

(一)程正揆

程正揆（1604 ~ 1676），字端伯，号鞠陵，别号清溪道人、青溪老人、青溪旧史。祖籍歙县人，湖北孝感籍。崇祯四年（1631）进士，历翰林院编修、尚宝司卿、工部右侍郎。后罢官，居南京，《程氏诗抄》附注云其晚年隐居黄山。工诗文书画，书法师法李邕、颜真卿，平正中寓奇险。查士标云其早年工于临池，晚乃为画所掩，世鲜识者。擅山水，师法黄公望、沈周。张庚《国朝画征录》云其：“初师董华亭，得其指授，后则自出机杼，多秃笔，枯劲简老，设色浓湛……端伯论画尝云：‘北宋人千丘万壑，无一笔不减；元人枯枝瘦石，无一笔不繁。’”[②] 论画主张“画贵简，不贵繁”。其画为时人所重，称画中逸品，与石溪并称“二溪”。生平以绘《江山卧游图》著名，周亮工《读画录》云：“尝欲作《卧游图》五百卷，十年前予已见其三百幅矣。或数丈许，或数尺许，繁简浓淡，各极其致。”[③] 盖江行舟中，积为画稿。程瑶田《江山卧游图卷书后》云：“青溪道人《江山卧游图》一卷，自题‘甲寅八月，画于天咫阁，第二十四’，盖康熙十三年作也。……因考《江山卧游图》，青溪曾画数百卷，或数丈许，或数尺许。是卷盖数尺许者，所画甚多，故自署第目，此其第二十四者也。番禺潘毅堂同年藏一卷，长四丈余，卷末署一楷书‘揆’字，而无第目。疏密相间，极经营惨淡之妙。余所藏者，初有黄叶，秋尚未深。毅堂所藏，则深秋光景，并佳构也。以余寡所见闻，已灼知其有三卷，则所谓画是图至数百卷者，非虚语也。”[④]

程正揆所作诗文题跋，卒后由其子程大皋辑为《青溪遗稿》。其《清溪遗稿》

---

① 黄宾虹：《黄宾虹文集全编·杂著编》，荣宝斋出版社，2019年，第35页。

②［清］张庚：《国朝画征录》，浙江人民美术出版社，2011年，第42页。

③［清］张庚：《读画录》，浙江人民美术出版社，2018年，第32页。

④［清］程瑶田：《程瑶田全集》第三册，黄山书社，2008年，第201、202页。

程正揆《山居图》南京博物院藏

卷二十二有《题宋石门画新安山水卷》，颇多信息："予祖籍徽人也，又好游山水间，心慕黄山、白岳之胜，而竟不得一至，一奇也。庚辰三月，予客西湖，正欲游富春，渡桐江、访钓台叟，饮十九泉，循溪入黟，登三十六峰，探云岩石室，以偿宿逋。适有江西之命，捧檄而返，遂尔北迁。甲申以后，山林多事矣，前此得游而身滞后，此身闲而时艰，山水之缘亦有天合然耶。宋石门为嘉、隆时名手，其骨力可敌石田，而秀雅差胜实父。此卷皴法，先用黄鹤山樵，后入一峰道者，其青绿则纯仿松雪翁，无匠气，无懈笔，画家能事毕矣。此卷为吾家上慎所藏，予见而惊喜，以补意中缺事，非旦夕可竟，上慎遂以归予姿览云。"此跋又载《汪世清辑录明清珍稀艺术史料汇编》，文字略有出入。后又有纪年等信息，今补录："康熙丙午十月，青溪道人程正揆记并书于金陵之摩绮轩。""己酉夏五月，始得游新安白岳黄山，如入幕客，颇有别赏。复顺流至武林，始识此图之能传神写照也。虽不必刻画形貌，而山川大致，跃跃生气眉臆间也。青溪记。"①

(二)谢绍烈

谢绍烈（明末），一名洌，字承启，号云壑，别署洌泉。歙县谢村人。博宗典籍，隐居自废。书画苍劲遒逸，画宗黄公望，人得之珍如拱璧。有《留云峰游记》。安徽博物院藏其山水扇面，笔墨简练疏淡，一片荒寒超逸气象。歙县临河人程仕龙有《读谢承启先生留云峰游记》五言诗："山以海为名，海以云为水。造化铸黄山，炫奇类谲诡。障外留云峰，二云一何美。"盖写黄山景致。黄生《赠谢承启山人》诗："谢公人共弃，楷法世终传。家远黄山下，途穷白眼边。狂来多骂座，醉里即逃禅。末俗直嗔怪，遗民在葛天。"又有《谢颠歌》："古来奇士谁最传，前有张颠后米颠。

① 汪世清：《汪世清辑录明清珍稀艺术史料汇编》，上海古籍出版社，2020年，第2785页。

二颠之名已千载，今时世上复见谢颠在。此翁少年本不颠，读书志欲摩青天。一朝凌谷遭变迁，悲愤抑郁不可宣，佯狂袒跣走且蹎。索酒举盏吞长川，饮酣市上任意眠。朱门华屋多掉臂，青楼白社常盘旋。道旁小儿齐拍手，谢颠颠颠真老丑。冲道颇遭长官怒，骂坐亦逢俗士诟。岂知此翁才俊逸，短句长歌立挥笔。书成弃去不复知，家家藏贮还成帙。大书小字落云烟，得者何曾与一钱。高情放浪形骸外，奇气纵横江海前。莫怪俗中人，不识亦不怜，定知墨迹留后世，会与南宫、长史称三贤！”此诗将谢绍烈之性情、遭际勾画无遗。

谢绍烈《山水扇面》浙江省博物馆藏

(三)吴龙、吴心来

吴龙（明末清初），字在田，号云友、研友。歙县西溪南（今徽州区）人。子吴心来。曾与郑旼合作画，郑旼《题吴在田画》诗云：“幽径春深长薜萝，考槃在陆硕人过。花飞点砌沾红雨，水涨平沙净绿莎。倚竹禽鸣高阁外，出山泉绕小桥过。倪迂孤洁虽难学，或似公迂意若何。”汪洪度题吴龙画云：“吾乡绘事，国初为盛，松圆老人后，僧渐江、程垢区、查梅壑、祝壮逍工山水；家璧人、江天际工人物。而在田吴先生，起而与之颉颃，笔墨一出，宇内争相购求，世家巨族，尝秘而珍藏焉。”安徽省博物院藏其《草亭听泉图》《一坞斜阳图》，笔墨秀整，功力深厚。

吴心来（康熙、乾隆），字田生，号望穉子。歙县西溪南（今徽州区）人。工人物、山水，尤善傅色。临摹宋元名家，形神逼肖。山水学黄大痴，画马学赵松雪，安徽省博物院藏其《仿黄鹤山樵山水》，笔墨松秀、苍润。又桐城博物馆藏其《牧马图》数开，人物、马匹皆生动。《王任之日记摘编》记 ：“从周向许甄夏取来吴心来所画扇面屏条一堂，计画十五幅……按吴君为康熙时人，所作画系典型的新安派画风。”①

（四）吴定

吴定（1632 ~ 1695），字子静、于一，号息庵、息庵山人。休宁人。张庚《国朝画征录》记其“宗渐江，用笔稍结”。与江注、祝昌、姚宋并称为渐江四大弟子。善山水、人物。安徽省博物院藏其山水数帧。《山高水长》自署“法黄子久笔”，旁有许承尧跋 ：“彭朗峰言，于王玖家见其所绘山水八法，五十六幅，憮唐宋元明诸大家，于山水浅深、枝叶疏密、人物举动、屋宇行船、渔矶坡石，悉为图谱，别其用笔先后次序，深得古法。并著设色诸法，洵为艺林指南，不仅宗渐江一家。按彭论最允，此幅可征。浦山于新安画家时有门户之见，其言不足据也。又按《笔啸轩》所录于一画款书‘康熙乙亥春二月写于蛙砚斋，六十四叟吴定’。以此推之，于一当生于崇祯五年，犹及亲炙渐师矣。其时新安才俊接踵，今观其遗迹，有余慕焉。”安徽省博物院所藏几幅作品，皆与渐江无涉，多宗宋元，画法细密，笔法精到，山多作云头，如《剡溪积雪图》《瑶峰玉树图》《秋高叶醉图》，后一图自署“法李霭之笔”。李霭之，为五代时人，号金波。陕西华阴人。善画山水泉石。《剡溪积雪图》《瑶峰玉树图》画法，亦基本相同。

吴定《贰栢有苓(龄)图》安徽博物院藏

（五）毛际可

毛际可（1633 ~ 1708），字会侯，号鹤舫，晚号松皋老人。遂安十一都毛家

① 王坦、王行 ：《王任之日记摘编》，怀英轩印，第151页。

人。清顺治十五年（1658）进士，授彰德府（今河南安阳）推官，后任陕西城固知县、调祥符（开封）知县。康熙十七年（1678），举博学鸿词科不第，回任。不久告老还乡，闭门著书，构“问字亭”以启后学，远近从学者众。康熙二十二年（1683），被聘为《浙江通志》总裁，主纂《严州府志》。与毛奇龄、毛先舒齐名，世称“浙中三毛，文中三豪”。毛际可工诗词、古文，精绘画，山水师法米芾，时人有“古文瓣香南丰，画笔有米家风”之评，大笔挥洒，畅朗秀润，又尝仿高克恭青山白云之作。传世作品有《仿吴仲圭山水图》《松石图》等。著有《安序堂文钞》《松皋诗选》《浣雪词钞》《会侯文钞》《松皋文集》《鹤舫文钞》《黔游日记》等。

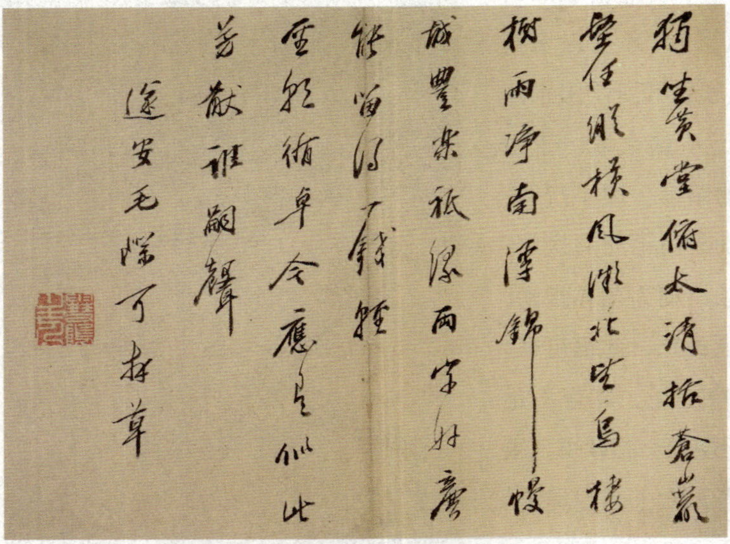

毛际可《行书诗札》故宫博物院藏

毛际可《松石图》
浙江省博物馆藏

(六)僧雪庄(附一智、弥本)

雪庄（约 1648 ~ 1721）[①]，名悟，字惺堂，号通源、沧溟、源道人、黄山野人、青溪后学、铁鞋道人等。楚州人（今江苏淮安）。善画，诗有别趣。约在康熙二十三年（1684），雪庄卓锡于翠螺山，构“松巢”为禅居之所，趺坐五年。康熙二十八年（1689）九月，雪庄来到歙西潜口，与汪栗亭会晤，旋入黄山，结庐皮蓬。示寂后，所瘗处呼雪公塔。雪庄曾有诗云：“昔栖采石嫌山小，山深不被世情扰。因住

① 雪庄生卒年依据关德军：《雪庄研究资料辑》，黄山风景区管委会印行，2019年。

黄海山最深，千峰万峰削云表。”似乎透露了他隐居黄山的目的是避世。当然，黄山的美丽风光也是重要的因素。皮蓬，原名兜率庵，后雪庄来此，以树皮结顶，因名皮蓬。皮蓬现古庙遗址尚存。据载雪庄当年从皮蓬到云谷寺广植梅花，号曰十里梅花坪。传雪庄去世后，梅花也随之枯死。云舫，为后来更名，皮蓬，位于黄山之东部，海拔约1400米，此处三面山峰环列，常有云雾聚此，风吹云动，如翻江倒海，此时的皮蓬犹如一叶小舟在海浪中荡漾，故名“云舫”。雪庄有《云舫图》，自题云：“黄山最奇处，后海老僧家。几座屋如舫，四时花是霞。峰高寻有径，云阔望无涯。晴雨人来访，呼童但煮茶。”

雪庄活动的时代，与清初四画僧弘仁、髡残、朱耷、石涛大致相同。雪庄出家的动因，目前尚没有确切的资料说明，但他在黄山“不设钟磬，不理梵呗，时或弹琴击鼓，能令四山皆响”，再加之以一僧人而尝署道人，行径颇似朱耷，并非一心向佛，是为典型的诗画僧。当康熙帝闻雪庄名，特诏他进京，他推三阻四，以疴为借口。实在推辞不掉，进京后即乞还山。

雪庄善绘山水、花卉，又长于诗。雪庄长期居住山中，“怀铅操翰，日踏一峰，传神写照，若山之俯仰变态皆与性情相洽者”。[①] 故对山川地势构造、自然变化、松石云海及奇花异卉，体察详细，挥写纸素，形、神兼得。安徽省博物院藏《夏山消暑图》，款识云：“夏山寻消暑，开门见秀峰。冰桃与雪藕，总在砚田中。己卯岁雪道人写并题。”时康熙三十八年（1699）。该图纸本淡设色，纵176厘米，横53厘米，1959年在歙县征集。这件作品不仅尺幅较大，而且画法细腻，披麻皴加牛毛皴，一笔不苟，精心渲染，万壑松风，云雾缭绕。从山形看，此图表现的正是云舫一带的风光，画面中段左边一突兀的小山峰，应是“喜鹊登梅”（仙人指路）。雪庄绘有百十幅《黄山图》，其中有43幅被收录到《黄山志续集》。间辑山中所产异花，有106种之多，其中30余种曾辑入闵麟嗣《黄山志》。黄宾虹有《临黄凤六黄山异卉册》二十五开，藏朵云轩，并录黄吕题跋云：“黟山奇卉。昔雪庄师有黄山花图百种，家确夫借其本来，俾予临之。草野之花本无名目，雪公因其色状，强之以名。后予与确夫游黄山，始见山花一二十种，皆雪公所□者，予始定其可图，并山外所有者不录。又更其名之不雅者，所存数十余种，俾风雅之士游目称奇，于以叹天地生物之无穷，而人之不常见者，

① [清]汪士鋐、吴菘：《黄山志续集·跋》，民国二十四年安徽丛书编印处印行。

其物正自不少也。辛巳初夏，木讷老人凤六居士并题。”黄宾虹又跋：“既而获观雪庄《异卉图》，又摹之，已数易稿矣。”

雪庄《山水册》安徽中国徽州文化博物馆藏

一智（康熙、雍正间），又名心智，字癝峰。如许士佐《野耕集》“题癝峰丹台草屋图寄张竹中”诗。又作廩峰，如汪树琪“送廩峰上人游庐山”诗。号石峰，又称黄海云舫、获遇客。休宁人，雪庄弟子。工诗，善画山水，用笔疏爽可喜。有《随雪老人客都门，见者多问云舫境界，老人因命余赋此，书馆壁间以答》诗：“茅屋千峰里，人居图画中。石苔鹦鹉绿，山果杜鹃红。弄影花筛月，飞香幔过风。倚栏无个事，吹笛供山翁。”康熙二十八年（1689），雪庄应召入京，一智随侍于侧，次年同返黄山。安徽省博物院藏其细笔《黄山十二景屏》，作于康熙四十六年（1707），山势峭拔，用笔细劲，颇见精能。作于雍正间的《黄山图》和《黄山云舫道中图》，风格似雪庄《丹台春晓图》《夏山消暑图》，但用笔更短更细，趋于清秀。

弥本（不详），字澹庵。黄山僧。师法元人，疏落有致。并善制砚。

（七）程功

程功（清初），字幼鸿、又鸿，号柯亭。休宁人。康熙十四年（1675）武举，困于南宫，遂不仕。查士标有《送程柯亭》诗：“满目黄云塞草生，秋风初劲角弓鸣。髫年已具封侯骨，不羡人传定远名。坠地闻声自不群，龙骧虎步气如云。朝廷正值抡才日，射策从君更论文。”此诗应作于程功参加科举考试时期前。

程功工诗画，山水有奇气。尝在黄山莲花峰写《云海图》，又作《白岳图》，峰峦林壑，寺观村坞，井井有条。曾客陕西、甘肃数年。与莱阳姜埰子实节同为旌德郭氏婿。程功外孙汪栋，言程功读书好吟咏，兼喜作画。每恶世人不善学黄子久、吴仲圭，以笔墨填染臃肿为深厚，悉屏去，作悬崖绝壑，奇峰古木，神韵独出，使人望之有凌云之思。著有《千竿草堂集》。毛际可曾为程功画《若予图》，朱彝尊题端。安徽博物院藏其《山水轴》，远山巍峨孤耸立，两老者曳杖漫步于坡岸小桥边，意态安详，颇为清雅。

（八）程鸣

程鸣（1676 ~ 1745 后），字友声，号松门。歙县岑山渡人，江都籍，雍正诸生。其父程濬（1638 ~ 1704），字葛人，号肃庵。与石涛为方外交，家有松风堂，石涛为座上客。故程鸣少从石涛学画，后又参以程邃，每以秃毫渴墨，运以中锋，纯以书法成之，自然沉郁苍浑。石涛曾有书扇五律二首，款题：“时酉秋八月廿九，友声老弟先生三十初度，清湘遗人大涤子极里言二律，书赠博教。”程鸣诗出王士祯之门，王士祯言其画学董巨，不止宗法浙江，得古人六法三昧，尝为王士祯作《夫于亭图》。朱竹垞云其诗名为画名所掩，集“吐词含风骚，爱画入骨髓”二语书赠之。程鸣有《论画答王耕南二首》云：“杜陵赠画师，五日

程鸣《沧江泛舟》安徽博物院藏

画一水。意在落笔先，苦心究终始。前贤论惜墨，其意端在此。第云墨如金，只取减省耳。王洽米襄阳，烟云常满纸。”“学古希古心，不学古人面。荆关境在胸，挥洒付柔翰。规矩虽具陈，神明取能变。试看造化炉，新机异昏旦。而胡丹青家，刻舟以求剑。”程鸣在诗中提出学画“不学古人面”，虽然规矩具陈，但要能善变，不可刻舟求剑。

程鸣与陈撰、方士庶、厉鹗为诗画友。安徽博物院藏其《山水轴》，作于乾隆六年（1741），用披麻皴，笔法老苍。南京博物院藏其与汪洪度《黄山图》合卷，题跋云：“余行年五十，未尝一登黄海。丁未中春，吴丈荫卿出息庐、雪庄所作黄山图卷见示，并索余画，余留斋中把玩三月，因漫写此帧，以塞其意，殊惭铛足也。”有《纳瓢吟》《无声集》《且闲轩稿》。

(九)方士庶

方士庶（1692 ~ 1751），字洵远，一字循远，号小师道人，一作小狮道人。歙县环山人，家扬州，尝馆于马氏小玲珑山馆。能诗、善书画，行书结构谨严，学董其昌。新安汪氏藏宋拓《怀仁集字圣教序》，前有方士庶雍正十三年（1735）录苏文忠《审定圣教序集字原稿书后》，楷法精整。山水用元人简笔，用笔灵敏，得枯藤、坠石之妙，气势跌宕，墨尤淹润，妙合古人，时称妙品。画多临古，克自成家，盖因妙合古人。初受学于黄鼎，黄鼎好游览，遍历大江南北，曾来黄山，并有《黄山云海》《黄山秋色图卷》等，黄鼎多用干笔皴擦，淡墨渴染，有苍郁之趣，方士庶受其法，笔法无所不备，有出蓝之目，为“娄东派”著名画家，得意之作皆钤“偶然拾得”印。兼善花卉写生。有《环山诗钞》《天傭阁诗》。

方士庶《幽壑听泉图轴》上海博物馆藏

安徽博物院藏《峨眉双涧图》，纵 314 厘米，横 141.5 厘米，尺幅巨大，画法细腻，题跋云：“黄尊古前辈尝作峨眉山丈幅，苍浑沉古，大得董、巨遗意。此亦师其意，而兼之以子久秋山笔法，越月而成，愧无古人之意也。乾隆戊午长夏，环山方士庶识。”是年方士庶46岁，正年富力强。乾隆元年（1736）八月，方士庶与王栋卿、江翼亭同游西湖，“以湖上风光好，作八韵诗。翼亭苦吟未成，余乘暇绘此图（西湖图）。翼亭诗成，画稿亦蒇事。归后着色点染，越三日乃成，因以寄赠雨香道长共赏正之”。《西湖图》绘西湖全图，画法细腻，面面俱到，可见当年西湖全貌。黄宾虹致方叔轩函云：“清二百余年，画家惟华新罗花鸟、方小师山水、罗两峰人物，鼎足而三。”评价不可谓不高。

(十)凌畹

凌畹（清初），字又蕙，号又道人。歙县沙溪人。工诗，尚气节。学画于方维（尔张），其佛像、山水似之，有出蓝之誉。其画乃大行于维扬。尤喜写墨竹，如写草书，人争宝之。卒后，因贫不能具棺衾，吴苑为之殓葬。吴绮为作传，略云：“又道人诗如常侍，遇得意而常吟。画拟右丞，时解衣而不倦。然性惟绝俗，心在寡营，郭忠恕之写风鸢，非循贵客；李至献之能图水牸，岂赠世家。”

(十一)程义

程义（康熙），字正路，号耻夫、晶阳子、三十六峰子。歙县槐堂人。善手搏击剑，以军功授湖北黄陂县丞。工诗善画，大吏胁迫欲取其画，抗不应，竟坐降职。尝好泼墨作林峦烟树，而不落南宫窠臼。孤石丛草，研朱点花，尤其超逸。黄宾虹云其：“上窥北宋人堂奥，而出之以放诞之笔，不为时贤所喜”“郑穆倩言其如南宫适之为人，不论其画之优劣，所学不同耳。然晶阳子宦吴中，颇染吴渔山弟子陆日为诸人风气，墨虽淹润，而笔近挑薄，不如石涛、石溪之沉着，所以鉴赏者不甚珍异之。”① 安徽省博物院藏有《仿赵子固山水》，构图奇逸，略有米南宫意，而多自运。《黄山松峰图》题跋：“用子久法写黄山松峰。余往游此，酷暑拥絮，策杖独行，时在梦寝寐间也。今一拟之，晶阳子义。”所画松峰隐现，一人独坐崖边，实自况耳。又精于制墨，有《墨史》二卷，与施闰章、罗铁牛、程邃等友善。

(1) 论新安画派

“新安画派”是明末清初间，几十位新安地区的画家以黄山、白岳及新安江流域为主要创作对象，而形成的地域性画家群体，在艺术上具有较为明显的时代特征和地域特点，在中国绘画史上独树一帜。新安画派画家多为遗民，绝大多数寄寓或

① 黄宾虹：《黄宾虹文集全编·书信编》，荣宝斋出版社，2019年，第177页。

宦游在外，但在价值取向和审美诸方面倒是颇为一致，这个现象，只能以一方水土养一方人来解释了。

传王士祯（阮亭）曾说：“新安画家，宗尚倪瓒、黄公望，以渐江开其先路。”实际上，晚明程嘉燧、李永昌等已开倪、黄为宗之风气，遂有“天都派”之目。到渐江，则个性、风气尤其鲜明，为集大成者。清人张庚《国朝画征录》介绍查士标云：“海阳人……与同里孙逸、汪之瑞、释弘仁称四大家。”① 孙逸介绍云：“海阳人……前与查士标、汪之瑞、释弘仁称四大家。”② 渐江、汪之瑞介绍中虽然没有提到四大家，但说渐江、汪之瑞为“休宁人”，并说渐江：“山水师倪云林。新安画家多宗清閟法者，盖渐师道先路也。”③ 此即海阳四大家和新安四大家的由来，黄宾虹认为：“（渐江）与休宁查二瞻、孙无逸、汪无瑞，号新安四大家，新安画派之名，由是而起。”④ 新安画派之名，因古新安郡而来。郡中新安大好山水，再加上新安江为主要河流，景色秀丽，定名甚为妥帖。

首先确定一点，历史上的画派，都为后人提出或命名，有的年代接近，有的则很迟。而且画派的提出，多为个人主观意见，或囿于识见，或囿于局限性，难免缺乏缜密的逻辑思考。有的从籍贯上区分，有的以画风、师承来定，不一而足，让后人难以理顺关系。比如，张庚就将渐江的籍贯搞错了，说海阳四家有误，但新安四家则说得通。黄宾虹认为渐江为歙县篁南人，俗称南溪南（今属屯溪区），为萧江氏。康熙《休宁县志》明确记载“割我县之篁墩于歙”，可知篁墩曾属休宁，故说渐江为休宁人也并非无据。流派既然有人提出来，就代表有客观现象的存在，加之后人的补充和完善，流派遂逐渐成立。

清代张庚在《浦山论画》说：

> 画分南北，始于唐世，然未有以地别为派者。至明季方有浙派之目。是派也，始于戴进，成于蓝瑛。其失盖有四焉：曰硬、曰板、曰秃、曰拙。松江派，国朝始有，盖董文敏、赵文度两家之习，渐即趋于纤、软、甜、赖矣。金陵之派有二，

① [清]张庚：《国朝画征录》，浙江人民美术出版社，2011年，第37页。
② [清]张庚：《国朝画征录》，浙江人民美术出版社，2011年，第41页。
③ [清]张庚：《国朝画征录》，浙江人民美术出版社，2011年，第105页。
④ 黄宾虹：《黄宾虹文集全编·书画编》（下），荣宝斋出版社，2019年，第516页。

一类浙，一类松江。新安自渐师以云林法见长，人多趋之，不失之结，即失之疏，是亦一派也。罗饭牛崛起宁都，挟所能而游省会，名动公卿，士夫学者，于是多宗之，近谓之西江派，盖失在易而滑。闽人失之浓浊，北地失之重拙。此数者，其初未尝不各自名家，而传仿渐陵夷耳。此国初以来之大概也。其能不囿于习，而追踪古迹，参席前贤，为后世法者，麓台其庶乎？若石谷非不极其能事，终不免作家习气。①

从上面论述来看，明代之前，画之风格，以南北划分，明代早期，戴进以自己独特的风格创立了“浙派”，因此成为中国美术史上第一个以地别命名的绘画流派。戴进为浙江钱塘（今杭州）人，浙派主要成员吴伟是湖北江夏（今武汉）人，张路为河南大梁（今开封）人，蒋嵩是江苏江宁（今南京）人，汪肇则是安徽休宁人，由此可知，浙派之谓是以创始人戴进的籍贯来命名的，其他几位画家则是以绘画风格划入“浙派”的。其后，吴伟又有“江夏派”之目，显然“江夏派”是以其籍贯命名。蓝瑛是浙派后期代表画家之一，与戴进、吴伟合称“浙派三大家”。但他的画风并不等同于浙派，而是有继承、有发展，被后人称为“武林派”。蓝瑛为浙江钱塘（今杭州）人，武林为旧时杭州别称，故有是名。蓝瑛有点像浙派篆刻“西泠八家”之钱松，均为“浙派”殿军，但都有自己的艺术风格，划入浙派，则是因地缘因素之故。“松江派”之董其昌、赵左为明末人，均未跨入清代。“松江派”又名“华亭派”，也是因画家籍贯取名，从张庚“松江派国朝始有”语，可知画派名称是在画家身后所取，同诸多画派一样，并非创派画家刻意为之。

因为《浦山论画》提到：“新安自渐师以云林法见长，人多趋之，不失之结，即失之疏，是亦一派也。”故一般认为新安画派称谓始自张庚。而在此之前，龚贤曾在山水卷题跋云：“孟阳开天都一派，至周生始气足力大。孟阳似云林，周生似石田仿云林。孟阳程姓名嘉燧，周生李姓名永昌，俱天都人。后来方式玉、王尊素、僧渐江、吴岱观、汪无瑞、孙无逸、程穆倩、查二瞻，又皆学此二人者也。诸君子并皆天都人，故曰天都派。”② 天都为黄山一著名山峰名，龚贤以天都代指新安。《新安

① 沈子丞：《历代论画名著汇编》，文物出版社，1982年，第423页。
② 藏于美国坎布里奇哈佛大学福格美术馆。

画派》一书认为："从龚贤这则跋文来看，第一，所谓天都画派也即新安画派部分画家所形成的一个画派。因为天都虽只是黄山的一个峰名，或只是歙县的别称。但既然这个画派里面有歙县人，又有休宁人，则天都画派应看作歙县加上休宁的一些画家所形成的一个画派。第二，天都画派两个为首的人物程嘉燧与李永昌，程画山水似云林，李画山水则似沈石田学倪云林。史称沈石田学云林'辄过之'，即偏于刚健，也就是说，李永昌学倪云林有与沈石田同样的缺点。但论师承关系，则均传承倪云林。第三，说这一画派的画家'并皆天都人'，即并皆歙县人和休宁人。由此可见，在龚贤看来，把这一画家群名之为天都画派的根据即在于：同一师承——倪云林；同一地域：天都（歙县和休宁）。"① 程嘉燧、李永昌都擅山水，绘画题材并不以黄山为主，而是接近于倪云林，因此，称之为"天都画派"，当是新安或歙县、休宁的代称。张庚小龚贤66岁，在信息闭塞的古代，张庚看到龚贤题跋的概率很低，他或许根本不知道之前有人提出过"天都画派"这个概念。他根据自己的理解，认为渐江以云林法见长，可以称作一派，即新安派。美术史论家王伯敏在《中国绘画通史》中认为："根据明清画家、鉴赏家的说法，画派之称，主要条件是：一有关画学思想，二有关师承关系，三有关笔墨风格。至于地域，可论可不论也。"② 陈传席认为："什么叫画派？鄙意，凡派皆有首，因之画史上凡称画派者，必备两个最基本的因素：其一是有画派之首或骨干画家；其二是画派的基本风貌有某些共同因素。否则，便很难称之为'派'。"③ 以此观照新安派，渐江无疑为领袖，汪之瑞、孙逸、查士标等则是骨干，画风皆崇尚元人，风格荒寒、冷峻、疏淡。

新安画派形成于明末清初，以程嘉燧、李永昌、李流芳等为先驱，画派领袖为渐江和尚，中坚或变体人物有查士标、郑旼、戴本孝、汪洪度、雪庄、吴山涛、方士庶、程邃、姚宋、祝昌、汪家珍等人。从以上提到的画家来看，雪庄和尚为江苏淮安人，后居于黄山，祝昌则有广德、舒城两说，先居新安，后往扬州，画学渐江。新安画家多入籍外地或客居他乡，如程嘉燧、李流芳侨居嘉定，查士标、方士庶寓居扬州，而戴本孝居和县，可知新安画派成员并非完全以籍贯划分。在表现对象上，有以黄山、齐云山等入画的，但也有完全不画家山的。如吴山涛为歙县丰南人，许

① 郭因、俞宏理、胡迟：《新安画派》，安徽人民出版社，2005年，第2页。
② 王伯敏：《中国绘画通史》，下册，生活·读书·新知三联书店，2018年，第147页。
③ 陈传席：《论皖南诸画派几个问题》，《论黄山诸画派文集》，上海美术出版社，1987年，第195页。

承尧跋其山水卷云其："十岁随父雪门徙诸暨，十六抵武林，入诸名人文社，有声。访诸父山东，尝就临清州入泮，弃去，复就钱塘为诸生。"因他寓居杭州，今资料亦记载他为杭州人。故宫博物院藏江注《黄海丹台图册》有吴山涛题跋："黄山吾故里，杖履曾未经到。年冉冉老矣，登陟恐难，吾作梦游想耳。……湖上八十逸老世讲吴山涛记。"可见，吴山涛名列新安画派，就因为他是新安人。

通过以上事例，我们基本可知艺术流派命名，大致以籍贯、地域或风格来划分，但并不是很严谨，更谈不上科学。正如王伯敏所说："自明代后，画派之目众多，大多为后人所立。……明清立画派，或划分画派，名目多而称法不一，有的名称似乎差不多，但含义多不相同，有的看法角度不同，称谓也不同。我不同意你所称，我又来个名称。有从地方名派，有从师承名派，有从同一出身名派，有的对同一个画家，称法不一，如对戴进，有称浙派画家，有称浙人画家，意义就不同。又如称吴门画派，亦有称吴门画家，更有称'吴门四画家'，有的索性泛称'吴门'，也有称'姑苏'。一种称法有一种含义。如认为吴门画家，不一定属于吴门画派，又认为，吴门画派，不尽是吴门画家。对于'何为画派'，概念也不一，这样，分派时，可谓很少有共同语言。"①

在黄宾虹的眼里，"新安画家，前乎渐江者，为丁南羽、郑千里，道释仙佛，山水花鸟，靡不精妙，兼工诗词；李长蘅、程孟阳，品行文章，见重于世，文翰之余，雅擅水墨。后乎渐江者，程松门、方循远，师资授受，家学渊源，各有专长，无愧作家。至若萧尺木、汪元植、吴去尘、李杭之、凌起翔，虽与渐江同时，尚沿文、沈之旧，惟戴鹰阿、程穆倩、汪璧人、谢承启、郑遗苏、汪素公、江允凝，多宗倪、黄。而程士镳、僧雪庄，已变新安派之面目，黄柳溪、吴子野，转移于江淮之余习，尽失其真。"② 黄宾虹同时列出表格，"新安派之先（明代新安画家）"有丁云鹏、郑重、李流芳、程嘉燧、萧云从、汪建、吴拭、李杭之、凌起翔、吴心来；"新安派同时者"有戴本孝、程邃、汪家珍、谢绍烈、郑旼、汪朴、江注；"新安四大家"僧渐江、查士标、孙逸、汪之瑞；"清代新安变派画家"有程士镳、僧道悟、程鸣、方士庶、黄椅（疑为棓之误）、吴子驎。显然，"正宗"的"新安画派"画家就是新安四家及

① 王伯敏：《中国绘画通史》下册，生活·读书·新知三联书店，2018年，第10、11页。
② 黄宾虹：《黄宾虹文集全编·书画编》(下)，荣宝斋出版社，2019年，第516页。

“新安派同时者”，尽管这个表格不全面，但大局基本已定。有意思的是黄宾虹将萧云从列入新安派中，在《黄山画苑论略》中，亦介绍“萧云从，字尺木，号无闷道人，晚又号钟山老人。家芜湖。”在《籀庐画谈》中，也称“钟山老人萧云从，家芜湖。”应该认为萧云从为新安人，但具体里籍不详，家芜湖。

不过，黄宾虹认为李流芳山水法董源，出入宋元，其“自言‘于画无师承，又不喜临摹古人，乃于荆关、董巨、二米、两赵，无所不仿，然求其似，不可得。夫学古人者，非求其似之谓也。子久、仲圭学董巨，元镇学荆关，彦敬学二米，亦成其为元镇、子久、仲圭、彦敬而已，何必如今之临摹古人哉！’观其游迹，与所论画悉有翛然自得之意，固已超逸于众史上。新安画派当不始于僧渐江，而先宗倪、黄也。”[①] 也就是说，在黄宾虹看来，判断新安画派的标准，以是否宗倪、黄为判断标准。黄宾虹又说“程孟阳萧疏雅淡，实开渐江僧之先声”。故我们将李流芳、程嘉燧、李永昌等定格在“新安画派先驱”是客观和恰当的。

在新安画派成员中，相互有交集，这点很重要。渐江与江注、郑旼自不必说，渐江在崇祯十二年（1639）春，即出家前就与李永昌、孙逸等人合作《冈陵图卷》。《偈外诗续》有《画墨梅墨竹赠查二瞻》诗，其《高桐幽篠图轴》跋：“意作高桐幽篠，特纸促不称。二瞻以之覆瓶，甘所愿也。若为存贮，有玷秘笥。渐江学人。”孙逸题七绝：“文石岩岩翠竹新，秋桐一树正堪邻。九龙山下王高士，师笔能分一段神。”而查士标为渐江作品题跋就更多了。崇祯五年（1632）冬，渐江赠程邃山水轴，程邃则跋渐江《黄山图册》云：“吾乡画学正脉，以文心开辟，渐江称独步。当日浩气一往，遂尔逃儒，余常劝其反初衣，作孝悌明王事。时辈谓为谤议，持论相责，未克竟所说，而渐公已矣。”顺治八年（1651）十月，渐江在南京曾为方式玉补《持赠云烟合作卷》，其他新安派画家参加者，有汪家珍、汪然、江注、王尊素、祝昌。渐江在武夷，则与王尊素、张蚩蚩时相唱和。渐江曾赠汪洪度《黄山图册》，汪洪度信札云：“忽辱黄山图千里见寄。披阅之余，莲花云门诸峰，翠霭清凉，令我应接不暇。”壬寅（1662）冬月，与许楚、程守、戴本孝等相聚五日，遂抵鄱阳，欲登庐山。戴本孝作有《赠渐江》诗。查士标与汪之瑞为老友，并多次题跋。查士标与程邃同在扬州，程邃册页题：“天上秋期近，人间月影清。暑醽酒一叙，客至俱迟，余迫不

① 黄宾虹：《黄宾虹文集全编·书画编》(下)，荣宝斋出版社，2019年，第606页。

能待，辄自限其早来。余谓梅壑先生曰：是不可无以消之，磨墨展笔，持宣笺索其烘染。恰值秋晴菊放，云净风高，助挥毫之兴耶……”

黄宾虹在《论派别》中说："所谓派者，即习气之谓。其创始者，皆卓然自异于庸众之士，生平学识足以上下古今，纵横宇宙；人品必高，可为后世模范；诣力所至，当时或不甚显著，至经数十年之久，而名始彰。"[1] 并说“明代沈石田、文徵明、唐子畏、仇十洲开吴门派，董玄宰、陈麋公、赵文度、沈子居开华亭派，龚半千、樊会公开金陵派，王烟客、王廉州开娄东派，吴渔山、王石谷开虞山派；其后积习相仍，沦于甜俗，论者独以新安画派为近雅。”[2] 当然，黄宾虹也指出新安画派传承者的不足，如“（新安）僧渐江、查士标开之，以饱笔饱墨用腕力写之，非若后世之用干笔渴墨所为者”。

从严格意义上讲，新安画派在渐江、查士标等人之后的第二代及变派画家时，新安画派即基本告一段落，乾嘉时期尚有少数继承者。其后标榜和自诩为“新安画派”者，仅是学习和模仿者，至于标有“新”“后”等字眼的，无非是玩文字游戏，或者是拉大旗作虎皮而已，已与实质无干。

(2) 再论新安画派

明崇祯十七年甲申（1644），三月十七日，李自成至京城下，三月十九日，攻破，明思宗朱由检自缢于煤山。二十九日，李自成在北京即皇帝位，是为大顺永昌元年。次日，弃城西撤。五月，福王朱由崧在南京即位，改明年为弘光元年。十月，清世宗福临即皇帝位，即顺治元年。真可谓“城头变幻大王旗”，这一年，渐江 35 岁。顺治二年（1645）四月，清兵屠扬州，史称“扬州十日”。五月，清兵渡江，弘光帝逃往芜湖黄得功营中。降将刘良佐俘弘光帝。清兵至南京，礼部尚书钱谦益等迎降。新安金声、江天一率义军驻绩溪，汪沐日驻太平。闰六月，明唐王聿键在福州即帝位，改元隆武。明鲁王以海在绍兴监国，以明年为元年。是年下半年，江南抗清义军纷起。嘉定侯峒曾、黄淳耀等起义，败死。嘉定又有朱瑛起义及明将吴之蕃反清，与前两次共被清兵屠杀三次，史称“嘉定三屠”。九月，清兵入歙，金声、江天一被执，十月遇害于南京。黄道周奉唐王命出兵，在婺源被俘，是年在南京被害。汪沐

① 黄宾虹：《黄宾虹文集全编·书画编》（下），荣宝斋出版社，2019年，第553页。
② 黄宾虹：《黄宾虹文集全编·书画编》（下），荣宝斋出版社，2019年，第516页。

日、王玄度、汪蛟等人入闽。渐江与程守哭别相公潭，由水路入闽。顺治三年（1646）六月，明鲁王逃亡入海。八月，明唐王在汀州被俘，死于福州。十月，明桂王由榔在肇庆监国，十一月，即帝位。唐王弟聿鐭在广州即位，改元绍武。十二月，清李成栋破广州，绍武帝自杀。渐江时在武夷山，与张蚩蚩、王玄度等时相唱和。顺治四年（1647），桂王流转于梧州、桂林、武冈等地，后驻桂林。鲁王则屡攻浙、闽各地。这一年，渐江 38 岁。汪世清、汪改庐《渐江及其师友活动年表》记载是年“渐江剃发，从道舟为僧”。[①] 民国《歙县志》载渐江 ：“乙酉，遇古航禅师，遂受法焉。”乙酉，为顺治二年（1645）。而康熙《徽州府志》记载 ：“（渐江）乙酉自负卷轴，偕其师入闽，游武夷，后依古航禅师为僧。”一“遂”一“后”，两本志书在意思表达上含混不一，模棱两可。笔者以为顺治二年（1645）乙酉出家可能性不大。因此年九月清兵入歙，渐江与程守哭别去闽，秋，“道舟辞博山入闽，避入深山，居无定止”。此年剃发，时间实在仓促。出家或在顺治三年与顺治四年之间，在渐江致程守信札中或可窥出一点眉目 ：“哭别相公潭上，公已无归志。弟以二尊人大义相责，今已闻家食矣。入武夷山，居天游最胜处，不识盐味且一年。业披缁皈古航本师。乞食固分内事，毕子阶三赠以十缗。非公莲花峰顶之言，彼安知有苦行头陀也。尊素、蚩蚩时来啸咏。不更及。”[②] 黄生有《赠渐江上人》诗 ：“故乡多难后，曾谒武夷君。去落一冠发，来携满袖云。世氛瓢笠外，野性鹭鸥群。画隐高人士，名应异代闻。”

汪世清在《关于渐江的几点考证》中认为 ：“渐江去闽，绝非为了游山玩水，探武夷之胜，而是与当时的政治形势有关。当金声、江天一的义军失败以后，歙休人士，慷慨死难者甚多 ；而相率入闽以图继续抗清的亦复不少，其中著名的有汪沐日、汪蛟、吴霖等。……渐江在去闽以前，是否参加金声、江天一的起义军，现在虽然还没有找到直接的史料根据，但从他的一生行径看来，在当时异族侵凌、敌骑镇压的形势下，他的许多知交至友都成为这一起义军的中坚人物，他是很有可能参加这一抗清的军事活动的。不幸这一次抗清的军事活动失败了，他才被迫离歙去闽，随着许多不愿意屈服于异族统治之下的人们，继续参加抗清的活动。《康熙歙县志》明言渐江是随同其师汪无涯一起入闽的。汪无涯是何人？今尚无可考。但此人于当时

① 汪世清、汪聪 ：《渐江资料集》，安徽人民出版社，1984年，第245页。
② 汪世清、汪聪 ：《渐江资料集》，安徽人民出版社，1984年，第48页。

的形势下入闽，可能也是金、江义军中的中坚人物之一；而且渐江从之授五经，也说明此人在当时歙、休一带应该是知名之士。……我也曾大胆地推想过，他可能就是汪沐日。”[①] 而在《渐江及其师友活动年表》顺治七年（1650）中，则肯定了假说：“是年，弘济益然（即汪沐日，时已从道舟祝发为僧）被延主浦城吴山庵。”[②] 黄宾虹所撰《渐江大师事迹佚闻》中，有“弘济者，益然大师，歙西石冈人，故孝廉汪沐日也”。汪沐日（1605 ~ 1679），字扶光。歙县石冈人。崇祯六年（1633）举人，“南渡授职方司主事，历唐及鲁至少司马。尝与清兵苦战。国亡，祝发于闽之吴山，依古航为师，法名宏济，字益然。吴山途畏峰涩，人迹罕至。江汉石司农建宁筑天香阁于浦城，延礼焉，主吴山三十余年。……戊午，新安故人程上慎、黄于升招归黄山，暂憩广陵。己未五月五日，集交游及从学诸人赋诗，限死字韵，诸人愕然。沐日遂大书《五月五日三闾死》一章，百十六字，字法端劲。夜犹批阅《黄山志》十四叶，问漏下几刻？侍者以亥时答，遂寂，年七十五。毕右万、汪扶晨议以儒服敛，众人言淆乱，卒从僧礼，扶晨为送龛，归黄山造塔青鸾峰下。著有《易解》《庄通》诸书。余姚黄宗羲撰塔铭”。[③]

渐江出家后，在福建住了几年，在福建以外有明确游踪的是从顺治八年（1651）开始的：在南京，与方式玉相遇，并为其补《持赠云烟合作卷》；顺治九年至十二年（1652 ~ 1655），在宣城、芜湖；顺治十三年（1656），在新安；顺治十四年（1657），在南京，作《十竹斋图轴》；顺治十五年（1658），上半年仍在南京，十二月在湾沚作《沚阜册》；顺治十六年（1659），元月在湾沚作《梅花书屋图轴》，九月在黄山；顺治十七年（1660），在新安；顺治十八年（1661）夏，在扬州。夏秋间返歙途经杭州，宿西湖净寺；康熙元年（1662），在新安，年末抵鄱阳；康熙元年（1662），六月前在鄱阳、庐山，六月初归新安，12 月 22 日渐江示寂于歙县五明寺。以公历纪年，为 1664 年 1 月 19 日。

中国人品鉴艺术，往往将人品放在第一位。人品不高，虽技艺高超，其书画亦不被人看重。宋郭若虚甚至认为人品与艺品有绝对的关系：“人品即已高矣，气韵

① 汪世清、汪聪：《渐江资料集》，安徽人民出版社，1984年，第257、258页。
② 汪世清、汪聪：《渐江资料集》，安徽人民出版社，1984年，第245页。
③ 民国《歙县志·人物志·遗佚》。

不得不高；气韵既已高矣，生动不得不至。所谓神之又神，而能精焉。”[①] 清方熏在《山静居画论》中说：“人品不高，落墨无法。”陈师曾云：“文人画之要素：第一人品，第二学问，第三才情，第四思想。具此四者，乃能完善。盖艺术之为物，以人感人，以精神相应者也。”[②] 傅抱石在《中国绘画“山水”“写意”“水墨”》文中谈到14世纪末至18世纪明及清初画时说：“这时候对于一个画家的最低要求，是有人品（着重节义），有学问（读万卷书，多读书），还要有聪明（负上慧）。这三原则的实现，我想是经过明末诸贤的努力才确定的。中国画史甚至为世界艺坛所推崇的画家，也多是这一时期的人物。如萧尺木、陈老莲、石溪、张大风、渐江、石涛、八大山人、龚半千……无一不充沛着民族的精神，是垂后世以大法。因为他们都是身经亡国之痛的画家，所谓山水之外，别无兴趣。”[③] 我们可以这样认为，“新安画派”的画家首先以气节、人品著称，其次才是他们的画艺。刘海粟认为：“就人品、艺品而言，黄山画派（新安画派）代表人物均高于扬州八怪、金陵八家。”此绝非溢美之词。

“从来评隲书画，以人品高下为准，如赵松雪画登能品，只以天水宗潢，委身异代，遂尔减价，颜平原书，人谓其行墨之间，具有忠孝骨性，后宝惜者如天球大贝。”[④] “余尝披阅渐公山水图册，削壁巍峰，孤耸万仞，曾不作半点媚悦引人之致，其胸臆何如也。呜呼！观画品可以知人品矣。”[⑤] 古人讲求忠孝二字，非常时期尤为试金石。“甲申之变”，有许多仁人志士奋勇抵抗、以身殉国。有的折节投降，以求自保。渐江在国变时挺身而出，参加抗击。在回天无力的情况下，剃度出家，做到洁身自好。渐江“少孤贫，事母以至孝闻”，尝以铅椠养母，负米30里不逮期，急切之下欲赴练江死。母殁，不婚不宦。堪称忠孝的典范。王泰徵在《黄山渐江师外传》中云：“其以诗画称岁寒交者，为姜如农、张来初、吴石庵诸君子；其于武夷倡和成集者，为张蚩蚩、周元修、王尊素诸君子；其以文章声气为梓里游者，为汤岩夫、许芳城、程非二诸君子。”[⑥] 所交皆品行端庄之高士，姜埰（如农）为崇祯四年（1631）进士，出倪元璐门，官至礼科给事中，以敢言称于朝，弹劾首辅周延儒，下狱几死。

---

① [宋]郭若虚：《图画见闻志》，浙江人民美术出版社，2013年，第25页。

② 陈师曾：《文人画之价值》，北京大学画法研究会：《绘学杂志》，1921年第三期。

③ 傅抱石：《傅抱石美术文集》，江苏文艺出版社，1986年，第252页。

④ [清]唐允甲跋渐江《黄山图册》。

⑤ [清]汪滋穗跋渐江《黄山图册》。

⑥ [清]王泰徵：《渐江和尚传》，汪世清、汪聪：《渐江资料集》，安徽人民出版社，1984年，第4页。

崇祯十七年（1644）正月，获释谪戍宣州卫。京师陷，流寓苏州。马士英、阮大铖用事，顺治四年（1647），姜垛避地新安，祝发黄山丞相园，自号敬亭山人。还吴门，终僧服，不与人接。山东巡抚重姜垛名，下檄招之。姜垛故坠马以折股，使者归报。姜垛夜驰还江南，自号宣州老兵。康熙十二年（1673），姜垛病重，谓二子安节、实节曰："吾奉先帝命戍宣州，死必葬我敬亭之麓。"殁，葬宣州敬亭山麓，私谥贞毅。乾隆进士、全椒人金兆燕游黄山，访姜垛黄山祝发处，云："山僧犹藏手迹数纸。诗格豪放，字画遒劲，真稀世宝也。"[①] 汤燕生（岩夫），为明诸生，明亡弃去，隐居芜湖，教书自给。诗尚唐音，每有兴亡之感。又，知县馈金不纳。许楚（芳城）明末入复社，跋渐江《晓江风便图卷》署"甲申布衣臣楚"。程守（非二）为明诸生，甲申后谢去，一意为诗。

新安邑人夙矜尚气节，"明、清易代之际，吾歙遗民最多独行幽潜，穷辛极瘁，且每怀绝诣，光气蔚然"。[②] 在"新安画派"这个群体里，不乏人品高洁，刚正不阿，憎爱分明，并有遗民情结者。如，程邃生有至性，品行端悫，"更以气节称于庠序"。青年时从黄道周、杨廷麟游，品行受二公影响。其流寓白门时，在程正揆处见到马士英，因马士英交接"逆臣阮大铖"，避而不理。马士英、阮大铖得势后，迫害复社分子，程邃也在其中。幸得陈子龙调护，才避免于祸。黄道周在南明隆武时督师抗清，被清军所执殉国，谥忠烈。杨廷麟晚年自号兼山，意在效仿文天祥（文山）、谢枋得（叠山）两人气节。隆武时守赣州，内无粮草，外无救兵，清兵陷城，投水殉国。弘光元年（1645）春，杨文骢以巡抚监军润州，驻军京口（今镇江市），程邃与邢昉、万寿祺等拜会杨文骢，并赋诗以示复明希望。程邃从舅郑元勋被清兵杀害。第二年，表弟郑为虹守建宁，城破自杀。顺治五年（1648），程邃"弃巾衫，隐于广陵，放情诗酒"。后随着时间的推移，程邃抗清情绪才逐步消退。

郑旼在明亡时年仅12岁，然受父辈影响，情绪非常强烈。在康熙十二年十一月初一日记中记："先君（指其父郑澹成）……盖自遭变，二十年间无欢笑之事。"日记中常有"故国之思"，其复明之志一生未灭。他很敬重父亲，因有"雪痕后人"之别号，又有"古歙遗民""师山后学郑旼"印章，常在画上钤"不知有晋""留作

① [清]张潮：《虞初新志》，上海古籍出版社，2012年，第6页。
② 民国《歙县志卷十·人物志·遗佚》。

忠魂补”。郑旼，本名旻，国变后移日于左，寓意无君之痛。“常隐于狂疾，服如野僧，或有言触往事，辄哭不休。望空下拜，拜凡以三，簪绂中人有愿近昵者，哭拒之，或先避去，虽坚请不出也。”①

何谓“遗民”？现代解释遗民的含义有亡国之民、改朝换代后不仕新朝之人、劫后余留的人民或沦陷区的百姓。归庄在《历代遗民录序》中说：“凡怀道抱德不用于世者，皆谓之逸民；而遗民则惟在废兴之际，以为此前朝之所遗也。……遗民之类有三：如生于汉朝，遭新莽之乱，遂终身不仕，若逢萌、向长者，遗民也；仕于汉朝，而洁身于居摄之后，若梅福、郭钦、蒋诩者，遗臣也，而既不复仕，则亦遗民也；孔奋、郅恽、郭宪、桓荣诸人，皆显于东京矣，而亦录之者，以其不仕莽朝，则亦汉之遗民也。徐穉、姜肱之伦，高士之最著者，以不在废兴之际，故皆不录；魏晋以下，以此类推。故遗民之称，视其一时之去就，而不系乎终身之显晦，所以与孔子之表逸民、皇甫谧之传高士，微有不同者也。”②

明代王世贞（元美）曾说：“画当重宋，三十年来，忽重倪元镇以逮沈周，价增十倍。……大抵吴人滥觞，而徽人导之。”③新安画家崇尚之倪云林、黄公望，皆元之高士。倪瓒出生于富裕之室，广积财产，富甲一方。明代何良俊云倪瓒：“家饶于财，所居有清閟阁、云林堂，备萧洒幽深之致。性不喜见俗人，遇便舍去，盖出尘离垢之士也。遭元末之乱，遂弃家乘扁舟，飘然于五湖三泖之间。”④倪瓒父早逝，倪瓒早期教育由同父异母兄倪昭奎安排。倪昭奎是道教上层人士，被赐号元素神应崇道法师、玄中文节贞白真人，授常州路道录等，拥有政治上的特权。倪瓒所交友人也多为和尚、道士及诗人、画家。他的至交张伯雨便是道士，倪瓒曾为其精心绘制《梧竹秀石图》。中年以后的倪瓒也开始信仰全真教，其超脱尘世、逃避现实的思想反映到画上，则呈现出苍凉、萧疏的格调。倪瓒在为张以中画竹题曰：“以中每爱余画竹。余之竹，聊以写胸中逸气耳。岂复较其似与非，叶之繁与疏，枝之斜与直哉？或涂抹久之，他人视以为麻、为芦，仆亦不能强辩为竹。”“聊以写胸中逸气”，贯穿了倪瓒绘画理念的全部精髓。以至于“云林画，江东人以有无论清俗”（董

---

① 民国《歙县志卷十·人物志·遗佚》。
② [明]归庄：《归庄集》，中华书局，1962年，第170页。
③ 许承尧：《歙事闲谭》，黄山书社，2001年，第679页。
④ [明]何良俊：《四友斋丛说》，中华书局，1959年，第231页。

其昌《题朱云来画》)。黄公望在绘画上主要师法董源，兼及其他诸家。南宋山水画之变，始于赵孟頫，成于黄公望，遂为一代宗师，居元四家之首。黄公望中年曾当过都察院掾吏，后皈依全真教，道学深邃。黄公望曾用十年时间为倪瓒画《江山胜揽图卷》，纵 24 厘米，横 356 厘米，是黄氏生平杰作之一。倪、黄二人交谊可见一斑。渐江“生长歙之右族，相门帝胄，世多令名”，书法楷学倪瓒，行书学颜真卿。安史之乱时，颜真卿率军对抗叛军。兴元元年 (784)，朝廷派遣颜真卿至叛将李希烈处传旨，凛然拒贼，终被缢杀。谥号文忠。从上述来看，渐江绘画师承倪黄，书学颜鲁公，绝非偶然。《毛诗序》云：“诗者，志之所之也。在心为志，发言为诗。”在渐江的诗中，我们可以看到他对黄公望、倪瓒的尊仰之情，如“敢言天地是吾师，万壑千崖独杖藜。梦想富春居士好，并无一段入藩篱。”所绘《天池石壁图轴》跋“子久天池石壁遗意”。近代罗惇㬊跋：“渐师画偶师宋人，为僧后悉变元人一派，于云林、子久两家尤擅胜场。”渐江写倪瓒诗尤其多，如《画偈》诗：“老干有秋，平岗不断。诵读之余，我思元瓒。”《偈外诗》：“疏树寒山澹远姿，明知自不合时宜。迂翁笔墨予家宝，岁岁焚香供作师。”而“倪迂中岁具奇情，散产之余画始成。我已无家宜困学，悠悠难免负平生”。此诗前两句说明渐江对倪瓒生平的了解，后两句则是自己的感慨。

渐江绘画“初学一峰、晚法云林，已入清閟三昧，尤好绘黄山松石，人争宝之。”[①] 渐江“道根洪沃，超割尘涅，抚身立命，慨夫婚宦不可以洁身，故寓形于浮屠；浮屠无足与偶处，故纵游于名山；名山每闲于秏日，故托欢于翰墨。是以临文构义，灏汗坟典，渟倬严气，雅自矜慎，不轻示人。惟画禅一门，稍匿研讨，遂尔称尊作祖。江表士流，获其一缣一箑，重于珍璧。”[②] 而民国《歙县志》则直称渐江“新安派初祖”。“吾乡百余年来，画苑一灯，恒不乏人。至若为此道放大光明，无识想相，则渐公卓有殊勋。往者诸君，不得专美于前矣”。[③]

“新安画派”在艺术上遵从“外师造化，中得心源”的创作理论，在人格上加强自身修养和提炼。王伯敏认为：“新安派的最大成就，还在于‘敢言天地是吾师’。其精神支柱为儒、道、佛三种哲学体系的交错。”[④]

① [清]闵麟嗣：《黄山志定本》，康熙十八年刊本。
② [清]许楚：《画偈序》，汪世清、汪聪：《渐江资料集》，安徽人民出版社，1984年，第46页。
③ [清]许楚跋渐江《晓江风便图卷》。
④ 王伯敏：《中国绘画通史》下册，生活·读书·新知三联书店，2018年，第151页。

四、清代新安书法

清代早期书法家，有些是跨越明清两代的，如王铎、傅山等，政治归属也因人而异，左右摇摆。清代“本朝状元必选书法之优者。顺治中世祖皇帝喜欧阳询书，而壬辰状元邹忠倚、戊戌状元孙承恩皆法欧书者也。康熙以来，上喜二王书，而己未状元归允肃、壬戌状元蔡升元、庚辰状元汪绎皆法《黄庭经》《乐毅论》者也。惟戊辰进士中工二王体者，首推海宁查昇，以其族叔嗣韩兼习《五经》，拔置鼎甲，昇遂抑置二甲。丁未进士工书者，首枣强宋师祁，而不与鼎甲，又不与吉士之选，终于一令，亦可惜也。”① 上有所好，下必甚焉，顺治九年(1652)探花，官至礼部侍郎的沈荃工书法，宗法米芾、董其昌。康熙很赏识沈荃的书法，常召他入宫探究书法，当时御制碑匾，廷殿屏障，多为沈荃所书写。后来沈荃的儿子沈宗敬以编修入直，还使康熙想起往事：“朕初学书，宗敬之父荃实侍，屡指陈得失。至今每作书，未尝不思荃之勤也。”可见，沈荃在书法方面对康熙的影响有多大。人称“康熙四家”的姜宸英、汪士鋐、何焯、陈邦彦，他们也以学董书为主，兼取晋唐或米芾书法，在清初，学董成了流行而时髦的事情，然不免柔弱浮滑之弊。这一时期的书家还有宋曹、孙承泽、高士奇、笪重光、张照及乾隆间的刘墉、王文治、梁同书、何焯、郭尚先等，都走帖学路子。

但清初文字狱大兴，再加之出土物渐多，知识分子遂埋首于故纸堆中，乾、嘉时期金石考据大盛。阮元作《南北书派论》《北碑南帖论》及包世臣《艺舟双楫》提倡尊碑，碑学渐起并风行，是必然的结果。后，康有为撰《广艺舟双楫》推波助澜，盛极一时。郑簠隶书初受宋珏影响，后直接取法汉碑，是碑学的先驱。乾隆间金农、黄易、桂馥、钱大昕、伊秉绶、陈鸿寿、巴慰祖、何绍基、赵之谦、俞樾、杨岘等，皆取法汉隶。篆书名家，有邓石如、莫友芝、吴让之、胡澍、赵之谦、徐三庚、吴大澂、吴昌硕、黄士陵等。乾嘉时期，邓石如出，肆力北碑，四体皆能，一洗前人南帖柔靡之习，加之包世臣和康有为不遗余力地宣扬，则将碑学推向一个高峰。清末，何绍基碑帖并重，赵之谦由颜楷转工北碑，康有为行楷恣肆，郑孝胥别具一格等等，不一而足。纵观清代书法，篆隶大盛，碑学大兴，为显著时代特征。

新安一地素重科举、教育，文风昌盛，有许多状元、进士及学者，书法多有可

① [清]王士禛：《分甘余话》，中华书局，1989年，第29页。

观，如黄元治、金榜、汪应铨、曹文埴、曹振镛、汪由敦、鲍桂星、汪承霈、程恩泽、汪鸣相、黄思永等。虽然古代士大夫、学者普遍写得一手好字，但书法在他们眼里，也只是小道、末技而已。《旧唐书·虞世南传》载唐太宗称虞世南有“五绝”：“一曰德行，二曰忠直，三曰博学，四曰文词，五曰书翰。”张怀瓘《书断》也说：“（虞世南）有出世之才，遂兼五绝：一曰忠谠，二曰友悌，三曰博文，四曰词藻，五曰书翰。”这种评价大概很出乎当代人的意料，因为许多人知道虞世南这个名字，就是因为他的书法，出现这种情况，一方面是时代的认知，另一方面也说明书法作为“技”，在德行、学问、文学诸方面，也只能排在末位。明代官至武英殿大学士的黄道周是著名书法家，但黄道周认为“作书是学问中七八乘事，切勿以此关心。王逸少品格在茂弘（王导）、安石（谢安）之间，为雅好临池，声实俱掩。余素不喜此业，只谓钩弋余能，少贱所该，投壶骑射反非所宜。若使心手余闲，不妨旁及。”新安许多杰出的历史人物书法都颇可观，然书名多被学问所掩，如擅隶书者有程邃、巴慰祖、项怀述、郑由熙等；篆书有黄士陵、汪恩源、黄少牧等；行书、行草书有查士标、黄元治、程京萼、程瑶田、金榜、曹文埴、曹振镛、汪由敦、毛际可、鲍桂星、汪承霈、程恩泽、汪恭、程京萼、方辅、俞正燮、汪应铨、汪鸣相、黄思永、鲍元标、邵瑞彭、徐谦、汪宗沂、汪采白、徐丹甫、方镜清等。

清代新安著名刻帖有康熙年间江氏《职思堂法帖》，乾嘉年间鲍氏《安素轩帖》，嘉庆年间吴氏《桃花书屋帖》及乾隆年间唐模镜亭刻石等。雄村书院桂花厅旁“山中天”刻石，为雍正、康熙间曹文埴之先德，于海南蔡州摹归刻石，原为“天中山”，乃倒其文为之。约道光二十六年(1846)，建德知县段光清请戴熙书《严州德政碑》。又，歙县王学愚嗜恽南田书，藏其真迹甚多，遴选精者数十纸勒石。另，碑刻、摩崖刻石众多，兹不一一列举。

乾隆五十二年（1787)，歙县程敦编《秦汉瓦汉文字》一卷，收瓦当114个。乾隆五十九年（1794)，程敦编《续秦汉瓦当文字》一卷，收瓦当25个。此书是关于瓦当研究的重要文献之一。

(一)查士标

查士标善行书、行草，似没有见到过其他书体，而且书风很纯粹，学米芾和董其昌。正应了《昭代尺牍小传》所说：“（查士标）书法襄阳（米芾）、极似董文敏（其昌）。”包世臣《艺舟双揖·国朝书品》将其行书列为“佳品上”，而该书所载之人

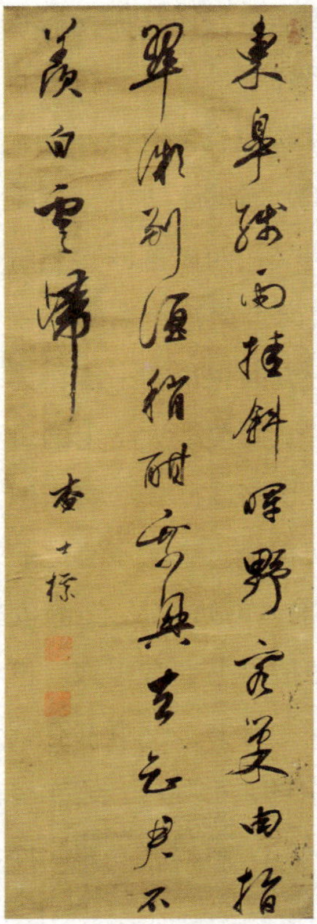

查士标《行书轴》
安徽中国徽州文化博物馆藏

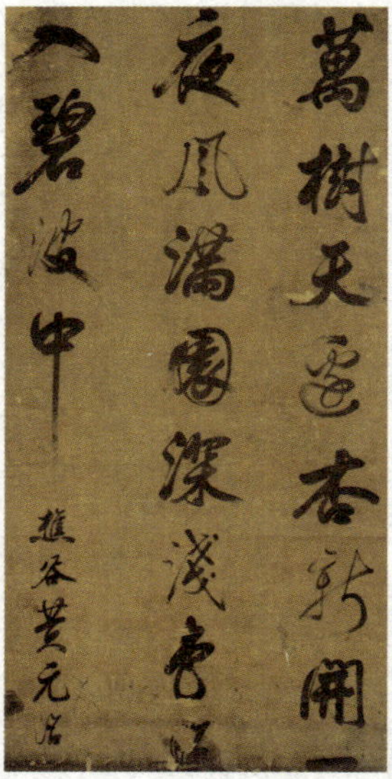

黄元治《行草轴》
安徽中国徽州文化博物馆藏

基本是以书法著名者，查士标是其中为数不多的画家兼擅书法者。有人评价查士标的书法虽然精美，“但尚自有倚人门户之疵。艺术贵在自立，独成一家，然查士标的书法一生未脱米、董的藩篱，纵使名垂天下，也得屈居二流艺术之列”。所评自然是有道理的，但查士标的情况略有不同。查士标并不以书家为立身之本，以此要求，难免苛刻。查士标晚年所处的康熙朝，是董其昌书法大行其道之时，这是因为康熙皇帝对董其昌书法的偏爱，上行下效，以至造成“清初士子执笔者，莫不习董”的局面。查士标习董，与大势相顺应，而且查士标的绘画与米芾、董其昌有很深的渊源，学董正是顺理成章的事。

新安数家博物馆多藏有查士标书法作品，且多有精品，如绩溪博物馆藏查士标《庐山草堂记》十二条屏，一气呵成，为罕见之杰构。歙县博物馆藏赠“士楷”之董其昌《题尘隐居诗轴》，纵282厘米，横125厘米，气势恢宏，皆足以说明查士标杰出而深厚的书法功力和艺术。

(二)黄元治

黄元治（清初），字自先，一字涵斋，号樵谷钝夫，斋名览晖堂。兄弟四人，元治外，为元平、元安和元定。黄元治在顺治时两次考中副榜，充律例馆纂修。曾任江西建昌府、云南大理府、平远府通判，徽江府知府。黄元治在任上时，嘱老仆种菜自给，百姓尊称他为“青菜太守”。康熙四十四年（1705）五月，告病辞官归里。工诗文，一生游历很广，将旅迹游踪诉诸诗文，有《黔中杂记》《燕晋游草》《西山记游》《黄山草》《滇南草》《入黔草》《朝京草》等。又参加《黄山志》《黄山志续集》的编撰。

黄元治精于书法，擅行草书，学米芾、董其昌，而笔势飞动、爽劲。黟县西递村中的“桃李园”厅堂，有黄元治行草书欧阳修《醉翁亭记》十二条屏，此屏以传统的漆灰雕刻形式制作而成，刻工精湛，传神地表现了书法原作的笔法和韵味。款署“辛巳秋日偶录醉翁亭记于培桂馆”。辛巳，为康熙四十年(1701)，是他辞官归里后的作品。中国徽州文化博物馆藏黄元治行草中堂一帧，诗云：“古树青葱石径幽，树根盘结小桥头。何人独构溪边屋，一曲瑶琴竹里楼。”此帧书法尺幅较大，笔墨饱满苍劲，枯笔、润笔互见，笔势飞动，一气呵成，颇具气势，是他的精品力作。裱边有许承尧跋：“黄涵斋，字自先。康熙时黟县人。黟县又名樵贵谷，故其印曰樵谷钝夫。以文学知名，尤工诗，喜游览，与同时名宿皆有交，又与闵宾连同修《黄山志》。芚叟记。”故宫博物院藏江注《黄山图册》，有多家题诗题跋，其中一开为黄元治小行楷书，字迹秀雅。黄元治大、小字应付裕如，可见其功力深厚。

(三)姜奋渭

姜奋渭（1670年前后在世），字腾上。遂安人。诸生，晚以岁荐候补学博。性嗜学，达旦不休。太史方渭仁昆仲条陈利弊，诸奸吏恐惧，知道姜奋渭与太史关系密切，令小吏携金数百镪贿奋渭，求其营解。奋渭拒之，正色云：“吾岂能私收暮夜金，为通邑贻害者耶！”其为文理真词粹，诗宗王孟。工书法，四体皆能。小楷工而敏，日可写数十幅。行草及篆隶，里中得之珍藏。工诗，著有《拙存草》。

(四)方士颖

方士颖（1675前后在世），字伯阳，号恕斋。淳安赋溪人，顺治诸生。少聪颖，诗雅润，论者谓不减中唐钱、刘辈。善楷法，有司每试均列高等。赏其文者即并其笔迹嗟诵之，称双绝。著有《恕斋偶存》。士颖殁后，其子棨如手写遗稿刊行，凡七卷。另有《骈俪杂文》《类抄》等。

(五)汪由敦、汪承霈

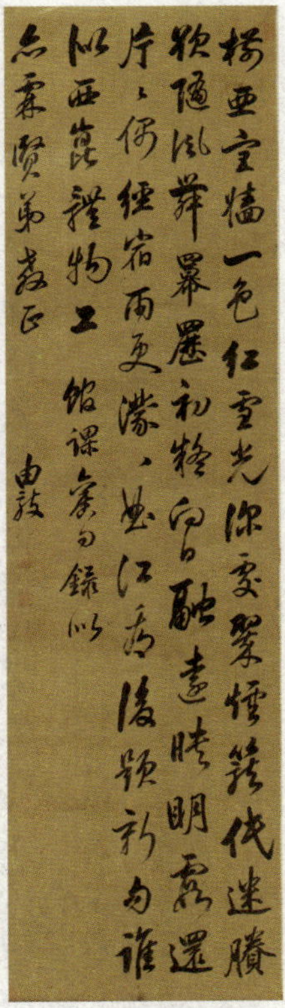

汪由敦《行书轴》
安徽中国徽州
文化博物馆藏

汪由敦(1692～1758)，字师茗，号谨堂、松泉居士。休宁人。雍正二年(1724)进士，改庶吉士，累官至吏部尚书协办大学士。老诚敏慎，在职勤劳。金川用兵，廷谕皆出其手。卒后加赠太子太师，谥文端，入祀贤良祠。有《松泉文集》《松泉诗集》。

汪由敦学问渊深，文辞雅正，善书法，力追晋、唐大家，尤工行书、行草，典雅持重，宫内所藏名迹多有奉旨题跋，乾隆又命馆臣集其书为《时晴斋法帖》十卷，勒石皇宫之中。所录书迹多为御制诗文及应制之作，其书法沉稳端庄，清雅匀整。休宁博物馆藏其小楷《孝经》手卷，一丝不苟，谨严清丽。其子汪承霈（1737 ~ 1805），字受时，一字春农，号时斋，别号蕉雪。汪由敦卒，承霈以赐祭葬入谢。傅恒为言书类由敦，授兵部主事，充军机处章京，累迁郎中，除福建邵武知府，官至侍郎。善诗文，工书画，有《蜀行纪事》等。

（六）戴震

戴震（1724 ~ 1777），字东原。休宁隆阜（今屯溪区）人，哲学家、思想家、书法家。乾隆二十七年（1762）举人，乾隆三十八年（1773）被召为《四库全书》纂修官。乾隆四十年（1775）会试不第，奉命与乙未贡士一体殿试，赐同进士出身，授翰林院庶吉士。戴震精于音韵、训诂、文学、历算、地理、考据、校勘等学，堪称一代通儒。对程朱理学思想有所批评，对晚清以来的学术思想产生影响，世称“戴学”。一生著述甚多，后人编辑成《戴氏遗书》。

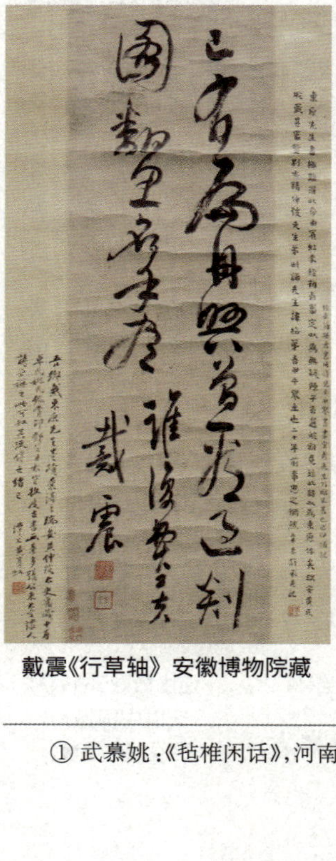
戴震《行草轴》安徽博物院藏

武慕姚《钱辛楣诗墨册》跋云：“余又藏有《戴东原震先生行书诗册十六首》。书法介乎米、董之间，犹有明人标格，极有风味。与竹汀先生此册，可称联璧，以其皆有清朴学大师手迹，正不仅其书法之妙为足宝也。”[1] 戴震墨迹存世稀少，安徽省博物院藏其《行草轴》一件，内容为：“已有扁舟兴，曾看过剡图。翻思名手尽，谁复费工夫。”米芾《砂步帖》录有此诗，武慕姚说戴震书法在米、董之间，今以此作验之，正在似与不似间，又复有明人遗绪。此轴写得随性，酣畅淋漓，到最后一句，位置紧迫，遂改小字，款署左边，自然而然，可见学者随机应变之遗范。上海博物馆藏有戴震篆书联一副：“论古姑舒秦以下，游心独在物之初。”小篆体，但书写

① 武慕姚：《毡椎闲话》，河南大学出版社，2015年，第74页。

有大篆意味，结字古拙敦厚，朴实无华。作为乾嘉时期的经学家，能写篆书，是极为正常的事。

（七）程瑶田

程瑶田（1725～1814），字亦田、易田、伯易，60改字易畴，号让堂、葺荷、葺翁。歙县邑城人。乾隆三十五年（1770）举人，乾隆五十三年（1788），部选嘉定教谕。嘉庆元年（1796），举孝廉方正，赐六品顶戴。精通声律、训诂、象数、名物、制度、天文、地理、历算、诗文、书画、篆刻。辑有《秦汉官印》一册，著《通艺录》《考工创物小记》《禹贡三江考》《解字小记》等。

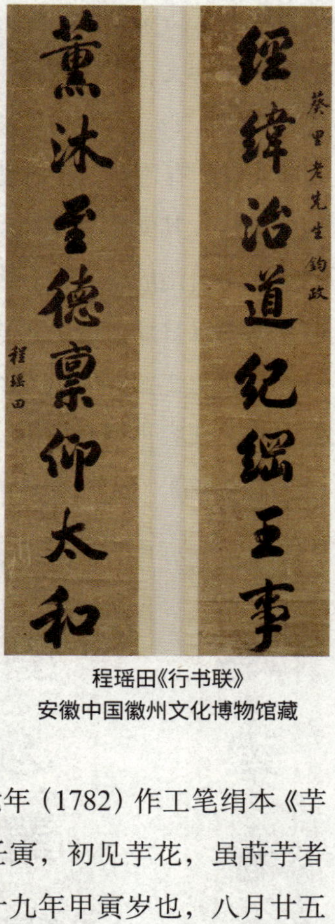

程瑶田《行书联》
安徽中国徽州文化博物馆藏

程瑶田与弟光莹同受业于淳安方粹然（心醰），又与戴震、金榜等同学于江永。程瑶田擅刻印，通篆法，其师方粹然亦善镌刻。程瑶田《解字小记》中多篇涉及说文。书法善行书，笔法遒劲，兼具峭拔之势，气息古雅敦厚，书卷气很浓。在《刻章小传稿草》中自谓其书“得晋人笔法，著《书势五事》以说其指，其一曰《虚运》，次二曰《中锋》，次三曰《结体》，次四曰《点画》，次五曰《顿折》”。程瑶田并擅绘画，乾隆四十七年（1782）作工笔绢本《芋花图》，藏安徽博物院，嘉庆二年（1797）补款：“岁在壬寅，初见芋花，虽莳芋者亦以为稀有，遂图之，而题以诗。越十有三载，乾隆五十九年甲寅岁也，八月廿五日余七十初度。前五日，家园盆盎中生芋花一茎，不知谁莳之，而开花于此日，亦奇矣。越二日，儿子芝瑞立大门外，见持芋花一握来售者，多至五六枝，以数十钱易之，插瓶中，廿五日盛开来，余者皆以为可贺。纪之诗。”诗后署“嘉庆丁巳七月十日，始以蝇头细字写之，让叟。时年七十又三”。

程瑶田善篆刻，其《刻章小传稿草》自云：“能篆刻，不欲擅场，故人无知之者。”汪启淑《续印人传》云其：“研讨经史余暇，栖情篆刻，一以秦汉为法。”《飞鸿堂印谱》有程瑶田刻“葺之兮荷盖”朱文印，线条古拙，葺、荷二字“艹”头并列，不作刻意变化，可知其不拘小节处。

(八)巴慰祖

巴慰祖(1744 ~ 1793),字予藉,一字子安,号晋堂,一作隽堂,又号莲舫。歙县郡城人,居扬州,“盖徽商而家于邗江者”。巴慰祖父巴廷梅(1719 ~ 1781),字圣羹,号雪坪。工诗文,擅篆刻,有资料说“桐城三祖”之一的刘大櫆曾“寓其家”授文章。巴慰祖在诗文、书画方面显然受到家学影响。汪中《巴予藉别传》云其:“生而通敏,眉目疏秀,身纤而皙。少好刻印,务穷其学。旁及钟鼎款识、秦汉石刻,遂工隶书,劲险飞动,有建宁、延熹遗意。又益搜古书画器用及琢砚造墨,穷极精美,罗列左右,入室粲然。其父弗善也,颜其居曰可惜。予藉不能改。”[①] 巴慰祖虽然家丰于财,然一生好游名山胜地,广交游,不拘于一格。又好弈、骑马、度曲。如是数十年,竟“大亡其财,且日病。晚为人作书自给。……乾隆五十八年夏,游江都卒。”

巴慰祖工篆刻,间善绘画,其存世书法作品均为隶书,得汉碑遗韵,而未见其他书体。汪容甫谓其隶书劲险飞动,有建宁、延熹遗意。安徽省博物院藏其双钩《闻喜长韩仁铭》《魏修孔子庙碑》,又见其节临有《尹宙碑》《西狭颂》等石刻,可见巴慰祖在隶书方面所下的功夫。

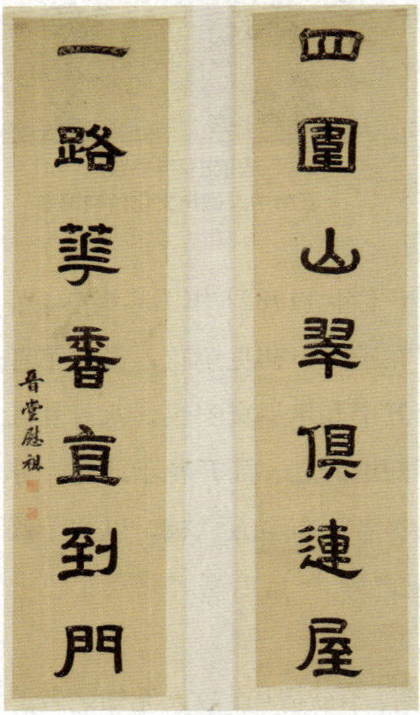

巴慰祖《隶书联》
安徽中国徽州文化博物馆藏

歙县博物馆藏有巴慰祖《刘熊碑》双钩刻本。《刘熊碑》为著名汉隶碑刻,字迹近《史晨》《曹全》,遒逸流美,其结字规矩整饬,疏朗清劲,传世旧拓有范氏天一阁本、巴慰祖本、江秋史本、汪容甫本、刘铁云本等。巴氏刻本有翁方纲跋,巴慰祖自跋云:“《酸枣令刘熊碑》,《隶释》载全文,欧、赵录目皆列,以后诸家乃未收入,盖碑久不存矣。顾南原谓寒山赵氏家藏拓本,惜未及见。兹本得于武林,文漫灭已不可识,其存者都计二百十七字,去《隶释》所阙,又逾什百。顾波画可寻者较多《隶释》三字,岂洪氏所见不逮此耶?抑未知凡夫家所藏为何如也。”

① [清]汪中:《述学·别录》,中华书局,1991年版,第145页。

(九)胡澍

胡澍（1825～1872），字甘伯、荄甫，又作侅父、荄父，号石生、硕生，自谓绩溪翁。斋室名长守阁、乐安七佛精舍、二向堂等。新安绩溪人。咸丰九年（1859）举人，后捐升郎中，分发户部山西司。胡澍家学渊源，精通声韵训诂之学，尤笃嗜高邮王氏书。又因体弱多病，遂治医术，卓有成就，有《内经校义》《释人疏证》《左传服氏注义》《通俗文疏证》《淮南子校证》《一切经音义校正》等，又仿王氏《读书杂志》例，作《素问校义》等。

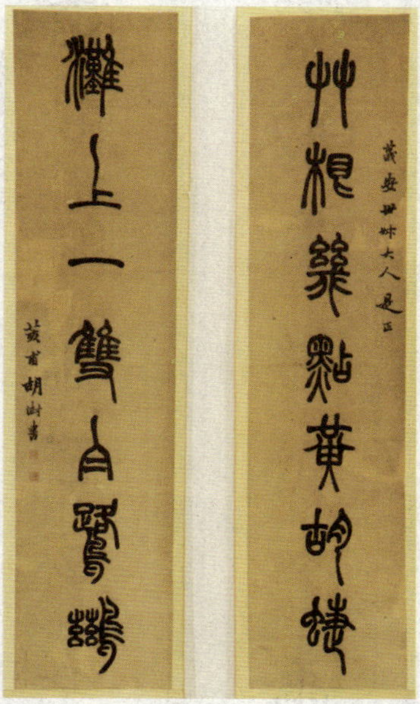

胡澍《篆书联》
安徽中国徽州文化博物馆藏

胡澍好友赵之谦于正草隶篆皆擅，篆书是强项之一，但他对胡澍篆书很是推崇，曾说："我朝篆书以邓顽伯为第一。顽伯后，近人唯扬州吴熙载及吾友绩溪胡荄甫。……荄甫尚在，吾不敢作篆书。"赵之谦作《异鱼图》长卷，引首亦胡澍篆书题写并跋。赵之谦一生治印数量不多，除了自用印，其他基本是为友人、学生所刻，而为胡澍、沈树镛、魏锡曾 3 人所作最多，为胡澍刻印近 20 方。胡澍的篆、隶书在当时受到好评，而成为别人索书、索题的对象。"西泠八家"之一的钱松刻"石生"朱文印，边款记："皖友胡石生深篆法，邓石如后一人也。蒙许惠得意书，窃为未足，余聊居见闻随喜室，欲求篆额，作此用印为木桃之赠。"陈雷刻"胡澍观"边款记："荄甫仁兄精斯篆，余心慕之，而未有以求也。今闻其将北上，急以素纸求书，极蒙慨许，余即刻石奉酬并以赠别。"诸人众口一词赞胡澍篆书，可见赵之谦说"荄甫尚在，吾不敢作篆书"，绝不是客套话，而是出自内心的尊重。实际上，我们看赵之谦的篆隶书，有些笔法和胡澍是很近似的，不能说赵之谦篆书学胡澍，但受到过他的启发和互相探讨技法，还是极有可能的。

(十)黄士陵

黄士陵（1849～1909），字牧甫、穆甫、牧父、穆父，别署黟山人、黟山民、黟山病叟、倦叟、倦游窠主、息倦窠主。斋室名有蜗篆居、延清芬室、旧德邻屋、古槐邻屋。黄士陵开创的"黟山派"，以其独特的艺术风格与吴让之、赵之谦、吴

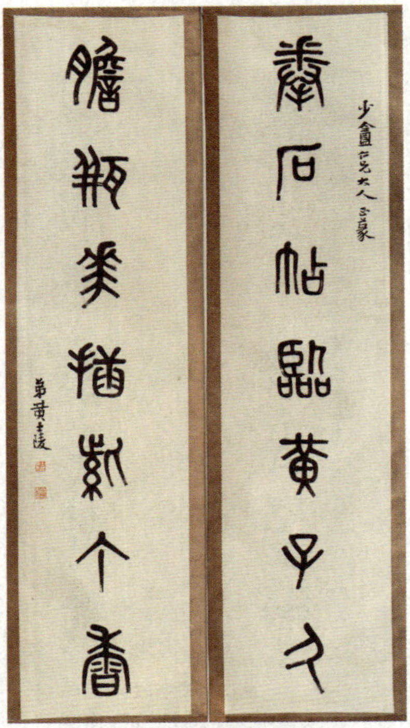

黄士陵《篆书联》
安徽中国徽州文化博物馆藏

昌硕并列为“晚清四大家”。黄士陵以平正大方中见睿智、光洁明快间寓古雅的“工笔”手法与吴昌硕那浑朴苍茫、高古雄迈的“写意”风格形成反差，从而形成清末印坛两大重镇，“一时瑜亮，难分轩轾”。随着时间的推移，黄士陵和他创立黟山派逐渐被人们了解和接受，师承者众多，影响深远。

黄士陵书法多为篆书，署款多为行书，有时也用隶书。行书多见于书信。光绪四年（1878），黄士陵曾以行书书一帐帏，款署“光绪四年夏五月，伯均仁兄大人属录李笠翁一家言二则于章江客舍。弟黄士陵。”此帐帏行书字形变化丰富，字迹秀雅流畅，是研究黄牧甫早期书法，尤其是行书不可多得的珍贵资料。

黄士陵篆书大致可以分作三个时期。第一时期：主要学吴让之，兼及徐三庚、赵之谦等，署款多行书；第二时期，仍以小篆为主，偶写大篆。大致是第一次到广州、北京国子监和二次到广州初。此一时期有几幅大篆作品，已初具规模，但线条尚欠功力，字形由长变方正，署款喜用隶书。吴大澂的一些篆书作品也多用隶书题款，在这点上，黄士陵是否也受到吴的影响，待考；第三时期，为黄士陵二次到广州以后。这一阶段黄士陵的篆书，既不是小篆，也不是大篆，而是大、小篆相容，即所谓“合以古籀”。书法圆润之外，更增添几分生辣，款字已完全为带有碑意的行书。所书“三点水”风格独特，凡下包围的部分，在左右两笔交接处，往往故意错落不匀称接笔。篆书是一种具有象形、对称和装饰意味的书体，写匀易，写有个性和有变化难，黄士陵所用此种手法，本意在此。

陈茗屋认为：“黄士陵的篆书，中年以后，尤其是37岁到北京入国子监以后，受铜器凿款的启示，为之一变，开创了一种合大小二篆，生辣圆浑的篆书新风。”黄士陵到北京、广州后，游吴大澂等人幕，有机会接触到大量古代吉金实物，又看到吴大澂的篆书和其对书法的见解，耳濡目染，受到一定的影响是不可避免的。黄士陵通过研究古印，悟出“汉印剥蚀，年深使然，西子之颦，即其病也，奈何捧心而效之。”（《季度长年》边款）古印如此，书法何尝不是如此，无论书法还是刻印，在线条挺拔流畅、光洁古雅的审美上，吴大澂与黄士陵取得了一致。

（十一）毛焕麟

毛焕麟（1872 年前后在世），字佩甫，号晓云。遂安西洄人，国学生。例授江苏通判，旋改广东通判。敏而好学，工诗词，善风谈，长于书法，有颜真卿遗意。淳安文化广电新闻出版局藏其《节临颜鲁公争位帖》等条屏，颇得神韵。淳安芹川村口的进德桥，为廊桥式古建筑，亭内梁上匾额“德业流芳”及墙壁对联“山重水复疑无路，柳暗花明又一村”，均为毛焕麟所书。

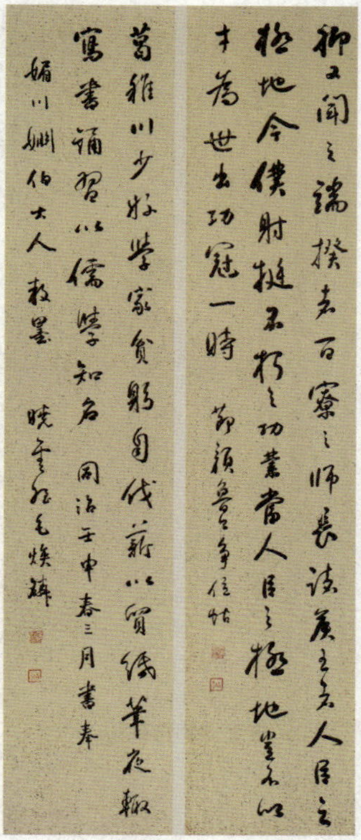

毛焕麟书法
淳安县文化广电新闻出版局藏

（十二）邵秀亭、邵瑞彭

邵秀亭（生卒年不详），淳安县富文乡楂林村人。咸丰八年（1858）岁贡，曾任瑞安县教谕。善书，淳安县博物馆藏其《临颜真卿与李太保帖》，颇具风骨。其子邵瑞彭（1887 ~ 1937），名寿篯，字次公。15 岁中举人，16 岁补廪生。1908 年，就读于慈溪浙江省立优级师范学堂，先后加入光复会、同盟会、南社，任同盟会浙江支部秘书。民国元年（1912），国会成立，当选为众议院议员，聘为北京大学教授。应清史馆赵尔巽之请，协修《清史稿》儒林文苑传。1923 年，曹锟谋任总统，密遣高凌霨出面贿选，邵瑞彭致函京师地方检察厅，控告高凌霨、吴景濂等人为曹锟行贿丑行。曹锟下台，段祺瑞就任临时执政，组织参政院，聘为善后会议议员和参政院参政。当局拟任命为教育总长，谦辞不就。应聘北京大学、民国大学教授，和洪汝闿、吴承仕等建思辨社，商榷朴学。应河南大学聘请，担

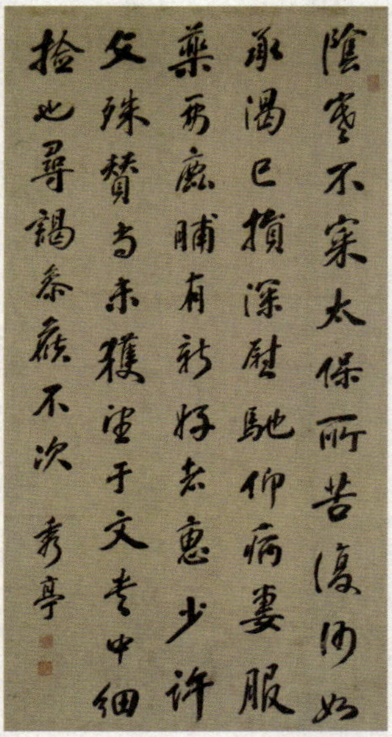

邵秀亭书法 淳安县博物馆藏

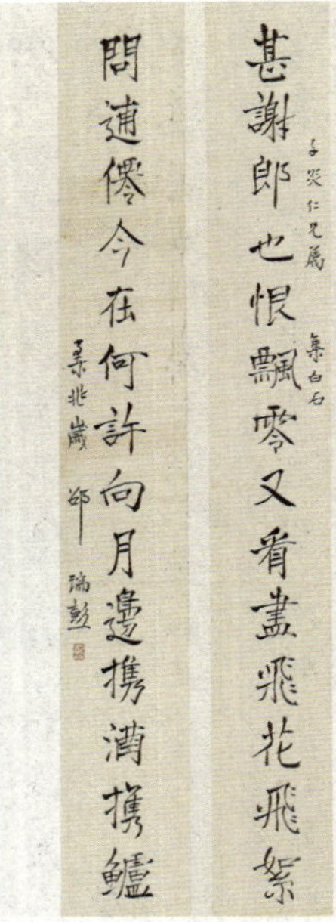

邵瑞彭对联
淳安县博物馆藏

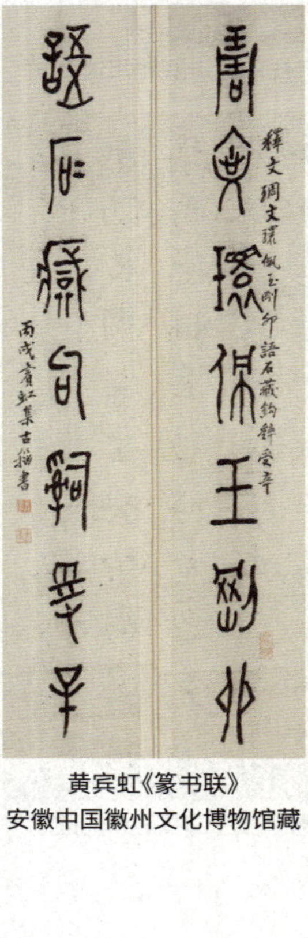

黄宾虹《篆书联》
安徽中国徽州文化博物馆藏

任国文系主任。授课之余，潜心治学，精通古历算学、词章及书法，卓有成就。有《泰誓决疑》《扬荷集》《山禽余响》等。淳安博物馆藏邵瑞彭行楷 14 字长联，笔画瘦劲、飘逸，有褚遂良、薛稷风韵，并加入自己的特点，堪为佳作。

(十三)黄宾虹

黄宾虹（1865 ~ 1955），歙县潭渡村人，生于浙江金华。谱名懋质，一名元吉。清光绪十二年（1886），返歙应试时，改名质，字朴存，亦作朴丞、朴人。初号滨虹（潭渡村旧有滨虹亭，因名）、宾襟，民国丁卯间，改字宾虹，遂以字行，一字予向。别号或别署有滨虹散人、滨虹生、颀厂、宾弘、冰鸿、宾公、滨公、虹庐、虹叟、朴尘居士、黄山山中人等。斋室名有石芝阁、石芝室、冰上鸿飞馆、滨虹草堂、片石居等。1907 年赴上海后，居三十年，曾在报社、书局任职，从事新闻与美术编辑工作，后转为美术教育，先后任多家艺术学校的教授。居沪前期，其主要精力是在金石篆刻方面，藏印近千枚，发表诸多印学文章，辑拓印谱甚多。偶有作画，或发表在报刊上，或馈赠友朋。在沪后期，金石、绘画并重。1937 年由上海迁居北平，被聘为故宫古物鉴定委员，兼任国画研究院导师，北平艺专教授。绘画进入蜕变期和成熟期。1948 年到杭州并定居，任国立杭州艺专教授，并任中国美术家协会华东分会副主席，中国美术家协会理事，被聘为中央民族美术研究所所长（因病未赴）。1955 年 3 月 25 日，因病逝世。

黄宾虹书法成就极高，而为画名所掩。黄宾虹多次谈到书法与画法的关系，如致学生朱砚英信札云："画法全是书法，古称枯藤、坠石之妙，在于笔尖有力，刚而能柔为最上品""中国画法从书法来：无往不复，无垂不缩，妙有含蓄，不可发露无余。"致傅雷信札云："用笔之法，书画既是同源，最高层当以金石文字为根据。……书法入画，为士夫画，始有雅格。”有这样的认识，岂能不重视书法。

黄宾虹早期书法受到碑学影响，曾临习过《郑文公碑》《石门铭》《崔頠墓志》等。对帖学尤下功夫，工行草，于魏晋、唐宋、元明清诸家书法多有研究，如颜真卿、文彦博、赵孟頫、倪瓒、王铎等加以勤奋临习，中年时已有个人面目。黄宾虹书法讲究一波三折，主要是从钟鼎文字中来。致朱砚英信札云："拙书篆联，友人喜之者尚多。”青年时期，得到一张周代《师寰簋》拓片，非常欢喜，装裱成折子，出门也带在身边，临习十余年。曾自言“鄙人酷嗜三代文字，于东周古籀尤为留意，北居恒以此学遣日，故凡玺印泉币匋器兵器兼收并蓄。”他的篆书高古典雅，用笔如万岁古藤，得“屋漏痕”之妙。有的篆书用笔草草，并用宿墨、涨墨，一片狼藉，而趣味隽永，令人爱不释手。黄宾虹书法的面貌，和他对书法的认知有关，他在《国学之民学》的讲演中说：

> 大篆外表不齐，而骨子里有精神，齐在骨子里。自秦始皇以后，一变而为小篆，外表齐了，却失掉了骨子里的精神。西汉的无波隶，外表也是不齐，却有一种内在的美。经王莽之后，东汉时改为有波隶，又只讲外表的整齐。六朝字外表不求其整齐，所以六朝字美。唐太宗以后又一变而为整齐的外表了。藉著此等变化，正可以看出君学与民学的分别。[1]

对于书法理论，黄宾虹折服包世臣《艺舟双楫》，而自己在书法见解上，亦称高妙：

> 吾尝以山水作字，而以字作画。凡山，其力无不下压，而气则莫不上宣。故《说文》曰："山，宣也。”吾以此为写字之努；笔欲下而气转向上，故能无垂不缩。凡水，虽黄河从天而下，其流百曲，其势亦莫不准乎平。故《说文》曰："水，准也。”吾以此为字之勒，运笔欲圆，而出笔欲平，故能逆入平出。凡山，一连或三峰，或五峰，其气莫不左右相顾，牝牡相得；凡山之石，其左者莫不皆左，右者莫不皆右；凡水，其波浪起伏无不齐，而风之所激，则时或不齐。吾以此

① 陆易：《无尽藏——黄宾虹的鉴藏》，西泠印社出版社，2017年，第18、21页。

知字之布白，当有顾盼，当有趋向，当寓齐于不齐，寓不齐于齐。[①]

黄宾虹将理法与自然融会贯通，从而悟到“书肇于自然”，进而上升到“人法地，地法天，天法道，道法自然”的境界中。

(十四)徐谦

徐谦（1871～1940），字季龙，号安庐，别署黄山樵子，西名佐治。歙县人。清光绪二十八年（1902），举人，光绪二十九年（1903）进士，选庶吉士，散馆授编修。后历任法部参事、京师高等检察长等。袁世凯任临时大总统，徐谦担任次长，后辞职，与他人联合组成国民党，徐谦当选为党本部参议。国民政府成立后，徐谦为中央执行委员会委员、国民政府委员兼司法部部长、广州国民政府司法部部长。1927年，成为武汉国民政府时期国民党中央和国民政府的主要领导人之一。后遭排斥，遂避居上海，并公开声明不再参与政治活动。不久，徐谦迁往香港，定居九龙。“七七事变”后，徐谦曾回到南京参加抗日活动，任国防委员会委员。后逝于香港。徐谦为中国现代司法制度的建立和完善贡献颇大，著有《诗词学》《刑法丛编》《劳资合一》《徐季龙先生遗诗》等。

徐谦工书，擅行草，受到碑学影响较深，结体稚拙，讲究开合，笔法高妙，对书法理论深有研究，著《笔法探微》，有民国十九年（1930）手书印本。

(十五)许承尧

许承尧（1874～1946），字际唐，一作霁塘，号疑庵，晚号芚叟。室名眠琴别圃、晋魏隋唐四十卷写经楼。歙县唐模人。师事汪宗沂，与汪鞠卣、黄宾虹为同学。光绪三十年（1904）进士，授翰林院庶吉士、编修，兼国史馆协修。创办新安中学堂、紫阳师范学堂，任监督。辛亥革命后，应皖督柏文蔚聘，任筹建芜、屯铁路总办。民国二年（1913），应甘肃督军张广建之聘，先后任甘肃省秘书长，补甘凉道尹、兰州道尹、省政务厅长、渭川道尹等。能诗，精鉴书画、擅方志学、书法，有《疑庵诗》《歙故》《疑庵文集》及编纂《歙县志》。

许承尧隶书、篆书、楷书皆能，曾临有《三公山碑》，行书、行草多见于信札，楷书曾学颜，题跋用小楷，高古精妙，后受到魏晋人影响。在诸体中，尤以隶书为

① 陈柱：《八桂豪游图记》，《学术世界》1936年1卷第十一期。

人熟悉，曾临《樊敏碑》《张迁碑》《褒斜道刻石》等，从风格看，基本和上述三种汉隶一致。由此可见，许承尧对雄浑古拙、质朴开张一路的书法风格情有独钟。他在《学书偶作》中云：“学书尚气势，恣汝力屈铁。十年黑池水，不解汉人拙。”前两句代表了他对书法尚势、尚力的审美追求，而“拙”字则是他悟到汉人精髓之处。因此，汉碑中秀美一路的书风在许承尧的笔下几乎无临习和表现。许承尧《题建初买地石刻》诗云：“弟兄买地作此券，遥遥东汉建初年。字方三老食堂大，刻占敦皇片石先。未凿天真犹浑朴，无波神力自苍坚。盎然别会西京意，不数戋戋半两钱。”《建初买地石刻》率真自然，用笔圆浑，无波磔，带有篆书笔意。许承尧赞其“未凿天真犹浑朴”，可谓搔到痒处。清代是篆、隶书大盛时期，名家辈出，许承尧曾明确表示不喜欢邓石如和包世臣二人书法，对刘墉的书法也颇多微词，独对伊秉绶大加褒扬，可见在隶书的取法上、审美上基本和伊秉绶趣味相同。作为晚学，许承尧受其影响很大，在作品中时见伊书的影子。

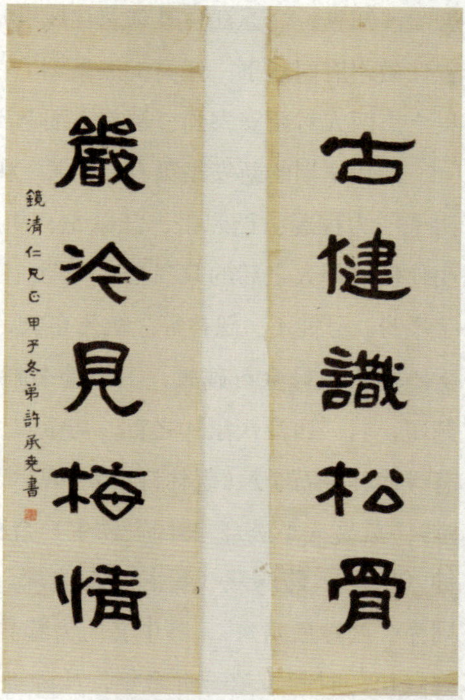

许承尧《隶书联》安徽中国徽州文化博物馆藏

许承尧致黄宾虹信札曾提到：“弟近年喜一切如昔，鬻书为活，所入足供食用。”说明许承尧晚年卖文亦卖字。许承尧晚年书法趋于简约，笔法多用“刷”，浑厚朴茂，返璞归真，愈加老辣，形成了自己独特的面貌，辨识感很强。

五、清早、中期新安篆刻的辉煌与式微

清代篆刻是大繁荣时期，流派纷呈，有歙派、浙派、云间派、如皋派（东皋派）、虞山派、莆田派、四凤派、皖派（邓派）等，其中歙派、浙派、云间派、如皋派等影响较大，中期则邓派大放异彩。清初至清朝中期，新安著名篆刻家有汪泓、程邃、江皜臣、戴本孝、吴万春、汪士慎、黄吕、吴士杰、吴晋、巴慰祖、胡唐、奚冈，以及“南河四项”项怀述（别峰）、项根松（上章）、项绥祖（藕湄）、项道暐（鲁青）等。高凤翰（1683 ~ 1749），字西园。山东胶州人，扬州八怪之一。任歙县县丞，署绩溪知县。江苏江阴篆刻家沈凤（1685—1755），字凡民。曾任徽州府同知事。评吴士杰篆刻“艺盖至此”。高凤翰与吴士杰两人对新安书画、篆刻方面起到不同程度的影响。

清代早期的新安篆刻有“歙派”和“歙四子”之谓，“歙四子”为程邃、巴慰祖、汪肇龙、胡唐，代表新安篆刻继明代何震等人之后的第二个高峰期。丁敬（1695 ~ 1765），字敬身，号钝丁、砚林等。杭州布衣，乾隆初，举鸿博不就，卖酒街市。好金石碑版，工诗善书画，尤精篆刻，以切刀刻印，居“西泠八家”之首，与金农、汪启淑等交往甚密。有《武林金石录》《砚林诗集》《砚林印存》等，与蒋仁（山堂）、黄易（小松）、奚冈（铁生）合称“西泠四家”，陈豫钟（秋堂）、陈鸿寿（曼生）、赵之琛（次闲）、钱松（叔盖），则为“西泠后四家”，其中奚冈为黟县人，居杭州。从丁敬到钱松，时间跨越一百余年，从陈豫钟、赵之琛开始，浙派程式化开始抬头，“浙宗自家次闲（指赵之琛）后，流为习尚，虽极丑恶，犹得众好”。而钱松稍变浙派，浅刻取势，以切带削，顿挫起伏，印章厚重迟涩，风格别具。赵之谦评浙派云：“浙宗见巧莫如次闲，曼生巧七而拙三，龙泓忘拙忘巧，秋盦巧拙均，山堂则九拙而孕一巧。”[1] 浙派妙处在拙，而不在巧。故在后四家后，“浙派”开始逐渐衰退。

“瞜城一户长”邓石如篆刻

正当“歙派”与“浙派”齐头并进之时，安徽怀宁邓石如出，于两派之外另张一帜，人称“邓派”，或“皖派”。邓石如(1743 ~ 1805)，初名琰，字石如，避嘉庆帝讳，遂以字行。后更字顽伯，号笈游道人、完白山人等。邓石如工四体书，尤擅篆书，工篆刻，曾在新安居数年，结识了程瑶田、金榜、汪灼及户部尚书曹文埴、曹文镛父子等，得益良多。邓石如篆刻与其书法成就密不可分，所谓

“一日之迹”邓石如篆刻

① 韩天衡：《历代印学论文选》，西泠印社出版社，1999年，第597页。

"以书入印、印从书出"，提出"字画疏处可以走马，密处不使透风""常计白以当黑，奇趣乃出"理论，并形成刚健婀娜的印风。自邓石如后，篆刻家多取法于他，影响深远。陈巨来在《安持精舍印话》谓："今之谈印者盛称浙派、皖派，而于徽中诸印人，若程穆倩邃、巴予藉慰祖、汪尹子关、胡长庚唐等，其名反不如丁敬身、蒋山堂、邓顽伯、吴让之之隆，是可异焉。徽派诸家所作一以汉印为法，以余所见，穆倩、予藉之浑穆、长庚之遒劲，而尹子所作最多，亦最为工稳，之数子者试以其所作并列汉印中，殆亦可乱真，非前之文三桥、何雪渔，后之浙、皖二派诸家名曰仿汉而实非汉所得比拟也。"[①] 继"歙派"后，新安篆刻代不乏人，如程鸿绪（芑堂）、程芝华（苏棠）、程椿（受言）、俞珽（君仪）、胡柏坡、曹应钟（念生）、程奂轮（雅扶）、孙光祖（拙轩）、周懋泰（阶平）等，虽然不绝如缕，但已无昔日气象。

康熙间，汪镐京（快士）不仅擅篆刻，著《红术轩印存》《红术轩山水篆册》各一册，并对印泥很有研究，康熙三十五年（1696）撰《红术轩紫泥法》一册。雍正间，新安黄宗绎（仲凫）撰《印文辑韵》稿本。新安一地几无秦汉印出土，与古彝器收藏一样，多购之于外。

黄宾虹《频虹藏汉铜印记》云："余髫龄喜篆刻，弱冠旋新安，闻棉潭汪讱庵富藏印，道咸中物归西溪汪氏。余友汪怀之喜为文辞，工书法。一日，出其印篋中'鹰扬将军'章示余，篆文深细急就，盖军中所刻印也。涂银龟纽，青绿斑驳，因玩爱不释手。怀之心知之，慨然赠余。"后印被人以郑旼《山水册》易去。在维扬西溪人汪德扬处，得其兵燹后残存二印，"文一秀整，一深厚，皆可喜也。由是余宝爱古印之心愈坚，求益力，反悔前所易去之将军章为可惜已"。[②] 其后，黄宾虹的藏印愈来愈多，并编辑数量可观之印谱。

清代印谱数量较前朝大幅度激增，据韩天衡推断，清乾隆至民国间，印谱出版的总量，古玺及印人印谱3000余种。"这一时期的印谱，分类之细、品种之多、风格之别、思想之宽、创作之巧、艺术之丰、学术之深、手段之妙，堪称百花齐放，美不胜收。简论之，明末至雍正段，虽名家辈出，皆取周秦两汉印风之一端，学而习之，扩而大之，真正化古为新的大家不多。势至乾隆，则蓄势勃发了"。[③] 明代张

① 陈巨来：《安持精舍印话》，载《当代中国书法论文选——印学卷》，荣宝斋出版社，2010年，557页。
② 黄宾虹：《黄宾虹文集全编·金石编》，荣宝斋出版社，2019年，第81页。
③《问印》，西泠印社出版社，2019年，第5页。

灏于明万历四十五年（1617）辑当时名家篆刻成《承清馆印谱》4册，又于崇祯四年（1631）辑成《学山堂印谱》6册，于次年增辑成10册，收印2000多方，开辑名家篆刻于一谱之先河。周亮工则在康熙六年（1667）由其子辑成《赖古堂印谱》4卷，收印1000余方。而歙县汪启淑将"近时工铁笔者，不惜重聘，延之家园，亲与参订商榷，务祈悉合于古，亦盈万余纽"。于乾隆四十一年（1776）汇为《飞鸿堂印谱》40卷，收录丁敬、黄易、桂馥、邓石如、董洵等100多位印家作品，数量达3498方，"海内高手，大半在焉。可为极篆籀之大观。金薤琳琅，目迷宝藏，龙文虎钮，神往空仓"。[①] 乾隆二十七年（1762），汪启淑辑《退斋印类》10卷，分金银、宝石、晶玉、名刻、冻石、牙角、瓷器、名印、竹木、杂石各类，汇集印材种类颇丰，是该谱特色。又编袖珍本《锦囊印林》，高6.2厘米，宽4.2厘米，为古代印谱之最小者。除了以上几种印谱外，汪启淑生平编辑印谱多达28种原钤印谱，是中国历史上编辑印谱最多的人。其藏印数量达万枚以上。并继周亮工《印人传》之后，编著《续印人传》，功莫大焉。而与汪启淑族兄有姻谊的婺源篆刻家俞珽创作有《上谕十六条印谱》，在篆刻内容为政治服务方面有所选择。

清末，陈介祺在咸丰二年（1852）辑古玺印成《簠斋印集》12册本后，得诸家藏印，陆续辑成《十钟山房印举》50册本、191册本、194册等版本，开集诸家藏印成一谱先例，收印10284方，为古今空前巨制。其中部分印章为歙县鲍康（子年）臆园藏印。吴式芬所辑《海丰吴氏藏汉封泥》，为最早封泥实物椎拓所辑印谱，而新安歙县书法、篆刻家曹应钟是较早认识并正确阐述封泥用途者之一。

(一)江皜臣

江皜臣（？～1654前），字濯之，号汉臣。歙县人。早年曾在嘉禾（今嘉兴）刻印，与曹秋岳友善。后入闽，居泉州。与黄景昉来往，陶碧从其学。江皜臣长躯伟干，而气韵恬愉，甘贫守道。善治晶玉印，自谓切玉后，觉石如宿腐，不屑为。传世不乏晶玉印，因质过于坚硬，直接以刀刻者绝少。而江皜臣刻玉印用力如画沙，曾说："坚者易取势，吾切玉后，恒觉石如宿腐，如公书恶缣素辄胶缠笔端不能纵送也。以

"近思氏"江皜臣篆刻

① 郁重今：《历代印谱序跋汇编》，西泠印社出版社，2008年，第313页。

故恒喜为人切玉。”江皜臣传世印极少，“吕惟延印”朱文水晶印，藏于上海博物馆。曾藏于郭若愚处白文印“近思氏”玉质，从刀痕可以看出是用冲刀所刻。又“朱子葆·茂昉之印”对印及“茂昉私印”曾见于葛昌楹、葛昌枌辑《传朴堂藏印菁华》中。江皜臣曾有一部印谱，亡后陶碧得之，赠周亮工云："皜臣虽死，幸有此在，广陵散不绝矣。”周亮工将印谱编排次序，“附以东厓阁学赠诗、程孟阳处士之跋。他日有余资，当倩石公（陶碧）一一临摹为一谱，以传后人”。

(二)姜夔鼎

姜夔鼎（1604～1682），字理夫，号圣胎，一号蜕庵。浙江遂安十八都人，官鸿胪寺卿，著有《高山集》。工书画，尤精篆刻，传世有“愧此白发身”朱文印，风格工稳，双刀边款雅正。

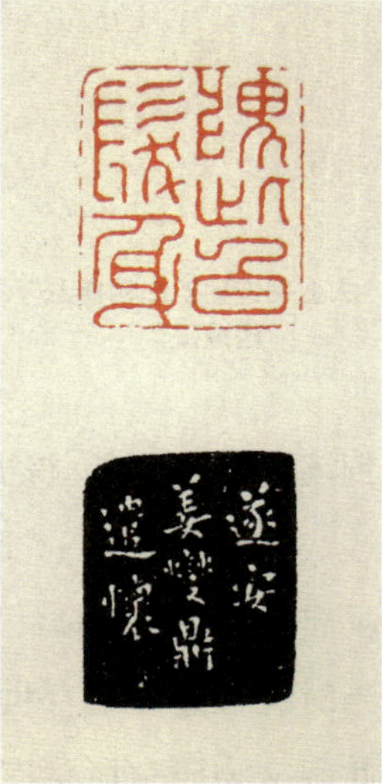
“愧此白发身”姜夔鼎篆刻

(三)程邃

程邃（1607～1692）作为“天都派”和“新安画派”一员，为今人所熟知，但在历史上，似乎他的篆刻名气更大，如康熙《徽州府志》载："程邃，字穆倩，歙人。精秦汉篆法，居金陵，天下士大夫争购其图章，以为珍宝，几与何雪渔齐名。”[①] 乾隆《歙县志》载："（程邃）人品高洁，篆刻著声，论者谓轶长卿而上。”[②] 程邃虽善书法、绘画，但他刻印也是一个重要的谋生手段。

程邃“致周亮工书”有“印技复承垂念垂体”句，[③] 可知周亮工对程邃篆刻的关注。周亮工曾说："黄山程穆倩邃，以诗文书画奔走天下，偶然作印，乃力变文何旧习，世翕然称之。穆倩于此道实具苦心，又高自矜许，不轻为人作，人索其一印，经月始得，或经岁始得，或竟不得。以是颇为不知者诟病厉。然穆倩方抱其诗文，傲睨一世，不为意也。予交穆倩垂三十年，得其印不满三十方。”[④] 程邃或能刻铜印，顺治十七年（1660），程邃在扬州以双铜章赠李念慈，李念慈有《赠程穆倩山人》《程

①《徽州府志·第十七卷·人物志六·方技传》，康熙三十八年刊本。
② 乾隆《歙县志·第十五卷·人物志五·方技》。
③ 汪世清：《汪世清辑录明清珍稀艺术史料汇编》，上海古籍出版社，2020年，第956。
④《印人传合集》，浙江人民美术出版社，2014年8，第30页。

“徐旭龄印”程邃篆刻

“床上书连屋阶前树拂云”
程邃篆刻

穆倩索题郭恕先画滕王阁图》二诗，前题中有句云：“感君贻我双铜章，顿令笺轴生辉光。”李念慈，字屺瞻，号劬庵。陕西泾阳人。顺治十五年(1658)进士，官景陵知县。善诗画。有《谷口山房诗集》等。程邃还赠王士禄印章，王士禄有《雨中柬穆倩谢印章之惠并索作画》。程邃子以辛，字万斯。擅篆刻。王概《程万斯印存序》谓程邃：“晚年诸作皆出万斯手也。惟吴文僖公能区别之。”

董洵评程邃印：“程穆倩能变化古印者，阴文得力于铸印工稳一种，阳文得力于厚边秦印。”秦印，即古玺印，所谓“朱文仿秦小印，是其所创”。清黄易则借绘画“南北宗”谓“文何南宗，穆倩北宗”，将程邃在印学界的地位置之甚高。清魏锡曾跋《赖古堂残谱》云：“穆倩朱胜于白，仿秦诸制，苍润渊秀，虽修能、龙泓、完白皆不及，余子无论矣。”又云：“在荆溪晤王君立斋，得见所藏程谱三百余方，大观也。”[①] 清程芝华也在《<古蜗篆居印述>凡例》中说：“道人（程邃）侨居竹西，与先祖光禄公友善，为制印甚夥。予早志向往，嗣获歙汪勉堂所辑道人印矩，计千六百八十二枚，巨作鸿裁。”由此可知，当时有程邃印谱存世。汪世清致汪孝文函云：“近于启功先生得悉一大喜事。据告此间文物研究所藏有《程穆倩印谱册》，素纸十开半分粘，印拓三百五十七枚。册前副页郑板桥题二开，册后副页郑板桥题一开半，何子贞题一开，所刻印章大都为当时名流，如程正揆、郑为光、程谦、施润章、周亮工、周在浚、姜埰、龚贤、唐允甲、纪映钟、吴嘉纪……等。还有自刻垢道人一章。原册我尚未见。然入藏文物研究所还可谓得其所矣。《中和月刊》第一卷第九期（1940年9月）载娱堪老人《印林清话》一文，内有《程穆倩垢道人印存》一则云：‘明人程邃，字穆倩，号垢道人。性嗜藏印，亦喜雕刻。尝集印谱册页两本，上册古印，下册所治之印（此处应误，意或为“下册所自治印”）。意殆示人以己刻胎息古人。册尾有郑板桥燮题字。为簠斋旧藏。曾见于簠翁之孙菊曾部郎陶处。菊曾殁后，上册归津沽孟伯方手。其下册由菊曾之子质于海丰吴氏。事阅廿年，不知流转何许？恐难为延津之合剑矣。’文

① 韩天衡：《历代印学论文选·书<赖古堂残谱>后》，西泠印社出版社，1999年，第524页。

物所之藏者必此《印存》之下册无疑。”[①]《郑板桥集》中有《题〈程邃印谱〉》一文：“燮，扬州人，穆倩亦扬州人。称其篆刻为四海一人，得无私甚？然此非一人之私言，而天下之公论也。”[②]或即是上面提到的《程穆倩垢道人印存》中郑燮题字。

程邃篆刻效法古玺、秦汉，以钟鼎古文摹入印中，辅以出奇错落的章法，又博采文、何之长，融会贯通，作品淳古苍雅，章法严谨，笔意奇古，被人称“歙派”。施闰章赠有《程穆倩印薮歌》，对其篆刻大加褒扬：“黄山山人真好奇，性癖膏肓不可治。雕镂文字寿琬琰，虫鱼错落蟠蛟螭。苦心爱者有数子，摩挲只字等禹碑。亦如昌黎推作者，险奥不废樊宗师。九月邗关木叶下，山人邂逅同僧舍。自言好古非雕虫，篆籀周秦足方驾。诘曲迷离多不辨，相逢十人九人诧。可怜古籍秦火焚，存者如缕金石文。岣嵝钟鼎尽奇字，恍惚夭矫凌浮云。今人能手类刻木，仰唇俯足徒纷纷。岂若山人眼空六书与八分，惊魂骇目天下闻。噫嘻！山人好古不能长得食，何如归老黄山三十六峰之南北，赤文绿字藏其间，风雨千年无剥蚀。”查士标跋程邃册页云：“垢道人，余德友也。铁笔之妙，直逼秦汉，其苍老劲秀之姿，远过前人，人得之宝为拱璧。”乾隆间歙县吴邦治《鹤关文剩》有论印文，其论印颇左何震而右程邃，谓何震大变古法，趋新立异。而程邃白文最佳，朱文用汉篆者亦佳，若其以钟鼎文为印，亦属变调，细秀者骎骎宋、元矣。

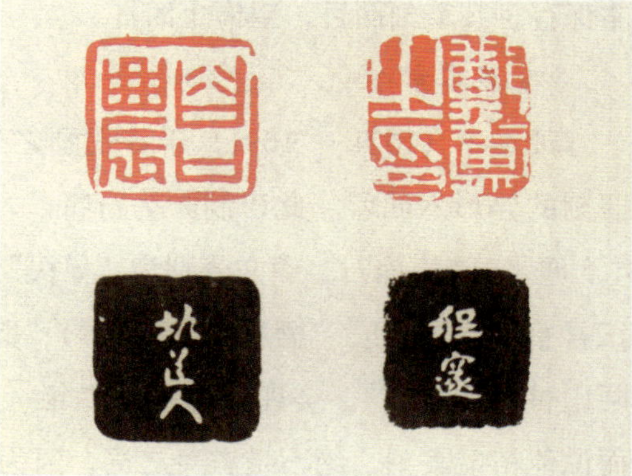
“谷口农”“郑簠之印”程邃篆刻

程邃对古文字深有研究，如《池北偶谈》记载镇江焦山海云堂藏有周代古鼎，腹有铭，“此予兄弟手搨，属新安程穆倩邃译本，凡蚀二字，疑六字，阙九字”。[③]靳治荆《思旧录》中《程处士穆倩先生邃》云：“贻予尺牍字，虽强半难辨，而音节古宕，全是性灵。因悟其铁笔，享一时盛名，有自来也。夫弄柔翰与奏钢刀，其事不同，而所谓势险节短，一往即诣者，其理则一。惟其涉笔皆性灵，则刀亦笔矣。

① 鲍义来：《汪世清书简》，安徽省徽学学会编印，2009年，第159页。
② [清]郑燮：《郑板桥集》，岳麓书社，2002年，第320页。
③ [明]王世禛：《池北偶谈》，中华书局，1982年，第260页。

而又出以奥博之学问，故自天人俱到，不类雕虫，谓其变秦汉法而别自成家，非知先生者也。”①

程邃印谱罕睹，歙县程芝华《古蜗篆居印述》第一册摹刻程邃作品59方，基本保存了其篆刻面目，望梅止渴耳。

（四）戴本孝

戴本孝（1621～1691）于诗书画之外，精擅刻印，但目前只发现一方他为冒襄刻的异形六面印。此印制颇为奇特，六面刻有八个印。印体2.25厘米见方，高4.5厘米，青田冻石。印文分别为“巢民”“忍辱忘怨”“真赏”“冒襄辟疆私印”“小三吾鉴藏”“冒襄”“栖凤铎”（图形）“辟疆氏”。六面印侧有篆书款“癸卯年春鹰阿山樵戴本孝作”。癸卯，为康熙二年（1663），戴本孝43岁。仅见戴本孝一方印而说他精擅篆刻，绝不是溢美之词，因为一般印章刻得不理想，完全可以磨去重刻。但这种异形六面印成功率要求很高，而戴本孝所刻不仅有朱文、白文、长方形、圆形，还有葫芦形、栖凤铎图形。印式有汉白文、大小篆圆朱文，以及朱文小玺。篆法安详，运刀稳健，非一般印人所能企及。此印流传有绪，20世纪60年代初，由冒氏后人冒广生捐献给国家，现藏上海博物馆。与此印同时捐赠的一批文物中，还有两件与戴本孝所刻印章同一形制的六面印，出自另一篆刻名家许容之手，分别为冒襄妾金玥、子冒嘉穗所刻。据相关资料介绍，三方印为同一石剖出制成。戴本孝刻印绝少，在他的一些自用印中，从风格看，应有他自刻的印章。

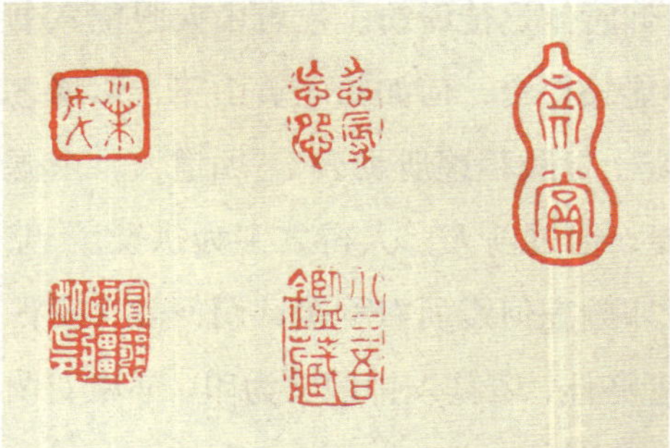
“六面印”戴本孝篆刻

冒襄（1611～1693），字辟疆，号巢民、朴庵、朴巢。江苏如皋人，文学家、书画家，与方以智、陈贞慧、侯方域并称“明季四公子”。冒襄因得罪阮大铖而于甲申党狱中遭黜，自此在如皋的水绘园中与友人诗词

①[清]靳治荆：《思旧录》，张潮：《昭代丛书·丙集卷四十三》，清道光世楷堂刻本。

唱和，书画自娱，董其昌、王士祯、钱谦益、吴伟业、孔尚任、戴本孝等皆在此雅集。戴本孝曾为冒襄画《巢民老人观菊图》，现藏安徽省博物院。此画奇松怪石间的茅屋中坐一高士正在赏菊，屋外篱边遍栽菊花，有陶渊明诗意。远处驶来一叶小舟，船上载酒与菊，不远处有两人走来，大约是应主人相邀前来饮酒赏菊。画面右上部篆书题“巢民老人观菊图”。“巢民”二字与戴本孝所刻六面印之“巢民”篆法同出一辙，有互证之效。

(五)方絷如、方粹然

方絷如(1672～1756)，字若文，一字文辀，号朴山。淳安赋溪人。方絷如曾受业于毛奇龄，笃信好学。康熙四十五年(1706)进士，选授顺天丰润（今属河北省）知县，历官三年，终以“烧锅失察”去官。此后家居力学，博览群书，深究经学，潜心于“濂关闽”之学。又工古文，为文朴茂古奥，类能阐发性道，有济世之教。时人称其为“朴山先生”。乾隆二年(1737)，以经学被推举，钦召纂修三礼，固辞不就。方絷如以文章名天下，清严律己，教书自给，曾在敷文、蕺山、紫阳书院讲学。其教必以正心术、端品行为本，门下高足有梁文庄、陈兆仑等。与秀水朱彝尊、桐城方苞等商榷文史，及砥节厉行、修身体道之事。著有《周易通义》14卷、《尚书通义》14卷、《毛诗通义》14卷、《集虚斋学古文》12卷、《离骚经解》1卷及《朴山存稿》《朴山续稿》，并传于世。

方絷如曾为湖州篆刻家沈皋（六泉）《春浮书屋印谱》序：

> 摹印家与画手同一关捩，要以气韵生动为上，韵胜则朱朱、白白，不主故常。比诸绘事，为米漫仕之烟云灭没，故自佳；为李将军之金碧山水，亦复佳。吾友沈子六泉妙达斯旨，而所书屋颜曰春浮。夫四时莫韵于春，而春之韵在浮。水净山浓，清风来拂，则林木翳然，以及亲人鸟、鱼皆一动一静，妙有生趣，远出不可捉搦，所谓浮也。六泉久居其间，指与物化而不以心稽，兼古人所云笔之妙、刀之妙而有之。有会斯作，如工倕之而盖规矩。故当妙处不传，岂能留谱与人？谱也者，迹耳。非其所以也，不得其所以迹，而以谱迹，六泉则又将为董、戚之印板死水矣，六泉勿许也。乾隆二十年岁在乙亥孟春月，年姻家友弟方絷如，时年八十有四。

方絷如生卒年不详，今据序跋，可定其生年。方絷如善篆刻，然印名被学问所掩，惜作品传世极少。今存一篆书边款，刊于乾隆二十一年（1756），年 85 岁，可谓老当益壮。

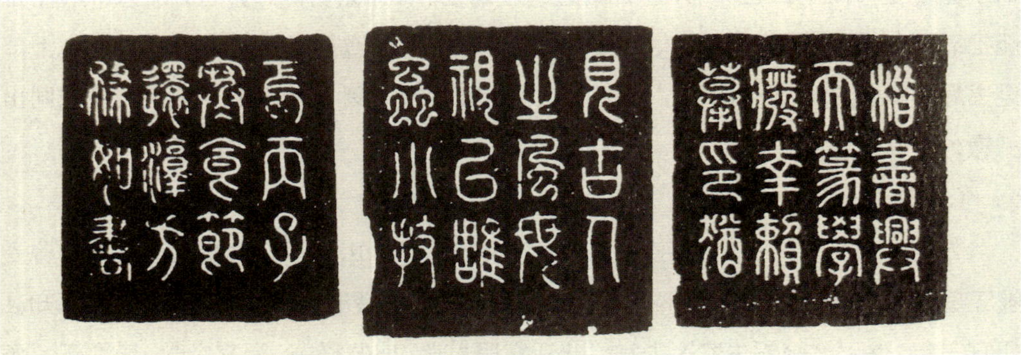

方棃如边款

方粹然(乾隆间),字心醰,号雪瓢。方棃如次子。少随父在京师从何焯游,称高弟。后寓居歙县之河西，自号河西寓公。时方棃如应郡守何达善之聘，主紫阳讲习。方粹然善文，乾隆十五年（1750），程瑶田与弟光莹同受业于方粹然，方并撰有《程瑶田传》。两人合作由方粹然撰、程瑶田书《澹圃记》，立于西溪南。方粹然与巴慰祖亦有交往，巴慰祖有《九日同方雪瓢过香海林》诗。

方粹然爱钱塘山水，久居钱塘江上。晚岁复游歙，持一木瘿瓢，自号雪瓢老人。自制铭，奚冈以隶书刻诸瓢之唇。殓时，殉棺中。又取砚石大者，刻小像于其背，自识云："丁亥长夏书于歙浦旅舍"。曹文埴《石鼓斋诗钞》卷 15 载："余得赵文敏为鲜于伯几作《委顺庵图卷》……近有客赠余端石砚一方，古泽盎然，覆手镌'委顺庵子孙保之'七字。旁镌诗一首云：'此砚留世五百年，鲜于伯几手泽传。委顺庵图今不见，犹存片石神绵绵。'款为雪瓢老人。雪瓢者，还淳方丈心醰，名粹然，亦好古之士。观其诗，颇以不见是图为恨。而持赠余砚之客，初不知是图之先我有也，若或使之两美适合，岂偶然哉。爰制匣合弆，而纪之以诗。"[①] 方粹然卒年 70。有《十一经注疏类钞》《礼服古制》。

(六)黄吕

黄吕（1672 ~ 1756 后），字次黄，号凤六山人、凤六居士。歙县潭渡人。黄白

① 《清代诗文集汇编》，上海古籍出版社，2010年，第387册。

山子，幼承家学，工诗文，书法学晋人，兼擅篆书，晚年益朴茂。精篆刻，有秦汉遗风，朴素大方。山水似文伯仁，花卉兼沈石田、周服卿之长，皆臻妙境。所画《钟馗图》，笔法苍劲，作于康熙三十四年（1695），年仅23岁。上有黄生题跋。安徽博物院藏其《山水册十六开》《溪山晴霁图》等，《溪山晴霁图》笔墨洒脱，不拘成法，从容写来，画时已86岁，老当益壮。黄宾虹旧藏黄吕《潭渡八景册》，所写潭渡景致，垂阳遮水，瓦屋傍山，佳趣宜人。黄宾虹跋：“山人诗承家学，书法晋人，工隶体，精篆刻。所画山水、花鸟，愈老愈苍，人称其诗、画、书法、刻印具四美焉。同邑汪槎庵辑《大好山水记略》，询访旧事，得山人所撰《潭滨杂志》，叹为山人父子皆乡邑第一等人，所记亭台池馆、人物花木，皆足备一村记乘。……忆前廿余年，岩寺江印苔谓得凤六山人画者，入市估手，往往易为文五峰。今册尾题‘嘉靖丙辰冬日，五峰文伯仁’云云，盖即后世贩侩所伪托。要之山人笔墨高逸，特出五峰之上，名画自有真面目，不难望气而知之矣。戊辰秋日，游粤西还，得之广州市肆，百年千里，洵属古缘，而况村图所绘，如依故居，家世之珍，犹存先泽，诵诗读画，岂不称快事哉。”黄吕每画皆有题诗，尝游楚粤，有题《粤中山水画册诗》，郑圻有《寄次黄粤西》《书笺送次黄之粤西》诗。

“醉香道人”“无心到处禅”黄吕篆刻

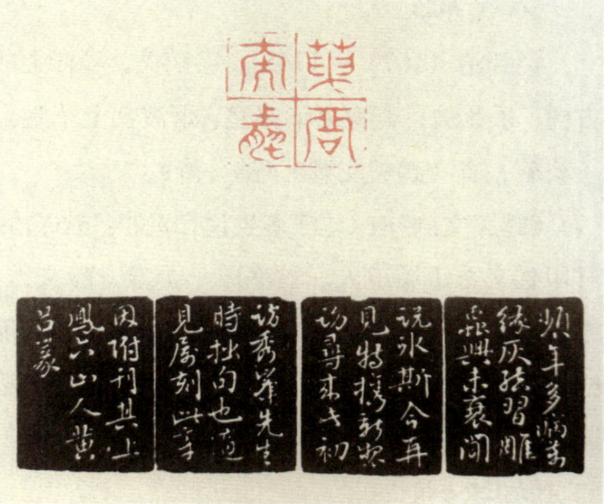

“天君泰然”黄吕篆刻

（七）黄宗绎

黄宗绎（雍正、乾隆），字仲凫，号桐谷。歙县潭渡人，寓居东皋。为典商时，在冒氏水绘园后，汪氏文园之前，邗江马氏玲珑山馆之客，半游于黄桐谷，一时有“高义薄层云”之誉。不到十年，家财巨万而消磨于江湖诗酒间。有小印曰“千人万人内一人两人知”。从黄吕刁篆刻，以程邃为宗，工稳劲秀，骎骎入古。尝镌三十韵诗句为印章，又手画印章二帙，几与印者无别。丙子汪启淑归新安，往还甚密。工篆隶，隶学汉《张迁碑》，篆学秦李斯《泰山》《琅琊》诸碣。好作擘窠书，索书者无虚日。有《印文辑韵》稿本，时雍正十二年（1734)。许承尧云："仲凫先生此书用意，与《缪篆分韵》同，以《缪篆分韵》较之，多有同异。复为先生手写未刻本，至为可珍。惜每字未注其所从出耳。"

(八)吴邦治

吴邦治（1673 ~ 1745)，字鹤关，号江上放鹤翁，其他有永康、允康、深山一老、古槎、乐此翁。斋室名诵芬室、烟波江上草堂、鶱飞楼。歙县人，侨居汉口。擅书画，工篆刻。有《鹤关文剩》《鹤关诗》。

《鹤关文剩》有《与汪寿生说印》文："昔予在京师遇樵谷翁，相接甚欢。尝推之曰：君印犹文秀于垢道人。翁徐曰：予惟一味文秀，所以不及垢道人也。再加三年苦功，方能与并。老成人之虚心不苟如此。"又曰："垢道人之白文，佳矣。朱文之用汉篆者，亦佳。若以钟鼎为印，亦属变调。细秀者已骎骎乎宋人、元人矣。"文中涉及对程邃的评价，颇为中肯。

(九)汪士慎

汪士慎（1686 ~ 1759)，字近人，号巢林、溪东外史等。歙县富溪人，居扬州。精于绘画、书法和篆刻。

"七峰草堂"汪士慎篆刻

汪士慎擅行草、隶书，偶尔用篆书题画，也是颇有意趣，小篆夹杂缪篆，别有风骨。精于篆刻，身手不俗，除自用印外，曾为金农刻过印。金农《冬心集拾遗·近人先生为予篆刻姓氏私记深得两京遗法因追忆旧时所蓄汉印作诗三首以寄》有言："诟翁已逝古镬亡，汉法陵澌太息长。赖有七峰居士在，穷源心力到天荒。"[①] 黄易在"一笑百虑忘"边款记："冬心先生名印，乃龙泓、巢林、西唐诸前辈手制，无一印不佳。"奚冈在"铁香邱学敏印"边款跋云："近代丁龙泓、汪巢林、高西唐稍振古法，一洗妍巧之习。"清人魏锡曾《论印

① 《西泠五布衣遗著》，浙江古籍出版社，2015年，第538页。

诗二十四首》之一谓 :“蒙泉数印人，高、汪、钝丁亚。潇洒梅花帧，芝泥渍林罅。汪似胜于高，结构差入化。”诗注云 :“高翔西唐、汪士慎近人。近日丁龙泓、高西唐、汪巢林力振古法，一洗妍媚之习，语见奚蒙泉印跋。”

黄易、奚冈两位篆刻高手都将汪士慎篆刻与丁敬相提并论，可见其印品之高。汪士慎与丁敬交往较迟，两人在“寒木山房”见面后不久，汪士慎就作《怀敬身先生》诗，有句“十年神契曾相似”，可见神交已久。汪士慎篆刻名气不大的原因，可能与作品少有关。而作品少，可能只为友好而作及眼疾相关。汪启淑《飞鸿堂印谱》收有汪士慎两方朱文印，一署“汪近人”，一署“汪近仁”。《传朴堂藏印菁华》收其“金氏寿门”朱文印，署款“近人”，如其篆书题画。

(十)项怀述

项怀述（1718 ~ 1796），又名述，字惕孜、香谷子，号别峰、别峰樵者、涤庵、涤之、涤道人、伊蔚生等。斋室名伊蔚斋、蔚堂。歙县小溪人。辑有《伊蔚斋印谱》2 册、《黄山印薮》2 册。项怀述擅隶法，编纂有《隶法汇纂》。民国《歙县志》记 :“（项怀述）手写《隶法汇纂》十卷，甚精，谓隶法赖有汉碑，顾南原作《隶辨》，准以《说文》，辨其正变，考据精详，乃重为编注，藉便检查。”

项怀述篆刻曾受文、何影响，如《伊蔚斋印谱》中“澹而不厌”“澄之不清”“流水今日明月前身”“水光山色”“松潭月色”等都是文、何常见面目。“读画”长形白文印四边留有粗边，文字集中在中间，出处在何震的“素赏斋”和陈万言“墨兵”。“爰位而行居易以俟”，无论在篆法还是在布局上，都是模拟苏宣“我思古人实获我心”。“香谷”白文印篆法，亦源于苏氏。项怀述还有一些文字出自《六书通》的朱文印，如“其间就里千千万万有谁堪诉”“我犹未免为乡人也”等，显然是师法程邃“少壮三好音律书酒”“床上书连屋阶前树拂云”等印。在师法

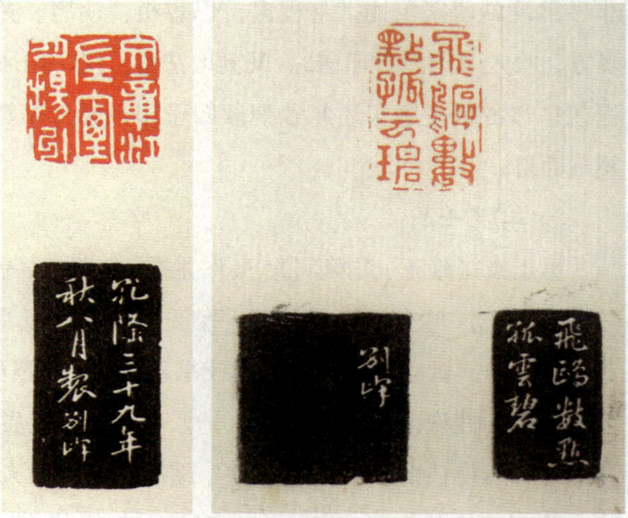

“文章江左烟月扬州”“飞鸥数点孤云碧”项怀述篆刻

秦汉方面，有直接古人处。“伊蔚斋”“惕孜”学汉玉印，“惟静惟默澄神之极”取法汉朱文多字吉语印，“宜其遐福”“温其如玉”得汉铸印精髓，“项怀述印章”拟汉将军印，“三复白圭”“惕孜”“项述”法古玺印。用刀方面，“述传旧而已”“别峰樵”，单刀直冲，一任自然。“可为而不可为”“惟此一片石堪共语”，冲刀带切，时露锋芒。“抱璞”小印含蓄内敛，笔短意长。边款有行书、隶书两种，皆双刀所刻，点画清雅，精工；多字隶书边款若缩小之碑版。

小溪项氏善刻印者数人，曹文埴谓之“南河四项”。除项怀述外，另有项根松（上章）、项绥祖（藕湄）、项道炜（原名道旷，字鲁青）三人。项怀述族孙项泰增，字瞻岩，号松谷。亦擅篆刻，年未40而逝。程鸿绪征其印数十方，辑为《松谷印遗》，项怀述序。

(十一)汪肇龙

“富老不如贫少美游不如恶归”汪肇龙篆刻

汪肇龙(1722～1780)，原名肇漋，字松麓，一字稚川。歙县邑城人。乾隆二十七年(1762)副榜。少孤家贫，兄亦早逝，嫂寡弟弱，习篆刻以谋生。久之，通六书，又从江永学治经，宗郑康成，于《尔雅》《说文》《水经》、地志、步算、音韵、古礼、器数、名物皆综贯师友间，咸服其精。尝游京师，观太学《石鼓》，说“是可注而读也”。遂摹其文而注释，著《石鼓文考》，定为周宣王时史籀所篆，非后世物。“至于尊彝、钟鼎诸古篆，云鸟、蝌蚪之文，寓目辄辨”。汪肇龙作为考据学家，精通经史、古文字，非寻常篆刻印家可比。与程邃、巴慰祖、胡唐，并称“歙四子”。曾为汪启淑刻印多方，收入《飞鸿堂印谱》。篆刻取法秦、汉，印风凝重古拙，浑厚有拙趣。道光间，程芝华《古蜗篆居印述》摹刻歙四子印，卷二摹汪肇龙印39方，大略可见汪肇龙篆刻面目。

(十二)吴士杰

吴士杰（雍正、乾隆间)，又作兆杰，字隽千，号漫公。本汪姓，育于吴。生二子，一子承汪祀。吴士杰生性傲兀，耻受尘缚，人以为漫，刻薄者称为“漫儿”，士杰竟自号漫公。歙县邑城人。少时读书不成，从同邑吴天仪学六书、篆刻，行楷、八分，皆有法度。性诙谐，潇洒不羁，一派高人韵士气质，一郡没有不知漫公者，人争相结纳之。所得钱财多购法书古物，随手又转贻他人。不治生产，时时灶烟不举，遂肆力篆刻，售其技，有名于时。时沈凤权徽州府同知事，见其所作，叹曰：“艺盖至此。”士杰喜而往谒，见沈凤华颠白髯，云：“吾观若长我且三四十年，我若其年，艺或当过之。”遂不复见。乾隆十五年(1750)，汪启淑归歙对簿，闭门不见亲朋。吴士杰数次叩门欲见，一日直入寝榻，讨论竟日，以汪启淑为知己。吴士杰篆刻高古，刀法秀雅，近文彭、何震，汪启淑谓不类吴天仪，所谓青出于蓝。乾隆二十年（1755）秋，汪启淑归歙省墓，老友重逢，“其制印更苍老，而各体俱工，于文、何两君外另开生面，且金玉晶牙瓷竹，无所不善，其款识尤精绝，皆可传也。曾许余为购月中娑婆木，经时杳然，人皆以为妄。无何，而一缄突至，木亦与之偕来”。汪启淑辑《飞鸿堂印谱》，收其印章甚多。

“黄海印痴”
“抱松柏之坚心”
吴士杰篆刻

吴士杰与程瑶田为友，同喜砚。曾得一小砚，狭而长，程瑶田名之“一笏”，并铭：“象形名笏，墨来汩汩。墨盈一螺，笏功何多。”又持一砚谓程瑶田：“武溪鲍政和，许为购宋坑材者几十年，今以此报我，云：‘水涨后，石齿齿露溪径中，乃凿其巨石，剖腹中得之，真宋坑材也。’将以畀余子，乞君铭。”程瑶田铭曰：“焕其有文，温如玉，勉堂宝之，用自勖。”吴士杰得龙尾小石，圆如璧，径一寸有半，厚不及十分寸之一，中多沙砾。磨砻之，瑑起如月中黑暗状，程瑶田铭之曰：“月光炯炯，有大地山河之影。”又得小石一片，犀角纹，吴建周云：“是宜以赠程君，为行囊砚。”吴士杰从其言，程瑶田铭：“重如一钧金，利有攸往，无二尔心。”此砚极细，沙砾粿结，斑然见于面。程瑶田又铭：“瑕瑜不掩，玉质犀纹。砺我以信，允为席珍。”吴士杰与程瑶田，皆可谓砚痴。

(十三)汪启淑

汪启淑(1728 ~ 1799)，字慎仪，号秀峰、讱庵，自谓“印癖先生”。斋室名飞鸿堂。新安歙县人，侨居杭州。家以经商致富，捐官为工部都水司郎中。喜交友，有友如吴廪、丁敬、黄易、黄吕、张燕昌、吴士杰、董洵、桂馥、程瑶田、潘西凤等，工诗，与厉鹗、杭世骏、朱樟结“南屏诗社”。汪启淑富藏书，其“开万楼”藏书数千种，自云：“江浙藏书家，向推项子京白雪堂、常熟之绛云楼……近时则赵谷林小山堂、马秋玉玲珑山馆、吴尺凫瓶花斋及予家开万楼。”乾隆三十七年（1772），诏访遗书，汪启淑进呈 600 余种，恩赐《古今图书集成》一部。

汪启淑一生酷嗜印章，曾搜集秦、汉以降各朝印章数万纽。黄易在《一笑百虑忘》印跋中说："汪丈讱庵鉴古精博，生平知己也。"丁敬在《藏之名山、传之其人》印跋中说："予生平不喜作闲散章，谓其浪费笔墨，不足以名世，乃自与秀峰共东皋吟社，称诗颂酒，友契于心，深重其好古专笃，藏书百橱，工吟咏。得古印几盈万纽，汇为印存。又集时贤张子盘石，钱君乐父，王君子父辈，不惜重聘，延之家园，相与参订商榷集名人韵语，镌诸佳石，悉合于古。"汪启淑曾出佳石请丁敬刻"古歙汪氏啸雪堂主人珍藏夏商周金石文字、秦汉官私印信、唐宋元明人诸章、历代名人书画尺牍之钤记"印章，将其一生喜好基本概括其中。汪启淑鉴藏印章之余，复精于篆刻，上海博物馆藏有一方汪启淑所刻"君亲德与天地并立，圣贤道共日月同明"白文印，此印作于乾隆二十八年（1763），汪启淑时年36岁。该印在一厘米余的小石上，刻有16个字，布局匀称，精工老成，可知其身手不俗。

汪启淑著、辑有《水槽清暇录》《焠掌录》《小粉场杂识》《撷芳集》《飞鸿堂印人传》《讱庵诗存》《撷芳集》《集古印存》《汉铜印原》《汉铜印丛》《静乐居印娱》《初庵集古印存》《飞鸿堂印谱》《退斋印类》等，一生辑印谱达20余种。其《飞鸿堂印谱》集百余人刻印，达3498方，钤印成《飞鸿堂印谱》5集40卷，蔚为大观，风行一时。不过，由于卷帙过于庞大，有些印非得之创作者本人，难免混入赝品，如丁敬款"飞鸿堂""启淑"等。"魏稼孙言汪讱弇《飞鸿堂印谱》所收丁龙泓刻印，惟'启淑私印''飞鸿堂藏''秀峰赏鉴'三印，又张洪厓绝句大印，又一白文界格大印，是龙泓手制，余皆赝鼎。盖讱弇受同时作伪者之欺绐也"。[①] 其《退斋印类》10卷，汇集各类印材品类，是本谱特色。又《锦囊印林》，为古代印谱开本之最小者。陈振濂在《中国印谱史研究导论》一文中，用五点总结了汪启淑在印谱方面所贡献的历史价值：一是平生编印谱最多的专家，前无古人后无来者；二是开拓印谱体制、屡有创新的前驱；三是各种专题、摹古印谱的尝试者；四是

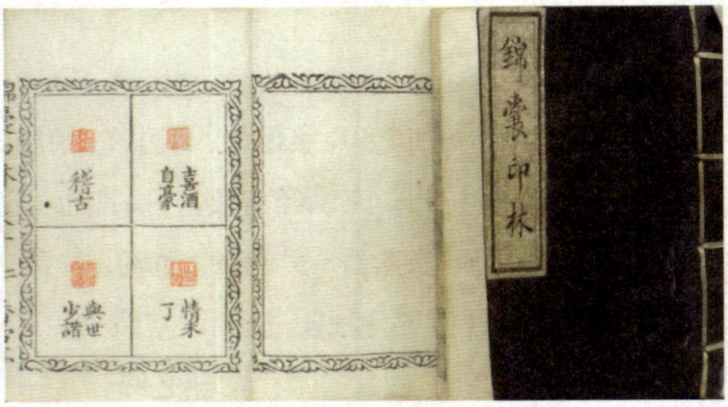

《锦囊印林》

① 黄宾虹：《黄宾虹文集全编·金石编》，荣宝斋出版社，2019年，第47页。

开创编谱新格式的一代奇人；五是著有《飞鸿堂印人传》。

也许，关于汪启淑的思考，还可以有许多许多，不过仅凭这五项，汪启淑被推为印谱史上的集大成者，就有了充分的理由。如果说杨克一是先锋，顾从德是中军，那么到了汪启淑，则已是印谱史上的主帅派头、盟主气象了。他的“印癖先生”的称号、他的无与伦比的印谱数量与种类，他的挖空心思的创新，这些，都是此前的印谱所不具备而此后的印谱也难以望其项背的。[①]

(十四)巴慰祖

巴慰祖，诗书画印兼擅，诗有《黄海吟秋录》一册。书则隶书见长。“能山水花鸟，皆工。然不耐皴染，成幅者绝少。人得其残稿，犹珍重爱惜之”。[②]篆刻最负盛名，与程邃、汪肇瀧及外甥胡唐，合称“歙四子”，亦称作“歙派”。成员除了四子之外，还有巴氏子巴树谷、巴树烜等人，亦擅篆刻。巴慰祖篆刻以汉印为宗，兼学古玺及宋元朱文，也受到程邃的影响。印风工致挺秀，儒雅纯正，其“下里巴人”广为人知，为其细朱文代表作。后人对其评价很高，如张廷济评其印“不粘不离，形神俱到”。当代韩天衡云其篆刻：“雅致近汪关而益趋自在，浑穆近程邃而益趋精整，娟秀中能透露古茂气象，故为自许高标的赵之谦所心折。”赵之谦说“浙、皖两派可数人，丁、黄、邓、蒋、巴、胡、陈（曼生）”（“巨鹿魏氏”边款）。赵之谦好友魏锡曾云：“扐叔今殆无匹，尝谓近作多类予藉。”巴慰祖篆刻传世作品不多，主要藏于上海、浙江、安徽等地。另有印谱数种，如《四香堂摹印》2卷、《予藉摹古印谱》1册、《百寿图印谱》1册、《巴隽堂印存》1册、《四香堂印余》8册8卷。其中《四香堂摹印》有巴慰祖乾隆三十九年（1774）年自序，认为“印章之祖秦汉，如寻山之有昆仑，问水之于星宿海也”，[③]这与他篆刻实践中宗法秦汉是一致的。巴慰祖久闻顾从德《集古印谱》之名，但恨“未得《集古》本，摹印以广其传，于心终阙然”。他从汉滨回到新安，听说由沈明臣手书序跋、顾氏珍藏的《集古印谱》原印墨渡卷子为西溪南吴氏所得，又遗岩寺金榜。遂从金榜处借来，“橅之数月，寝馈以之，得

① 陈振濂：《中国印谱史研究导论》，《中国印谱史图典》，西泠印社出版社，2011年，第23页。
② [清]黄钺：《壹斋集》，黄山书社，1999年，788页。
③ 郁重今：《历代印谱序跋汇编》，西泠印社出版社，2008年，第345页。

“下里巴人”“巴予籍”“己卯优贡辛巳学廉” 巴慰祖篆刻

如千枚，秦汉金石之遗，粗在于是”。

历史上曾有一部《董巴王胡会刻印谱》，所谓董、巴、王、胡，指董洵、王振声、胡唐及巴慰祖。因这几位印家篆刻作品存世极少，此谱一出，为人珍视，辗转引用。然经当代学者研究，《董巴王胡会刻印谱》实际出于伪托，底本即巴慰祖原印真迹《巴莲舫先生摹汉印谱》。巴慰祖曾为友人吴之黼一人所作套印，印函用黄杨木雕制，四面楷书款：“竹屏廉访工书善诗画，尤嗜印章，皆四方名流所为。积石累累，不下数百颗。以椟贮之，历官所在，必携随行，不知者以为资重也。岁巳（己）亥，慰祖曾为刻写兰题记印，谬承奖许。今复命制套印，因辑诸家柜（矩）范为之，都廿五方为一函。他日鉴廉访画者，兼鉴此印，有足征也。夫戊申三月廿七日隽堂居士巴慰祖识。”近年此套印章现身，并被上海博物馆收藏。然而，原来五层套印失去一、五两层，仅剩下 15 个印面。尽管如此，亦当额手称庆了。

(十五)吴晋

吴晋（乾隆间），字进之，号日三。休宁人，寓居常熟，后徙娄县（今上海松江）。幼读书，不喜应试文章，困于童子试，因纳粟入成均。谨遵遗训，贵尚清简，虽然籍丰履厚，而无纨绔裘马习气。擅书画，嗜好金石文字，究心六书、八法，皆洞悉源流。篆书法王澍，所作清秀圆健，脱颖超群。山水风格清隽，烟润苍雅，具书卷气，然不轻易为人作。篆刻得古趣，取法何震、苏宣工稳劲挺一派，并受林皋影响。“长日杜门，焚香啜茗，静居一室，手不释卷，萧然自乐，以致大损目力。遂谢绝交游，养疴索处，以莳花种竹为娱。”乾隆二十七年（1762），辑有《分类印谱》4 卷、《知止草堂印存》2 卷。

“放鹇亭客”“仁者寿” 吴晋篆刻

（十六）奚冈

“奚冈之印”“奚冈私印” 奚冈篆刻

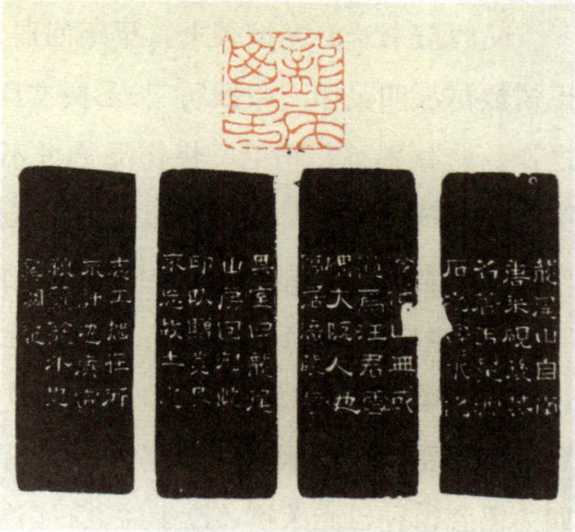

“龙尾山房” 奚冈篆刻

奚冈（1746～1803），初名钢，字铁生，一字纯章，号萝龛、萝龛外史，别署奚九、古水、古水生、鹤渚生、鹤渚散人、蒙泉外史、蒙道士、蒙道人、奚道士、蝶野子、散木居士等。新安黟县人。嘉庆刊本《黟县志·卷七·人物志》载奚冈：“字铁生，十一都际村人，布衣。工字画，笔清超，晚流寓钱塘。阮芸台侍郎元《定香亭笔谈》云：‘铁生旷达耿介，闭门谢客，虽要津投刺乞画，非其人，不可得见，亦不能强也。六法之外，隶古、篆刻，靡不精妙。诗抒写性灵，超然绝俗如其人。汪稼门方伯志伊欲以孝廉方正征之，不就。’《冬花庵诗》。”[①] 黄宾虹《讲学集录·第十七讲》记：“奚铁生，安徽黟县人。少孤贫，其母舅携来杭。舅乃米商，遂入其店为伙，心不之喜，常与当地文人交游。舅亦不悦，以其耽于诗画无富贵志也。”[②] 著有《冬花庵烬余稿》。

奚冈篆刻私淑丁敬，风格冲淡质拙，自谓：“印泥、画沙，鲁公书法也。铁生用以刻石，一洗宋、元轻媚气象。”其论印云：“近世论印，动辄秦、汉，而不知秦、汉印刻，浑朴严整之外，特用强屈传神。今俗工咸趋妩媚一派，以为仿古，可笑”（《汪氏书印》边款）。又云：“印至宋、元，日趋妍巧，风斯下矣。汉印无不朴媚，气浑神和，今人实不能学也。近代丁龙泓、汪巢林、高西堂稍振古法，一洗妍巧之习”（《铁香邱学敏印》边款）。惜晚岁专于绘事，而疏于篆刻。

（十七）胡唐

胡唐（1759～1838），又名长庚，字子西、西甫、寿客、咏陶，号聨翁，别署

① [清]吴甸华：《黟县志》，黄山书社，2014年，第263页。

② 黄宾虹：《黄宾虹文集全编·书画编》（下），荣宝斋出版社，2019年，第597页。

“藕花小舸”胡唐篆刻

城东居士，木雁居士。排行十四，人称“胡十四”。胡唐与舅父巴慰祖、篆刻家董洵等，以刻印为乐。又喜吟咏，“以诗名噪汉皋”。胡唐为程芝华《古蜗篆居印述》作序、题签，程芝华在印谱《凡例》中称胡唐为“胡典籍子西”，胡唐可能候补或担任过内阁典籍、国子监典籍之类的低级品官。有《木雁斋杂著》《木雁斋诗》。

胡唐擅书法，尤擅篆书。早年问业于江心泉，篆刻学巴慰祖，婉约清丽。如为巴树穀仿汉四灵印“叔穀”，长形白文印“叔穀”和细朱文“蒍花小舸”，皆为精心之作，边款熟练、精绝，惜作品传世不多。乾隆五十九年（1794），胡唐在京城为张问陶镌刻“船山”狮纽玉印一枚，张氏作《胡城东唐刻船山小印见赠作歌谢之》，印章后被贼窃去。胡唐曾自述篆刻创作经历：“余自丱角，寝馈不忘者三十年，以目眚弃去。”这可能是篆刻作品较少的原因。胡唐与其舅巴慰祖均喜蓄砚、刻砚，胡唐广为亲朋砚石题赞，如为巴慰祖孙巴光荣撰《巴小孟歙石铭赞》《巴小孟所藏端溪圜砚铭》《小孟砚铭》，还曾为程祖洛（梓庭）、吴文桂（子华）、江玉（坚甫）、吴步韩（小岩）、王泽（子卿）、吴鸣捷（蔗芗）、程洪溥（丽仲）、鲍士贞（固叔）、鲍煦云、鲍石渠、程筱渔、洪伯粹、洪季威、吴辛老、胡实君等撰砚铭，铭文精警隽永，言简意赅，含义深远。

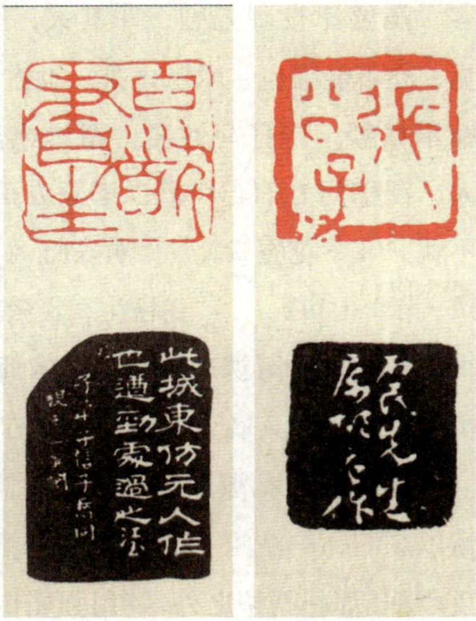

“白发书生”“张公子”胡唐篆刻

（十八）毛绍兰

毛绍兰（1780年前后在世），字佩芳，一字溥堂，号云樵。遂安狮城西涧人，毛际可曾孙。秉承家学，研究经史，博通艺术。能诗，宗益都赵秋谷及常熟二冯，丽而不雕，浓而不腻。清乾隆四十二年（1777）拔贡，候选直隶州判，得朱筠、王昶、吴绶诏、黄轩赏识。后失意有司，赋诗四章，飘然人长安。病卒师张闸舟次，幸得同行金棨、吴蔚光为姻娅，为其经纪后事。有《不疑录》，而所刊《云樵诗钞》惜非全稿。

毛绍兰善摹印，一以秦汉为法，刀法苍莽，颇自珍贵，“非素好及韵士，纵力求之，终岁惟庋置而已”。乾隆四十一年（1776），汪启淑辑《飞鸿堂印谱》40卷，其中收有毛绍兰印章10方，多拟汉法，偶效古文奇字，如“守愚圣所藏”。

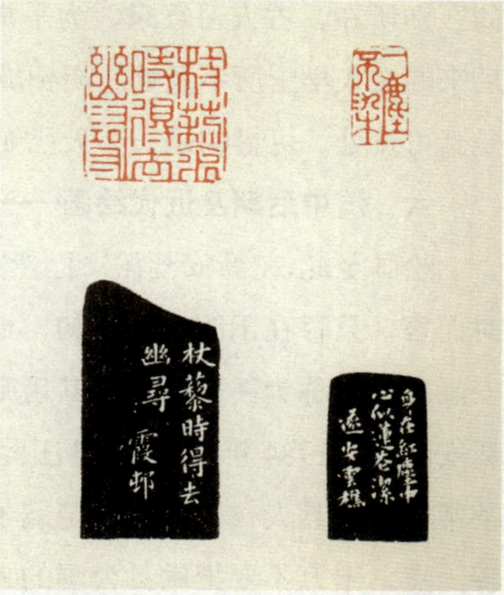

“杖藜时得去幽寻”“一尘不染”毛绍兰篆刻

(十九)胡柏坡

胡柏坡(乾嘉间)，名熙陈。淳安人。善绘画、篆隶，尤擅篆刻，有《胡柏坡印谱》。清代经学家张惠言曾为其《胡柏坡印谱》作序：“淳安胡柏坡，好古有文，善篆隶，喜刻石印。其始，仿秦汉之制，以入古印中，莫能辨也。歙人巴慰祖尝叹以为工。其后为之益精，乃斟酌古法，一以圆转流动、自然朴美为宗。其生平可意者甚多，或散失，稍稍汇印成帙，凡若干方，为印谱。盖柏坡之好之也笃，其为之也久而勤，纯纯于古而不苟出新意，故能不谬于古若此。柏坡非以艺名，然而世有名此艺者，其必有取乎此也。”① 歙县鲍桂星在他的《觉生诗钞》中，有《赠淳安胡柏坡（熙陈）》诗：“先生余事搜金石，断楮零缣锦不如。彩笔凌云兼铁笔，汉书下酒更秦书。到门客敢轻题凤，临水人应学种鱼。我欲此间谋小筑，草元长傍子云居。”②

从张惠言序中“柏坡非以艺名”及鲍桂星诗中“余事搜金石”可知，篆刻非其主业。张惠言序云：“古者以金石为印，其为之者，工人耳。后世易之以石，始有文人学士，专以其艺名于世而传后。夫以刀划石，易于范金琢玉倍蓗也；文人学士之智巧，多于工人十百也。然而后世不如古，何其远耶！盖古之为书，习之者非士人而已。隶书者，隶人习之，摹印刻符，殳书署书，皆其工世习之，而善事利器又皆后世所不逮。故其事习，其文朴，其法巧。后世文人学士为之者，非能如工之专于其事也，时出新意以自名家，又非能守故法也。……故有刀法而古之巧亡，有篆法而古之样失。则文人学士之名其家者不逮于工人，其理然也。”③ 序中讨论了古之工人与今世文人

① [清]张惠言：《张惠言文选》，苏州大学出版社，2001年，第187页。
② [清]鲍桂星：《觉生诗钞·卷七》，嘉庆二十五年刻本。
③ [清]张惠言：《张惠言文选》，苏州大学出版社，2001年，第186、187页。

的区别所在，古人习篆隶，为平常事，所以能朴、能善其事，更能自然流露，这是后来的文人学士所不及处。胡柏坡能学秦汉，又以“自然茂美为宗”而“不谬于古”，是其可贵处。可惜的是，今天已无从知晓胡柏坡更多的信息，更遑论作品了。

六、清中后期及近代绘画——新安画派的终结与黄宾虹的崛起

绘画至此，“新安画派”已然完成了它的历史使命。新安画派作为一个流派，相对而言，只存在于明末和清初，最多延至清乾隆间。即使在这个时期，也非所有新安画家皆可称为新安画派。其后则只可谓受到新安画派影响及学新安画派者，而非新安画派。1984 年 3 月 17 日汪世清在致汪孝文信札中谈到这个问题时，曾说：“某某某虽为歙县人，其画不一定属于新安画派，这一点您在给季同志信时可以说得婉转一点，千万不要把歙县会画的人都属于新安画派。这是我的看法，可能他们是不同意的。”①

相比较清早、中期绘画而言，清代新安绘画后期相对处于低潮，多沿袭传统，绘画保守成分较多，大多受到娄东派、虞山派影响，如道、咸时期的汤贻汾、戴熙等，为时人所重。其他尚有钱杜、张问陶、胡公寿、吴伯滔、吴谷祥、张熊、居巢、居廉、顾沄等。也有人提出“道咸画学中兴”说，主要指文人画及与金石学、考据学相关。如黄宾虹云：“道、咸中，金石学发明，眼力渐高，书画一道，亦称中兴。”又云：

> 国画正宗，约有三类：一曰文人画，有词章家，有金石家；二曰名家画，有南宗法，有北宗法；三曰大家画，学取众长，不分门户。词章之士，多诵习古人之诗文杂著，遍观记录，于画家评骘笔墨之旨，闻之已稔。虽其辨析宗法，练习家数，未能深入堂奥，而赏识者已谅其嚣俗之尽祛。金石之家，兼工篆隶，又克通书法于画法之中，深厚沉郁，自不蹈于浮薄，即如北宗易俗，南宗多文，俗可医之以寿，文或示之以弱，各有偏毗，其能得笔墨之真传一也。而况道尚贯通，学有根柢，用长舍短，集其大成者乎？②

有金石学背景的画家，较早有黄易、奚冈、赵之琛、巴慰祖等为代表，其后有

① 鲍义来：《汪世清书简》，安徽省徽学学会编印，2009年，第174、175页。
② 黄宾虹：《黄宾虹文集全编·书画编》(上)，荣宝斋出版社，2019年，第464页。

吴大澂、何绍基、吴让之、赵之谦、吴昌硕、黄士陵等，而具文人画意味者，如吴东法、姚元之、翁同龢、胡义赞、陈崇光、郑珊等。

海上画派的兴起，对近代美术影响极大，代表画家有赵之谦、任熊、任薰、任伯年、任预、吴昌硕、朱偁、蒲华、倪田、吴石仙、陆恢、黄山寿、吴友如等人，以及新安画家虚谷、程璋、吴淑娟等。

同治、光绪到民国间，景德镇瓷器出现一种接近国画画法的“浅绛彩”，在瓷器画法上具有创新意义。画家多新安人，如黟县程门（雪笠）、程言（次笠）、金品卿（寒峰山人）、程士芬（稚汇）、汪棣（友棠）、汪藩（介眉）、王堃（大凡），婺源俞子明（子明）等，程门、汪棣等都曾有国画作品存世，造诣一般。但他们转向浅绛彩创作，则出奇制胜，取得很好的效果。另外，一些国画名家偶尔客串画瓷，别有趣味。

清中期到近代，新安画家有：汪梅鼎（1756～1815），字映雪，号澥云。休宁人。乾隆五十八年（1793）进士，官御史。工诗词，擅书画；程堂（乾嘉），字雨湖，休宁人，工山水；汪朴（乾嘉后），字素公。休宁人。山水得元人疏散之致，意境荒寒；江士相（乾嘉），字得禄。歙县人。画学黄子久；吴云（乾隆、嘉庆），字秋南。歙县澄塘人。工诗画，作《不疏园图》；莫春晖（乾嘉），字广元。黟县人。山水苍秀；黄棓（嘉道间），字守愚。歙县人。善画山水；冯照（1774～？），字菽塘。山水师法元人；黄棓（嘉道间），字守愚。善画山水、人物；汪智（嘉道后），字睿生。歙县人。擅山水、人物、花鸟；汪廷儒（1804～1852），字醇卿。新安人。山水得董其昌之妙，亦似查士标；吴昕（不详），字仲征。休宁人。善人物、山水；黄珏（咸丰间），字孝侯。休宁古林人，咸丰进士。擅书画；江蓉（1832～1905），字莲峰。歙县人。精绘事；江彤辉（咸丰、同治间），字管生。歙县人。善画山水；汪滋（1839～1916），字启滋。休宁人。工诗书，山水简笔勾勒，并善指墨山水；吴鸿勋（咸丰、同治间），字子嘉。歙县人。工书，善画兰竹之属；汪律本（1867～1930），字鞠卣。宗沂子。画山水、花卉，有逸致；张翰飞（1884～1939），名鹏翎。歙县定潭人。擅山水；汪采白（1887～1940），名孔祁。歙县西溪人。擅诗词书画，任南京中央大学国画系主任等；鲍锡麟（1904～1952），字君白，号二溪。歙县岩寺人。工山水，亦善花卉、人物；张君逸（1905～1969），歙县人。善山水、花鸟；汪克劭（1905～1955），字勖予。工人物、山水、花鸟、草虫；江兆申（1925～1996），工书法、篆刻，善画山水。

以上挂一漏万，大致勾勒了这一画家群体的概况。

(一)汪梅鼎

汪梅鼎（1756 ~ 1815），字映雪，一作映琴，号浣云、澣云、蓼塘。休宁人。乾隆五十八年(1793)进士，嘉庆十七年(1812)由礼部郎中考选浙江道御史。晚因爱子死，伤悼成疾，60岁卒于官。工诗词，善鼓琴、书画。书法学苏、黄、米，晚年书重结构和用笔趣味。山水得宋、元人遗韵，擅用水墨，笔墨淋漓，荒寒纵逸，老干交缠，直抒胸臆，皆臻妙境。兼工兰石及花卉。

汪梅鼎《桐荫高士图》婺源博物馆藏

汪梅鼎有一开拟倪瓒画，笔墨意到而已，全不理会所谓折带皴为何物，其题跋云："倪云林画最难着笔，岂食烟火者所能知。"其闲章云"迂似云林颠似米""陶诗倪画米砚王书"，大约可以窥探其意趣所在。汪梅鼎绘画学多家，难免风格芜杂，这可能是影响他艺术高度的主要原因。

(二)汪汉

汪汉（1795年前后在世），字文石。淳安西隅人。为人倜傥敦大节，念男子当有四方之志，出钓台，上山阴道，探禹穴，浮江淮；北行过齐、鲁、海、岱，纵览京师都邑之盛；历彭蠡，涉潇湘，望白盐赤甲，知妙处原在烟雨中。他如峨眉月，华峰霜，一以锦囊收之集中。所著《巫山谣》《滟滪行篇》皆其所及目者。又有诗集《历览吟》《率性草》。

汪汉《九歌图》浙江省博物馆藏

汪汉余事工画，以绘事名两浙。所作绢本设色《九歌图》长卷，纵31.5厘米，横319.5厘米，藏于浙江省博物馆。卷中人物造型生动、准确，衣纹繁复飘逸，勾线有力，敷彩艳而不俗，人物穿插、布置于山石、树丛及烟云之中，与《九歌》所营造的人神恋歌氛围表现得极为妥帖，感人至深。整卷作品通篇无懈怠，体现了作者深厚的绘画功力。款识云："丙辰秋初青溪汪汉制。"卷前有潘天寿引首题"湘水遗歌"，卷后有张宗祥的题跋。

(三)莫春晖

莫春晖（乾嘉），字广元，号葵斋、樵谷人、林历山樵、月塘钓者。黟县人，寓居吴门。幼爱绘画，年15以所画树谒王愫。性喜陶渊明，遂归隐。工医，间写山水。山水老辣苍秀，绝少示人。

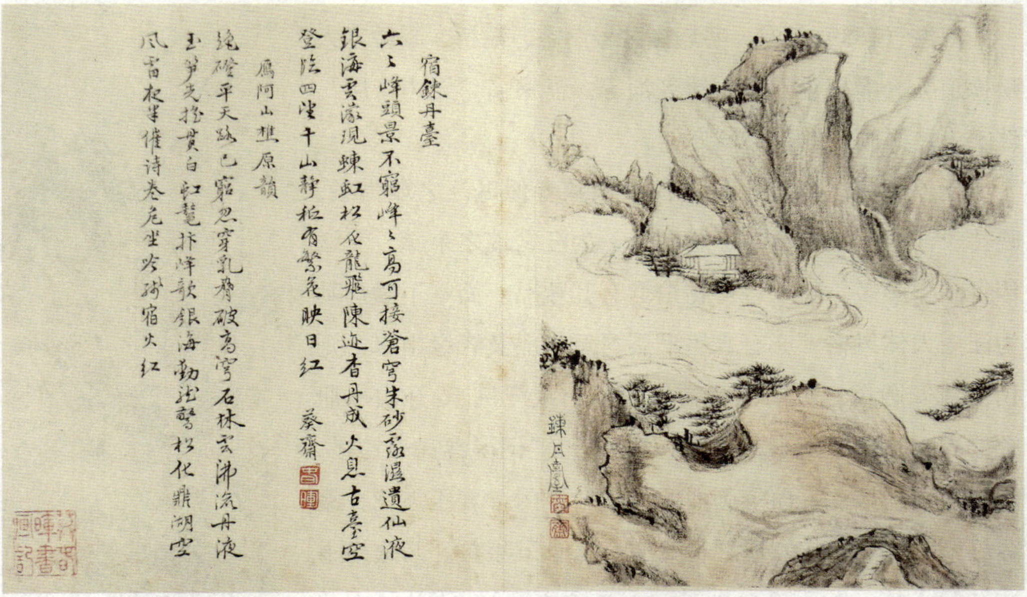

莫春晖《山水册》安徽博物院藏

曾仿戴本孝《黄山图册》，每幅录戴本孝原诗对题，并录和诗13首，所题多楷书、行书，偶写隶书。《洋湖》一开题跋云："稼轩先生见予所藏鹰阿画黄山图册，属予临仿。鹰阿有诗十三章，因次原韵悉和之，并录原咏于后。异日登峰造极，按图征诗，堪为胜游一助。然画陋句拙，远不如鹰阿，秖以增愧，幸祈斧正之为幸。乾隆癸丑孟冬月，黟山月塘钓者莫春晖写，并题于姑苏山塘之自适书屋。"《黄山图册》藏于安徽省博物院。癸丑，为乾隆五十八年（1793）。《安徽画家汇编》载其《山水扇面》题云："石田有碧梧清暑图，为长洲畲氏所藏，予在吴门得观一过。丁巳闰月偶忆其意，仿之于篷。"丁巳，为嘉庆二年（1797）。中国徽州文化博物馆藏其《竹苞松茂》山水轴亦画于是年，大约是祝"奕翁年长先生六旬荣寿"之故，所画颇为规矩，也说明其绘画功力所在。

《黄山图册》后有拙存题跋："葵斋先生书画俱入神品，尤工诗，予昔得一小卷，仿倪迂笔也。其题云：妙谛真如百结登，清于野鹤淡于僧。何因梦见倪高士，江上青山画几层。寥寥数笔写荒寒，此艺知音自古难。意到何妨笔不到，偏于笔外耐人看。真三绝也。忆其年月，与此卷同时所作，笔墨亦极相似，皆可宝也。"喜陶者，必善诗。学戴本孝外，亦学倪瓒，尤承新安遗风。

(四)汪滋

汪滋（1839～?），字启滋，号浣香、灞桥、灞桥老人、嚼梅道人、嚼梅子、浣香溪老渔等。斋室名"无声诗屋"。休宁人。工画山水，书法亦佳。

新安画家多崇尚笔墨简淡，极致者似以汪之瑞为最。晚清，汪滋承其衣钵，一脉相承，为汪之瑞之余脉。汪滋传世画作颇多，新安各博物馆均有其藏品。简笔干墨勾勒为汪滋大体风格，亦有水墨淋漓写意作品及青绿山水，则稍变新安画风。中国徽州文化博物馆藏汪滋16开山水册中，有6开指墨山水，其中一开跋云："记得春江泊钓槎，四围渔唱彻烟沙。而今刺面寒风里，谁耐青蓑压雪花。曩客汉皋，戏以指作六册置行笥中，二十三年矣。乃命中书君补写十帧。时丁巳冬九月，七九老人汪滋并识。"由此跋知道这16幅册页，其中6幅为23年前指画，1917年又以笔补画十开。6幅指画汪滋皆加以注明，其中一开署："二山环合一水，中有老木参天。不着幽人亭阁，谁收无限云山。乙未冬立春后一日，汪滋指爪留痕，以志时日。"乙未，为1895年，汪滋时客汉皋，今之汉口。指墨不仅在汪滋作品中极为罕见，在其他新安画家中似乎未见。汪滋这套

汪滋《山水轴》
安徽中国徽州文化博物馆藏

册页水墨淡雅，设色则艳丽，有浓郁的装饰美，但用笔皆简练，与他的闲章“惜墨如金”相吻合。而另一方闲章“不受促迫”，则表明了画家人格立场和态度。

(五)黄宾虹

黄宾虹习画很早，10岁时遵父命临金华画家倪易甫之《松菊图》、临王蒙山水，见董其昌、查士标、石涛山水及《芥子园画传》，反复临摹和背临。16岁从义乌陈春帆习写真，又向郑雪湖（珊）问艺，喜爱新安画派前贤和元、明画家作品，对时贤陈崇光的作品也十分喜爱。虽然面目很杂，但所学范围基本限于文人画体系。

黄宾虹《漓江图》安徽中国徽州文化博物馆藏

近代许多文人画家一般只追溯到元四家，少数到宋，而黄宾虹则直取唐宋。这是因为黄宾虹看到后来的所谓文人画，直由简单入手，不习北宋繁笔，自不易佳。他认为“三唐两宋，画家设色，有烘染、点染法，元明士习，尚存其意，自董思翁以兼皴带染，开娄东、虞山方便法门，而古意尽漓”。[①]娄东、虞山有此问题，新安画派恐也难逃其弊。为何要学唐宋？是因为“宋画刻画，元人空虚。千变万化，先由写实。论者谓华新罗求脱太早，未免粗疏之诮。兹拟范华原意，以川蜀山水写之。”[②]正因为黄宾虹涉猎面太广，我们看黄宾虹早中期山水作品，面目很庞杂，甚至一些作品，如果不是来路十分可靠，都难以让人相信是出自黄宾虹之手。

美术界谈黄宾虹绘画风格，多喜言“白宾虹”“黑宾虹”，盖以其70岁以前之疏淡清逸画风为“白宾虹”时期，80岁以后之墨色深沉为“黑宾虹”。无论是“白宾虹”还是“黑宾虹”，大致以长、短披麻皴为主基调，再辅以他法。70岁以后也是黄宾虹绘画风格开始转为明晰的时期，安徽中国徽州文化博物馆藏《竭力追古》则属于典型的转型代表作之一。此作线条虽不繁复，但变化微妙，而最妙者当是在用墨方面，浓、淡、干、湿、黑之所谓墨分五色，于此作表现得淋漓尽致。在布白上，疏可走马，密不容针，计白当黑，水墨的运用和中国画的留白结合得十分完美。题跋云：“竭力追古，遗貌取神，成一家法，传无尽灯，其与韩、柳、欧、王有功古文辞无多差别。”诚哉斯言。也是黄宾虹为自己这件作品作了最好的注脚。此时的黄宾虹已是充满了自信，走向终极目标，只是时日而已。《连山绝险》自署84岁所作，《元季倪黄》则作于85岁，《漓江昭平》虽然没有纪年，从风格看，也应是晚年之作，皆属精品。

黄宾虹论画，常提到“浑厚华滋”“内美”。“浑厚华滋”其实是技法方面的状述，其他如“山川氤氲”“气韵生动”等。而“内美”可以是“浑厚华滋”，也可以是诗意、意境等方面的表述，万壑在胸而又超然于物外，相对比较抽象，如黄宾虹致程岳信中阐述自己的画学“臆见”说：“一上古三代，汉魏六朝，画先有法而不言法，参书法中以见内美。”可见，书法线条的锤炼是“内美”最具体的表现。黄宾虹有诗云：“江山本如画，内美静中参。人巧夺天工，剪裁出青蓝。”“妙合自然趣，人工费剪裁。昔年游览地，都上图画来。”

黄宾虹着重推崇“士夫画”，在文章、书信中无数次提到“士夫画”，士夫，泛指读书人。“士夫画”，又称作“士大夫画”“士人画”等，而“士大夫”是对官吏之统称。今人一般是将“士夫画”与“文人画”等同起来，如《中国美术辞典》“文

① 黄宾虹题：《题鬪鸡台图》，《黄宾虹文集·题跋编》，上海书画出版社，1999年，第48页。
② 黄宾虹题：《题蜀山写意图》，《黄宾虹文集·题跋编》，上海书画出版社，1999年，第47页。

人画”词条云：“亦称‘士夫画’。中国画的一种。泛指中国封建社会中文人、士大夫所作之画。以别于民间画工和宫廷画院职业画家的绘画。北宋苏轼提出‘士夫画’，明代董其昌称道‘文人之画’，以唐代王维为其创始者，其目为南宗之祖。但旧时也往往借以抬高士大夫阶层的绘画艺术，鄙视民间画工及院体画家。……近代陈衡恪则认为‘文人画有四个要素：人品、学问、才情和思想，具此四者，乃能完善。’通常‘文人画’多取材于山水、花鸟、梅兰竹菊和木石等，借以发抒‘性灵’或个人抱负，间亦寓有对民族压迫或对腐朽政治的愤懑之情。他们标举‘士气’‘逸品’，崇尚品藻，讲求笔墨情趣，脱略形似，强调神韵，很重视文学、书法修养和画中意境的缔造。”① 从上述表述来看，文人画是有别于民间画工、院体画家，基本属于“南北宗”的“南宗”画家群体，要具备人品、学问、才情、思想等方面。“文人画”之外，又有“学人”之谓，黄宾虹云：“王摩诘画中诗，诗中画，至道包涵，无美不具，此学人高于文人，古来唯大痴、僧渐江，俱以自称，洵不虚也。”②

但黄宾虹表述的“士夫画”与“文人画”是不相同的概念，他在《讲学集录·画史》中明确指出：“文人画与士夫画不同，士夫画品诣超特，章法之妙，自有已之面目，全在笔苍墨润，绝非庸史可及。”③ 当然，与院体画家、职业画家、工匠画家更是不同。溯其源，苏轼是较早提出“士人画”概念者，他在《又跋汉杰画山二则》云：“观士人画，如阅天下马，取其意气所到。乃若画工，往往只取鞭策皮毛槽枥刍秣，无一点俊发，看数尺许便倦。汉杰真士人画也。”④ 董其昌《画禅室随笔》云：“米家山谓之士夫画，元人有画论一卷，专辨米海岳、高房山异同，余颇有慨其语。”⑤ 黄宾虹秉承旧说，并加以进一步阐述：“北宋董北苑之先皆用点，唐画尽以点成，故五日一水，十日一石，须千遍而成。北苑用长皴成长线条，巨然恐学者作长线条有轻薄之弊，又变为短皴以仍古法，今称董巨，推之士夫画之正宗。”⑥ “苏、米崛起，书法入画，为士夫画，始有雅格。士夫之学，语有未妥。画格当以士夫为最高，因其

①《中国美术辞典》，上海辞书出版社，1987年，第4页。
② 黄宾虹：《黄宾虹文集全编·书信编》，荣宝斋出版社，2019年，第216页。
③ 黄宾虹：《黄宾虹文集全编·书画编》，荣宝斋出版社，2019年，第601页。
④ [宋]苏轼：《东坡题跋》，上海远东出版社，1996年，第275页。
⑤ [明]董其昌：《画禅室随笔》，《艺林名著丛刊》，中国书店，1983年，第44页。
⑥ 黄宾虹：《黄宾虹文集全编·书信编》，荣宝斋出版社，2019年，第388页。

天资学力、闻见鉴别，与文人不同”。[①] 为了进一步了解黄宾虹所说“士夫画”为何物，我们不妨多引述他的言论，从中找出本意，其致顾飞函云：“画之最贵重者，第一士夫画。士夫多见公私收藏，深明源流派别，勤习笔墨章法，自能成家。唐之王维、吴道子，宋之荆、关、董、巨，元之黄、吴、倪、王，明之文、沈、唐、董，至于明季隐逸，画中高手不减元人，皆从学问淹博，见识深闳而来。”[②] 致陈敬第信札云：“文艺全凭天资学力而出，唐、宋、元、明士夫之卓卓者，道德文章之余，莫不旁事书画。故书画珍贵，独崇士夫，以其明古今源流、笔墨雅俗也。清代学者，自阮文达试士，以金石书画甄材粤中，如吴荷屋、谢里甫之画遂能上窥宋元大家，为江浙所不逮。”[③] 致曹一尘云：“古画仆嗜文徵明、沈石田以前纸本水墨。士夫之作如垢道人、汪之瑞、汪叔向、僧渐江及新安名家，尚得睹否？”又云：“……书画亦然，特精美者难遇，以历年为外人收购，前者不过绢本旧虎丘之摹临，今则骎骎于各家著录之品，非士夫画不入选。”[④] 致曾香亭云：“清道咸中，士夫伤乱，名贤奋发，如何蝯叟、张叔宪、翁松禅、胡石查诸老，皆能继明季诸大家模范而光大之，明人如王孟津山水高出文、沈之上，邹臣虎、恽道生、张稺恭、程穆倩、李檀园、僧渐江，如有所遇，尤当一睹为快”。“文、沈、董后，娄东、虞山以及扬州八怪画不足道。道咸以来，以包安吴、陈崇光、孟觐乙、吴荣光、翁松禅诸老，学有根柢，尤博见闻。……是不可不多读有用之书，尤不可不多读雅士之画，目光如电，而巨细不遗，方合研究之法。否则暗室无光，终不得其出入门户。”[⑤] 致傅雷函：“（故宫藏画）士夫画之精者，清代只有新罗之花鸟，方小师之山水，罗两峰之人物，其他寄人篱下，直可谓之画奴，因有‘书奴’谓然。扬州八怪学识功力皆不足。惟应自董玄宰起，一变吴门派之俗笔，入于士夫画之正轨，而赵左、沈士充诸人所称华亭派者，不克自立，不为世重。独有秀水、常州、新安三派中，有矫矫不群者，皆因董玄宰之提倡，士夫画兴起，约近百人，百人中有四五十人，如龚贤、项圣谟、吴彬、萧云从、戴本孝、邹之麟、恽向、程正揆之伦，皆是画中之龙，与元人相去不远。……非若乾嘉以后

① 黄宾虹：《黄宾虹文集全编·书信编》，荣宝斋出版社，2019年，第251页。
② 黄宾虹：《黄宾虹文集全编·书信编》，荣宝斋出版社，2019年，第416、417页。
③ 黄宾虹：《黄宾虹文集全编·书信编》，荣宝斋出版社，2019年，第166页。
④ 黄宾虹：《黄宾虹文集全编·书信编》，荣宝斋出版社，2019年，第226、227页。
⑤ 黄宾虹：《黄宾虹文集全编·书信编》，荣宝斋出版社，2019年，第235、236页。

之文人画，摹一二家，写一二幅，略知诗文，小有娄东、虞山画之收藏，便称画者，此等风气害人不浅。文人与学人不同，僧渐江自称学人，黄大痴亦称学人。元人之画从唐宋苦心孤诣处变化成家，明季画又从文、沈上溯元人，又能孜孜不倦。”①

根据黄宾虹的叙述，所谓士夫画家，有不少为通书画的饱学之士官员。虽然黄宾虹并未列出一份“士夫画”的名单，从他的审美趣味来看，太远不论，从唐代开始，他提到或未提到的大约有王维、董源、巨然、苏轼、文同、米芾、米友仁、赵孟頫、钱选、黄公望、倪瓒、王蒙、吴镇、文徵明、沈周、董其昌、项德新、项圣谟、吴彬、邹臣虎、恽道生、李流芳、王铎、傅山，以及渐江、程邃、戴本孝、程正揆、笪重光、萧云从、龚贤、张恂、陈崇光、孟觐乙、吴荣光、姚元之、吴让之、翁同龢、胡义赞、何绍基等，以此可以了解“士夫画家”之大概。值得注意的是，“士夫”既然是某个阶层的统称，古有士夫，今亦有士夫，故黄宾虹又说：“今之士夫，书法且不讲，何由识画。画之不明，语言文字精神无所寄托，昏昏如梦如醉，大可哀矣。”可知，黄宾虹的“士夫画”也不全是依照身份而言。

除了“士夫画”“学人画”，黄宾虹对“金石家画”亦赞赏有加。他在致傅雷信中说：“用笔之法，书画既是同源，最高层当以金石文字为根据。”在《古画微·金石家之画》中云：“书画同源，贵在笔法，士夫隶体，有殊众工。程穆倩以节义见高，丁元公以孤洁自许，人品学问，超轶不凡，皆不得徒以篆刻目之。”高凤翰“山水纵逸，画以气胜”，丁敬“画有仙致”，巴慰祖“山水似方方壶，笔墨古厚”，桂馥“画工倪黄”，黄易“画访碑图，山水淡雅”，其他如吴荣光、吴东发、朱为弼、赵之谦、张度、胡义赞等，“山水人物各有专长，能文章、精书法，得金石气者也”。②又有《金石学者画家之优异》一文，在叙述古金石刻画、书法后云：“前清乾嘉之际，金石之学特盛，当时若程瑶田、巴慰祖、宋葆淳、吴东发，皆能工画，其后赵之谦、吴大澂又多研精金石文字，所画山水，尤多古意。而金石家之画，遂视文人画为可宝贵，其有以夫。”③致张谷雏函云：“明代士夫书画最佳，至清康雍以后，扬州八怪，意在挽回四王、董、赵之柔靡，而学力不足。至咸同中，当时金石学盛，书法一道亦称中兴，可谓有本之学。如贵州郑珍、浙赵之谦、维扬陈崇光、吴让之、山东张士保、江苏吴愙斋、

① 黄宾虹：《黄宾虹文集全编·书画编》，荣宝斋出版社，2019年，第248、249页。
② 黄宾虹：《黄宾虹文集全编·书画编》，荣宝斋出版社，2019年，第212页。
③ 黄宾虹：《黄宾虹文集全编·书画编》，荣宝斋出版社，2019年，第350页。

翁松禅、何子贞、包世臣，莫不有画而超出乎八怪之上。”[①]概括而论，金石家画之最可贵处在于“金石气”。

今人多提黄宾虹为新安画派传人，黄宾虹自己在画论或题跋中不断提到新安画派，也确实对几位新安画家有师承，故此说虽不算错，但显而易见是片面的和狭隘的。而有的人将黄宾虹归之为新安画派画家，则是有问题的。且不说新安画派作为一个画派的形成和终结，是有时间界限的，其后之师承者只能算承其余绪，称其传人亦无不可，但显而易见是有区别的，其实已不在一个等级上了，表面上是褒，实质是贬。黄宾虹为开宗立派的大师级人物，他在艺术探索期，视野是极其开阔的，绝不会局限于新安画派，而是上下求索，博采众长，融会贯通，最终形成了自己的风格。“在20世纪的中国艺术史，乃至整个世界艺术史上，像黄宾虹一样穷毕生精力钻研画学，同时在创作上独树一帜，理论上自成一家的艺术家，代不数人。”[②]

纵观黄宾虹一生成就和历程，正如他在《国画理论讲义》[③]中所总结：“本源（书画同源）、精神（人生事业，出于精神）、品格（以画传名，重在人品）、学识（古人立言垂教，传于后世）、立志（学以求知，先别品流）、练习（古人未立法以前，不知古人用何法；古人既立法以后，学者不能离其法）、涵养（读万卷书，行万里路）、成就（古人为圣为贤，成仙成佛，其先习苦，莫不有忧勤惕厉之思。及至道成，又自有其掉臂游行之乐）。”从上面可以知道，黄宾虹对于绘画的认识没有停留在技法、修养方面，他更进一步阐述艺术的更高目标和境界：“艺人只知道艺术是一种陶冶性情的东西。其实不然，艺术不但可以怡情悦性，也可以重整社会道德，挽救民族危亡，这在历史上已不乏先例。我们应该知道，历史上凡世乱道衰，正是艺术努力救治的机会。”

除了书画方面的成就，黄宾虹在书画鉴定收藏方面成就斐然。他的收藏主要是新安书画前辈及士夫画、金石家画，并多次谈到在黄山名胜区，将来筹设文物馆公众收藏。他曾在1935年12月25日至1937年4月1日间，对4633件古代书画进行鉴定，在《故宫审画录》中做出了真伪判断和画面信息记录，有的还有较为详细的意见，而且绝大部分的结论是正确的。黄宾虹在《序》中云：

---

① 黄宾虹：《黄宾虹文集全编·书信编》，荣宝斋出版社，2019年，第213页。
② 洪再新：《序言》，黄宾虹：《黄宾虹文集全编·书画编》（上），荣宝斋出版社，2019年，第2页。
③ 黄宾虹：《黄宾虹文集全编·书画编》（下），荣宝斋出版社，2019年，第623页。

中国古画，唐宋以前，多无款识，各有家数，号为名家。元明而后，兼习各家，人自题名，号为名人。今古相传，有笔法、有墨法、有章法、有气韵。法备气至者，名画也。有笔有墨而无章法者，临本也。有章法而无笔墨者，摹本也。临摹虽工，气韵不生者，庸俗之作也。是故放诞非笔墨，堆砌非章法，修饰非气韵，偶博虚名，终为下驷。鉴别之者，因知时代有先后，学派有异同，既严理与法之研求，犹复详审于缣楮采色之微，考证其款识图章之显，诸凡伪品，不难立判。

黄宾虹在序中说明了名家、名人及名画、临本、摹本的区别，再对纸张、色彩、款识、印章做出综合评判，对于伪品“不难立判”。虽然只有短短的200余字，但在中国书画鉴定史上具有意义，黄宾虹的《故宫审画录》为“中国书画鉴定学”做出了开拓性的工作。

(六)汪采白

汪采白（1887～1940），名孔祁，字采白，号澹龛，别号洗桐居士。歙县西溪村人。祖父汪宗沂(1837～1906)，字仲伊，号韬庐。汪宗沂幼时母授以《尔雅》《毛诗》，后受业于临川李联琇、仪征刘文淇、桐城方宗诚，研究学术。光绪二年(1876)，拜翁同龢为师。光绪六年（1880）进士，授山西知县。后被曾国藩聘为忠义局编纂，曾主讲安庆敬敷、芜湖中江、新安紫阳书院，有“江南大儒”之称。黄宾虹、许承尧均出其门下。汪采白父汪福熙、叔父汪律本，子汪勖予，善诗文、书画，可谓一门文采风流。

汪采白《青绿山水轴》
安徽中国徽州文化博物馆藏

汪采白曾从黄宾虹学古文和绘画，17岁入郡庠，后在南京两江优级师范学堂学习，得到李瑞清的指教。毕业后曾任武昌高等师范教授、南京中央大学国画系主任、安徽省立第二中学校长、北平艺术专科学校教授，1926年印有《采白画存》，1937年出版有《黄海卧游集》。曾先后五游黄山。抗战期间，汪采白避乱回乡，作画办学，1940年因病辞世。汪采白能诗，书法得力秦汉，篆刻学程邃。尤擅画，山水、花鸟皆能，尤长山水，多表现新安风光。绘画风格大致有两类，一类为青绿，设色浓艳，但雅而不俗，尤为一般书画爱好者喜爱。一类为浅绛或纯水墨，逸笔草草，洒脱随性，近查士标画风，最具新安画派风骨，他曾题画云："梅壑老人运笔苍劲，其简洁处不让倪迂，令人百学不厌。"这也是有人将他视为新安画派传人的依据。1987年，在合肥举办汪采白画展，展出作品150多件。1988年，安徽美术出版社出版《汪采白画集》。

安徽中国徽州文化博物馆藏《青绿山水轴》作于民国二十六年（1937），同年，他的一幅青绿山水获巴黎画展一等奖。此作笔法简练，空灵飘逸，随性而作，最具才情。右上有好友郑维夔（字韶九，号药畦）行书题跋："黄山画苑明贤辈出，运笔用墨极简洁、幽逸之致。采白先生精研翰墨，深味渐江、梅壑之秘，出神入化，竗造自然，每于残毫剩墨、有意无意中得之。"此段评论已将汪采白绘画渊源和特点概括得准确、得当。只是新安画派到了汪采白，已是夕阳最后一抹余晖了。

七、清末、近代篆刻——黄士陵的意义

虽然汪启淑的《飞鸿堂印谱》收录了当时名家篆刻达4000余方，但其总体风格给人一种因循守旧、陈陈相因的感觉。新安篆刻艺术与浙派一样，令人颇有江河日下之叹。故邓石如的出现，给篆刻重新注入生机，一时众星捧月，从学者众。其中，较早学邓、较优秀的篆刻家当属吴让之。吴让之自序印存时云："让之……十五岁乃见汉人作，悉心摹仿十年。凡拟近代名工，亦务求肖乃已。又五年，始见完白山人作，尽弃其学而学之。"[①] 赵之谦在《〈书扬州吴让之印稿〉》中认为："徽宗无新奇可喜状，学似易而实难，巴（予藉）、胡（城东）既殇，薪火不灭，赖有扬州吴让之。……让之于印，宗邓氏而归于汉人，年力久手指皆实，谨守师法，不敢逾越，于印为能品。"[②] 赵氏才高八斗，评骘艺术，有时负气而论，但真知灼见亦时时闪耀。吴昌硕跋《吴让之印存》云："让翁书画下笔谨严，风韵之古隽者不可度，盖有守而不泥其迹，能自放而不逾其矩。论其治印亦复如是。让翁平生固服膺完白，而于秦、汉印玺探讨

① 韩天衡：《历代印学论文选》，西泠印社出版社，1999年，第595页。

② 韩天衡：《历代印学论文选》，西泠印社出版社，1999年，第597页。

极深，故刀法圆转，无纤曼之习，气象骏迈，质而不滞。余尝语人学完白不若取径于让翁，职是故也。”[①]“学完白不若取径于让翁”，的确是真知灼见。除吴让之外，吴咨、徐三庚、赵之谦、黄士陵等，皆在不同程度上学过邓石如。

道光至民国间，新安有记录的印人约百人，如程芝华、曹应钟、曹赞梅、黄少牧、黄莹、方壎、黄宾虹、郑沛、叶铭、汪印川、沈大荒等，但影响甚微，直到黄士陵的出现，终于使新安篆刻在篆刻史上重新占据一席重要位置。

(一)程鸿绪、程芝云、程芝华

程鸿绪（1756 ~ 1814），字石琴，号芑堂。休宁尤溪（今屯溪区）人。善刻印，为项怀述门人及女婿。程鸿绪篆刻原作今已罕睹，上海文物商店藏有程鸿绪两面印，朱文小篆，白文宗汉，线条质拙。生前辑有《浣月斋印谱》6卷，该谱录印人为程鸿绪所制印，并存程氏自刻数纽。为子程芝华《瑶原十六景印册》作《瑶原记》一则，叙其渊源。又辑有《程氏所见诗钞》18卷。

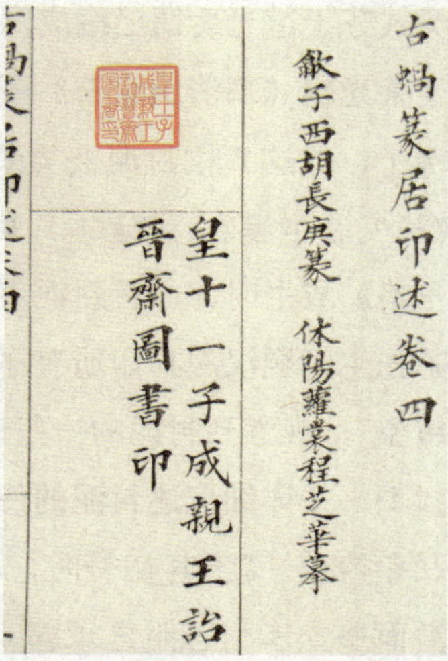
古蝸篆居印述卷四
歙子西胡長庚篆 休陽蘿裳程芝華摹
皇十一子成親王詒晉齋圖書印

《古蜗篆居印述》

程芝云（嘉庆、道光），字麋生。项怀述外孙、程鸿绪子。嘉庆二十二年（1817），辑项怀述《黄山印薮》重钤二册本。道光四年（1824），为弟程芝华《古蜗篆居印述》题跋。道光二十七年（1847），与项元翰、程芝华等辑项怀述篆刻成《伊蔚斋印谱》2册。

程芝华（嘉庆、道光），字曜春，号萝裳、小石。休宁尤溪（今屯溪区）人，项怀述外孙、程鸿绪子。未冠即能刻印，家蓄古印谱甚多，手追心摹，刀下无俗态。嘉庆六年（1801），辑自刻印成《程芝华印谱》4册。道光四年（1824），摹刻程邃、巴慰祖、汪肇龙、胡唐印成《古蜗篆居印述》4卷。道光十七年（1837），辑《瑶原十六景印册》。道光二十七年（1847），与项元翰、程芝云等，辑项怀述篆刻成《伊蔚斋印谱》2册。

(二)曹应钟

曹应钟（1772 ~ 1855 在世），字念生、耳山，别署今心道人、敲铜伧父、敲

---

① 韩天衡：《历代印学论文选》，西泠印社出版社，1999年，第598页。

“郧中应钟”曹应钟篆刻

铜道人。斋室名“九千三百五十三字斋”。歙县雄村人，咸丰元年（1851）举孝廉方正。民国《歙县志》谓其：“善画，篆书尤雄伟，长于说文。”精篆刻，曹氏藏有其“郧中应钟”印，古朴苍茫，有何震遗风。有《九千三百五十三字斋印谱》《金石过眼录》。又长于戏曲，作有传奇《救赵记》《指南车》二剧及《熟柰斋诗文集》《啗敢览馆稿》等。

吴式芬、陈介祺同辑之《封泥考略》，被认为是研究封泥最早的一部专著，但吴式芬于道光后期已编成《海丰吴氏藏汉封泥考释》4册。清道光二十二年（1842），吴荣光辑《筠清馆金石》摹入得于四川的封泥6枚，这是已知封泥最早见于著录的例子，但这6枚封泥被吴荣光误作“汉世印范子”。刘喜海于咸丰二年（1852）辑《长安获古编》（编定本）摹入在西安所得封泥30枚，并考其名为“封泥”。《封泥考略》成书时，已将封泥用途考释得较为清晰，但曹应钟《啗敢览馆稿》中《吴子苾先生索题汉泥封印册有序》诗，对封泥已有较为正确的描述。曹应钟通过“拊器审象”，观察到封泥的一些现象和特征。如“交叉背有缠络痕”，认为古人寄物必有封识，并详细记述封泥的使用过程，即初以软而湿腻的泥覆在欲封处，再以官印或私印钤盖。“当其初箸时，泥未干随印圜方，观其受印处，四方高，中央下，其旁溢而壁立者，若跗之承鄂，凹凸厚薄，参差不齐，如缭以周墙然”。对于封泥的时代是在汉代，当时学者的认识是统一的。他们发现用来封泥的印有官、私印的区别，封泥的文字内容则有“官名里名人姓名”，正因为有这些历史信息保存，故认识到不能因为封泥为泥质而忽略。所以，曹应钟提出要“细细考据伦题跋”，应与金石等量齐观。

曹应钟七古诗序中“希世之珍，不使西方之人独擅其美”这句话应当引起重视。我们知道印章并非中国独有，世界上一些古文明国家和地区都曾拥有印章，如美索不达米亚、印度河流域、古埃及、玛雅等，有的地区印章的产生比中国还要早两三千年。中西印章虽然在形制上有所不同，但部分功能都是作为封缄在使用，载体都是印章和泥。曹氏这句话，说明清中后期学者已对“西方”印章及其部分使用功能，即封缄有所了解。至于曹应钟序中说，封泥“自昔至今究古之家曾无一语相及”，则是古时信息不畅所导致的盲点。曹应钟的咏封泥《七古》诗，是应吴式芬索题而作，可见曹应钟不仅是吴式芬座上客，还因为曹应钟对封泥有真知灼见而使然。《啗敢览馆稿》收曹应钟诗文10篇，与金石古文字相关者有《六书假借论》《说文解字说》《许少玉索题所藏颖上兰亭》《定香亭读程氏信古堂彝器图经有题一首》等，其中《六书假借论》《说文解字说》是论述古文字的学术文章。

《吴子苾先生索题汉泥封印册有序》录文如下：

此册乃汉时泥封印榻本，山左吴子苾先生为关中方伯时所得者，凡四百五十余颗，遐搜近裒广询博采，方能使奇文斐亹蔚萃一方，诚非一朝一夕之所能致者。关陕为秦汉旧都，故金石瓦甓之类恒集于是。拊器审象，盖古人寄物必有封识，今人每趋巧便，无论匡篋囊橐，包裹儋何，或以布，或以线，或以绳索总其端，而复析纸缠裹之，加印其上。是已汉人不趋简易，多以泥封之，泥湿则软而腻，傅于所封处，使相箸上，以官印或私印印之，事讫则舍而不用。故至今尚存也。当其初箸时，泥未干随印圜方，观其受印处，四方高，中央下，其旁溢而壁立者，若跗之承鄂，凹凸厚薄，参差不齐，如缭以周墙然。今装池成册，命钟为述原委，以视同好，希世之珍不使西方之人独擅其美，幸甚幸甚。且自昔至今究古之家曾无一语相及，是则今之作者真发前人所未发，后之览者亦见前人所未见也。用系一篇，以志向往，惟揣度之辞，问可能相肖否。今人纤巧古人拙，古人纯朴薄狡黠。细意熨帖不惮烦，恒附双鱼寄珍物。或以捆载或包裹，或以匡篋，或囊橐。靦缕琐细殊纷纭，不扼其要恐遗失。今人纤巧尚轻便，一样囊橐与匡篋。百物裒聚贮一器，纠以绳线缚以索。缚讫以纸作结束，层封叠识黏使实。亦复以印钤其耑，只是启封皆裂坼。古人封识虽近似，不竭心计径走捷。囊匧裹载原不异，封以丸泥类函谷。以绳线索挈其领，以印印泥若扃鐍。交叉背有缠络痕，正面完好无薛暴。官印私印何累累，千年万年何历历。缅昔西汉都关中，百官公卿所窟宅。赠遗缄拑日棼纶，各勒衔名篆从缪。作印代锁益坚固，受者审验而后发。当时常有岂足奇，事讫往往遭弃掷。荏染千载坚似铁，汉印实不爽毫发。是物西北为独多，深愧南人不相识。先生开藩莅三辅，搜罗金石乐骈集。今持簜卩驻武林，大启瑯函示宾客。官名里名人姓名，四百余颗侭摹榻。泥壅四围如女墙，边隅间亦有残泐。文从字顺无反书，希见寡闻众心悦。古人泥土今璆琳，今人几桉愿罗列。劳劳翘首望故山，妖焰虽低气犹郁。秦汉时物故不少，近遭焚掠十去八。兵勇首祸贼继至，贼去村顽又继贼。殷富于今已不富，即富能禁几搜括。殀此南方旧所无，奚怪观者尽瞠目。迅扫欃枪驰露布，官印晶莹耀星檄。江波不动日当天，好将纤巧变纯朴。凡我南人宜眎索，细细考据伦题跋。漫言出处自泥涂，宝贵流传此金石。

(三)曹赞梅

曹赞梅（1826～1899），字肖石，号铁如。歙县雄村人。屡试不售，以诸生终其身。收藏书画古玺甚富，能诗善画，工书法，尤精小篆、刻印。摹秦拟汉，《歙县志》云其篆刻师赵之谦、胡长庚。有《肖石印存》《印赏》。

“程观诏印”
曹赞梅篆刻

中国徽州文化博物馆藏其篆刻“程观诏印”和“稚芗”对章，边款均为“肖石作”。另一方“肖翁七十岁所作”，虽然边款署“文彭”，但无论从印文中“肖翁”二字（歙县博物馆藏篆书联所钤“曹氏赞梅肖翁”印外，还曾见其有“肖翁书画”白文印）还是从风格来看，此印均为曹赞梅所刻自用印，当为利用旧石所刻。《歙县志》说曹赞梅刻印师赵之谦、胡长庚，从以上作品看，师赵之谦并不明显，何况赵之谦比曹赞梅尚小3岁。从现有作品看，曹赞梅学邓石如、吴让之多一些，如为歙县书家、鉴藏家方文隽所刻“方文隽鉴赏之章”一印，绝似吴让之。“程观诏印”个别线条起笔较细，收尾呈燕尾，篆法源于他的汉篆，而刀法则学浙派。

曹赞梅曾与任伯年、胡国宾与曹素功墨庄合作，曹书、任画、胡刻，留下套墨名品《名花十二客》，为喜藏墨者所熟知。曹赞梅在写12个“客”字时，颇动脑筋，写出风貌不同之“客”字，自谓“砖文”。

“六朝管华斋”
黄士陵篆刻

(四)黄士陵

黄士陵能诗，擅书法、绘画，所画钟鼎彝器和花卉，阴阳向背，明暗关系的表现均十分逼真。由黄士陵的绘画风格来看，似受到过西画的影响。另外，也似乎借鉴过摄影照片。黄士陵的学生李茗柯说：“悲庵（赵之谦）之学在贞石，黟山之学在吉金；

悲庵之功在秦汉以下，黟山之功在三代以上。”这段话很精辟，指出了黄士陵篆刻的特点与贡献。正因为黄士陵对古器有研究，进而对画钟鼎彝器也情有独钟。由于黄士陵对青铜器物的熟悉，再加上有很强的写实功夫，他笔下的“博古图”不仅造型准确，表现出器物的立体感和质感，更重要的是还传达青铜器物的精神气韵，金石、书法、绘画诸方面修养，缺一不可。

“十六金符斋”黄士陵篆刻

黄士陵少年时即有印名，青年时到南昌谋生，出版《心经》印谱。黄士陵早年篆刻远学邓石如，近学吴让之、赵之谦等，从他早年创作的《般若波罗蜜多心经印谱》看，有邓石如、吴让之及浙派风格，也有拟古代金石文字及形式，如《天发神谶碑》、古钱币、瓦当、《张迁碑》额、汉砖等。以诸多流派和多种形式来创作，目的主要是追求丰富多彩，避免单调，同时也反映了黄士陵学习篆刻很全面，掌握了多种表现手法和技法。但毕竟是早期作品，无论是在篆法和刀法上，都存在许多不足处，尚属于他艺术上的“摹拟期”。黄士陵离开南昌来到广州，结识了不少官员和友人，符翕并为黄士陵代定了书法、刻印的润例。光绪十一年（1885）八月间，黄士陵由官员举荐来到北京国子监南学学习。马国权认为：“如果说，牧甫第一次来粤在篆刻创作上是摹拟期的话，那么在京期间该是他的蜕变期。”期间，接触到盛昱、吴大澂、王懿荣等金石学家，见到大量的古器物，眼界大开。

“人生识字忧患始”

黄士陵篆刻

光绪十三年（1887），黄士陵重回广州，是应邀到两广总督张之洞、巡抚吴大澂在广州设立的广雅书局从事经史的校刻工作。他的篆刻艺术风格也开始确立并走向成熟，形成了自己的风格。1888年7月，吴大澂请黄士陵与尹伯圜编订增补本《十六金符斋印存》，收印多达1140方，黄士陵曾刻《十六金符斋》朱文印，是其代表作之一。此次编辑印谱的过程中，黄士陵接触到大量的古印，对其篆刻

“臣受性愚陋人事多所不通”

黄士陵篆刻

艺术的进一步认识和印章风格的形成，都起到了很大的作用。光洁是黄士陵印章的一个特色，但不是最主要的，光洁只是表象，黄士陵在《骑督之印》边款云："见《十六金符斋印集》。务芸爱之，属陵仿之，其光洁可及，而浑厚不及也，乞明眼审定。"他又跋《欧阳耘印》云："赵益甫仿汉，无一印不完整，无一画不光洁，如玉人治玉，绝无断续处，而古气穆然，何其神也。"吴昌硕与黄士陵为晚清篆刻两大家，吴以苍朴、斑驳、雄厚称于世，黄士陵则平正中寓流动，挺劲中见秀雅。这与吴昌硕得力于砖瓦、封泥，黄士陵取法于吉金有关。他俩是写意与工笔印风的代表人物。然而，"浑厚"二字，均是他们印章中的一个重要元素。黄士陵认为"汉印剥蚀，年深使然"，故不师表象；吴昌硕的印章表面看粗头乱服、似不经意，骨子里却是处处经营，因此，说吴昌硕印浑厚，容易被人理解；而读懂黄士陵印章的浑厚，则要用心去体会了。

光绪二十六年(1900)五月，黄士陵离开广州回到家乡。光绪二十八年(1902)秋，应湖北巡抚、署湖广总督端方所邀，与长子黄少牧一同来到武昌，协助端方编纂《陶斋吉金录》及《续录》。宣统元年(1909)，一代篆刻宗师黄士陵走完了他的艺术人生，享年61岁。功遂身谢，名由实美。黄士陵的艺术没有随着他的去世而沉寂，反而是愈来愈受到人们的喜爱和追随。由于黄士陵长期生活在广东，早年影响以广东为大，故"黟山派"也被称作"粤派""岭南派"。他在世时，曾有几位嫡传弟子，而私淑弟子也颇多，主要传人有易熹、李尹桑、邓尔雅、冯康侯、乔曾劬及长子黄少牧等。

(五)黄宾虹

黄宾虹家藏有汪启淑《飞鸿堂印谱》及邓石如、丁敬等人的印谱，幼年即喜篆刻，5岁时就在"父亲与启蒙老师的影响下，从小就喜欢绘画。课余之暇，兼习篆刻"。[①]7岁，在父亲教导下读许慎《说文》。11岁时趁父外出，偷偷将邓石如印谱取出，用月余时间临刻了十几方。20岁时，黄宾虹由金华回歙县后，看到了汪启淑旧藏印，他在《叙印谱》中记："自来藏印之夥，无如汪讱庵。余族聚居新安之潭上，去讱庵飞鸿堂故址廑六七十里，往来江淮间，舟行必经其地，至则徘徊瞻望，未尝不怀想遗风。询所藏印，则归西溪汪氏已久矣。洎客游归里门，与西溪汪宅衡宇相望，又获交其

① 王伯敏：《中国画家丛书——黄宾虹》，上海人民美术出版社，1979年，第1页。

“黄宾虹”黄宾虹篆刻

“冰上鸿飞馆”黄宾虹篆刻

贤士大夫，始稍得窥其所藏印谱。不数年间，又得其印谱中所有之印。”① 宣统元年，邓实为黄宾虹订润格，其中就有刻印润资，为“篆刻石印每字洋三角”。

虽然黄宾虹刻印很早，但目前所知黄宾虹原刻数量很少，早期作品更是少见。“黄质”朱白相间印应是到上海前后所作。在上海，先后为高燮刻“吹万楼藏书印”，为秦更年刻“秦曼青”。“吹万楼藏书印”刻于宣统二年（1910），边款“时若社兄丈正，滨虹。”高燮先后作有《赠黄滨虹乞印与画》《赠黄滨虹拟请治印》诗。“秦曼青”一印所刻时间不详。王中秀《黄宾虹年谱》载 1917 ~ 1918 年易字“宾虹”后自刻“黄宾虹”白文印。汪已文、王伯敏编《黄宾虹年谱》载光绪十二年（1886）“始刻印章，有‘黄质’（朱文）、‘未入门’（白文）之作”。民国九年（1920），刻“十日水五日石”朱文圆印。1925 年自刻“黄宾虹印”白文印，加按云：“按先生制印，初宗巴予藉，后法秦汉，加以冶化，有空山无人，自成馨逸之慨，惜不轻奏刀，流传极尠。”② 王伯敏认为：

> 黄宾虹早年勤学篆刻，到了中年，就不轻易奏刀，他的刻印，流传至今不多。与人治印，只不过偶尔为之。现存他的篆刻，常见于书画上的，有如“黄宾虹印”（白文）“冰上鸿飞馆”（朱文）“黄质之印”“虹庐”（白文）“黄山山中人”（朱文）等。至于为亲友所刻的，我所知的，有为秦更年刻的“秦曼青”（朱文），有为范寿康刻的“宜共松竹看”（白文）等。他的治印，初学浙派丁敬诸家，后师徽派巴予藉（慰祖），如他的“黄质宾虹”（白文），即用巴予藉法。晚年所刻者，如“冰上鸿飞馆”“黄山山中人”，便见出他自己的风格。③

由以上作品分析，可见黄宾虹早期作品受到新安印人影响，学何震之冲刀，刀

① 黄宾虹：《黄宾虹文集全编·金石编》，荣宝斋出版社，2019年，第26页。
② 黄宾虹：《黄宾虹画集》，浙江人民美术出版社、上海人民美术出版社，1985年。
③ 王伯敏：《中国画家丛书——黄宾虹》，上海人民美术出版社，1979年，第39、40页。

法锐利,所向披靡,线条畅快。“黄质”“黄宾虹印”师法汉印,“吹万楼藏书印”和“秦曼青”为元朱文,“黄宾虹”刀法师浙派。这几方印应刻于上海。而晚年4印“黄质宾虹”“冰上鸿飞馆”“黄山山中人”“虹庐”,或刻于北平。此4印有一个显著的特点,即在文字和章法上,都或多或少地融入了古玺印的因素。此时作品非浙非徽,非秦非汉,气象浑朴自然,与书画风格浑然一体,相得益彰,黄宾虹已然成为集诗书画印为一体的艺术巨匠。

(六)叶为铭

叶为铭(1867 ~ 1948),原名为鑫,又名铭,字品三,号盘新,一号叶舟。室名铁华盦、松石庐。原籍歙县新州,世居杭州,遂为杭人。其署款多落“新州”,以示不忘乡梓。能诗善书法、篆刻,偶亦作画,精传拓。早年在杭州戴用柏碑版铺学刻碑,曾任中合印书股份有限公司经理。民国十八年(1929),浙江省举办“西湖博览会”,任金石部主任,西泠印社创社四君子之一。叶为铭一生勤于著述,辑自刻印有《列仙印玩》一册,《松石庐印汇》一册,续刻赵穆《红楼梦人名西厢记词句印玩》未竟部分,辑成《叶品三摹印集存》。又摹刻《吉罗居士印谱》《蒙泉外史印谱》《龙泓山人印谱》《秋景庵主印谱》等;辑古印及名人印谱有《周秦古玺》2册,赵之谦《二金蝶堂印谱》4册、赵之琛《补罗迦室印谱》《铁华盦印选》《铁华盦印集》6册、《叶舟所见印偶存》1册、《遁盦遗迹》等;严信厚辑、叶为铭手拓《秦汉铜印谱》4册,又手拓《西泠八家印选》4册本、《杭郡印辑》8册。撰有《广印人传》《再续印人传》《金古家传略》《国朝画家书小传四卷附荔香室小传》《歙县金石志》《叶氏印谱存目》等。辑《新州叶氏诗存》,与丁仁、王福庵同编《西泠印社志》,编纂《西泠印社小志》《西泠印社同人录》《西泠印社三十周年纪念刊》等。

“新州旧族”叶为铭篆刻

“寿同金石”叶为铭篆刻

叶为铭篆刻形式颇为丰富,有古玺、秦汉、圆朱文及浙派等,风格端庄大方,细朱文婉转流美,白文雍容朴茂,所作“新州旧族”“家近涌金门”可称其代表作。“新州旧族”

线条精整，韵味醇厚，有玉印风范；“家近涌金门”线条、刀法颇多变化，冲、切结合，生动活泼。此两方印的四周刻满之长款，结构谨严，字法清丽、俊朗，可谓用心之作。“寿同金石”字法略近小玺，布局错落有致，“寿”“金”形成局部小块面，与较粗之边框产生呼应，“石”之“口”作“凹”，可谓神来之笔。

(七)黄少牧

“秋江画记”“王君覆所宝金石刻辞文字印”黄少牧篆刻

黄少牧（1879 ~ 1953)，名廷荣，一名石，以字行，小名多闻，号问经，又号黄山，别号笑没老人、了然先生。斋室名问梅花馆、笑没草堂。清末秀才，工书法、篆刻及经史、诗词。黄少牧早年随父游历广州、武汉，见多识广。1914 ~ 1917 年间，居北京数载，与袁寒云、袁励准、徐森玉、寿石工、何秋江、罗复堪等皆有往还。1918 ~ 1925 年间，先后出任江西南城、水丰、南康等县任县令、县长。他为官时有德政、人称“廉吏”。20 世纪 30 年代，受陈树人等之聘，供职于南京侨务委员会和皖南行署的秘书工作。晚年因抗战爆发，避乱内迁而改行从教。有《黄山诗稿》《黄山文稿》各一卷。

黄少牧书法功力很深，于石鼓文用力最勤，兼习金文。魏碑习“二爨”及“郑文公碑”。偶作隶书，曾临“华山碑”四条屏。治印一守家法，颇具形神。沈禹钟《印人杂咏》咏之曰：“为政风流艺不疏，弓裘继志未云孤。世人竞爱黟山派，转惜何（雪渔）程（穆倩）守一隅。”寿石工《杂忆当代印人》也有诗褒扬：“漏失从君刊改处，肯肩朴学述而翁。英光宝晋差能似，早饮香名意气雄。”曾于 1930 年初在黄山天都文物社举办个人展览。

第三章　艺术交融

第一节　与新安画派有重要渊源的其他画派与人物

一、元四家和董其昌、陈继儒

画学南北二宗，分于唐代，王维、李思训各为鼻祖。董源、巨然自是南宗巨手，李成、范宽、郭熙等实亦北亦南。山水画至宋，技法大备。董其昌、陈继儒一唱一和，陈继儒认为："李派板细，乏士气，王派虚和萧散。"董其昌对董源推崇备至，曾藏有多幅董源绘画，如《龙宿郊民图》《蜀江图》《潇湘图》《商人图》《秋山行旅图》等，"又二图不著其名，一从白下徐国公家购之，一则金吾郑君与余博古，悬北苑于堂中，兼以倪、黄诸迹。无复于北苑著眼者，正自不知元人来处耳"。[①] 在供奉董源的同时，董其昌对元人绘画大加赞赏，心摹手追。黄宾虹认为："中国画艺，兴盛唐宋，至元代而极神明。"黄公望法董源、巨然，兼学李成，笔力老到、雄秀，画法浑厚、苍茫，出神入化，自成一家，并创浅绛一格。倪瓒学荆浩、关仝，兼及董源、巨然，早年画法清润，晚年多枯木寒林，境界幽旷，笔意简练平淡，惜墨如金，创折带皴法。王蒙师法董源、巨然，作品重峦叠嶂，长松茂树，以繁密见称，用解索皴、牛毛皴，画法秀润，变化多端，善用花青，精于点苔，用焦墨渴笔顺势而下，如高山坠石。吴镇学董巨，参以宋人技法，擅绘松石，笔端豪迈雄奇，墨汁酣畅淋漓，浑厚苍茫，所作孤舟钓翁，一派清旷野逸气象。至此，山水画达到一个新的高度。

傅抱石认为"(元四家）他们都是画山水的，然他们的山水画则别存真意。……元朝虽为时不满百年，而自山水画的本身上观察，这短短的时期，实在是中国绘画达到最有意义的完成时代。黄子久首先便唱出'画，不过意思而已'的口号，同时对宋以来的重人品、重修养，说是唯有这样才可以'代去杂欲'。这固是他有感而发的，同时亦深深影响着他以后的画家心之深处。再加上他技术上进修方法的正确，也是他为后人尊崇的原因之一"。傅抱石接着说："至于倪云林，他除了在画法上创'折

---

① [明]董其昌：《画禅室随笔》,《艺林名著丛刊》,中国书店，1983年，第42页。

带皴’独树一帜外，并在画学上发挥了不少特殊见解，而这种见解，正是上接东坡、子久，极力强调作画是不应该顾及‘形似’的。他说：‘仆之所画者，不过逸笔草草，不求形似，聊以自娱耳。’这正好做东坡、子久论画的互相阐发。又说道：‘余之竹，聊以写胸中逸气耳。岂复较其似与非，叶之繁与疏，枝之斜与直哉？’云林在《竹画论》上虽和二百余年前的东坡相似，然云林的画竹却不是步东坡的后尘。同样云林的‘聊以写胸中逸气’和东坡‘见与儿童邻’的命意就不免有相当的出入。……元四家的画所以能代表当时的画坛，据我的意见第一应归功于上述的黄子久和倪云林。他两人不但笔墨高雅，且都是有学问有节操的高士。吴仲圭，也是如此。所以他们的遗迹，千百载下仍是受人特殊的尊崇，画以品重，于此益信。”①

明代山水画家中，浙派多“北宗”。吴门沈周画学董巨、元人，文徵明少从沈周学画，师法王蒙、吴镇。唐寅师法李唐、刘松年，仇英学赵伯驹、刘松年，盖两“南”两“北”。当“浙派”“吴门画派”相继式微之时，上海地区出现了更重视笔墨总体表现力与文化修养的文人山水画派，如赵左为首的“松江派”、沈士充为首的“云间派”和以董其昌为旗帜的“华亭派”。实际上当时董其昌已取得了明末画坛的盟主地位，董其昌凭借自身影响，“力挽吴门板刻、浙水霸悍之习，排斥画工院体，力主南北二宗之说，提倡中正无弊之学。”使“南北宗”论成为其后近300余年文人画创作的主要指导思想。

在学倪、黄方面，董其昌、陈继儒的影响不可小觑。董其昌在《画禅室随笔·画源》中云：“倪迂在胜国时，以诗画名世，其自标置，不在黄公望、王叔明下。有云：我此画深得荆、关遗意，非王蒙辈所能梦见也。然定其品当称逸格，盖米襄阳、赵大年一派耳，于黄、王真伯仲不虚也。”② 陈继儒对倪瓒画很痴迷，董其昌云：“仲醇绝好瓒画，以为在子久、山樵之上，余为写云林山景一幅归之题云：仲醇悠悠忽忽，土木形骸绝似嵇叔夜，近代唯懒瓒得其半耳云云。正是识韵人，了不可得。”③ 这里我们暂不具体讨论“南北宗”之得失，有一点是可以明确的，即南宗画家表现山水的技法多用长、短披麻、米点、解索、荷叶、折带等皴法，上述这些皴法又基本从五代董源的短披麻皴中变化而来。“披麻皴”最适宜表现江南地貌，换句话说，正

① 傅抱石：《傅抱石美术文集》，江苏文艺出版社，1986年，第248、249页。
② [明]董其昌：《画禅室随笔》，《艺林名著丛刊》，中国书店，1983年，第40页。
③ [明]董其昌：《画禅室随笔》，《艺林名著丛刊》，中国书店，1983年，第42页。

是江南的地貌生发了上述的表现技法。从表现效果看，“南宗”绘画的确是风格清润、高逸淡雅、孤简萧散，符合文人追求的理想境界。新安山水多土山，水则千涧如织、清可见鳞，沿新安江顺流而下，活脱脱是董源绘画的粉本。再加上一批遗民画家啸傲山林，品行孤高，他们眼中所见、心中所想与“南宗”理论暗合。

董其昌在诸生时，就曾来过歙县，馆于江一鹤家，课其子必名，居年余。陈继儒亦与江一鹤友善，多主其家，所题诸园亭联额，传为珍玩。江必名，字德甫，号青螺、天际。安徽省博物院藏其《膏融新雪》，自署“仿范中立笔”。董其昌曾到遂安毛文荪家，两人经年相契，董其昌以字易毛文荪所画兰。毛文荪（1620 前后在世），字畹思。邑廪生，穷经善书。兼善画兰，以“兰生幽谷，不以无人而不香；一叶数转，而筋骨遒劲；一枝向背，俯仰含香如着露、如向日”自喻、自励。与弟毛九苞、毛颖思同以画兰著。

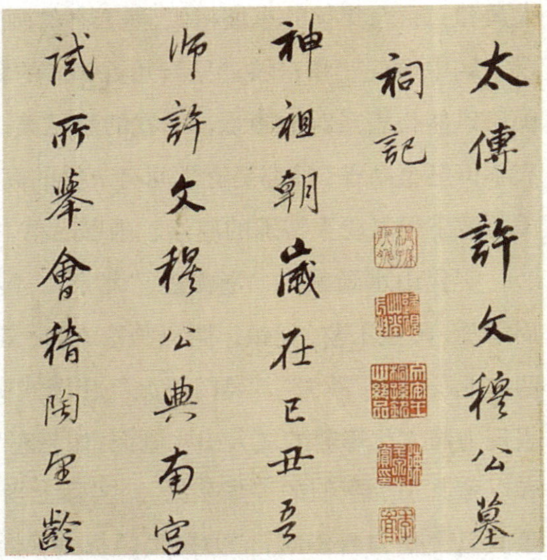

董其昌《太傅许文穆公墓祠记》故宫博物院藏

董其昌为礼部尚书、武英殿大学士许国所得士。董其昌与陈继儒屡来新安，师友周旋，相互观摩，互通有无，与溪南吴氏、丛睦坊汪氏、榆村程氏最为密切。“石渠宝笈徵奇迹，名印纵横发古馨。神往昔年书画舫，曾经馋煞董华亭”。这首诗出自许承尧，吟咏的正是吴廷（用卿）及其收藏。吴廷所藏晋唐名迹很多，如唐颜真卿《祭侄文稿》、虞世南《临兰亭帖》《积时帖》、宋扬无咎《雪梅图》、元赵孟頫《百尺梧桐轩图卷》等。明代画家如沈周、唐寅、文徵明等，则不胜枚举。吴廷曾易米芾《自书诗卷》真迹给董其昌，董其昌跋：“米元章此卷，为生平合作。……甲辰五月，新都吴太学携真迹至西湖，遂以诸名迹易之。时徐茂吴方诸吴观书画，知余得此卷，叹曰：‘已探骊龙球，余皆长物矣。吴太学书画船，为之减色。’然复自宽曰：‘米家书得所归。’太学名廷，尚有右军《官奴帖》真本。”董其昌在题跋中多次涉及吴廷，如《临洛神赋书后》：“（乐毅论）此六本自唐至今，余犹及见其二，恨梁摹白麻纸真迹，为新都吴生所有。”《跋禊帖后》：“唐相褚河南临禊帖，白麻纸墨迹一卷。……余得之吴太学，每以胜日展玩，辄为心开。”《书黄庭坚后》:“吴用卿得此，余乍展三四行，即定为唐人临右军。”《题王珣真迹》：“用卿得此，可遂作宝晋斋矣。”《题评纸帖为朱敬韬》：“米元章评纸，如陆羽品泉，各极其致。而笔法都从颜平原幻出，与吾友王字泰所藏《天马赋》同是一种书。临写弥月，仍归用卿，用卿其宝之。”由以上种种，可知董其昌与吴廷交往之密切。

吴廷所藏最著者是王羲之的《快雪时晴帖》。吴廷跋此帖道：“余与刘司隶延伯，寓都门，知交有年，博古往来甚多。……越二年，闻司隶仙逝矣。司隶交游虽广，相善者最少，独注念于余。余亦伤悼不已，因轻装往吊之。至其家，惟空屋壁立。寻访延伯家事并所藏之物，皆云为人攫去。又问《快雪帖》安在？则云存还与公，尚未可信。次日往奠其家，果出一帐，以物偿余前千金值，《快雪帖》亦在其中。”此帖后与王献之的《中秋帖》、王珣《伯远帖》被清高宗弘历得到后，贮养心殿，名其室为“三希堂”。《快雪时晴帖》为养心殿上等天字一号。其实《快雪时晴帖》并非王羲之真笔，而是唐人摹本。但所摹浑厚遒丽，为传世王书摹本之上品，下真迹一等。廷所藏书画，入清后半归内府，现多藏于各大博物馆中。

其他溪南吴氏有吴士谔（謇叔），为吴廷族弟，藏孙过庭《草书千字文》、米芾《天赋》、褚遂良《临乐毅论》；吴希元（汝明），为吴廷族兄，家有王珣《伯远帖》、王羲之《平安帖》、杨凝式《夏热帖》、赵千里《桃源图》、米芾《临兰亭》等；吴养春（百昌）曾藏有李成《飞雪沽酒图》、王蒙《竹石图》、赵孟頫《士马图》、倪瓒《景物清新图》等；吴桢（周生）刊刻《清鉴堂帖》，经董其昌、陈继儒为之鉴定。吴其贞在崇祯十二年（1639）四月曾在溪南看吴氏收藏，感慨道：“余至溪南借观吴氏玩物十有二日，应接不暇，如走马看花，抑何多也。据三益曰：‘吴氏藏物，十散有六矣。’忆昔我徽之盛，莫如休、歙二县，而雅俗之分在于古玩之有无，故不惜重值争而收入。时四方贷玩者闻风奔至，行商于外者，搜寻而归，因此所得甚多。其风始开于汪司马兄弟，行于溪南吴氏，丛睦坊汪氏继之。余乡商山吴氏、休邑朱氏、居安黄氏、榆村程氏，所得皆为海内名器，至今日渐次散去。计其得失，不满百年。可见物有聚散，理所当然。”①

丛睦坊，简称丛睦，西距溪南约十里。汪氏南宋族居此地，至万历、崇祯间，

① [清]吴其贞：《书画记》，人民美术出版社，2006年，第119、120页。

科第蝉联，亦臻极盛。汪宗孝（景纯）以盐策起家，“好蓄古书画鼎彝之属”，董其昌记：“《虞永兴汝南公主志》，王元美家物，后归汪景纯，今仍在新都。”唐人国诠《楷书善见律卷》曾是汪氏藏品，董其昌“三十年始收入箧笥”。汪汝谦（然明）交际十分广泛，与柳如是交情亦不一般。除了董其昌，与陈继儒、陈洪绶、曾鲸、谢彬、邹之麟等，皆有交往。董其昌曾在《墨禅轩说》中提到汪汝谦：“周生坐拥万卷，博雅好古，尤精八法。余老矣，黄山胜游，不复可续。周生绕济胜之具，新安江清浅见底，昨锰顺流，至我谷水只数日间。若与汪儒仲（即汪汝谦）乘与一来，观兹真迹，所谓读十年书，不如一日诣习主簿者也。周生以为如何？”吴其贞曾在其家见过赵千里《明皇幸蜀图》，称汪汝谦为“歙西丛睦坊世家也。子登甲榜。为人风雅多才艺，交识满天下，士林多推重之”。之后吴其贞又于清初顺治年间，同陶康叔和唐云客在汪汝谦的家中观高德符《暮江渔父图》、蔡汴《衢山帖》等。董其昌跋《临争座位帖题后》：“新都汪太学儒仲以宋拓《争座位帖》见示，神采奕奕，字形较陕刻差肥．余临写之次，时有讹字，乃知是米海岳所临。米尝自记有临《争坐帖》在浙中，此殆其真迹入石者耶？”汪汝谦还将董其昌、黄汝亨等人翰墨加以摹拓，编订为《朱尊楼帖》。

榆村程季白（梦庚）笃好古玩，富收藏，赏鉴过人，官内阁中书。与董其昌、陈继儒、李日华、汪珂玉等为友，藏有《王维雪霁图》《卢鸿草堂图》《洪谷子山水图》《郭河阳乔松山水图》《黄山谷草书古诗》《柯丹丘古木竹石图》等。王时敏《题石谷雪卷》云：“右丞江山雪霁图，为冯大司成旧藏者，后归新安程季白。余昔年京邸，与程联墙，朝夕过从，时得展玩，迄今三十余年，不知此图属之谁氏？自分此生已不复再觏矣。”[①] 后程季白因吴伯昌遭珰祸连及，丧生亡家，“子正言遂不能守父故物，多售于世。然奢豪与父同风。……观其铜器，有姜望方鼎、方觚；窑器则官窑；彝，白定彝；汉玉器。项氏所集图章百方，皆各值千金者。又双鸠镇纸，雌雄各一。雄者可楱雌背，雌者则塌下，可见汉人工巧耳。又有大眼玦宝，环歪头，勾厌胜，皆汉器之著名者。余者精巧不胜计”。[②]

休宁商山吴怀贤（齐仲）喜收藏，有周文矩《文会图》大绢画一幅。万历

---

①[清]王时敏：《烟客题跋》，上海人民美术出版社，1986年，第66页。

②[清]吴其贞：《书画记》，人民美术出版社，2006年，第59、60页。

三十七年（1609），董其昌游黄山，住吴怀贤家，题《宋元明集绘一册》："新安吴君翼明（吴怀贤号），家世好古，收藏唐、宋以来名绘甚富。己酉春仲，予游黄山，居停君家两月。以余颇能赏鉴，尽出其所藏相示，且遴其小幅之尤精者汇为此册，使人惝恍，如游十洲三岛间，洵卧游之巨观也哉。"① 董其昌《跋吴云壑书后》："于新安白岳山下，客持晦翁书《归去来辞》，乃绝似米元章，后有'云壑'二字，因得审定，今藏余家。"程嘉燧、李流芳侨居嘉定，与董其昌有往来，程嘉燧《题董宗伯画册后》谓董其昌："又曾过余家索观倪云林《霜林远岫》。"李流芳与董其昌为忘年交，董其昌评论："长蘅以山水擅长，其写生又有别趣，出入宋元，逸气飞动。"

董其昌与吴廷年纪相仿，常在江南等地及北京相见，吴廷还常至松江董府，每在一处，即出书画观赏，董其昌或购买，或借而欣赏、临摹，对董其昌有不少帮助。董其昌十分推崇董源，跋董源《夏山图卷》云："吴中相传沈石田、文衡山仅见半幅，为《溪山行旅图》。岁癸巳入京，得之吴用卿。"先后得《潇湘图》《夏景山口待渡图》和《夏山图卷》，加以研究揣摩，对其"南北宗"论有推动作用。董其昌的绘画理念及其观点肯定对新安书画家产生一定的影响，比如，郑元勋辑刊《媚幽阁文娱》，选董其昌《闲窗论画》11则，编在"杂文"类中，跋云："国朝画以沈石田、董思白为正派，可以上接宋元。观其立论，故自尚友千古，不堕甜邪坑堑也。"当然新安画家并没有完全为其思想所笼罩，"盖当时宣歙旧族，收藏宋元明画，既精且富，晨夕观摩，咸志法古，非因时习转移。至此新安一派，遂能高自位置，绝去攀附，不随吴门、华亭末流归于澌灭。品贵自立，其在斯乎。"② 董其昌自己在新安也留下了大量书画作品，《十百斋书画录》记载就有绘画23件，书法19件，仅金瑗一人之力，就搜集到100多年前董氏42件作品，可见董其昌与新安渊源。

新安画家中，丁云鹏与董其昌、陈继儒交往密切，许多作品有董、陈的题赞，董其昌赠其"毫生馆"印章，丁云鹏在得意之作上方一用之。新安四家中，查士标受董其昌影响比较直接，书法师承米芾、董其昌，山水学倪、黄，但董氏痕迹比较清晰。渐江既学北宋，又学倪、黄。汪之瑞学黄公望，晚学吴镇，孙逸仿宋元，尤得黄公望衣钵。渐江之前的新安派先驱及后来者，以宗倪、黄为多，奠定了新安画

① 汪世清：《艺苑查疑补证散考》，河北教育出版社，2009年，第133页。
② 黄宾虹：《黄宾虹文集全编·书画编》（上），荣宝斋出版社，2019年，第325页。

派的画风。

二、黄山画派和宣城画派

“黄山画派”以清初安徽宣城梅氏与流寓宣城的石涛为代表，以描绘黄山景致著称，故称“黄山画派”。有人将“黄山画派”与“新安画派”相混淆，认为“新安画派”也画黄山，是同一画派而叫法不同。但笔者认为这两个画派不可混为一谈，因为流派划分的核心关键是地域，新安为徽州旧称，新安画派成员包括歙县、休宁、黟县、祁门乃至婺源、绩溪在内的画家，现在将淳安、建德的书画家也包括在内。这些画家有的画黄山、有的根本不画黄山，甚至连黄山都未曾到过。而黄山画派以画黄山为标志，主要成员来自宣城乃至广西桂林，和新安画派画家有本质的区别。如果将渐江算作黄山画派中的一员，那么新安画派中其他画黄山的画家是否也算黄山画派？也因此，笔者前文曾说所谓画派的划分，是有很大局限性的，并不科学。

目前，已有“宣城画派”的称谓。“宣城画派确是我最先提出，后来广被学术界认可。有人可能是上当了，认为本来就有宣城画派，也就写文论述宣城画派。……我当年研究皖南几个画派，文献中记载有以渐江为首的新安派。有以萧云从为首的姑孰派，但却没有宣城派。……从我研究并提出宣城画派至今已三十年了”。① 而且，有关研究者也出了最新学术成果《我法——宣城画派研究》。如果单纯从某种表现对象来看，应叫“黄山画派”为宜。但从地域角度考虑，而且除了黄山外，也表现其他的对象，更何况还有不画黄山者，笔者认为“宣城画派”较“黄山画派”更能说明问题。

黄山画派起始较晚。汪世清云：“现在确知，倡言建立‘黄山画派’的有黄宾虹、贺天健、潘天寿三家，以他们的资望，自然一言九鼎，会在学术界引起重视。但他们的主张各自独立，没有任何共通之处。于是信从者各有所据，亦言人人殊，以致众说纷纭，莫衷一是。虽然隆重的讨论，也未取得共同认识，至今还是一个悬案。”②《新安画派》一书认为黄宾虹、贺天健、潘天寿都曾提出“黄山画派”这一称谓，“贺天健在《黄山派与黄山》一文中提出渐江、梅清、石涛是黄山画派的三个主要代表”。③ 笔者认为贺天健在《黄山派与黄山》中常将黄山派与新安派混为一谈，作为严谨的

---

① 陈传席：《“我法”是宣城画派的灵魂》，《我法——宣城画派研究》，安徽美术出版社，2014年，第1、2页。

② 鲍义来：《汪世清书简》，安徽省徽学学会编印，2009年，第677页。

③ 郭因、俞宏理、胡迟：《新安画派》，安徽人民出版社，2005年，第4页。

美术史似乎不足为训。而潘天寿对黄山派的论述“似是信笔写来，并未认真研究与思考。他既没有对新安派、黄山派、休宁派的界限加以厘清，排名单也较为随意”。[①]《新安画派》一书认为“提出黄山派这一名称，又进行过认真研究，并开出了详细名单的是黄宾虹”。该书并列举了《黄山画苑论略》一文说：“他是以黄山所跨的范围，把新安与宣州的画家都纳入了黄山画苑的。他把唐代的薛稷与张志和列为黄山地区‘开画学之先’的两个画家。”观《黄山画苑论略》一文，我们可以发现收入者标准为：一是新安本土人士；二是与新安有诸多关系者，如薛稷在新安为官，张志和曾居新安，沈周与程敏政交厚，并曾来新安，对新安绘画有潜在的影响；三是梅清、梅庚曾来黄山，有诸多画迹留存。汤燕生为太平人，而萧云从“字尺木，号无闷道人，晚又号钟山老人。家芜湖”。[②] 黄宾虹不止一处称萧云从“家芜湖”，而不称其芜湖人，是他根本没有将萧云从看作是芜湖人。

《新安画派》一书说：“黄宾虹在《黄山画苑论略》中未提出黄山画派的称谓，而在自 1939 年 1 月起连载于《新北京报》的《艺术周刊》（署名予向）上的《黄山丹青志》中则明白地提出了黄山画派。他说自己：‘尝就黄山画派，仿王穉登《吴郡丹青志》、陶元藻《越画见闻录》之例，分其时代，笔之简端，因集成帙焉。’”[③] 实际上，《黄山丹青志》在 1939 年起连载于《新北京报》之《艺术周刊》，当时仅有小标题，总标题是编者后加。许多篇目文字类同于《黄山画苑论略》。在《江南画系》后，即《黄山画派》，再接下来有《唐画萌芽》《仙释画迹》《古迹流传》《朱子画学》《李伯时画》《大米画评》《松雪遗风《梅道人画》》等。从这些小标题就可以看出，所论较广泛，但有总体考虑，即将许多话题都放在《江南画系》中来展开，这明显与新安画派有不同的含义。比如，在《黄山画苑论略》“绪论”起笔便说：“黄山自唐天宝改名黟山之旧，其境跨宣、歙二州，广五百里。东南歙州歙县属，西南休宁县属，各百二十里；东北宣州太平县属，八十里。”这种直接以黄山为中心，而不是以新安为中心的表述，显然是有寓意的，否则就可名为《新安画苑论略》了。而以黄山为中心，就可以将宣、歙二州联系起来，太平虽然隶属宣州，但在历史上与新安是有交集的，如秦建鄣郡，太平西至白岳，汉武帝元封二年改丹阳郡，领县十七，太平与歙县、黟县均在一郡。

① 郭因、俞宏理、胡迟：《新安画派》，安徽人民出版社，2005年，第5页
② 黄宾虹：《黄宾虹文集全编·书画编》（上），荣宝斋出版社，2019年，第331页。
③ 郭因、俞宏理、胡迟：《新安画派》，安徽人民出版社，2005年，第7页。

东汉后，省宣城，入宛陵，三国则为泾地。而黄山在“县南三十里……当徽、宁二郡界上”[①]“其中,黄山风景名胜区面积160.6平方公里,坐落在黄山区(太平)境内”。[②]

黄宾虹在《黄山丹青志》之《黄山画派》一文中,又再次强调 :“黄山,唐代跨有宣、歙二州,广五百里。东南歙州歙县属,西南休宁县属,各百二十里。东北宣州太平县属,八十里。……千百余年，人文亹斐。诵习余暇，兼通艺事，绘画名家，因之辈出。”[③]这段描述，与《黄山画苑论略》“绪论”意思完全相同。因此，这里的“黄山画派”与狭义的“黄山画派”有所不同。《新安画派》一书说 :“黄宾虹不仅把黄山所跨宣、歙二州的画家看作黄山画派的成员，而且也把黄山地区之外但凡与这一地区的画坛有一定关联的画家、诗人以至官员都看作黄山画派的成员或师友。但奇怪的是，在《黄山丹青志》中，他却并未提到在黄山有过不短时期的活动，而且常画黄山的石涛、梅清、石溪。”[④]实际上，从《黄山画苑论略》与《黄山丹青志》的写作思路看，二者是一脉相承的，只是较早的《黄山画苑论略》没有提出“黄山画派”这个词而已，但收入了梅清、梅庚，没有收石涛、石溪，这是因为他们不属于黄宾虹心目中所画的圈子里。

但为什么在《黄山丹青志》中没提到梅清、梅庚呢？笔者以为黄宾虹的文章往往在报刊连载，不是一气呵成，首尾不能照顾，有的题材重复，有的难免疏漏，或者暂时没有新的内容要补充。并且有许多重复的话和引用前人的话，不看原文，就以为是黄宾虹所说，而且《黄山丹青志》最后一篇《代友作印谱叙》与绘画并不相关。黄宾虹又曾有《增订黄山画苑论略》一文，编者说明 :“黄氏晚年屡欲增补此文，居北京时撰《黄山丹青志》在先，此稿在后，惜未终篇。”[⑤]那么，我们又怎么知道黄宾虹还有什么内容没有写进去呢？《增订黄山画苑论略》的第一篇《江南画系之黄山派》，文中记李公麟画卷曾藏新安王仲交家，“可知宣歙画者，恒多模仿龙眠，固不独丁南羽、吴左干为得其法乳也。宋代以前，唐末五季之乱，民益贫困。然力作重迁，宣歙一区犹愈他郡。宋室南渡，新安为郡，即唐歙州地，民人多徙舒

① 嘉庆《太平县志》,黄山书社,2008年,第97页。

②《黄山志·概述》,黄山风景区管委会编印,第1页。

③ 黄宾虹:《黄宾虹文集全编·书画编》(下),荣宝斋出版社,2019年,第712页。

④ 郭因、俞宏理、胡迟:《新安画派》,安徽人民出版社,2005年,第7页。

⑤ 黄宾虹 :《黄宾虹文集全编·书画编》(下),荣宝斋出版社,2019年,第910页。

池、无为界中。米元章……尝于京口筑宝晋斋，收藏古人书画，评画言池州画工作九华山图甚佳，有古法，然不详其姓氏。此人不传而以画传，画有名而人无名。人知有画工之名，不啻人与俱传也。习画师法，关乎地理，族志所载，文献足征。黄山画家中之属徽郡者，绩溪县为昔时趋京之轨道，经宁国，踰岭即浙之吴兴界。遵陆路者常由此发程，以视舟行沿新安江而下，由淳安至严州，历桐庐、富阳过浙江为尤近。至于元代，以画名者，赵松雪、唐子华，皆吴兴人。元季四家，浙人居其三，时最称盛”。行文至此，遂引出“黄山画派颇多取法吴兴，戴仲德、程政先得其学风”。[①]看到这里，我们似乎明白，黄宾虹认为的“黄山画派”，是以黄山为中心，纵横捭阖勾画出一幅江南绘画地理图来的，即“习画师法，关乎地理”。可惜，这个浩大的工程黄宾虹没有完成，他的《增订黄山画苑论略》只写了《江南画系之黄山派》《沈唐画派之输入》《谢绍烈》三篇，而《谢绍烈》只开了个头，编者不无遗憾地说：“原稿已残缺不全，兹检其三篇撮合而成。”

黄宾虹所说的“黄山画派”与画黄山的“黄山画派”及“新安画派”没有太多关系。因此，我们这里的“黄山画派”特指以梅清、石涛为代表的黄山画派，或者叫宣城画派，与其他含义的“黄山画派”无涉。

宣城古代有包贵、包宋擅画虎闻名，明代秦舜友（字心卿）、清初汤祖（字又蓁）、梅士己、梅郎中、高咏（字阮怀）、梅磊等皆以画名，而梅清、徐惇（半山和尚）、陈孚吉被称为“宣城三大家”。

梅士己

梅士己（1592 ~ ?），字继美，号无己。邑庠生，弱冠游泮。能诗，善画兰。交友皆名士，饶有古豪侠风。子梅石，亦善画兰。

梅朗中

梅郎中（1607 ~ 1642），字朗三，子梅庚。诸生，善书画、诗文，世称“三绝”。喜交游，曾入复社，与名士顾方杲、陈贞慧、冒襄、侯方域、方以智交往密切。为宣城诗派前期领军人物，与沈寿民共持宣城风雅，有《书带园集》。书法学钟繇、王羲之，画宗宋元，能自出机杼。惜 36 岁早逝。

---

① 黄宾虹《黄宾虹文集全编 · 书画编》(下)，荣宝斋出版社，2019年，第911页。

僧半山

僧半山（1612 ~ 1675），俗名徐惇，字秩五，法名在柯，号半山。宣城人。少好学，才思敏捷，曾在四川做幕职，后请辞出家，在广教寺修行。工书画，山水师倪瓒、吴镇、沈周，气韵天成，文静秀雅。王士祯有《题徐半山山居图》云："浓淡写山木，依稀闻乱流。云中敬亭月，烟际宛溪舟。身预名僧会，装成五岳游。藐然烟雾里，长啸忆丹丘。"半山作品多为中晚年之作，安徽省博物院藏其赠宣城隐士陈孚吉的《烟柳水阁图》，是其佳作。半山绘画在宣、池间影响很大，当时被奉为楷模。半山善诗，梅清年轻时就与半山诗词互酬，有《过半山草堂》《赠半山》等诗。半山也有《北游寄渊公老友》诗。

高咏

高咏（1619 ~ 1684），字阮怀，号遗山。幼聪颖，有神童之目，12 岁中秀才，弱冠游南京，与杨龙友等十余友每天在秦淮河畔集会，倾动当时士人，与钱谦益（牧斋）、方以智（密之）、沈寿民（耕岩）为忘年交。与同邑诗人施闰章（愚山）、梅磊（杓司）友善，过从无虚日。年近 60，始贡入太学。康熙十八年（1679）举博学鸿词，授检讨，与修《明史》。与施润章共主东南诗坛数十年，时号"宣城体"。施闰章病逝后，其《学余堂稿》由高咏补葺校阅而成。有《若岩堂集》《遗山堂集》《萧江游草》等。高咏不仅擅诗，书画亦有名，人称"三绝"。

施闰章

施闰章（1619 ~ 1683），字尚白，号愚山等。宣城人，有《双溪诗文集》《愚山诗文集》等 10 余种。清顺治六年（1649）进士，授刑部主事。康熙十八年（1679）举博学鸿词科，授翰林院侍讲，纂修《明史》，典试河南。施闰章博览经史，以诗名噪清初。与高咏主持的"宣城体"诗人，梅庚、梅清、梅文鼎、沈泌诸子均在其内。施润章好书画，曾致书方邵村云："石溪和尚旧为方外交，而未索其画，今甚悔之。"与新安画派诸子多有交往，为江注《黄山图册》之"指月庵"题诗："天海浩无涯，孤僧寄一家。泉吞丹井月，坐对青莲花。小屋岚烟重，台高石路斜。雪中人迹断，烧叶自烹茶。壬子秋八月，同允凝道兄指月庵作就正，宣城施润章。"江注在画上则题《和施愚山先生韵》诗一首。可知施润章与江注在康熙十一年（1672）秋均在黄山指月庵，并在其《黄山游记》中称江注为"黄山导师"。康熙十八年（1679）夏，施润章与江注在歙县岑山，并约江注游敬亭山。

梅磊

梅磊（1620 ~ 1665），字杓司，号响山。生平好游，喜结纳，长安名公巨卿交相推重。于吴门呼集名流，品题诸妓名花筵大会，一时传为盛事。《响山集》，尚有遗稿数卷未刻。梅磊在宣城城南响山建有别业，交往多名士。梅磊绘画作品存世甚少，主要学元四家之倪云林及明代沈周，笔致疏简，格韵高古。

梅清

梅清（1624 ~ 1697），字渊公，号瞿山、瞿硎、梅痴、柏枧等。安徽宣城人。生于声名显赫之文峰梅氏，其家族有戏剧家梅鼎祚、历算家梅文鼎、文学家梅曾亮等，其祖父守极及兄弟守相、守峻、守和，守极为举人，任安吉、高唐、冀、通四州知州，升南京户部江西司员外郎。其父振祚，太学生，仕文华殿中书。崇祯十一年（1638），梅清考中秀才。顺治十一年（1654）赴南京乡试，中举人。此后十余次参加科考，皆落第。梅清主盟诗坛最久，以诗名江左。书法学颜真卿、杨凝式。咏歌之余，间作绘画，下笔磅礴多奇气，有别趣，以写黄山著名，间亦画梅。有《天延阁删后诗》《瞿山诗略》《梅瞿山诗》等。

梅清与石涛为挚友，相互切磋画艺。石涛早期的山水受到他的一定影响，而其

梅清《山水册》 安徽博物院藏

晚年画黄山又受石涛一定的影响，与石涛皆为“黄山派”巨子。梅清曾经一上泰山，二上黄山，与黄山结下缘分。康熙十七年（1678）六月，梅清先登黄山，后游白岳，作《黄山记游诗一百韵》。康熙二十九年（1690），第二次登上黄山。梅清笔下的黄山以气韵、笔墨胜，清逸苍茫，造景奇险，构图别致，线条妖娆盘曲，近卷云皴，云烟变幻，富有动感，营造出海市蜃楼般的幻境。曾写黄山十二幅，题其首云：“渔洋山人十年前曾讯黄山之胜，索为作图，久而未报。康熙壬申正月，春雪初晴，拈管洒墨，偶尔成此，则天都第一峰也。”贺天健在《黄山派和黄山》一文中说：“弘仁得黄山之质，梅清得黄山之影，石涛得黄山之灵。”如果说渐江画黄山偏于“质”，梅清则更加重“意”的表达，即写意之“意”、意象之“意”、意趣之“意”。

梅清擅画松，腾攫如虬龙作势，更有人说其画松为天下第一。王士祯谓其山水入妙品，松入神品，并有《瞿山画松歌》：“谁能画龙兼画松，鳞而爪鬣行虚空。谁能画松如画石，石骨荦确松蒙茸。”张庚《国朝画征录》在“梅庚”条下附梅清，并云梅清为梅庚兄，“名亚于庚”。梅清子梅蔚、侄孙梅庚、从孙梅翀等皆善画，梅清又与梅庚、梅翀及邑人蔡瑶被誉为“宣城四妙”。

梅庚

梅庚（1640 ~ 1722），字耦长、子长，号雪坪，晚号听山翁。梅朗中子，梅清侄。梅庚为康熙二十年（1681）举人，为朱彝尊所得士。官泰顺知县，然郁郁不得志，数年后辞官归里。

梅庚《山水册》天津博物馆藏

工诗，善山水、花卉，兼擅篆隶，皆有雅韵，然惜不多作。在宣城修缮先人书带园，沈泌、石涛等友以饮酒赋诗、书画自娱。康熙二十五年（1686），梅庚偕梅文鼎、袁启旭与汪士鋐、吴菘相约同游黄山，归途至潜口，与汪贽、汪沅、汪广沐等宴集汪氏水绘园。后又与梅清、梅翀再游黄山、水香园，有《水香园二首》。梅庚曾为江注《黄山图册》之《石笋矼》题诗，跋云：“允老道长兄屡期游黄海，竟不果。偶题画册请教，兼志余憾。雪坪弟梅庚。”

梅庚为黄山画派和宣城诗派的干将。梅氏除梅清外，以梅庚最为有名，与梅清齐名，施润章称之为“二妙瞿公又雪坪”。石涛在论及当时画坛“一代解人”中，将梅庚与梅清并提。有《听山诗钞》《南雅集》《漫兴集》《雪坪诗钞》《知我录》等。

梅蔚

梅蔚(1654 ~ 1706),原名锺龄,字豹方。梅清子。山水得家传,兼工人物,有《白描大士像》《芦荡渔罾图》册页等。

梅琢成

梅琢成（1657 ~ 1700），字武修，梅庚子。康熙三十五年（1696）举人，绘画得家传。工诗，有《默轩集》《秋蛩集》。

梅翀

梅翀（1662 ~ 1703），字培翼、培翌，号鹿墅。宣城人，梅清侄孙。曾随梅清客居歙县并同游黄山，与潜口水香园汪氏交往甚密，有《立水香园望紫霞山》诗：“紫霞山下水香园，千树梅花覆短垣。索笑楼头曾小憩，溪声不断梦潺湲。”山水师法梅清。康熙三十一年（1692），绘黄山风景十二开。末开题跋：“文殊院观海。壬申四月梅翀写。”又自题：“初识黄山面，惊人果不同。攀跻难着地，指顾尽凌空。泉沸丹砂内，云铺大海中。灵区谁与遍，万壑总天工。黄山为格老年先生教正。梅翀”。梅翀偶为梅清代笔，几可乱真。

其他梅氏善画者，有梅喆（逋先）、梅瑑成（文常）、梅轸（星浦）、梅南等。

石涛

石涛(1642 ~ 1707)，本姓朱，名若极，明靖江王朱赞仪十世孙，朱亨嘉子。明亡后，朱亨嘉自称监国，被唐王朱聿键处死于福州。时石涛年幼，由太监带走。后出家，曾拜名僧旅庵本月为师，释号原济，字石涛，号大涤子、清湘老人、苦瓜和尚、瞎尊者等。与弘仁、髡残、朱耷合称“清初四僧”。石涛是中国绘画史上一位重要人物，极富创造性，王原祁推石涛为“大江以南为第一”。他既是绘画实践者、革新者，又是艺术理论家。石涛喜漫游，曾游敬亭山，屡登庐山、黄山诸名胜。中年与师兄喝涛住南京一枝阁，别号“一枝叟”，晚年居扬州。他既有国破家亡之痛，又曾两次接驾，山呼万岁，并与清王朝上层人物多有往来，身处佛门却心向红尘，内心充满了矛盾。50岁以后，感怀故国之情逐渐加强，在扬州基本脱离了僧人生活，成为“有冠有发之人”。60岁后，刻“靖江后人”“大本堂若极”等印章，直接宣告为明王朝朱氏子孙。

石涛工诗文，书法善隶书和行草，画擅山水、人物，兼工兰竹。山水广泛吸收历代画家之长，加以变化，结合师法造化，提出“搜尽奇峰打草稿”的主张。作品能简能繁，笔法苍劲恣肆，松秀老拙，用墨浓淡兼施，酣畅淋漓，极尽变化。善于点苔，神奇多彩。其构图新奇，别出蹊径，或全景式场面宏阔，或局部精写，善用“截取法”，新颖奇异，变化无穷。石涛晚年自署耕心草堂，所作粗枝大叶，用拖泥带水皴，实为积墨、泼墨法。其花鸟、兰竹不拘成法，自抒胸臆，爽利峻迈，极富个性。

约在康熙三年至康熙五年（1664 ~ 1666）间，石涛与师兄喝涛流寓到宣城，驻锡广教寺，因寺内宋代建有双塔，俗称双塔寺，江注有《同愚翁访喝涛、石涛两双塔寺》。与施润章、梅清、梅庚等交好。其间数次来新安，游黄山，并从黄山移植一棵松树到泾西寺院中，并画《种松图》。康熙六年（1667），26 岁的石涛第一次游黄山，遇半山和尚和新安太守曹鼎望。曹鼎望安排石涛住太平罗汉寺，该寺因供养唐代画僧贯休所画十六尊者故名。当年石涛曾创作有《十六阿罗汉应真图卷》。上海博物馆藏明陈良璧《罗汉图卷》，有石涛题跋：“余昔自写白描十六尊者一卷……今寺在而罗汉莫知所向矣，余至此发端写罗汉焉。初一稿成，为太守所有。次一卷至三载未得终，盖心大愿深，故难。”此后，石涛又创作有《罗汉图册》一百开，或许因住罗汉寺，从而激发了石涛画罗汉的兴趣也未可知。游黄山归来，石涛在双塔寺作《黄山云涛图》。康熙二十六年（1687），石涛在南京重题此画，并题其著名诗篇：

> 黄山是我师，我是黄山友。心期万类中，黄山无不有。事实不可传，言亦难住口。何山不草木，根非土长而能寿；何水不高源，峰峰如线雷琴吼。知奇未是奇，能奇奇足首。精灵斗日元气初，神彩滴空开劈右。轩辕屯聚五城兵，荡空银海神龙守。前海瘦，后海剖，东西海门削不朽。我昔云埋逼住始信峰，往来无路，一声大喝旌旗走。夺得些而松石还，字经三写乌焉叟。

在诗中，石涛提出师造化（是我师），更强调自我（黄山友），体现了石涛超凡的认识和智慧。康熙八年（1669），石涛二游黄山，与曹鼎望次子曹鈖（宾及）同游。第三次则是康熙十五年（1676）。石涛在康熙十七年（1678）离开宣城到南京，在宣城居十余年。期间曾两次较长时间离开宣城，一次在 1667 年前后住宁国奉圣禅院，一次在泾县的寺院寄居。康熙三十五年（1696）夏六月，晚年的石涛离开扬州，避暑歙县岑山渡松风堂程濬家，这大约是石涛最后一次到新安了。程濬，字葛人。经商于扬州，长往来于歙县、扬州间，其子程鸣学画于石涛。

石涛与新安诸氏交往密切，如丰南吴氏、岑山渡程氏、潜口汪氏等，天津市艺术博物馆藏《金竺朝霞》跋云："金竺朝霞。清湘石涛己酉夏日写于新安之紫阳书院"。己酉，为康熙八年（1669）。石涛 29 岁，是石涛早期作品。《大涤子题画诗跋》中有《题新安吴又和墨笔山水》："新安之吴子又和，丰溪人也。游戏于笔墨之外，珍重其书，而不珍重其画。十余年人间浪迷者多，每兴到时，举酒数过，脱巾散发，狂叫数声，泼十斗墨，纸必待尽，终不书只字于画之上。今观此纸气韵生动，笔法值空，欲令清湘绝倒。故书数字其上。戊辰长夏清湘石涛济，邗上之大树堂。"西溪南人吴蓼汀有石涛《双清阁图》，并有《双清阁图诗》，厉鄂手题。杜乘题辞："大江南北，称孝友之家，必推丰南节孝楼吴氏。"双清阁在平山左近，可知吴蓼汀亦是居于扬州的丰南人。《双清阁图》现藏故宫博物院。故宫博物院另藏有石涛《清湘书画稿》，石涛分段作画题诗，其中有一诗云："天都直耸四千仞，中藏三十六芙蓉。练江二十四溪水，争流倒泻兮朝宗。岑山砥柱中流溶，烟晴二溪声淙淙。松风堂在笼丛中，至今开合散天下。出人往□矫如龙，我生之友交

石涛《金竺朝霞》天津艺术博物馆藏

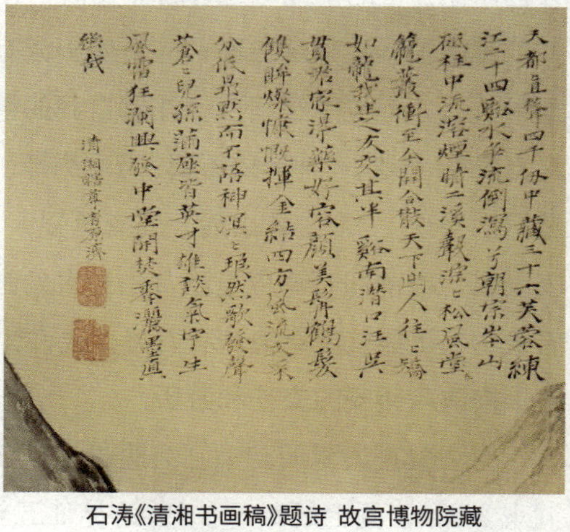

石涛《清湘书画稿》题诗 故宫博物院藏

石涛《练江归钓图》浙江美术馆藏

其半。溪南潜口汪吴贯，君家得药好容颜，美髯鹤发双眸灿。慷慨挥金结四方，风流文采分低昂。默而不语神溟溟，琅然发歌声苍苍。儿孙满座皆英才，雄谈气宇生风雷。狂澜兴发中堂开，焚香洒墨真幽哉。”诗中“溪南潜口汪吴贯”中汪吴贯三姓，都是石涛的友人。此卷曾被清歙县收藏家项源（芝房）收藏。石涛曾根据祝允明《溪南八景诗》画《溪南八景图》，该图到民国前后散失了四开，后由张大千仿石涛画风补作四幅，原作及补作均藏于上海博物馆。康熙三十一年（1692），石涛画《练江归钓图》，题诗云：“入云春嶂削秋莲，香散氤氲落钓船。我别新安今廿载，笔锋时绕练江烟。”其怀念新安山水之情跃然纸上。美国纽约大都会艺术博物馆藏石涛《丰溪忆昔图》有题跋曰：“时癸酉北归邗上，写寄兼山惊远先生丰溪草堂。清湘苦瓜和尚元济。”兼山，为西溪南吴震伯，字惊远。早在 1674 年，石涛就赠吴震伯之父吴而纯《梧桐松石图》。《丰溪忆昔图》作于 1693 年，其时石涛已经移居扬州，题画诗充满了对老友的思念。石涛与吴震伯的交往一直到去世，他去世的前几年还曾赠吴震伯“诗书画联壁”。

黄山画派在师承方面，与新安画派有不少相似之处，皆崇尚元人乃至宋人。虽师承古人，但更重视写生，注意自我的情感抒发，即“我法”（梅清自用印）。绘画自出机杼，形成一种奔放不羁、奇崛纵肆、虚无缥缈的画风。梅清在《黄山图十六开》题记中曾说：“余游黄山后，凡有笔墨大半皆黄山矣。”可以说，除了渐江等少数新安画家，梅清和石涛应是画黄山最多的画家，甚或过之。我们也可以这么认为，没有黄山，可能就没有梅清和石涛，或许他们也不能取得这么大的成就。

梅清与新安的交往和游历

梅清曾在天延阁与渐江会晤过，渐江作《天延阁》诗，上海博物馆藏渐江《松涧观云图》，画上题跋曰：“曾访神仙五粒松，涧泉流响白云封。林间萝茑交青蔓，水畔菖蒲开紫茸。煮石有方留秘诀，采芝何处觅行踪。与君又是经年别，晚戏沧洲得再逢。渐江僧时作于天延阁。”画右上方并有程邃题跋。

渐江与梅清都向萧云从请教过绘画，因此有许多共通之处。而梅清不仅是黄山的常客，还与新安诸多文人交往密切，除了渐江，还有江注、查士标、程邃、戴本孝、吴绮园、吴东岩、汪钝庵、汪洪度、汪洋度、汪栗亭、汤燕生等，常在一起吟诗作画。康熙十四年（1675），江注到访宣城，居两月余，与梅清等诸友多有酬唱，与石涛一见倾心。梅清邀他欣赏藏画，江注请其题《黄山图册》，梅清欣然题云："纸上青莲泛海楂，江郎毫素烂于霞。怪来香气浮空出，三十六峰齐放花。"梅庚亦题其《石笥砆》，并跋："允老道长兄屡期游黄海，竟不果。偶题画册请教，兼志余憾。"或许受到江注的诚邀和《黄山图册》的感染，康熙十七年（1678）六月，梅清第一次登上黄山，下山后，复游白岳。康熙十八年至康熙十九年（1679 ~ 1680）间，梅清曾到南京拜会龚贤，并与程邃等两次见面，曾饮于方若珽（绣山）处。

康熙二十九年（1690）二月，梅清、梅庚、梅翀先至旌德、后往歙县，在其《瞿山诗略》中记录了他与吴绮园的交往："《绮园东岩招同栗亭昕斋雪坪陪靳明府宴集沙城寓堂得声字》诗。绮园为吴崧；东岩即吴瞻泰，吴苑长子，举孝廉方正，工诗；栗亭为汪士鋐，明府为靳治荆，时任歙县县令。三月初，梅清访汪洪度、洋度兄弟于松明山，作《山水册页》八开。四月，游黄山，靳治荆与太平知县陈九陛陪同。下山后，在歙县、岩寺逗留，曾光顾吴绮园的娑罗园，作《黄山图册》八开。其中有涉及娑罗园及红豆的题跋，第八开题跋："一篙破寒玉，雨霁微波漾。蜿蜒八九滩，峰峦千万状。爱此良夜游，次第歌声放。群公逸兴牵，暗绿山堂覆。绮席耀华灯，拇阵分红豆。娑罗花未开，春风已先逗。庚午初夏，绮园先生、东岩世兄，招同于鼎、栗亭、仁远、鹏远、文璇、叔夏、家培翼，泛舟岩溪，晚集虬山堂，各赋短古二首并正。弟清。"虬山堂在娑罗园旁，潜虬山上。第五开题跋："题娑罗园横川阁。娑罗香一院，种就几千年。铁干分今古，虬枝散蜿蜒。参天应翼日，扑地欲流烟。最是垂红豆，抛来亦可怜。瞿山清。"此开诗为梅清《横川阁纪事》诗中一首，其他两首诗分别为："几年淹旧约，今始识名园。山色能迎客，溪声解到门。幽怀随处得，乐事此中存。大小称诸阮，风流吾道尊""凭栏都是画，落笔便成图。梅谷何曾远，虬山或可趋。两桥分曲涧，孤塔引平芜。家外云门近，扶筇着老瞿。"《黄山图册》第三开所绘即《虬山草堂》。梅清曾记：

予因践吴子绮园之约，一杖岿溪，就宿娑罗园。次日微雨，同东岩过潜口，访汪子栗亭于梅旅山房。次日大晴，忽忆栗亭尝言其大阮右湘有水香园，索予作图，三年未报。适右湘浙游未返，栗亭因携尊水香园。园在紫霞峰下，门临阮溪。入园即见方池，池四面尽古梅，不可以数计。铁干婆娑，蔽空扑地，或横或斜，万状无端，令游者不能骤行，不能停视。由霞山草堂，左折为索后轩，又右折为宛在亭。石阑环绕，夹水为桥，桥下溪流淙淙有声。右折数十武为碧泛楼，三面皆梅，一面则霞山法境台也。梅花虽落，流水犹香。予与东岩坐卧其下，何异入罗浮梦中。少顷，绮园、天士、云逸、于鼎、培翼先后皆至，主人命酌，酣歌竟日，即席各赋五言短古二首。醉后复同诸公寻轩后炼丹台及阮公药溪丹井，直至昏黑始还梅旅山房，又复命酌，尽兴而返。仆人缚火，舆夫嘈杂，天士、云逸归澄塘，于鼎归松明山，予与绮园、东岩、培翼归娑罗园，时夜将半矣。有《水香园謻集诗》二首云。

梅清《娑罗园横川阁》故宫博物院藏

水香园在潜口，梅清、梅庚、梅翀皆有水香园诗。康熙三十四年（1695），梅清画《山水册十二开》（上海博物馆藏），其中一开再画娑罗园："横川阁上别何年，空忆云门在眼前。为问娑罗结红豆，诗魂还系泛溪船。予在岩溪客横川阁一月，每忆旧游，拈笔得之。瞿山清。"梅清又有《游黄山即事》《与江允凝许文涛汪东大招同其族培翼集太平十寺放舟濠上即席限'山''群'两字》《岑山》《吴匏斋招同诸子集问政山》《吴云逸水澄园即事》等诗。吴云逸为潜口澄塘人。《黄山图册》并绘有问政山。

梅清一行在太平数日，与陈九陛等人聚宴，后取道青弋江回宣城。

三、姑孰画派

《中国美术辞典》未收"姑孰画派"条目，但萧云从词条云"人称姑熟派"。《书画篆刻实用辞典》，亦称"姑熟派"。谓："清代山水画派之一。以萧云从为首的南宗山水派，为新安派支流。""姑孰画派"相对冷僻，但是否为新安派支流，值得商榷。"姑孰"城名，最早见于东晋。东晋兴宁二年（364），大司马桓温镇姑孰，重建姑孰城，并于城北建子城。隋开皇九年（589），迁侨置当涂县治于姑孰城。此后，姑孰城不仅作为历代当涂县治所在，还曾为宋太平州，元太平路，明、清太平府附廓。

明末清初，芜湖画家萧云从为著名人物、山水画家，绘画风格独树一帜，当涂、芜湖一带从他学画的人很多。如弟云倩（小曼），画风与兄相似，有"二陆"之誉。子一旸（梦旭），画酷似其父。侄一芸（阁友）、一荐（盥升）、一萁（位歆），并称"三萧"。黄钺（左田）山水得萧云从遗韵，兼善花卉。此外，还有王履端（元律）学萧云从人物画，以及歙县方兆曾（沂梦）等。萧云从与画友潜山人陈延（遐伯），被称为"画院二妙"。休宁孙逸流寓芜湖，与萧云从并称"孙萧""江左二家"。其他还有新安韩铸（冶人）、释海涛（湛瞿）及芜湖人施道光（杲亭）、施长春（淡吟）、孙据德、潘士球（天玉）等。清康熙元年（1662）刊刻的《建德县志》，其中所附一幅山川版画图刻有南宋诗僧志南七绝一首："古木阴中系短篷，杖藜扶我过桥东。沾衣欲湿杏花雨，吹面不寒杨柳风。"末刻"仿萧云从画"，可见萧云从在当时的影响。

萧云从与新安诸家交往甚密，一般认为萧云从为芜湖人，但黄宾虹提到他则说"居芜湖"，似有深意。渐江与萧云从、汤燕生交往颇多，曾在芜湖、湾沚住过数次并作画，如顺治十二年（1655）五月作《山水扇面》跋："偶见王孟端小册，用拟其意，寄龙超居士。乙未蒲月时客区湖。渐江僧。"顺治十五年（1658）十二月，在湾沚作《沚阜册》十开。曹寅跋弘仁为胡至果作《十竹斋图》说："渐师学画于尺木，而品致

康熙《建德县志》插图

迥出其上。”萧云从长渐江14岁，两人某些画风有相似之处，他或对渐江有一定的影响。罗长铭《续歙故》云：“尺木与渐江画风有相似处，当是互相影响，未必有师承关系也。”[①]萧云从跋渐江《黄山图册》云：“山水之游，似有前缘，余常东登泰岱，南渡钱塘，而邻界黄海遂未得一到。今老惫矣，扶筇难陟，惟喜听人说斯奇耳。渐公每我言其概，余恒谓天下至奇之山，须以至灵之笔写之。乃师归故里，结庵莲花峰下，烟云变幻，寝食于兹，胸怀浩乐。因取山中诸名胜，制为小册。层峦怪石，老树虬松，流水澄潭，丹岩巨壑，靡一不备。天都异境，不必身历其间，已宛然在目矣，诚画中之三昧哉！余老画师也，绘事不让前哲，及睹斯图，令我敛手。钟山梅下七十老人萧云从题于无闷斋。”萧云从跋《黄山图册》时，渐江已逝，而其70岁尚未到过黄山。浙江省博物馆藏有萧云从74岁所绘《黄山松石图卷》，或是他70岁后曾到过黄山？王石城认为：“渐江俗姓江，其祖先为齐梁后裔。其江为萧江，萧江本姓萧，至唐有名桢者，才改姓江。渡江居歙县黄墩，其子孙即世居其地。渐江可能与萧云从叙过家谱，他们原是一家。这样，渐江跟萧云从学画，是传家学，他们的爱好和画风相同就更自然了。”[②]这或可解释黄宾虹说萧云从“家芜湖”的原因。

除了上述原因，萧云从与渐江还有一些共同之处，如他们的政治态度是一致的，又都以倪、黄为师法对象。都酷爱梅花，渐江有《墨梅卷》，与萧云从合作。又都

① 许承尧：《歙事闲谭》，黄山书社，2001年，第1143页。
② 王石城：《萧云从》，上海人民美术出版社，1979年，第51页。

重视师造化，最终自成一家，

萧云从曾跋孙逸临唐寅《鹤林玉露册》:“无逸静者也，太古小年，殓缉于一毫端，故落笔有青蓝之异。……麟生社兄精六法，驰誉江东。无逸服其神骏，胶乳之合自来矣。是以无逸之真迹所留实多，不受促迫，纾徐经营，玩者一日如两日，烟云益寿，讵百四十年哉。”又在赠晚辈方兆曾画中跋称“沂梦为诗画宗匠”，萧云从对同侪乃至晚辈，皆谦逊而友好，可见他的涵养深厚。歙县吴邦治（允康）《鹤关诗》中有《题萧尺木先生画卷》诗，同样也报以赞扬云：“余胡乐乎居廛肆，双眼昏昏不识字。醉魂吟魄望林泉，好山不到扬州地。尺木先生古逸人，闭门为写山水真。万斛涟漪涤埃垢，笔端不受纤毫尘。”

汤燕生

汤燕生(1616～1692)，字玄翼，号岩夫、黄山樵者。宁国府太平县(今黄山区)人。诸生，明亡弃之，流寓芜湖，居东河沿，筑“补过斋”。教授方沂梦家，与沂梦并屋居十七年，沂梦赠诗有“曾同溪上三间屋，共读床头数卷书”句。工诗，通六书，工书画，精篆籀。曾画白描大士像，上题篆书《多心经》一篇。与萧云从朝夕相处，情同兄弟。挽萧云从云：“晚与论易，益复有合。”与萧云从齐名，人称“萧汤”。又与新安画派诸子往来甚密。与渐江为挚友，为渐江题画甚多，题语多精确。闵麟嗣《弘仁传》记：“（渐江）将省墓界口，并诣鸠兹别汤燕生，然后入山研究性命之学，皆不获如愿。”[①] 渐江圆寂，汤燕生奔走300里，为经记其丧。有《商歌集》，不传。

萧云从

萧云从(1596～1673)，字尺木，号默思、一号于湖渔人、无闷道人、石人、钟山梅下、梅石道人等。顺治七年（1650)，画雪景图，署“钟山老人”。“这是他对明代江山沦于清朝，仰望钟山陵阙，怀有眷恋故国之情而用的别号。其他字、号也有一定的含义”。[②] 芜湖人。所居城东梦日亭遗址，筑室植梅，号曰梅筑。著《易存》《杜律细》《梅花堂遗稿》，后黄钺编有《萧、汤二老遗诗合编》。萧云从父肖慎余，为明乡饮大宾，懂绘画。黄钺《画友录》记：“云从始生之夕，慎余梦郭忠恕至其门曰：‘萧氏将昌，吾当为嗣。’”[③] 郭忠恕，字恕先。宋初画家，擅界画。后萧云从刻有“郭恕

①[清]闵麟嗣：《黄山志定本》，康熙十八年刊本。
② 王石城：《萧云从》，上海人民美术出版社，1979年，第1页。
③[清]黄钺：《壹斋集》，黄山书社，1999年，第779页。

先后身”印，所作《云台疏树图》《青山高隐图卷》都钤有此印。萧云从两中崇祯副榜，与弟云倩在明崇祯十一年（1638）参加了与魏党及马士英、阮大铖斗争的复社，可见萧云从是一个有政治立场的人物。顺治二年（1645）五月，清兵克南京，进驻芜湖，萧云从避居当时的抗清据点高淳，他是否直接参加抗清活动不得而知，但从他《吊邑人周孔来殉节泾县学署》诗可以了解他的心情。他还为含山县诸生张秉纯拒绝剃发，绝食而亡写传记，其态度可见一斑。入清后，闭门读书，或漫游名山大川，从事诗文书画创作，以布衣终老。

萧云从工画人物、山水，山水初学倪云林、黄公望，晚年放笔，自成一家。康熙元年（1662），重修采石太白楼，曾于太白楼下四壁绘李白曾登过之泰山、华岳、峨眉、匡庐，七日而就，一时题者踊跃。另，还在芜湖城北劳公祠绘过古松飞瀑壁画。他为彭旦兮所作山水卷题：“以黄公望瘦树山石为之纵横，润之以马远泼墨之法。”《硐谷幽深卷》是萧云从代表作之一，自题云：“丙午菊月，卧居静斋，倏忆河阳李晞古年近八十，多喜作长图大幛，至为高宗所眷爱，爰题其卷曰：‘李唐可比李思训。’余草野中人，无缘献纳，近虽衰老，犹不肯多让古人。于是极力经营，勉为此卷。自觉落笔矜慎，硐谷幽深，峰峦明秀，亦平生所仅有者，藏之以俟知我。”所绘《云台疏树图卷》之云台山位于江宁县南，山脉绵亘不断。《江山胜览图卷》绘当涂采石矶一代，所绘都是他熟悉的风景。

萧云从《拳石倚江图》浙江省博物馆藏

《太平山水图》应张万选之请、作为其所编《太平三书》一种而绘，以古人笔法描绘太平州地区山水四十三幅，由旌德刘荣、汤尚镌刻，顺治五年（1648）刊行。《太平山水图》曾流传到日本，在岛国流传很广，研习者众。萧云从人物师法李公麟，《离骚图》为其代表作，由顺治元年（1644）开始，完成于次年秋天，计绘《九歌》9图，《天问》54图，《三间大夫》《卜居》《渔父》合一图，共64图。郑振铎评价："其衣冠履杖，古朴典重，雅有六朝人画意，若黄钟大吕之音，非近人浅学者所能作也。"《离骚图》于顺治二年（1645）镂版以传，咸称工妙。

据记载，萧云从曾帮助汤天池创作完善铁画，这是他的又一特殊贡献。

韩铸

韩铸（1666～1744后），字治人，号逸槎、莲渚、苦波道人，斋室名野老草堂。一般记载为休宁人，客居芜湖。安徽博物院藏其《山水四条屏》，自题有"甲子春日，白岳七十九叟韩铸"。又有题画云："断石村在休宁县西南附郭，宋儒吕大防题字磨（摩）崖，犹见之。韩氏世居此，竹树森茂，风俗淳朴，城市山林也。冶人铸志。"然安徽博物院藏其山水轴自署"练江铸氏作"。许承尧跋："韩冶人或言休宁人，今此纸自题练江，似歙西人也。俟考。"又，歙县博物馆藏韩铸山水轴，自题"练江韩铸"。屯溪博物馆藏《太华雪霁》山水轴亦署"练江韩铸"，不知何故。1978年10月16日汪世清致汪孝文函云："韩铸屏曾目寓否？此屏很值注意。松萝七十九叟、白岳老樵，皆可证韩铸为休宁人。"1978年10月22日函云："韩铸为徽人无疑，是休是歙，当无确证。"[①] 笔者分析，韩铸当生活于歙县，休宁为其祖先所居地，如断石

韩铸《山水轴》 歙县博物馆藏

① 鲍义来：《汪世清书简》，安徽省徽学学会编印，2009年，第174、175页。

村“韩氏世居地”可证。此与明朱升、朱同事迹同。

韩铸博通经史，而淡于进取，遍历名山大川，与贤士大夫高人逸士诗酒往还。所居有古梅，王澍为题“野老草堂”。擅画山水，早年学黄公望，笔墨苍洁，意气雄厚，乏元人幽秀之致。细笔山水近似八大山人，“笔墨神化，有烟云明灭，林壑纡回，不可以迹象求者”。晚年随性泼墨，云蒸霞蔚，烟生风雨，生气淋漓，尺幅中变态万状，自谓师法米芾。黄钺在《画友录》中说他“实未见其真迹，遂大谬耳”。古人多托言仿某，多为自运，以写胸臆。但湿墨用多，不免有臃肿处。曾为汤燕生作《袁公听琴图》，甚为工整。“汤游黄山，弹琴始信峰绝顶上，有髯而白衣者立乎前，谛视乃雪翁。雪翁者，山人谓猿公也。长啸裂云而去，故有是图”。[①] 有《莲渚诗集》《学画一得》。

方兆曾

方兆曾（顺治、康熙），字沂梦、宜梦，号省斋。歙县联墅人。鼎革，弃诸生。性孤冷，一介不苟，安贫乐道，以授徒自给。寓居芜湖，与汤岩夫同居十七年。少为萧云从赏识，工诗擅画，又善八分。曾自题画云：“几时不作画，握管如握荆。舒此尺余茧，往往穷日力。”方兆曾跋《黄山图册》云：“余不识黄山，何似每从人语其奇怪险峻之状，辄心神俱往，然终以不得亲历为恨。阅渐公六十册，俨犹置身云澥之畔，抚案叫绝，不能释手者久之”顺治十二年（1655），以藏墨两锭，请萧云从作画，为作《深山溪流图卷》，并记其事。殁后无子，老妻穷馁，敝簏萧然。有《廿一史纂要略》《源流志论》《音韵归》《碎金录》《省斋诗稿》《古今四略》，惟《音韵归》一书行世。

萧云倩、萧一旸、萧一芸、萧一荐、萧一其

萧云倩，字小曼。云从弟，崇祯九年（1636）举人，复社成员。年少俊才，山水画风与兄似。萧一旸，字梦旭。云从子，能诗，画酷似其父。方兆曾称其高尚绝俗，不坠家法。萧一芸，字阁友。云从侄。工诗，画似云从。萧一荐，字盥升，云从侄。擅山水。萧一其，字位歆，云从侄。擅山水。一芸、一荐、一其并称“三萧”。

四、扬州画派

扬州，古称广陵、江都、维扬。隋大业元年（605），炀帝命宇文恺营建东京洛阳，

---

① 黄宾虹：《黄宾虹文集全编·书画编》（上），荣宝斋出版社，2019年，第97页。

又造显仁宫，发大江以南、五岭以北奇材异石运往洛阳。命皇甫议开通济渠，又发淮南民十余万开邗沟（江淮间运河），从长安到江都，筑离宫四十余处，并派人到江南造龙船。八月，炀帝坐龙船到江都，船队连绵200余里。第二年，东京建成，炀帝从江都北还。到大业六年（610）十二月，运河全部完工。扬州从隋唐以来，就是南北交通要枢，东南沿海地区经济、文化中心，人才荟萃，文物繁盛。明清时期，手工业、商业特别是盐业的发展，再加上乾隆六次南巡，更加繁荣起来。扬州是两淮盐业营运中心，扬州由盐业而盛。徽州人在扬州经商的就有马、鲍、郑、巴、江、黄、吴、徐、程等9个家族、81人，且都是著名的商人。明张岱在《陶庵梦忆》“扬州清明”中记述：“是日，四方流寓及徽商西贾、曲中名妓，一切好事之徒，无不咸集。”①另据嘉庆《两淮盐法志》，从明洪武后期至清嘉庆前期，两淮共有陕西、山西、徽州籍科举职官403人，其中“陕西96人，山西21人，徽州286人，占71%”。②而仪征为歙县之商籍。黄宾虹致卞孝萱函云：“仪真与歙邑，夙犹故乡。鄙人年二十余，侨居邗上近十载。”③

虽然扬州是人杰地灵之地，但在清代以前，绘画并非特别兴盛。自石涛来到扬州鬻艺，才逐渐形成气候，石涛本人也画法大变，实际成了开“扬州画派”者。各地大、小画家亦随之陆续汇集于扬州，扬州画坛一时空前繁荣，这一点，与徽商的追捧不无关系，石涛在来到扬州之前或之后，就有许多来往于扬州的新安友人，如闵世璋（象南）、黄律（鸣六）、吴崧（绮园）、吴绮（薗次）、吴承励（懋叔）、王时（叔夏）、张潮（山来）、吴震伯（惊远）、程濬（葛人）、吴蓼汀、吴又和等。歙县桂林人洪正治居扬州，从石涛学画，善写兰，康熙四十五年（1706）有《洪正治画像卷》，石涛为之补景。新安富商在扬州有许多别墅，如大观楼旧址，为歙县吴氏别墅；歙县汪氏得九莲庵地，建别墅曰南园。许多徽商具人文情怀。如，歙县易谐（松滋）筑抱山堂，以延四方名士。歙县江春（颖长）工诗，筑康山草堂，建随月读书楼，选时文付梓行世，名《随月读书楼时文》。歙县潭渡黄氏四兄弟，以盐策起家，时人称之“四元宝”。“大元宝”黄晟（东曙）家康山南，筑易园，刻《太平广记》《三才图会》。歙县吴均（梅查）构别墅青棠观，与“二马”相唱和。“二

① [明]张岱：《陶庵梦忆·西湖梦寻》，中华书局，2007年，第66页。
② 叶如强：《徽州文化知识读本》，黄山书社，2002年，第29页。
③ 黄宾虹：《黄宾虹文集全编·书信编》，荣宝斋出版社，2019年，第4页。

马”，即祁门马曰琯（秋玉）、马曰璐（佩兮）兄弟，人称“扬州二马”。二马工诗文，富藏书，宾礼海内贤士，其小玲珑山馆是当时文人雅士经常雅集的场所。他们还解囊资助一些落魄文人，如替郑板桥还清债务，为一些文人出版刻书。一时名流如厉鹗、杭世骏、全祖望、陈章、陈撰、金农、汪士慎等，均馆于其家。“扬州诗文之会，以马氏小玲珑山馆、程氏筱园及郑氏休园为最盛。至会期，于园中各设一案，上置笔二、墨一、端砚一、水注一、笺纸四、诗韵一、茶壶一、碗一、果盒茶食盒各一。诗成即发刻，三日内尚可改易重刻，出日遍送城中矣”。①

乾隆十五年（1750）秋九月，歙县溪南吴凤华（蔚洲）邀请汪士慎、陈章等友前往其扬州城东家南庄，参加东城雅会，其间吴蔚洲出家藏五世的13只银凿落。凿落，亦作凿络，是以镌镂金银为饰的酒盏。为此汪士慎作并行书《十三银凿落歌为蔚洲同学先生赋卷》，有言云："酒酣主人兴复作，呼取花觥重劝酌。明灯闪闪古匣开，著手光流银凿落。银凿落，十三持，言从先世称觞时。是时盟契六七辈，各各持此寿期颐。到今传留岁月久，世世宝藏胜琼玖。记年乃在万历初，细玩雕镂真妙手。"汪士慎所作是卷有隶意，古拙隽永，是他的精品之一。后收入《巢林集》中，名《吴氏家藏十三银凿落歌为蔚洲赋》，文字并有所改动。厉鹗《樊榭山房续集》卷七有《吴氏家藏十三银凿落歌》，厉鹗或也参加了雅集。厉鹗《樊榭山房文集》卷六《九日行庵文宴图记》，记：

> 行庵在扬州北郭天宁寺西隅，马君嶰谷、半槎兄弟购僧房隙地所筑。……乾隆癸亥九日，同人咸集于斯，觞咏竟日。吴中叶震初为写真，方君环山补景。图中共坐短榻者二人：右箕踞者，武陵胡复斋先生期恒；左抱膝者，天门唐南轩先生建中也。坐交床者二人：中手笺者，歙方环山士庶；左仰首如欲语者，江都闵玉井华也。一人坐藤墪撚髭者，鄞全谢山祖望也。一人倚石坐若凝思者，临潼张渔川四科也。树下二人离立，把菊者，钱唐厉樊榭鹗；袖手者，钱唐陈竹町章也。一人凭石床坐抚琴者，江都程香溪先生梦星也。听者三人：一人垂袖立者，祁门马半槎曰璐；二人坐瓷墪，左倚树右跋脚者，歙方西畴士庱、汪恬斋玉枢也。二人对坐展卷者；左祁门马嶰谷曰琯，右吴江王梅沜藻也。一人

① [清]李斗：《扬州画舫录》，中华书局，1960年，第180页。

观者负手立于右，江都陆南圻钟辉也。从后相倚观者一人，歙洪曲溪振珂也。①

以上16人，半者新安人。由上述两例，可知当时文风之盛。

乾、嘉时期，李斗所著《扬州画舫录》，是根据作者“目之所见，耳之所闻”，经三十余载陆续写成，较全面记载了扬州当时社会生活多方面的状况。其中收录了各地书画家数百人之多，著名者除了石涛和“八怪”外，还有袁江、袁耀、李寅、查士标、禹之鼎、童珏、方士庶、奚冈、吴麐、郑簠、汪楫、王澍、方辅、巴慰祖、丁敬、程邃、董洵等，这些当地和外地书画家往来于扬州，见证了扬州特定时期的历史。

“扬州画派”是清代乾隆间活跃在扬州画坛的画家总称，以“八怪”最为著名，然“八怪”之谓始自清末。历史上对于是哪八个人说法不一，李玉棻《瓯钵罗室书画过目考》中指汪士慎、黄慎、金农、高翔、李鱓、郑燮、李方膺、罗聘8人，是相对被大家认可和接受的说法。另外，被大家常提起的还有边寿民、高凤翰、杨法、闵贞、陈撰等人，当然也有认为不止8人。这一画派的共同特点是人物个性鲜明，愤世嫉俗，具有较高的文学和艺术修养，重视思想、人品、学问的表达，许多人郁郁不得志，有的做过几年小官又弃官者，居扬州鬻画为生。他们普遍具有才情，主张自立门户，敢于创新，画风不拘一格。在创作方面，主要以花卉为主。也正因为这些，被时人目为不正统，而冠以“怪”之称谓。“正统”画风的维护者汪鋆曾说他们：“另出偏师，怪以八名，画非一体。似苏（秦）、张（仪）之捭阖，偭徐（熙）、黄（筌）之遗规。率汰三笔五笔，复酱嫌觕；胡诌五言七言，打油自喜。非无异趣，适赴歧途。示崭新于一时，只盛行乎百里。”其实，“扬州八怪”也重视传统的继承，主要学习徐渭、陈淳及八大、石涛的艺术。黄宾虹评价云：“扬州画派亦宋亦元，而非宋非元，笔多繁简得中，宜于文人、作家二者之间。”“扬州八怪”将写意花卉发展到一个新的高度，对后世具有叛逆思想者影响很大。但扬州画派个别画家笔墨过于放纵，或开江湖之门。

“八怪”中，高翔与石涛关系最为密切。“高翔，字凤冈，号西唐。江都人。工诗画，与僧石涛为友。石涛死，西唐每岁春扫其墓，至死弗辍”。② 石涛长高翔46岁，两人

---

① 许承尧：《歙事闲谭》，黄山书社，2001年，第1101页。

② [清]李斗：《扬州画舫录》，中华书局，1960年，92页。

关系当在师友间。郑燮擅画兰竹，在跋中提到自己画兰竹时仿石涛意。其他几位在不同程度上受到石涛的影响，有的从笔墨方面，有的则是在思想、理论上得到启迪。

“八怪”中，金农为首，且与新安渊源颇深。另一位高凤翰曾任歙县县丞、绩溪知县。

金农

金农（1687 ~ 1763），字寿门、司农、吉金，号冬心先生、稽留山民、曲江外史、昔耶居士、寿道士等。钱塘（今浙江杭州）人，曾受业于何焯。被举荐博学鸿词科，进京未及试即南归，布衣终身。因其经历康熙、雍正、乾隆三朝，故自封“三朝老民”。好游历，卒无所遇而归。晚寓扬州，鬻书画自给。有《冬心诗集》《冬心随笔》《冬心杂著》等。金农博学多才，嗜奇好古，精篆刻，工诗文、精鉴别。

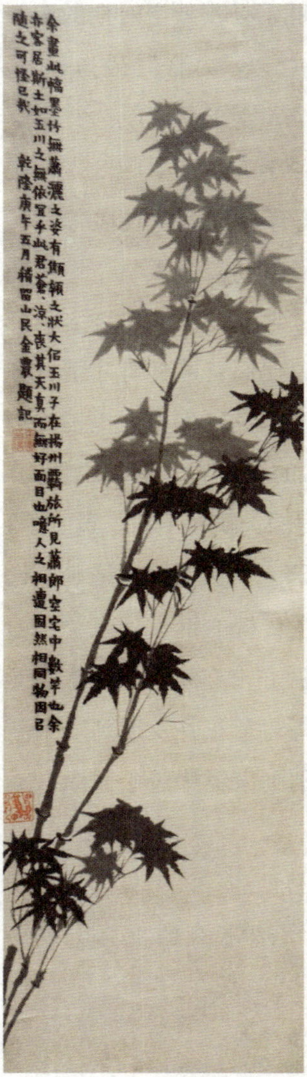

金农《竹》浙江省博物馆藏

金农擅书法，从《天发神谶碑》《禅国山碑》《谷郎碑》《华山碑》变化而出，隶书古拙厚重，楷书自创“漆书”，点画似隶似楷，亦行亦草，苍劲中蕴含灵秀，自成一体，别具一格。其行草融入楷书笔法、隶书笔势，尤其是那些信手挥就的诗稿信札，古拙淡雅，真率天成，令人爱不释手。金农 50 岁后工画，格调奇古，善画竹、梅、鞍马、佛像、蔬果、山水等，尤工画梅，枝多花繁，古雅拙朴，一派生机。秦祖永《桐荫论画》评其：“涉笔即古，脱尽画家习气。”

金农与汪士慎、方辅、丁敬等友善，是祁门二马小玲珑山馆常客。尝见金农与方辅书信数通，其一云：“午后肩舆恭诣送行，阍人辞以公出，未获良晤。画扇四把，付阍人。徽州麻酥糖并蜜枣，是珂里方物，秋冬间大驾倘来，乞带数斤，以慰老馋，当作笔墨奉答也。”金农有门下仆从多人，各善一艺，如甬东朱龙善雕砚，会稽郑小邑工抄书，吴趋庄闰郎操缦能理琴曲，泾阳蔡春解歌元白新乐府，新安张喜子界乌丝阑，等等。而“八怪”之一罗聘是金农弟子，一说罗聘尝代笔应酬。金农有时“岁得千金，亦随手散去”，但大半时间生活坎坷，困苦时不得不依赖贩古董、抄佛经度日，也曾托袁枚求售所画纱灯而不果。袁枚回复：“奈金陵人但知食鸭脯耳，白日昭昭，尚不知画为何物，况长夜之悠悠乎。”王昶《蒲褐山房诗话》记述金农“性情逋峭，世多以迂怪目之。然遇同志者，未尝不熙怡自适也”。

高凤翰

高凤翰(1683～1749)，又名翰，字西园，号南村，又号南阜、云阜。山东胶州人。康熙五十年(1711)秀才。雍正六年(1728)秋，赴京应试贤良方正，考列一等，授修职郎，授歙县县丞，署绩溪知县。任泰州巡盐分司时，因康熙六十年(1721)进士、两淮盐运使卢见曾案所累入狱，被污与卢见曾结党营私，遭罢官免职。在受刑时，右臂罹患疾病，后加剧病废，改左手书画，自谓“尚左生、丁巳残人”。去官后，高凤翰侨居扬州，寄宿佛门僧舍。高凤翰工诗，嗜砚，藏砚千余方，皆自铭手镌，有《砚史》及《南阜集》。擅画山水、花鸟和书法、篆刻。书法善行草、隶书，山水纵逸不拘成法，纯以气胜，花卉奇逸奔放，用色别有心得。改左手后，作品愈加朴拙、老辣有生趣，为世人所重。印宗秦汉，苍古朴茂，浑厚自然。

高凤翰《花卉书法册》南京博物院藏

“扬州八怪”中，有两位新安人，即汪士慎、罗聘。

汪士慎

汪士慎（1686 ~ 1759），又作慎，阿慎，字仅诚、近人，号巢林、溪东外史、勤斋、天都学人、天都寄客、七峰居士、成果里人、甘泉山人、甘泉寄农、甘泉山寄樵、左盲生、晚春老人、心观、心观道人等。歙县富溪人。斋室名七峰草堂、青杉书屋。精绘画、书法和篆刻，擅诗，有《巢林集》。《巢林集》中《试茶杂饮十首》之《松萝山茗》有诗句“故乡庐舍归风雨，闻道村村有翠岚。”据此推测，他或许早期生活在新安，后来才迁居的扬州。汪士慎曾为祁门马曰琯、马曰璐小玲珑山馆座上客，居七峰草堂达十年之久。其友多新安人，如柳窗、王稼眉、吴蔚洲、程邃等，与金农、厉鹗、丁敬、高翔等情谊很浓。汪士慎长期病目，并最终导致双目失明。乾隆十七年（1752），汪士慎 67 岁，此后书写作品则署“心观”二字。目前能见到他的书法作品只有扬州博物馆藏的一副楷书挽联。

汪士慎擅写行草和隶书，早期端庄、严谨，其后轻松、随意，特点是楷、行、草结合，枯湿相间，与画法高度融合。汪士慎隶书除了题跋外，是其书法的主要创

汪士慎《梅花册》上海博物馆藏

作手段。师《华山》《武梁祠》等汉碑及砖铭、瓦当等。偶尔用篆书题画，也是颇有意趣，小篆夹杂缪篆，别有风骨。

汪士慎早年曾画山水。雍正十二年（1734），作绢本设色山水册八开，十分工细，其后画花卉，以梅兰竹居多。金农在《冬心先生杂著·画梅题记》中说："画梅之妙，在广陵得二友焉。汪巢林画繁枝，高西唐画疏枝，皆是世上不食烟火人。"[①] 汪士慎画梅有繁枝，亦有疏枝，金农是比较而言。《巢林集》中，关于画梅、探梅的篇章很多，足以说明问题。陈章题汪士慎画像："好梅而人清，嗜茶而诗苦，惟清与苦，实渍肺腑。故朴不外饰，俭不苟取，啬用其明，暗然环堵，悠哉游哉，庶其近古欤。"对汪士慎一生概括极准。"好梅而人清"，即是其人格和价值的体现。

罗聘

罗聘（1733～1799），字遯夫，号两峰，又号衣云、花之寺僧、金牛山人、师莲老人等。额其堂曰朱草诗林。歙县呈坎（今徽州区）人，侨居扬州鬻画为生。金农入室弟子，"扬州八怪"之一。罗聘工诗，善画人物、花卉，由古人变化而出，独抒胸臆，超逸不群，不落江湖、市井习气。写人物可与宋画乱真，"考之历代名家，皆有摹本，惟两峰俯仰向背，互相照应，阴阳深浅，无一笔松懈"。所作《鬼趣图》，想象力丰富，别出心裁，从吴道子《地狱变相》出，姿态无不极尽其妙，题跋者百余人，多为当时鸿博名流。歙县同乡程晋芳谓罗聘："斯图即奇特，洗手勿轻试。"吴锡麟谓其："五分人才，五分鬼才。"传金农不善画佛，皆由罗聘代笔。妻方婉仪，子允绍、允缵，女淑仪，均善画梅，人称"罗家梅派"。蒋士铨赠诗句云："一家仙人古眷属，墨池画盏相扶持。"

罗聘夫人方婉仪亦是画家，绘画、诗文并佳。方婉仪（1732～1779），一作畹仪，字仪子。生于六月二十四日，此日为荷花生日，自号白莲、白莲居士。歙县人，广东布政使方愿瑛孙女，国子学生方宝俭之女。幼随父和姑母方颂玉习诗画，18岁适罗聘为妻，所用小印曰"两峰之妻"。善画梅兰竹石，画格极高。逝后，翁方纲为作墓志铭："万卷梅花，一卷白莲，其画也禅，其诗也仙。吾文冰雪兮，与此石俱传。"有《学陆集》《白莲半格诗》。

---

①《西泠五布衣遗著》，浙江古籍出版社，2015年，第643页。

五、金陵画派

金陵画派，是明末清初活动于南京地区的一个绘画流派，也有称“金陵八家”的，一般认为成员有龚贤（半千）、樊圻（会公）、高岑（蔚生）、邹喆（方鲁）、吴宏（远度）、叶欣（荣木）、胡慥（石公）、谢荪（缃酉）。此派山水学北宋，其作大多雄伟而秀丽，具江南山水特色。多所创造，别树一帜。

美术史论者认为髡残开金陵一派。髡残（1612 ~ ?），字石谿，一字介丘，号白、残道者、电住道人、石道人。削发后云游各地，43岁时居南京大报恩寺，后迁牛首山幽栖寺，度过后半生。性寡默，身染痼疾，潜心艺事，与程正揆交善，时称“二溪”。龚贤为周亮工题程正揆《山水册》云：“金陵画家能品最夥，而神品、逸品亦各有数人，然逸品则首推二溪：曰石溪，曰青溪。石溪残道人也，清溪程侍郎也，皆寓公。残道人画粗服乱头，如王孟津书法；程侍郎画冰清肉骨，如董华亭书法，百年来论书法则王、董二公应不让；若论画艺，则今日两溪又奚肯多让乎哉。”善画山水，学“元四家”，尤其得力于王蒙、黄公望，兼工人物、花卉。构图繁复重叠，境界幽深壮阔，笔墨沉酣苍劲，皴法多从王蒙变化而来；而荒率苍浑的山石结构，清淡沉着的浅绛设色，又近黄公望之法。髡残自言顺治十七年庚子（1660）秋，曾游黄山，“道经风物森森，真如山阴道上，应接不暇也。静坐天阙之含虚阁，拟其所历之景，以为图”。① 其存世黄山画迹有顺治十七年（1660）《黄岳图》《黄山道中》《天都横流图》，顺治十八年（1661）《黄山烟树图》《黄峰千仞图》。

髡残《六法在心图轴》故宫博物院藏

“金陵八家”首推龚贤，他常往来于扬州，与新安、姑孰、宣城诸家均极

① 黄宾虹：《黄宾虹文集全编 · 书画编》（上），荣宝斋出版社，2019年，第447、448页。

龚贤"山亭溪树图"扇面 南京博物院藏

友好，罗长铭《续歙故》："龚贤自题山水画册云：'冶城张大风、黄山渐江师每画成必索余题，虽千里邮政（致），不惮烦也。此册是予少时所作，不知天池大士从何处得来？因忆大风、渐师、天池皆我一流人。'"[①] 盘点徽州人与龚贤诗文交往，如戴本孝《赠龚半亩》、许楚《赠龚半千》、休宁孙志乔《次韵酬龚柴丈迮旦庵二先生见怀》诗，黄白山赠答龚贤诗存有7首，其《寄龚野遗》诗云："忆昔维扬把臂新，与君知己二三人。披图散轶常终日，问酒寻诗不隔旬。闲入石门求大药，老归钟阜作遗民。从兹别去相闻阔，江树江云几度春。"其他还有程邃、汪树琪、许士佐、吴麐等。歙县洪舫（方舟）客扬州，有诗画名，被龚贤称作"生平二知己"之一，《草香堂集》有"寄洪舫"诗："雪国上孤船，不归花欲然。自传书信后，各住梦魂边。群盗走白日，饥乌满废田。此身贫可许，把酒问苍天。"《龚贤集外诗文》收录有《送汪楫游庐山》《和吴赓庵寄王石谷》诗。汪楫，字舟次，号悔斋。休宁人。官至河南府知府、福建布政使。著有《悔斋正续集》《观海集》，他亦有《登清凉山》（同龚半千、吴野人、仁趾）诗。而吴麐（仁趾）有《过龚野遗新店》诗。吴正治，字当世，号赓庵。休宁人，寄籍湖北汉阳。官至武英殿大学士。龚贤与歙县叶荣（澹生）亦称知己，在《草香堂集》中有《题画赠白岳程琳》《题画赠天都隐士潘衡》《题画赠郑孝廉元志》（郑元志，字诗言，号劲节。歙县人）诗。龚贤题画诗款中，有"为（吴）绮园同学兄写""为

① 许承尧：《歙事闲谭》，黄山书社，2001年，第1140页。

（汪）叔度先生题”等。他与歙县张潮有信札往来。

“金陵八家”中，除了龚贤与新安书画家交往颇多，其他画家多久居南京鬻画，交流甚少，风格也不尽相同。张庚在《浦山论画》中说：“金陵之派有二，一类浙、一类松江。”实际上，金陵画派不是一个较严谨的绘画流派之称。

龚贤

龚贤(1619 ~ 1689)，又名岂贤，字半千、半亩，号野遗、柴丈人等。江苏昆山人，早年迁居金陵（今南京市）。曾参加复社活动，明末外出漂泊流离，入清隐居不出。与清初书画家吕潜（半隐）并称“天下二半”。工诗文，精书画，法董源，浑厚沉雄。龚贤画名掩其书法，其书出自米芾，而不拘古法，自成一体。所著《草香堂集》曾遭禁毁，后在歙县文化馆发现一册精抄本，成为孤本。

龚贤 13 岁开始习画，与杨文骢同师董其昌。龚贤早年厌白门杂沓，移家扬州。复厌之，仍归而结庐于清凉山下，足不履市井，惟与桐城方盦山、太平汤岩夫过从甚欢。其故宫博物院藏《溪山无尽图卷》，跋云：“忆余十三便能画，垂五十年而力砚田，朝耕暮获，仅足糊口，可谓拙矣。”龚贤于屋前葺“半亩园”，栽花种竹，请王石谷画《半亩园图》，自题长跋。又自写小照，作扫落叶僧状，因名所居为“扫叶楼”。晚年幽居于此，赋诗作画，与屈大均、程正揆、王石谷、孙枝蔚、戴本孝、周亮工、孔尚任等来往，与程邃诗酒往还，为白头交。除了上面提到的新安书画家，与新安人士交往甚多，如潜口人汪树琪有《虎踞关小步怀龚野遗先生》诗、歙县人程壮有《送龚柴杖归山》、歙县芝黄人程封有《喜半千过访南梁明日予楚行惜别》诗，有句云：“一座客争纸，都求柴丈书。雄才虽渐老，侠气未全除。海内齐知尔，江边或梦予。”西溪南吴揭跋其画，称“吾友半千”。

龚贤师法董源、巨然，参以二米、吴镇及沈周等人笔墨，粗笔细笔，各极其妙。善用积墨法，层层渲染，墨色虽浓重，但非死墨，而是具有深浅、浓淡、明暗等变化，层次分明，善于留空，山石树木融为一体，具有烟润淋漓的效果。他在《半千课徒画说》中云：“非黑，无以显其白；非白，无以利其黑。”其画山石树木中锋用笔，苍劲古厚，老辣沉稳，主张“欲秀而老”，将江南山水茂密、滋润、幽深的特征表露无遗。程正揆与龚贤书云：“画有繁减，乃论笔墨，非论境界也。北宋人千丘万壑，无一笔不减；元人枯枝瘦石，无一笔不繁。曩曾有诗云：‘铁干银钩老笔翻，力能从减意能繁。临风自许同倪瓒，人骨谁评到董源？’悟此解者，其吾半千乎？”

查士标跋《龚半千山水诗册》云："昔人云丘壑求天地所有，笔墨求天地所无。野遗此册丘壑笔墨皆非人间蹊径，乃开辟大文章也。"[①] 龚贤山水构图气势开阔，浑然大气，山水常画满，而不拥塞，巧用云带、流水作为空白透气，气韵生动，丘壑浑然一体。

黄宾虹云："金陵派法宋人，笔多繁重，合于作家。"又云："其墨迹流传，近世所见，颇多当时赝本临摹之作。故金陵八家画，后人恒以纱灯派薄之，言其徒有面貌，而无神韵，仅足供拙匠之描本而已。[②]

樊圻

樊圻（1616 ~ 1694 后），字会公、洽公。江宁（今南京）人。擅画山水、花卉、人物。仕女幽闲静雅，花卉构图别致，山水师赵令穰、刘松年、赵孟頫而自成风貌。皴法工整细密，风格劲秀清雅。

高岑

高岑（约 1621 ~ 1691），字善长，又字蔚生，号榕园。杭州人，居金陵（今南京）。工诗，为人清高，淡于功名，艺术成就仅次于龚贤。善画山水，并精于花卉。画学董源、巨然、黄子久、沈石田、蓝瑛，作品初以平实工稳为本，中年后尚写意，神采飞扬，晚年则愈发天马行空，一意孤行。传世作品有《万山苍翠图》《凤台秋月图》《秋山万木图》等。

邹喆

邹喆（生卒年不详），字方鲁。江苏吴县人。与父客游金陵（今南京），遂寄居此地。画师其父邹典，山水工稳而具古气，小册富简淡清逸之趣，构图奇巧。兼长水墨花卉，勾勒敷彩，近元人王渊。

吴宏

吴宏（1615 ~约 1680），一作弘，字远度，号竹史。江西金溪人，移居江宁（今南京）。龚贤《哭栎下先生（四首）》其二有"吴郎北去先生故，再到城南想复稀"句。[③] 又据黄宾虹《自题设色山水图》云："观吴远度笔墨，乃无间然。远度题画自称丰溪，是歙人，侨居江西之金溪，籍江宁，为金陵八家之一。"[④] 山水师法宋元，师古而不泥古，

① 汪世清：《汪世清辑录明清珍稀艺术史料汇编》（二），上海古籍出版社，2020年，第845页。
② 黄宾虹：《黄宾虹文集全编 · 书画编》（下），荣宝斋出版社，2019年，第805页。
③ 汪世清：《汪世清辑录明清珍稀艺术史料汇编》，上海古籍出版社，2020年，第65页。
④ 黄宾虹：《黄宾虹文集全编 · 题跋编》，荣宝斋出版社，2019年，第125、126页。

构图疏密相间，气势雄阔，纵横放逸，有“吴君泼墨雄江东”之誉。偶作竹石，亦有水墨淋漓之致。

叶欣

叶欣（生卒年不详），字荣木，云间（今上海松江）人，流寓金陵（今南京）。善山水，学宋赵令穰法，复师明人姚允在，能独抒性灵，笔触细腻轻灵，墨色淡雅，素以工细幽淡著称。曾为周亮工画《陶诗小景》百幅，“用笔楚楚，觉陶公句倍增幽澹”。

胡慥

胡慥（约1615～约1671），一作造，字石公。金陵（今江苏南京）人。工山水、人物、花卉。山水苍莽浑厚，人物形神兼备。尤擅写菊，用笔雅隽，独创一格。作品传世甚少，周亮工谓：“石公善啖，腹便便，负大力拳勇。……惜哉，未六十而没。子清、濂，皆能画。”①

谢荪

谢荪（生卒年不详），字缃酉，又字天令。江苏溧水人，常住南京。擅画山水、花卉。谢荪存世作品不多，所作《青绿山水图轴》，山势嵯峨嶙峋，造景奇险，用笔细劲，清秀淡雅，近吴门风格。

六、海上画派

上海地区在明末，有以赵左为首的“苏松派”、沈士充为首的“云间派”和顾正谊及其子侄辈的“华亭派”，三派总称“松江画派”，是在“吴门画派”之后，另张旗帜，影响较大的画派。其后，上海地区画家延绵不断，代有才人。上海还有较早的书画会，如平远山房书画会，由乾隆进士李廷敬发起，时间为李廷敬在上海任苏松太道期间（1792～1804），参与者有改琦、康恺、瞿中溶、钱杜、方楷等。几乎同时发起的“吾园书画雅集”由富绅李筠嘉主持，延续时间较长，约在1820年前后。参与者有钱杜、洪亮吉、吴鼒、钱伯坰、瞿应绍以及寓沪期间的龚自珍等。道光十九年（1839），画家蒋宝龄发起并主持成立“小蓬莱雅集”，参加者有龚海、姚燮、费丹旭、改琦、徐渭仁、陈銮、印廷宝、毛祥麟、钱元章、乔仲禧、沈维玉等。继“小蓬莱雅集”之后，各类书画组织和雅集日渐增多，较著名的有“瓶花社书画会”“海上题襟馆金石书画会”。“海上题襟馆金石书画会”是清末上海一个规模较

---

①［清］周亮工：《读画录》，浙江人民美术出版社，2018年，第56、57页。

大、活动频繁的书画金石艺术团体，前身是宣统二年（1910）成立的中国书画研究会，宣统三年(1911)改此名，先后云集了上百名书画金石篆刻家在一起进行艺术交流活动。会长汪洵，继任者吴昌硕，吴昌硕任后仅一年，该会停止活动。画会的勃兴，与外地书画家的大量涌入有关。百年来，海上画家多谨守娄东、虞山及“扬州八怪”面目，后期则有所改变，是为“海上画派”之兴起，代表画家有赵之谦、虚谷、任熊、任薰、任伯年、任预、吴昌硕、朱偁、蒲华、胡公寿、张熊、朱熊、倪田、吴石仙、陆恢、黄山寿、吴友如等人。另，新安画家在沪者颇多，杰出者如虚谷，往来于上海与扬州、苏州间。而程璋画风深受追捧，亦占一席之地。民国间，黄宾虹居沪三十年，影响颇大。

从早期书画会人员看，瞿中溶、瞿应绍、洪亮吉、徐渭仁、钱元章等都与金石、篆刻有关。乾隆间，汪启淑编《飞鸿堂印谱》，辑入“云间印人15人，共512件作品”。赵之谦更是篆刻大家，而后来的“海上题襟馆金石书画会”中，汪洵、吴昌硕、赵时棡、高时丰、高时显、丁仁、吴东迈、吴隐、童大年、褚德彝、费砚、易孺、黄宾虹、陈师曾等皆擅金石、篆刻，成为“海上画派”的一个特色，故又有“金石画派”之谓。另外，早期的诗、书、画“三绝”的文人画传统，到“海上画派”已发展为诗、书、画、印“四全”的时代。其实，上溯到晚明时期，上海地区就是篆刻重镇，与新安、金陵、杭州互为响应，文彭的吴门派、何震派和汪关娄东派，在嘉定、松江、青浦一带流播最早。罗南斗为顾从德编纂《集古印谱》《印薮》，赵宧光、朱简、归昌世、汪关、汪泓、李流芳、王志坚、张灏等人以诗书画印相互酬唱。

清代乾隆间，程瑶田任嘉定教谕，而汪启淑来往于嘉定、松江，广交此间印人。清代云间印人辈出，如韩雅量、王锡奎、杜超、怀履中、杨汝谐、李德光、张维霑、徐鼎、徐珏、钱世徵等数十人，成为一个独立风格群体崛起于江南印坛，薪火相传，百年不绝。19世纪中叶以来，上海开埠后不到半个世纪的时间里，城市规模、工商业经济等方面迅速提升，外来印人络绎不绝，创造了近现代海上篆刻在印坛“半壁江山”的艺术景观。总体来说，“海上画派”具有开放精神，在传统的基础上兼收并蓄，敢于创新，风格多样，不拘一格。而由于商业需求，风格多雅俗共赏，但也有特立独行者，坚持自己的艺术理念。

清中期以后，尤其是后期，新安书画家流寓或旅沪上海者甚多，如歙县虚谷、吴鸿勋、曹赞梅、江彤辉、吴淑娟、徐丹甫、黄宾虹、汪印泉、汪和友、汪声远、鲍锡麟等，休宁有程璋、黄莹等，婺源有齐学裘、汪琨等，他们或寄居，或游幕，或供职，或鬻艺，或求学，皆在上海留下了他们的艺术足迹。

赵之谦

赵之谦（1829—1884），初字益甫，号冷君，后改字㧑叔，号悲庵、铁三、梅庵、无闷等。浙江会稽（今绍兴）人。赵之谦天禀瑰异，读书过目成诵。17岁从沈复粲习金石书画。道光二十八年（1848），补博士弟子员。咸丰九年（1859）中举，此后数次参加会试，皆未中。44岁以国史馆誊录议叙知县身份主持编修《江西通志》，历官鄱阳、奉新、南城知县，卒于任上。

赵之谦研经学，工诗词，善文章，精于考证，虽以书画、篆刻名世，但他骨子里是以汉学家自居。汉学，又称乾嘉学派，以惠栋为首的“吴派”和以戴震为首的“皖派”影响最大。祖籍歙县大阜的潘祖荫从事藏书、刻书，搜罗、考证金石碑刻，从事的就是考据学事业。与之有诸多同好的赵之谦在北京常出入其宣武城南的“滂喜斋”。潘祖荫还专门找赵之谦刻“汉学居”大印，边款记：“汉学之目，宋已有之（《困学纪闻》举‘辅嗣易行无汉学’诗句）。近世不学之徒假名道学，以搒固陋，争诋好古之儒，且斥为伪造，误矣。伯寅侍郎命之谦记。”从渊源来说，赵之谦也得益于新安汉学。皖派汉学很重视《周礼》《仪礼》《礼记》中名物制度的考证。而绩溪胡匡衷、胡秉虔、胡培翚祖孙三人的经学流派“三胡礼学”自成一家，其中胡秉虔所著《绳轩读经记》《周易小识》等，受到王念孙的推重。赵之谦私淑绩溪胡秉元（云林），曾与其子胡培系同受业于缪梓，两人关系密切，赵之谦有40余通致胡培系信札存世。

赵之谦《一团富贵图》故宫博物院藏

赵之谦楷法、行草初学颜鲁公，后宗北碑及龙门造像，以魏碑笔势写行草，书风独具。篆、隶取法邓石如而自出机杼，迥异时俗。他对绩溪好友胡澍的篆书很推崇，认为：“我朝篆书以邓顽伯为第一。顽伯后，近人唯扬州吴熙载及吾友绩溪胡荄甫。……荄甫尚在，吾不敢作篆书。”

胡澍能刻印，工篆隶，亦能画梅，但让赵之谦佩服的还有胡澍的学问。赵之谦篆刻初宗浙派，继法秦、汉，复参宋元明篆刻，博采秦权诏版、汉碣、泉货、镜铭等文字入印。以魏体书法、图象入款，浙派自此，面目为之一新，影响流布极广，吴昌硕、黄士陵、齐白石等都受其影响。擅画花卉、木石，偶写山水，水墨交融，设色雅丽，气势磅礴。《海上墨林》云其“时游沪滨,墨迹流传,人争宝贵”。咸丰九年（1859）秋，赵之谦曾来沪上。同治元年（1862）,由温州乘船来沪,居约一月。同治十一年（1872）三月底离京赴沪，居月余，曾为蔡衫作墨梅团扇。与川沙沈树镛及流寓上海县之周白山相友善，切磋、研究书画。赵之谦是“海上画派”的先驱人物，以书、印入画的“金石画风”对近代绘画产生深刻的影响。

赵之谦著述甚丰，有《补寰宇访碑录》《六朝别字记》《悲盦居士诗賸》《悲盦居士文存》《四书文》《称举通释》《见意书》《章安杂说》等，另有校刻本若干。辑《仰视千七百二十九鹤斋丛书》数十种，其中《勇庐闲诘》《英吉利广东入城始末》《张忠烈公年谱》为赵之谦撰。

虚谷

虚谷（1824 ~ 1896），俗姓朱，名怀仁，僧名虚白，字虚谷，别号紫阳山民、倦鹤。室名觉非庵、古柏草堂、三十七峰草堂。歙县人，居广陵（今扬州）。出家为僧，但不茹素、不礼佛号，性情孤僻。以书画为生计，往来于上海、苏州、扬州一带鬻画，求画者极多，画倦即罢，故作品存世有限。光绪二十二年（1896），虚谷坐化于上海城西关庙。其徒狮林寺方丈恬盦自苏州来，扶柩回葬于光福之石壁。

虚谷工人物、山水、蔬果、花卉、禽鱼，尤长于画松鼠、金鱼，曾为曾国藩画像。在上海与任伯年合作《泳之先生五十岁肖像》，虚谷画像、任伯年补景，画藏于上海博物馆。又与任伯年合作《月楼小像》，画杨伯润像，亦是虚谷画像、任伯年补景，画藏于故宫博物院。由此可见，虚谷画人物之手段高妙。虚谷画风冷艳，落笔奇肆，造型风格奇特，善用干墨、枯笔，表

虚谷《山水册》上海博物馆藏

面稚拙，实具奇峭隽秀特色；敷色清新，个性强烈，不与人同。亦擅书法，风格与画同。能诗，有《虚谷和尚诗录》。传世作品有《梅花金鱼图》《松菊图》《葫芦图》《蕙兰灵芝图》等。

江彤辉

江彤辉（1839 ~ 1921 后），字管生。歙县人，客沪上。江莲峰和江彤辉，史称“新安二江”。山水类胡公寿。工山水，花卉、松石，其存世作品以临摹山水为佳。

吴淑娟

吴淑娟 (1853 ~ 1930)，号杏芬女士。歙县昌溪人。父吴鸿勋，字子嘉，清咸丰举人，入曾国藩幕府，任湖州知府。工书画，善画兰竹，流寓上海。夫唐光照，本名唐昆华，字光照。以字行，歙县人，亦善画，曾任江宁知府。

吴淑娟幼习书画，“尽得其父笔法之妙，乃益肆力于六法，由平正之于神妙，由规矩以超乎奇杰”。山水、花鸟、虫鱼、人物皆能，曾漫游十八省，出游归来，闭门不出，潜心构思，作《十八省名胜图》。年逾古稀，仍笔耕不辍。有《黄山图》《西湖十景》《豆棚闲话图》《管夫人小像》《雪柳寒江图》。吴淑娟人物学任伯年，山水、花卉风格清雅、秀丽，亦能写意，无脂粉气。光绪七年（1881）作《百花图》，名人题咏殆遍。清宣统二年 (1910)，吴淑娟作品参加意大利博览会，意大利王后重金购其作品。民国四年 (1915)，出版画册。70 寿时，总统黎元洪书“林下风高”以贺。吴淑娟热心慈善，曾多次捐赠作品参加义拍，善款全部充赈。有《杏芬老人集》。

吴淑娟《山水》《养真堂暂存集》

程璋

程璋 (1869 ~ 1936)，字德璋，号瑶笙。新安休宁人，移居江苏泰兴，后寓上海。少年具绘画天赋，初入典当学徒，后从杨润之学画，曾任苏州草桥中学、常州粹化学校、上海中国公学、清华大学等学校教师。程璋在上海曾发起豫园书画善会，参加宛米山房书画会、上海书画研究会、海上题襟馆金石书画会等，与海派书画家们多有交集。其画在上海风靡一时，润格很高，直逼吴昌硕。晚年一度双目失明，后治愈一只眼睛，不能作画，能写大字，曾有“盲人骑瞎马”印章。

山水、人物、翎毛、走兽无一不能，尤擅动物。早年宗没骨法工笔花卉，中年后改变画法，以中国画为本，参用西画明暗透视及写生法，善于观察、捕捉对象，技法娴熟，形神兼备，色彩热烈而不俗，构图丰富而变化，“中西合璧”，水乳交融，独具风格。1936 年墨缘堂出版《程瑶笙画册》，1941 年商务印书馆出版《程瑶笙先生遗作精品集》2 册，作品有《乡景图》《牡丹双猫图》等。

程璋《牡丹》安徽中国徽州文化博物馆藏

汪琨

汪琨 (1877 ~ 1946)，字仲山，号大原山人，婺源人，居上海，幼即亲近笔墨，每见古今名人真迹，辄刻意摹仿，款识图章一并钩出。善画山水，宗王翚，喜为青绿，工整清秀，笔墨醇正，气息古雅。又拟吴石仙画法，湿笔浓墨，淋漓尽致，闻名于时。并工花卉、人物，为人所喜。宣统元年 (1909)，曾参与发起成立豫园书画善会，抗战后，一度任会长之职。又加入上海宛米山房书画会、上海书画研究会，曾执教于上海艺术大学。1925 年任上海美专国画专家，1927 年任上海美专国画教授。作品曾参加南洋劝业会展览，作品获优等奖。

近代与上海有过关系的新安画家尚有汪声远等人。汪声远 (1886 ~ 1969)，名铎，字声远，别号北野山樵、浙江渔父、一笔画者。歙县岑山渡人。民国四年毕业于上海美专西画科，曾任上海美专教授、国画系主任及新华艺专、无锡艺专、华东美专、南京艺专等校教席。工山水、人物，技法纯熟。与黄宾虹过从甚密，曾与黄宾虹、胡朴安、萧蜕庵办国画讲习班。“他中锋为主的笔墨观和黄宾虹的‘五笔七墨’之说悉归综在‘骨法用笔’上，半个世纪以来，此呼彼应，晴雨同声，足挽画坛颓风”。有《历朝名人画法律梁》8册行世。

许士骐

许士骐(1900 ~ 1993)，歙县人。早年毕业于上海美专。20世纪30年代留学法国巴黎美术学院，历游英、德、比、意、波兰、俄国等国。南京晓庄师范初创时，应邀任学生指导教师，以支持好友陶行知的生活教育理论。陶行知晚年在上海组织民主活动时，许士骐常伴左右。陶行知逝世，受郭沫若委托，为陶行知拓制面模、手模，供后人凭吊纪念。曾任南京中央大学艺术系、建筑系教授，南京师范学院美术系、教育系教授等职。擅中国画及书法。山水宗法唐宋，花鸟取法青藤、八大、任伯年等，作品多次参加国际艺术展览会，被誉为“学者型书画家”。有《人体解剖与造型美术之研究》《许士骐贝聿玿书画集》等。许士骐兄士骥、妻贝聿玿皆为书画家，许士骐、贝聿玿在歙县西干山之合葬墓碑，由贝聿玿堂弟贝聿铭题字，并撰碑记。

程亚君

程亚君(1921 ~ 1995)，原名振昌，亦名亚军，号新安轴子、徽州佬。斋号存真楼。歙县人。1957年，调任上海人民美术出版社副总编，曾任上海国画院秘书长等。工山水画、版画，亦擅兰草，偶涉篆刻。1942年，与吕蒙、莫朴共同创作木刻连环画《铁佛寺》，有《程亚君画选》。

第二节　与新安流域篆刻有渊源的地区与印人

一、吴门印派

吴门篆刻所指，为今苏州一带地区。元代书法、篆刻家吴睿是吾衍的弟子，他将其所学传播到昆山，曾摹补宋人王厚之《汉晋印章图谱》。吴睿学生朱珪善书法、篆刻，“尝取宋王顺伯、吾丘衍、赵子昂诸家印，旁询博取，纂为凡例，以吴叡等所书印并自制附焉”。杨维桢为其撰《方寸铁志》。明代沈润卿的《沈润卿刻谱》是目前所见最早的刻本印谱。“吴门画派”的兴起，是一个较大的用印群体，文徵明子文彭以篆刻独树一帜，人称“三桥派”。这并非偶然现象。

文彭

文彭(1497 ~ 1573)，字寿承，号三桥。长洲(今苏州)人。以明经廷试第一，授秀水训导，官两京国子监博士。工书画，尤精篆刻。文彭的篆刻，早期为篆稿后，交李文甫镌刻。后来以石章自篆自刻。学习或受到文彭篆刻影响者，有何震、苏宣、汪关、金光先、袁鲁、袁雪、沈世和、钦兰、顾苓、徐夔、释续行、杨谦等。明、清到近代，吴门印人有许初、王谷祥、王梧林、温如玉、赵宧光、归昌世、何通、徐坚、沈遴、陆天御、顾听、丘旼、袁三俊、黄孝锡、沈祚昌、朱宏晋、吴树萱、王松、王芑孙、花榜、钮树玉、郭麐、杨澥、张熊、翁大年、黄寿凤、王云、陆泰、吴大澂、徐新周、王大炘等。

“大欢喜”归昌世篆刻

“词人多胆气”何通篆刻

周亮工《印人传 · 书何主臣章》记载 :“主臣往来白下最久，其于文国博，盖在师友间。国博究心六书，主臣从之讨论，尽日夜不休，尝曰 :‘六书不能精义入神，而能驱刀如笔，吾不信也。’以故主臣印无一讹笔，盖得之国博居多。主臣之名成于国博，而腾于徙中司马。”[①] 苏宣遭不平，仗剑杀人，遁迹于江湖多年。因苏宣父苏汇与不少名公大人故交，多扶持苏宣，如与文彭“以通家坐落绛帐下……乃取六书之学博之，而寿承先生则从谀之，辄试以金石，便欣然自喜。”[②] 苏宣开创“泗水派”，与文彭、何震齐名。休宁金光先曾拜访文彭，篆刻得其笔意。诗人兼印人方在宥藏古印千余方，“及客吴会，则善吴人许元复、黄淳父、周公瑕、文寿承、文休承。”[③] 休宁太学生汪元蠡“雅游广陵朱子价、吴会皇甫子循、文寿承、许元复……”[④] 乾隆间，吴县女篆刻家杨瑞云为汪启淑妾，另一位苏州女篆刻家金素娟为汪启淑婢女，刻印得汪启淑传授。

---

①[清]周亮工 :《印人传》，浙江人民美术出版社，2014年，第20页。

②《苏氏印略 · 自序》，万历四十五年刻本。

③[明]汪道昆 :《太函集》，黄山书社，2004年，第702页。

④[明]汪道昆 :《太函集》，黄山书社，2004年，1479页。

二、云间印派

在一般人印象中，上海主体是移民城市，在开埠之前只是一个小渔村。但是在松江广富林考古发掘中，出土了新石器时代和周、汉、宋、元等时期的大量文物，证明了上海地区人类历史的悠久。有“东南巨镇”之称的青龙镇（今上海市青浦区白鹤镇）主要分布于吴淞江支流老通波塘的两岸，唐宋时期的青龙镇，北临吴淞江，东濒大海，地处江海要冲，逐渐发展成为上海地区最早的贸易港口。青龙镇因海上贸易的兴盛而富裕，昔日青龙镇有三十六坊，烟火万家，一派繁荣景象。北宋书画家米芾曾官青龙镇监镇。南宋初，华亭人曾大中则是有史料明确记载的一位书法、篆刻家。元代书画家、篆刻家赵孟頫族兄赵孟僩出家于松江府城内本一禅院，故赵孟頫常来松江，在本一禅院讲学授艺，又与松江普照寺住持僧友善。元延祐六年（1319），赵孟頫得请南归，曾入北道堂事道，其摹刻自画像石于1980年在松江出土，系本一禅院旧物。宋末元初，松江已有棉花种植，后来黄道婆由崖州（今海南岛）重返松江故乡，向人们传授先进的纺织技术并推广先进的纺织工具，松江府因此成为全国棉纺织业中心。清初上海人叶梦珠《阅世编》记：“商贾贬鬻近自杭、徽、清、济，远至蓟、辽、山、陕。”①

“小桥流水人家”
王玉如篆刻

“如痴”王睿章篆刻

明代是文人流派印兴盛时期，文彭是重要的标志性人物，吴门印派波及周边乃至更远，影响巨大，在此时期，嘉定、崇明二县及金山卫隶属于苏州府。几乎与吴门印派同时期，新安印人迅速崛起，并占据了印坛诸多重要席位。因徽州土地资源与人口增长的矛盾，许多徽州人在外地谋生、发展，还有一些人选择寄居或占籍，东南地区一些文化、经济较发达之地是新安人常常涉足之处，上海地区即其中之一，其中不乏游艺的新安印人。如李流芳侨居嘉定（今属上海市）南翔，歙县汪关家娄东（今江苏太仓）而往来于嘉定、松江、青浦、上海、吴门、昆山等地。上海顾从德于隆庆六年（1572）年辑成《集古印谱》20部，此为最早以秦汉原印钤盖之印谱，为顾从德辑谱之罗南斗亦新安人而流寓海上者。清初，休宁

① 万青力：《并非衰落的百年》，广西师范大学出版社，2008年，第116页。

篆刻家吴晋先侨居江苏常熟，后定居娄县（今上海松江）。

在文彭、何震、汪关、赵宧光、朱简、归昌世、李流芳、王志坚、葛潜等印人的影响下，清代松江印人群体开始崛起，形成了文人篆刻一脉——云间派。张智锡为开山人物，接踵者有王睿章、王玉如、鞠履厚、韩雅量、怀履中等。乾隆五十三年（1788），歙县人程瑶田得授嘉定县教谕，十月莅任。汪启淑素喜藏印，曾避暑华亭，访印交友，编辑印谱，其《飞鸿堂印人传》多有收录。在他的皇皇巨著《飞鸿堂印谱》中，就辑入“云间印人15人，共512件作品”。

篆刻之外，云间藏印、辑谱及印学也颇可观，如陈钜昌的《古印选》、陆鑨的《集古印章》《秦汉印范》、张祥河的《秦汉玉印十方》等达30余种。明中期的陆深是较早涉及印学的松江府人，他的《古铜印章跋》考证古印年代，《论印二则》则对汉晋唐宋印颇多独到见解。明末杨士修之《印母》《周公瑾〈印说〉删》见解独到，在篆刻美学、批评等领域有所开拓。董其昌、陈继儒声名极盛，为多家印谱作序，虽难免应景之文，然字里行间亦不乏真知灼见。

1840年鸦片战争后，上海辟为商埠，资本和各色人等大量涌入，使上海逐渐成为金融中心，文化亦由传统型向商业都市型转换。19世纪中叶，“海上画派”初现端倪，赵之谦的“金石画风”及篆刻影响巨大，其后海派宗师级人物吴昌硕亦承其衣钵而发扬光大。许多篆刻家麇聚沪上，或短暂游艺，或长期寓居，熙来攘往，不可胜计。作为大都市的上海有多所艺术类大学、专科学校，许多学校开设有金石篆刻课程，培养了不少篆刻人才。其中有大量的新安书画、篆刻人士来到上海或求学，或鬻艺，或经商，不胜枚举。民国间，歙县黄宾虹来到上海，黄宾虹一生除了出生地金华和家乡歙县，其他居住地分别是上海、北京和杭州，其中又以上海居住时间最长，达30年之久。在上海时期，黄宾虹著述最丰，研究内容涉及美术史、书画鉴定、金石古文字、工艺美术等，在古玺印章、印谱的研究方面，成绩尤为突出。祖籍歙县新州的叶为铭曾往来上海，出版过多种印谱。自明末到现代的几百年间，新安印人与上海印人之交往长盛不衰，源远流长。

三、东皋印派

“东皋印派”发祥于明末清初的南通、如皋一带，以邵潜为先声。邵潜（1581～1665），字潜夫，号五岳外臣。南通人，侨居如皋，明大臣邵天明五世孙。性傲僻不谐俗，好骂人，人多恶之。工诗，精篆籀、八分，有《皇明印史》，著《友谊录》《循吏传》

诸书。“东皋印派”早期“三大家”，即黄经、许容、童昌龄，都曾师从邵潜夫。黄经，字济叔。如皋人，有《黄济叔印谱》《六书论定》等。许容（顺治、康熙间），字实夫，号默公。如皋人。曾任福州府检校，后仕途失意，以诗文、书画及篆刻谋生。所刻名印用汉印法，又善刻竹根、黄杨木印。善诗文书画，精研六书。然篆刻不免习气，印史称之为“如皋派”。有《谷园印谱》《韫光楼印谱》《许默公印谱》及《说篆》《印略》《印鉴》《鸥浮集》《读史初阶》等。童昌龄（清初），字鹿游。浙江义乌人，家如皋。善写古木竹石，风味淡远。精六书，刻印宗“如皋派”，冒襄曾题其《印史》云：“知君绝艺能千古，一册能昭历代人。”乔林（乾隆间），字翰园，号西墅。如皋人，善画，刻印承袭“如皋派”印风，善刻竹根印。有《墨庄印谱》《篆隶汇编》《金石萃言》等。其子乔昱（乾隆、嘉庆间），字丹辉，号镜潭。书画、篆刻传其家学。游历京师，与毕秋帆时相往来，为其摹刻碑石。许之男（乾隆间），字周臣，号蒲瑞。许容从弟，克承家学，“攻苦力学，善诗，工篆刻。与兄实夫公改订金石，究心六书。后人得其片石者，什袭珍藏之。”姜任修（1676 ~ 1751），原名耕，字退耕，号自芸。如皋人。康熙六十年（1721）进士，授翰林院庶吉士，后改授清苑知县。书画弈算，皆诣绝品。有《读易辄书》《读玄辄书》《庄子辄书》。摹印喜用枣木，与潘桐冈友善。其子姜恭寿（乾隆间），字静宰，号香岩、东阳外史。乾隆六年（1741）解元，官敌谕。工诗词、书画，尝摹汉铜印数百方，生平不轻易为人刻印。有《周易撤》《毛诗编年》。黄学圯（嘉庆、道光间），字孺子，号楚桥。如皋人。工篆刻，尤得力于如皋派，并学习汪关、程邃印风。有《历朝印史》10 卷及《东皋印人传》。其他印人还有蒋大本、顾一中、胡之祁、范驹等。

“桃花潭水”乔林篆刻

“谷园”许容篆刻

许容与林皋、吴先声等齐名，新安印人程邃、戴本孝等寓居如皋时，与之交好。龚芝麓尚书曾有诗赠许，“寄语黄山程穆倩，中原旗鼓一相当”。黄学圯《东皋印人传 · 寓公》收入新安人士程邃、吴叔元、黄宗绎数人，该书中载吴思翁云程邃印：“以小篆为名印、大篆为斋馆，章法谨严，天生布置，秦碑汉碣，于方寸之间得之。自汉以后无印，先生一出，可以继汉摹印之学矣。……尝游水绘园，与冒巢民先生友善。”程邃婿吴万春还曾为冒襄刻“水绘庵冒巢民真赏”

葫芦形朱文印。

吴叔元（乾隆间），字叔子，号思堂、金山农等。新安休宁人，流寓江苏仪征。能诗，善画山水，力苍浑。“经史子集，无不贯通；六书篆籀之学，历指其失。所谓追古法于既泯、流新传于无穷”。乾隆四十九年至五十一年（1784 ~ 1786）皆游如皋，黄学圮得以师之，后殁于雨香庵之水明楼。黄宗绎（雍正、乾隆），字仲凫，号桐谷。歙县潭渡人，寓居东皋。曾从黄吕习篆刻，以程邃为宗。广交游，家产耗尽，有“高义薄层云”之誉。戴本孝与冒襄为至交，曾为冒襄刻六面印，而许容则为冒襄妾金玥、其子冒嘉穗各刻六面印。三印大小略有不同，然为同一石料剖之。

上面提到的如皋汪氏“文园”，主人即汪之珩（1717 ~ 1766），字楚白，号璞庄。如皋人。祖上迁居丰利后，经营盐业，富甲一方。汪之珩诗词书画，无不精通。因身体羸弱未应科举，捐候补道。清廷授其实缺，未赴任，授予资政大夫。其先人购康熙间丰利进士张祚别业，后经扩建，成为名园，一时成为文人雅士觞咏之所，郑板桥、黄慎、罗聘、袁枚、秦大士等皆为文园常客。有《甲戌春吟》《文园集》《东皋诗存》《文园六子诗》。乾隆间，歙县印人项怀述曾造访文园。为项怀述《伊蔚斋印谱》题词的有汪之珩、郑燮、王国栋、江干、吴士临等，多与文园有一定的关系。

清代歙县篆刻家汪怀信，字可堂。迁居如皋掘港场。有《稽古阁印章》4卷。汪启淑《续印人传》中，记有如皋印人魏乔、施景寓两人。

四、浙派

浙派篆刻，清代乾隆间钱塘（今杭州）丁敬开创。丁敬(1695 ~ 1765)，字敬身，一字钝丁、砚林，别号龙泓山人、砚林外史等。书画家，篆刻家。乾隆元年 (1736)，举“博学鸿词”科，不就，卖酒街市，洁身自好，以布衣终身。擅用切刀法刻印，苍劲质朴，古拙浑厚，独具面目。其《论印绝句》云：“古人篆刻思离群，舒卷浑同岭上云。看到六朝唐宋妙，何曾墨守汉家文。”有《武林金石记》《砚林诗集》《龙泓山馆诗钞》《龙泓山人印谱》等。其后有蒋仁、黄易、奚冈、陈豫钟，陈鸿寿、赵之琛、钱松等，继之而起，因多为浙人或居杭州，故称“西泠八家”。

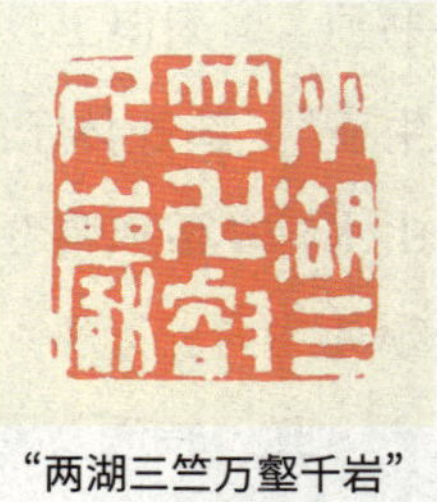

“两湖三竺万壑千岩”
丁敬篆刻

“丁敬身印”丁敬篆刻

丁敬篆刻取法汉印，兼采宋元及明代文彭、何震、苏宣等人篆刻，汪启淑在《续印人传》中论其篆刻："古拗陗折，直追秦汉，于主臣（何震）、啸民（苏宣）外，另树一帜。两浙久沿林鹤田派，钝丁力挽颓风，印灯续焰，实有功也。"魏锡曾则云丁敬碎刀得之于朱简。乾隆十年（1745），汪启淑入西湖吟社，得交丁敬，垂三十年。汪启淑辑《飞鸿堂印谱》，收有丁敬篆刻。汪士慎与丁敬交往较迟，《巢林集》有《腊八日集寒木山房喜钱塘丁敬身至》《怀敬身》等，《振华游武林归过话》有句"风寒远接故人颜"，加注"谓樊榭、冬心、敬身诸先生"。[①] 黄易与丁敬并称"丁黄"，汪启淑《续印人传》有《黄易传》。歙县朴学家凌廷堪与黄易则为至交。丁敬、蒋仁、黄易、奚冈又称"西泠四家"，或"西泠前四家"。其中，奚冈为新安黟县人，"少孤贫，其母舅携来杭"。奚冈晚年工绘画，刻印较少。前面已有介绍，此略。汪启淑与"浙派"名家多有交往，除了丁敬、黄易之外，还有、张燕昌、董洵等，曾与厉鹗、杭世骏、朱樟结南屏诗社。

"西泠后四家"之钱松篆刻风格与"浙派"小异，切中带削，开一新风。"金石僧"释达受工书画、篆刻，曾两度来新安，为歙县程洪溥拓金石器，所得历代名书画、篆刻、古器甚多。

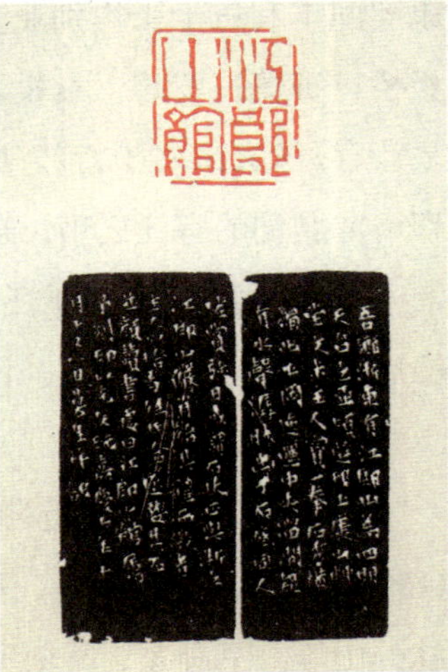
"江郎山馆"陈鸿寿篆刻

陈鸿寿

陈鸿寿（1768 ~ 1822），字子恭，号曼生、种榆仙客等。曾任赣榆代知县，溧阳知县，江南海防同知。诗文、书画、篆刻俱工，主持参与铭刻宜兴紫砂壶，人称"曼生壶"。新安休宁人汪鸿，字延年，号小迂。擅画花鸟、山水，曾客陈鸿寿幕。所刻印得力于陈鸿寿，规矩大方，颇具功力。

五、皖派（邓派）

邓石如

邓石如（1743 ~ 1805），原名琰，因避嘉庆讳，以字行，号顽伯、完白山人等。安徽怀宁人。他出生寒门，早年在祖父和父亲的影响下，对书法、金石、诗文发生兴趣。32 岁时，邓石如馆于寿州，寿春循理书院山长梁巘见其篆隶和刻印，认为"是子笔

①《扬州八怪诗文集》，江苏美术出版社，1985年，第105页。

力横绝，若得见秦汉古碑，何患不出入冰、斯”！乃作书荐邓石如去南京梅镠家，邓石如因此得以遍观梅家所藏。

“金榜之印”邓石如篆刻

“辅之柘田”邓石如篆刻

乾隆四十七年（1782），邓石如离开梅家，四处游历，观摩古代碑碣。来到新安歙县后，结识了方君任、程瑶田、金榜。程瑶田不仅是经学家，还精于书法、音律、治印等，撰有《通艺录》等学术著作。邓石如与他交往后，深受其益。后经梅镠和金榜的推荐，又结识了户部尚书曹文埴、武英殿大学士、军机大臣曹振镛父子。乾隆五十五年（1790）秋，乾隆帝八十寿辰，曹文埴入都祝寿，邀邓石如同往，称他为“江南高士”“四体书皆为国朝第一”。进京后，邓石如以书法享誉书坛。乾隆五十六年(1791)，经曹文埴介绍，邓石如到兵部尚书、两湖总督毕沅武昌节署做幕宾。毕沅祖籍亦新安人。除了上述几位，邓石如与罗聘、称邓石如为“十兄”的巴慰祖也有交往。歙县汪灼为邓石如撰《邓石如印谱序》，刊于《渔村文集》中。在邓石如的艺术人生中，新安曾给予过他很大的帮助。

邓石如之后，吴让之发展完善了“邓派”篆刻艺术，赵之谦篆刻以浙派为基础，吸收邓石如的优点，自成一家。黄士陵在学陈鸿寿、邓石如、吴让之、赵之谦等人的基础上，另辟蹊径，开“黟山派”篆刻。

第四章　艺术思想

第一节　新安画派

一、新安画派的美学思想

新安画派的总体画风为孤寂冷逸，与明、清易替时期的遗民情绪有关，多崇尚倪、黄，以倪瓒为甚，明代“江南以有无（云林画）分清浊”，进而发展到“（渐江）喜仿云林，遂臻极境。江南人以有无定雅俗，如昔人之重云林然，咸谓得渐江足当云林”。[①]故黄宾虹力倡南宗，认为南宗雅而文，贵在含蕴，“士夫之画，独宗南宗。论者以为胸中多数万卷书，又能优游物外，自然落笔潇洒，与庸史不同。”[②]画尤以荒寒为上，因“荒寒之趣，以避俗也”。倪瓒不仅在气格上超迈，在技法上也独树一帜，其“用砚不能不净，但笔含宿墨，有时益见其佳。倪云林尤善此法，在善于领会而已。渐江僧学云林，解用宿墨法，宿墨之妙，如用青绿。元人朴拙，亦善用宿墨而已。”[③]对明代早期浙派中吴小仙、张平山、蒋三松等人画学南宋马、夏，黄宾虹颇多微词，认为：“吴小仙、郭清狂、蒋三松、张平山一流，恣意涂抹，放诞不经，笔法既失，而墨法尽废。”“用笔墨处较为粗率轻淡，速而不留，精神欠差，已开江湖一派之画风。”[④]为鉴赏、收藏家所不取。对此，黄宾虹进一步将新安画派与其他流派作比较分析，认为：

文人画与士夫画不同，士夫画品诣超特，章法之妙，自有己之面目，全在笔苍墨润，绝非庸史可及。由此而论，以觇画家派别及其流弊可略举焉：

云间　董玄宰、赵文度开之，弊流于凄迷琐碎。

吴门　文、沈、唐、仇开之，学者失于板硬。

① [清]周亮工：《读画录》，浙江人民美术出版社，2018年，第34页。

② 黄宾虹：《黄宾虹文集全编·书画编》（上），荣宝斋出版社，2019年，第273页。

③ 黄宾虹：《黄宾虹文集全编·书画编》（下），荣宝斋出版社，2019年，第535页。

④ 黄宾虹：《黄宾虹文集全编·书画编》（下），荣宝斋出版社，2019年，第596页。

金陵　龚半千为首。龚因见吴门派之板硬，上而学宋元，乃创金陵派，后钩稿相传，千篇一律，故如画灯片也。

京江　袁江、袁耀、张崟、顾鹤庆、潘恭寿为佳，后多重浊板刻少生动。

新安　僧渐江、查士标开之，以饱笔饱墨用腕力写之，非若后世之用干笔渴墨所为者。此外，浙闽恶派不为世重。湖北有闵真绘人物，用重墨胶水，不足为派。凡派之首创者皆有独至之品诣，日久弊生。①

黄宾虹更从历史高度简明概括画史云：

自董北苑化点为线条，名为披麻皴，僧巨然师其法仍是用点。画宗董、巨以此，其面目不同也。唐画刻画，宋画犷悍，元人轻佻，皆不善学者之过。明人学古，失之枯硬。娄东、虞山，世谓四王，徒存元人面貌，如演剧行头，优孟衣冠，不为真识者所重。欧美人近悟天启、崇祯士夫学人之画不让元人，自董玄宰提倡北苑，如李长衡、项易庵、邹衣白、恽本初诸老，数十人之多，皆国画之正传。而江浙流派，文、沈之后，即俗与甜；石涛、八大之后，即放纵无法。学倪、黄者多羸瘠无生气，皆非世界所崇拜，而肤浅者从此不可不知也。②

对于项易庵、邹衣白、恽本初等人，黄宾虹不止一次提起，如致朱砚英札云："明代江浙人画，惟秀水项又新、孔彰叔侄与常州邹衣白、恽道生最佳。可力求之，得详观细审，便胜宋元古画也。"③"论古今画者多在江南，元季四家登峰造极，明人尚知用笔法，常州如邹臣虎、恽香山、庄同生得其正传，新安四家因师其意。"④查士标《题邹之麟舟行纪胜卷》云："邹衣白先生尝从毗陵入新安，放舟江行，凡经过山水胜处，辄纪之以画。予往见其画册数十翻，惊赏叫绝。今于邗上再观此卷，峦壑透迤，川原回合，一一逼肖，尤称杰作。先生既胸次旷迈，学识渊深，盘薄游戏，第其余事耳。昔宗少文情耽山水，晚年寡出，倩人图五岳于壁间以当卧游。余以落拓羁人，久离

① 黄宾虹：《黄宾虹文集全编·书画编》（上），荣宝斋出版社，2019年，第602页。
② 黄宾虹：《黄宾虹文集全编·书信编》，荣宝斋出版社，2019年，第33、34页。
③ 黄宾虹：《黄宾虹文集全编·书信编》，荣宝斋出版社，2019年，第33页。
④ 黄宾虹：《黄宾虹文集全编·书信编》，荣宝斋出版社，2019年，第17页。

乡井，展阅此卷，恍如身行新安道中，城郭舟车历历在目，桑梓之思庶藉少慰不止。”[①] 由查士标题邹之麟画跋，可知黄宾虹所言不虚。邹之麟来新安，新安士人竟为其筑“待邹亭”，而“僧渐江得其指授”。黄宾虹服膺恽香山之画，曾云：“余署别号有用‘予向’者，因观明季恽向字香山之画，华滋浑厚，得董、巨之正传，最合大方家数，虽华亭、娄东、虞山诸贤，皆所不逮；心向往之，学之最多；又喜游山，师古人以师造化，慕古向禽之为人，取为别号。”[②] 无论是邹之麟还是恽向、庄同生，其画多简，与黄宾虹所言：“新安派宗元人，笔多简略，便于文人”均相符合。

以上所论，尚停留在技术方面为多，而新安画派的更高境界是上升到哲学层面，似可以六朝宗炳提出的“澄怀观道”来概括新安画派的境界追求。宗炳“好山水，爱远游”“每游山水，往辄忘归”“曾西涉荆巫，南登衡岳，因而结宇衡山，欲怀尚平之志。有疾还江陵，叹曰：‘老、疾俱至，名山恐难遍睹，唯当澄怀观道，卧以游之。’凡所游履，皆图之于室，谓之：‘抚琴动操，欲令众山皆响。’”

宗炳的《画山水序》是中国最早的山水画论，其“以形写形，以色貌色也”，反映的是对自然的摹写。而“且夫昆仑山之大，瞳子之小，迫目以寸，则其形莫睹。迥以数里，则可围于寸眸。诚由去之稍阔，则其见弥小。今张绡素以远暎，则昆、阆之形，可围于方寸之内。竖划三寸，当千仞之高；积墨数尺，体百里之迥。是以观图画者，徒患类之不巧，不以制小而累其似，此自然之势。如是，则嵩、华之秀，玄牝之灵，皆可得之于一图矣”。在这段话中，不仅体现了透视原理，还将中国画以小观大，以“少少许胜多多许”的妙处表达得淋漓尽致。更加可贵的是，宗炳在《画山水序》中提出了“澄怀味像”这一核心美学建构。《画山水序》开篇即提出：“圣人含道暎物，贤者澄怀味像。”其“圣人含道暎物”及“圣人以神法道”等，皆为老庄之道。“味像”，即“味道”。澄怀者，心无杂念，不争、无为、处下，与道家思想相通。《画山水序》中“夫圣人以神法道，而贤者通；山水以形媚，而仁者乐”，体现了儒家“智者乐水，仁者乐山”的思想。宗炳对佛理有研究，其《明佛论》提出“无形而神存”。由此可见，宗炳的《画山水序》实际糅合了儒、释、道三家的思想。

宗炳的绘画思想对后人影响很大，其“澄怀观道”“卧游”尤为后之文人所折

① [清]查士标：《查士标集》，浙江人民美术出版社，2016年，第108页。
② 赵志钧：《画家黄宾虹年谱》，人民美术出版社，1992年，第37页。

服，以“卧游”为名的作品屡见不鲜，更有甚者，程正揆“尝欲作《卧游图》五百卷”。渐江在歙县五明寺的画斋名“澄观轩”，顺治十七年（1660）画《林泉出山图轴》题“灯下写于澄观轩中”。同年，《枯树竹石图轴》题“灯下重题于澄观轩中”。顺治十八年（1661）画《幽亭秀木图轴》，题“辛丑结夏澄观轩，为作幽亭秀木图”。许楚为渐江作《十供文》，其中用《画山水序》句，如“云林书画卷”云：“是用供师领行箧之玩，可以携眺孤岑，呼云共赏，澄怀逸峪，舒卷自如。”“黄鹤山樵挂幅”云：“是用供师酣众响之观，可以因形媚道，敷趣营思，伸藤数尺，坐收昆、阆。”戴本孝是宗炳山水理论的贯彻者，“戴本孝（1663）在《林泉高致图》中以‘澄怀以观道’作为题字的结尾，其后常用《画山水序》中‘以形媚道’‘澄怀观道’‘澄怀’‘观道’等写于题跋中，其诗有云‘欲将形媚道……澄怀岂有涯’，等等。他在《象外意中图》中题：‘天地运会，与人心神智相渐，通变于无穷，君子于此观道也。’完全是宗炳《画山水序》精神意义之发挥。”[①] 陈传席更进一步认为：“明末清初，大量的文人尤其是遗民文人不去做官，而以书画为寄。极端混乱的社会，佛、道、儒各家学说混杂相渗于画家思想中（如渐江），皆类宗炳的时代，因而宗炳的绘画思想在这块土壤上‘得其所哉’。而明末清初的文人画家因为精神相通的缘故，也非常需要宗炳的绘画思想，这是容易理解的。”[②]

二、新安绘画代表作

程嘉燧《松谷庵》扇面

《松谷庵图》，扇面，纸本，水墨，上海博物馆藏。程嘉燧题跋：“天启四年七月二日，同无著游青龙潭，题名石上。小憩潭畔，蘸潭水戏为松谷庵图，观者当以格外赏之。偈庵道人。”无著吴姓，程嘉燧有《同吴无著雨夜宿照师喝石居题画》。

程嘉燧为歙县人，《明史》误作休宁人。侨居嘉定，晚年则常回家乡，数游黄山。万历四十二年（1614）孟夏，与李流芳约为黄山之游。崇祯十四年至十六年（1641 ~ 1643），程嘉燧皆在家乡，并逝于长翰山松圆阁。程嘉燧作品存世很少，画黄山则更罕见了，天启四年（1624）元夕，程嘉燧返回家乡，七月二日在青龙潭留下了《松谷庵》扇面。画面虽小，但内容丰富，多用湿笔，见笔见墨，山峦排叠起伏，

① 陈传席：《中国山水画史》，天津人民美术出版社，2001年，第11、12页。
② 陈传席：《中国山水画史》，天津人民美术出版社，2001年，第12页。

程嘉燧《松谷庵图》上海博物馆藏

树丛隐现期间，似可聆听阵阵松涛。吴湖帆跋《松谷庵》云："明季清初以来，自石涛、渐江辈出，黄山奇景争呈眼底。孰知偈庵道人以文采风流之笔，偶写云海松风之状，足令方外敛笔。以石涛之勇，恐亦难望项背，况梅瞿山者流耶。偈庵酬世之作多草率，唯此箑经营足称偈庵第一画云。"

李流芳《山林读书图》

《山林读书图》，纸本，水墨。纵 122.4 厘米，横 58.5 厘米，安徽博物院藏。作于崇祯元年（1628）春。李流芳此图尺幅较大，构图并无特别之处，然安排妥帖，更接近自然景致。其用笔笔路清晰，笔墨厚重、老辣，没有废笔，干净利落，峻拔流畅。用笔、用墨是此作的亮点，堪称教科书。李流芳绘画直接董、巨，又学元四家，博采众长，程庭鹭跋李流芳画云："画虽师法古人，须时见本色乃得真趣。吾乡长蘅李先生，导源董、巨，得其神髓，仍复纵横酣适，墨采喷溢，此即其本色也……"王渔洋曾云："大抵程孟阳之诗。娄子柔之文，长蘅之画，足称三绝。"

李流芳《山林读书图》安徽博物院藏

李流芳能诗，诗名不如程嘉燧，但意味闲适洁净，质朴清新，而时出妙语。《渔洋诗话》云："'穀城山好青如黛，藤县花开白似银。’李长衡流芳诗也。余最喜之。甲子使东粤，往返两过藤县，不见一花。赋诗云：‘薛北藤南几问津，远山如画黛眉新。惟余底事堪怊怅，不见花开白似银’。”李流芳诗句似随口吟出，而王渔洋记在心上，两过藤县，而最终惆怅道“不见花开白似银。”李流芳《题画似雪峤师》诗：“千峰顶上只通云，一水人家别有村。直到前山兰若路，清钟落日不逢君。”亦不雕琢。读此诗，观《山林读书图》，更能领会李流芳诗画的妙处。

李永昌、孙逸、渐江等《冈陵图卷》

《冈陵图卷》，纸本，水墨，上海博物馆藏。此件作品为新安李永昌、渐江、汪度、刘上延、孙逸五人合作卷。渐江题跋：“己卯春日，为生白社兄寿。弟江韬。”时在崇祯十二年（1639），渐江30岁。就作品而言，此卷算不上佳作，但作品透露的信息却很重要。首先，这是迄今所见渐江在出家前署有具体年份的存世作品，其次，是包含了新安四家中的两位及一位先驱的作品。

《冈陵图卷》卷末有乾隆四十四年（1779）黄钺跋：“古有联吟而无联画。此卷为吾乡诸老创格，祝李生白寿所作，笔墨澹逸，诚新安派之尤者也。按卷中五人，周生名最著，弟子亦多。新安四家之汪无瑞即其高足。汪度者岂其弟子欤？抑无瑞族人欤？然不可考。刘上延，字宾仲。新安人，流寓芜湖。书画仿董香光，后即为其代笔。曾见赠文文水唐诗小幅，笔情高妙，不特入香光室，且升松雪堂矣。惜地志失载，近世之著谱史者，亦不知也。孙无逸与萧尺木齐名，故时称‘孙萧’。然所见往往不及，或有大著作在耶。江韬，渐江师也。渐江，明诸生，甲申后始入黄山为僧，兹题己卯三月，盖崇祯十二年春，是时师尚儒冠也。”黄钺跋结尾很有意思：“特是诸公之名，或天下知之，或一国知之，或所造未深，而仅一乡一邑知之。传之远近大小，皆其生前之精神有以贯之也。乃刘公所作，且欲高出乎一切。而湮没不彰如此，传亦有幸不幸耶。而吾党犹矻矻穷年，吮毫欲腐，思借诗画以见于后世，不更大可危哉！”据《渐江资料集》载，汪度，字千顷，号山图、绵上一叟。歙县绵潭人。康熙元年（1662），与许楚、程守等同送渐江游庐山。又有潜口水香园主人汪度，字叔度。渐江《白龙潭图轴》有查士标《题渐公白龙潭图》诗，后有“查士标题为叔度先生正”。刘上延彼时尚有名气，今已默默无名。孙逸虽然与萧云从并称“孙萧”，但黄钺认为“所见往往不及，或有大著作在耶？”《冈陵图卷》五人作品在气息上是融洽的，可以看出取向是一致的。

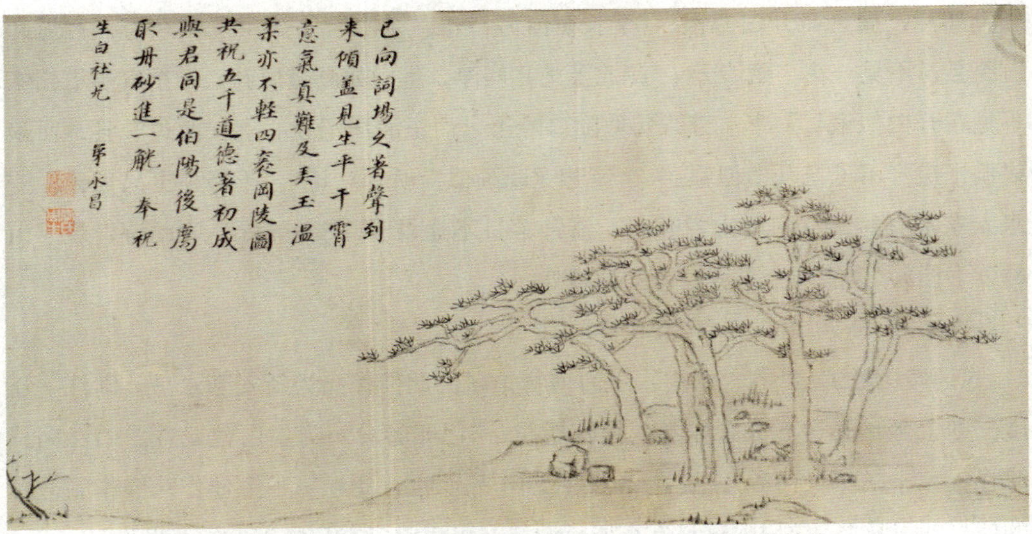

李永昌、渐江、汪度、刘上延、孙逸《冈陵图卷》(局部) 上海博物馆藏

渐江《晓江风便图卷》

《晓江风便图卷》，纸本，水墨，纵 28.6 厘米，横 243.5 厘米。安徽博物院藏。此画是渐江为西溪南吴不炎作。渐江题跋 :“辛丑十一月，伯炎居士将俶广陵之装。学人写晓江风便图以送。揆有数月之间，蹊桃初绽，瞻望旋旌。弘仁。”

此卷有吴羲、程守、许楚、石涛四人题跋。许楚跋 :“是卷为不炎买帆江上而作。其吮墨闲旷，水穷云起，自卷自舒，有濯足万里之致。”石涛跋 :“笔墨高秀，自云林之后罕传，渐公得之一变。后诸公实学云林，而实是渐公一脉。公游黄山最久，故得黄山之真性情也。即一木一石，皆黄山本色，丰骨泠然生活。”赖少其早年临《晓江风便图》，1962 年秋再次题跋云 :“晓江风便图，渐公为其好友吴伯炎作，石涛见之，赞誉备至。此江即渐江，江上一亭，据云名为宾虹亭。高塔之下为古城岩，渐江与其友常在此论诗作画。”此画卷描绘自新安至扬州，由练江、浦口入新安江一线实景，前段写练江沿岸景致，霞山塔耸立，将军岩峭峙，林木萧瑟。后段写新安江对岸晓

渐江《晓江风便图》(局部) 安徽博物院藏

雾迷蒙烟峦重叠，轻舟挂帆乘风的情景，“霞山练水晓霜天，不见行人只见船”。画之中央，奇峰突兀，江水阔远，远山错落，起伏跌宕。画面简约，意境旷远。笔墨圆劲、简洁、干净，不愧是晚年的代表作之一。

渐江《黄山图册》

《黄山图册》，纸本，水墨，设色，纵21.4、横18.4厘米，共60幅。故宫博物院藏。萧云从、程邃、唐允甲、查士标、杨自发、汪滋穗、饶璟、汪家珍跋。

渐江《一线天》故宫博物院藏

《黄山图册》是渐江一套重要作品，《黄山图册》每幅皆注有所绘景物名称，如“一线天”“蒲团松”“松谷庵”等，从画面看，多为实景写生得来。黄山慈光寺僧人弘眉在其所撰《黄山志》云：“(渐江) 尝栖静黄山，杖履所经，辄作一小图，层峦耸秀，淡远萧疏，悉备诸家体制，有超然尘外之趣味。”《黄山志》刊刻于康熙六年 (1667)，距渐江去世仅三年，所记渐江事迹应是可靠的。弘眉说渐江在黄山所作小图“悉备诸家体制”，《黄山图册》正透露出这方面的信息，如师法“元四家”外，尚有学宋人巨然和米氏云山的，当然也有独具自家面目的作品。渐江在一套册页中运用了多家技法，或与表现黄山诸多变化多端的景致有关。册后查士标跋语，可谓精辟：“渐公画入武彝而一变，归黄山而益奇。昔人以天地灵物为师，况山水能移情于绘事，有神合哉。尝闻读万卷山，行万里路，乃足称画师，今观渐公黄山诸作，岂不洵然。”

关于这套《黄山图册》，清初歙县吴瞻泰跋雪庄大师画黄山三十二峰图云：“梅花老衲渐江画得倪迂之神，松圆老人亟称之。自入黄山后，笔墨大进，时作黄山图六十幅，脱去畦町，潇洒出群，今弃一友人家，不可得见。”[1] 跋文所记《黄山图册》数量与今存是相符的。《黄山图册》在民国间由六十开分离为五十开和十开。十开本为太平县（今黄山市黄山区）苏宗仁先生“百一砚斋”藏，五十开本为著名病理

① [清]汪士鋐、吴菘：《黄山志续集·跋》，民国二十四年安徽丛书编印处印行。

学家侯宝璋藏。1935年，苏宗仁曾将五十开本和十开本合璧影印入《黄山丛刊》第二帙的专刊中。1964年，故宫博物院举办《侯宝璋书画捐赠展览》，其中就有《黄山图册》五十开。此后，故宫又从琉璃厂宝古斋购得苏宗仁先生旧藏的十开本，使《黄山图册》得以延津剑合。

1984年纪念渐江大师逝世320周年的学术研讨会之预备会上，美国学者高居翰认为渐江六十开《黄山图册》为赝品，实际为渐江同时代之萧云从所为。徐邦达对此做了回应，并对《黄山图册》与渐江其他一些作品略显不同处提出自己的看法：

> 一个人的作品不可能一生永久不变，但'变'又有各种不同的原因。……本册之变主要属于第二种——工具不称手，以致面目差异。此册画纸太生，下笔不舒畅，费力而不甚讨好。又加以大结构而缩入小尺幅中，勾皴均用小尖笔，自不得不稍现尖瘦而略欠平时苍逸之气，又加写黄山石廓本须较仿倪一种要有些变化，用略带方硬之笔，这在弘仁画黄山图的其他作品中实也经常如此。但大幅阔笔，仍可表达苍逸风度，和这大结构缩小的小册页自然又有所不同了。总之，生纸、小笔是促使此图"变"的一个主要原因。[1]

徐邦达的见解，不仅解释了高居翰先生的疑问，同时对我们欣赏和解读《黄山图册》也是大有裨益的。

孙逸《山水册页》

《山水册页》纸本，水墨，设色，16开。故宫博物院藏。自跋云："垢道人喜余进呈黄山图，意致酣(A09D)，出旧纸索画。余性懒拙，匝岁甫成小册，力量不逮宋元，觉清气尚未尽泯耳。己卯秋杪，海阳孙逸识。"

孙逸传世作品甚少，"新安四大家，惟孙逸为最罕，流传精品，当时已不多得。"《山水册页》

孙逸《山水册页》(局部) 故宫博物院藏

① 上海书画出版社：《朵云》第九辑，1986年，第127页。

16开，实可谓大观。孙逸山水兼学南宗、北宗，时人以为文徵明后身。汤燕生曾说："往从无逸先生游，见其蓬户茅轩，庭草芜径，惟床头有数卷书，及倪、黄先正诸轴而已。其人生平少长不以利欲于怀，勉志勤躬，夜以继日，惟知引轴自娱，逍遥图画，故尺幅所传，俱足赏会风云，纵横万古。"

《山水册页》体现了孙逸"山水兼法南北宗各家"的特点，作品气息清新，其中数幅作品，竟不敢相信为明末清初人所作。另外，数幅有很传统的披麻皴，有焦墨奇峰横云，有钉头皴，有折带皴，有卷云皴，为其技法的一次汇集。其中一开与故宫博物院藏《写祝以贞词兄》，可以看出两者之间的渊源。而安徽博物院藏《溪桥觅句图轴》也与此册页个别画作接近，但《溪桥觅句图轴》更精致、更讲究，也更具装饰效果。

汪之瑞《空亭幽树图》

《空亭幽树图》一开，纸本，水墨，纵23厘米，横49厘米。安徽博物院藏。

汪之瑞《空亭幽树图》安徽博物院藏

汪之瑞绘画几乎均为水墨，喜用枯笔干墨，尤尚简练，与吴山涛、谢绍烈等同声相求，但更加纯粹。《空亭幽树图》数个墨点，两棵树一抑一扬，坡石孤亭，近景一根线条，简之不能再简，然简而厚。无款，仅钤一印章，但印章所钤位置是经过思考的结果。细玩全图，内容并不简单，皆因笔力遒劲、生拙，富于变化也。

查士标所题汪之瑞画最多、最精，黄宾虹云："查二瞻题无瑞画，为人不能到，而知之者尤鲜。”此作为许承尧旧藏，黄宾虹为之题跋：“赵松雪诗曰：‘石如飞白木如籀，六法原于八法通。’书法锥画沙、泥从印、折钗股、屋漏痕诸诀，画者得之，莫不名家，此士夫习南宗之圭臬也。……夫六法用笔，舍悬肘中锋易入魔障，何得谓非正派？今观其一钩一勒，无不从书法中来。”

查士标《谡谡松风图轴》

《谡谡松风图轴》，纸本，水墨，淡设色，纵227.5厘米，横87,5厘米。安徽博物院藏。画于顺治十七年（1660），题跋云：“谡谡长松隔岸青，溪回路转得虚亭。高人杖履闲无事，万峰深处听泉声。为友琴老词弟画于湖客舍，时庚子腊月望前二日。士标。”

查士标《谡谡松风图轴》安徽博物馆藏

查士标在“新安四家”中，寿命最长，寿80余岁，其书法作品存世也较多，风格多样，青绿、水墨、简笔、繁笔皆能。青绿者，如康熙十四年（1675）之《携琴幽居卷》，意境空廓。又康熙十二年（1673）所画《翠巘连平野》，没骨水墨青绿，得宋元人余韵。其水墨画学“元四家”及董其昌，得倪瓒、黄公望、吴镇、董其昌尤多，笔墨松秀萧散，风神清旷，意境荒寒。《谡谡松风图轴》与习见之风格不同，似得吴镇为多。构图取山水之一角，淡设赭石，笔墨纵横秀润、浓淡干湿互用，浑厚华滋，点苔尤其巧妙，或横点，或竖点，或聚散，或大小，或干或湿，可谓神出鬼没，不主故常，诚为画中老手。新安画家中，查士标以善书著称，学米芾、董其昌得形神兼备，书题右上角，长短六行，遂破山顶结构之相对平实。

程邃《独往秋山图轴》

《独往秋山图轴》，纸本，水墨，纵108厘米，横33.5厘米。安徽博物院藏。题跋：“独往秋山深，回头人忆远。写为疏林道弟博笑。垢道人邃。”孙逸，字无逸，号疏林，然比程邃大3岁。此“疏林”当为歙县吴逸，字疏林，生于1642年。

程邃山水宗宋、元及董其昌，中年后用渴笔焦墨作画，别具一格。《独往秋山图轴》近景山石、树林，一水相隔之坡岸几番起伏，愈来愈远，最后远山一峰突起。此画意境深远，令人遐想联翩，点景人物尤其夺人眼球，勾画出“独往”“回头”之主题。题跋尤其大胆，将比例之成规抛之脑后，反而成就此件作品的魅力，可谓艺高人胆大，不同凡响。程邃诗书画印皆精，戛戛独造，兴之所至，率性挥洒，笔苍墨润，丘壑茂美，混沌太古。杨翰《归石轩画谈》云：“画有儒者气，有节义气，有名士气，有仙佛气，有诗人气，有狂士气，有隐者气，有词人气，有孤僻气，有寒畯气，有猛鸷气，有美人气，各有妙境。若台阁气，袍笏气，金玉气，秾缛气，虽亦为人所喜，然高品所不录矣。至于有金石气者，则推程穆倩所独……而画尤珍重，每一捉笔，觉篆籀隶分，苍然溢于腕下，古质之气，人少解者。”后得一小幅，评价云：“纯用焦墨，峦头圆厚，巨石苍浑，古树沉郁，二人立崖石平处闲话。似石上造像，画史不能知也。书亦超入化境。”[1] 诚可谓知者言。

程邃《独往秋山图》安徽博物院藏

戴本孝《巢民老人观菊图》

《巢民老人观菊图》，纸本，水墨，淡设色，纵73.5厘米，横91.5厘米。安徽博物院藏。自跋“巢民老人观菊图”。诗塘录《王勃山亭序》。

戴本孝此图画赠如皋文学家、书画家、“明季四公子”之一的冒襄（辟疆），戴本孝与其父两代人与冒襄父子交好。戴本孝曾居水绘园，为冒襄刻六面印，为绘

① 黄宾虹：《黄宾虹文集全编·书画编》（下），荣宝斋出版社，2019年，第849页。

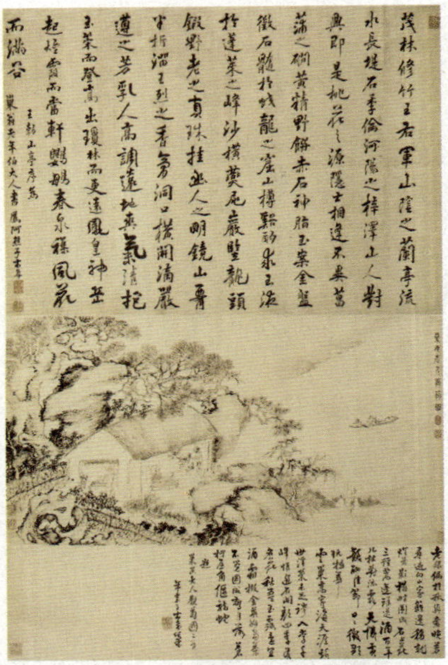
戴本孝《巢民老人观菊图》安徽博物院藏

《巢民老人观菊图》。戴本孝绘画与程邃比较接近，皆擅焦墨枯笔，但戴本孝所画略润泽，且大块面构图只用焦墨勾线，略施皴擦，画面空灵、缥缈，意境深远。此《巢民老人观菊图》画一老者（冒襄）端坐茅屋，昂首若有所思，室外数丛菊花，远处一小舟正载菊花而来。小路间有二人走来，大约是友人应邀前来赏菊。屋外奇石数个，园内植以松柏疏竹，主人临水而居，好不惬意。戴本孝又在画幅裱边再题《巢民老人观菊图二首》，此画一题、二题、三题，说明戴本孝意犹未尽，也透露出他与冒襄的深厚友谊。

戴本孝擅诗，又好长题，书画俱精，兼擅治印，可谓“四绝”。

郑旼《扁舟读骚图轴》

《扁舟读骚图轴》，纸本，水墨，纵 205 厘米，横 76 厘米。安徽博物院藏。题跋云：“雪庵遁居夔庆，尝棹扁舟读楚骚，随读随弃。居民延其诵经，乃诵易辞以应。杜景贤知其志，请习梵经。噫。乾坤不息，经理焉穷。此真善读书者。余尝图此，以助征贤之思。郑旼并识。”黄宾虹作《溪山渔隐图轴》，题跋：“雪庵遁居夔巫，乘小舟手离骚一编，随读随弃。杜景贤知其贤，人有延其诵经者，尝读易以应之。吾乡慕道人谓为乾坤不息，易理无穷。写此以为征贤之思，侃如先生一笑。”郑旼嗜理学，有《拜经斋》《致道堂》《正己居》等集，故在明亡后，郑旼“隐于狂疾，服如野僧，或有言触往事者，辄哭不休，或望空下拜，拜凡以三。”

郑旼《扁舟读骚图轴》
安徽博物院藏

郑旼山水学“元四家”，得力于黄公望、吴镇、倪瓒等，能疏能密，密者即学吴镇者。《扁舟读骚图轴》仿效黄公望，但构图、线条均有自己的风格，树木修长空疏，将两块画面联系在一起。披麻线条简练，染以淡墨，以分阴阳向背，再将吴镇之点苔运用其间，遂成郑氏画风。郑旼书法近渐江，瘦劲清逸，亦喜作长题。曾为族弟郑圻（牧千）写全部《金刚经》，1949 年尚存郑氏“瞻麓堂”。

江注《黄山图册》

《黄山图册》，纸本，水墨，设色，五十开。故宫博物院藏。江注《黄山图册》可以说是他掌握传统技法的一次综合展示，同时也说明新安画派画家对待传统的学习态度。江注此套册页应为自己所做，盖因册中诸家题跋中，多处提到是应江注所请而题。册中一些景物见于渐江册页，册页每开题写所绘景物名称，这一点也与渐江相同。表现手法丰富多样，有青绿、淡彩、水墨、白描、浅绛等，但基本未出渐江窠臼。黄宾虹云：“允凝笔墨，磥砢嵚嵜，蹊磴盘折，颇得迂翁嶒崚郁勃之致。……今观其所图黄山名胜犹有存者，林谷幽邃，欐柯秀石，笔墨精妙，能于苍劲之中，时含罨润之致，置之渐师画册，几莫之辨。故当时渐师之画，往往多允凝合作，或其足成之本，士林获之，尤为珍閟”。[①]

江注《黄山图册》当可宝贵，但册中 50 余家题咏尤为难得，其中透露出许多珍贵的信息和资料。题咏者有文学家、僧人、书画家和官员，如文学、艺术家施润章、沈泌、蔡瑶、吴圣修、严津、吴绮、许楚、汪洪度、曹贞吉、黄元治、钱柏龄等，

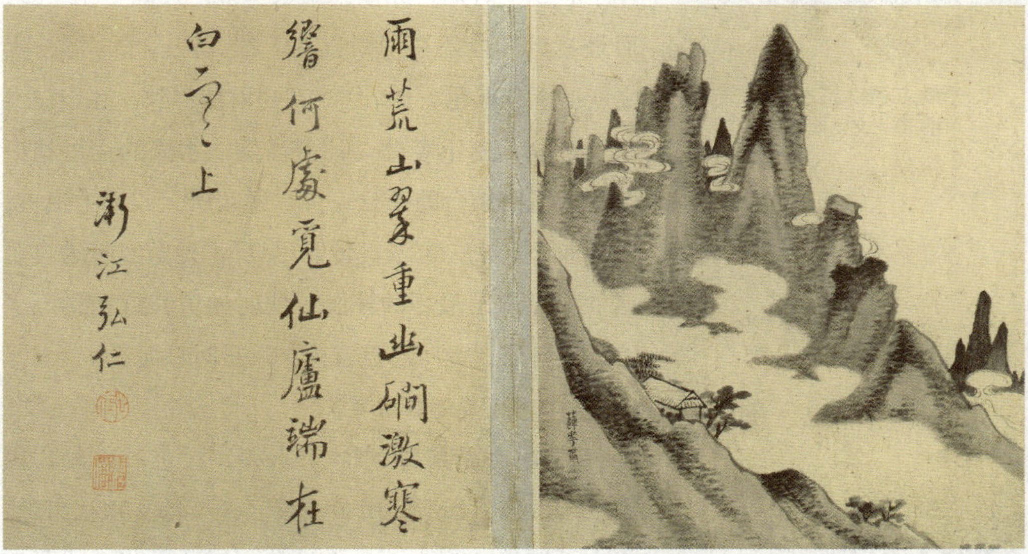

江注《黄山图册》故宫博物院藏

① 黄宾虹：《黄宾虹文集全编 · 书画编》（上），荣宝斋出版社，2019年，第15页。

黄宾虹《竭力追古图轴》
中国徽州文化博物馆藏

汪采白《黄山图册页》 安徽博物院藏

僧人有中洲海岳、元立、大涵，官员兼文人、艺术家则有歙县县令靳治荆，以及姚士坚、王言、张起宗、俞之琰、姚子庄、庄冋生、计泽绎等。江注师长及画友有渐江、郑旼、梅庚三人，皆作诗题。渐江题诗："雨荒山翠重，幽磵激寒响。何处觅仙庐，端在白云上。"此诗他本"重"字皆作"沉"，黄宾虹尝以此诗题画，亦作"沉"字。

黄宾虹《竭力追古图轴》

《竭力追古图轴》，纸本，水墨，设色，纵 102.5 厘米，横 40.5 厘米。中国徽州文化博物馆藏。题跋云："竭力追古，遗貌取神，成一家法，传无尽灯，其与韩、柳、欧、王有功古文辞无多差别。"

前面说到美术界谈及黄宾虹绘画风格，大致分作"白宾虹""黑宾虹"，而《竭力追古图轴》属于典型的"白宾虹""黑宾虹"转型期代表作之一，或作于居北平时期。此作线条虽不繁复，但变化微妙，而最妙者，当是在用墨方面，浓、淡、干、湿、黑之所谓墨分五色，于此作表现得淋漓尽致。在布白上，疏可走马，密不容针，计白当黑，水墨的运用和中国画的留白结合的十分完美。题跋所云"竭力追古，遗貌取神，成一家法，传无尽灯"，是黄宾虹为自己这件作品作了最好的注脚。此时的黄宾虹在绘画上充满了自信，走向终极目标，只是时日而已！

汪采白《黄海卧游集》

《黄海卧游集》，纸本，水墨，设色，32 帧，民国二十六年（1937）由黄山紫云集天都文物社出版。胡小石题签，胡小石、许世英、胡适题跋。现藏安徽博物院。

汪采白山水画有两种风格，一青绿，一水墨简笔，此为前者。所画笔墨娟秀细劲，云雾描绘细腻。有画跋云："庚戌岁游黄山，自狮林至始信峰，道中有松林，绿阴蔽天，境极幽邃。近今往游，已皆伐去，千年古木，不克斧斤，亦黄山一大厄也。写此不胜今昔之感。丙子春二月，洗桐居士并识。"似对景写生，然又非全是。如其题跋云："黄山雨后多急流，湿云开处，素练空悬激石成声，境益寂静，此为游西海道中所见，想象其景写之。"胡适题跋："近人作山水画，多陈陈相因，其层峦叠嶂，不是临摹旧本，即是闭门造山。汪采白先生此册，用青绿写他最熟悉的黄山山水，胆大而笔细，有剪裁而无夸张，是中国现代画史上的一种有意义的尝试。"意思如其白话文，直接而明了。

三、新安画派的传承与发展

黄宾虹曾用近两年的时间，对故宫博物院所藏4633件古代书画进行鉴定，并撰有《故宫审画录》。《故宫审画录》记录了唐宋元明清诸多书画家的作品，清代最多者为"四王"作品及董邦达、董诰、钱维城、金廷标、邹一桂、禹之鼎、恽寿平、王武等人的作品。我们仅就《故宫审画录》所记的画家，对新安画家做一统计。作品最多的是明末的丁云鹏，达21幅之多，这与他供奉内廷十余年有关，但大部分为伪作和仿品。另与之有关联的是郑重，有5幅作品。新安画派先驱李流芳有书法一件，程嘉燧有绘画2件。清初新安画家中，查士标共4件，3件书法及1册画马图册。然画马图册伪，书法亦有伪作。方士庶2件，程鸣1件。另外，汪承霈有数幅作品，但他与其父一样，在朝廷为官，故多有其父子作品。故宫博物院的收藏，当然代表了宫廷的意趣和看法，但同时也代表了当时社会对所谓主流书画家的一些认识，对美术史的研究是有一定借鉴意义的。除了新安画家，其他许多流派画家也微乎其微，不在宫廷视野之内，石涛1件，萧云从尚有3件。

我们前面已经说过，新安画派作为历史上曾经存在的一个绘画流派，它的产生有其特定的历史原因和时代背景，有缘起、有中兴、有衰败，只存在于明末到康、乾时期。其后作为余脉，尚略有绵延。时至今日，已荡然无存。但新安画派既然在历史上发生过，并留下了一定数量的作品，以及思想、言论，势必对后人产生不同程度的影响。学习其技法，是切实可行的，但不必标榜自己为新安画派"传人"。画派毕竟与"非遗"不同，学习传统的目的是为今后的"变"做准备。更何况"新安画派"画家的画风，因地域关系、个人际遇及时代性关系，存在一定的共性，在风格上有不少共通之处，但大多数人却是各具个人风格，并不雷同。反而是后来学者因循守旧，以模仿为能事，缺少了艺术个性。汪采白是新安近代著名画家，绘画风格较早，画风有青绿山水和简笔风格，但53岁即去世，令人遗憾。有研究者认为，汪采白如果活到黄宾虹的年龄，成就可能比黄更高。这一点，笔者是不能苟同的，原因很简单，这种假设本身就是一个伪命题。汪采白的早熟，或是限制其发展的障碍。历史上和近代许多画家事例证明，早熟和晚年大成，恰恰是矛盾的，早熟客观上限制了许多人的发展。更多的事例是人活得寿命长，晚年作品反不如早期有活力。

明季以后，成为艺术大家的基础是诗书画的相通，有的更是诗书画印“四绝”。这个标准，尤其是山水画，一直到近代，仍然是合理的、可行的。《尚书·舜典》云：“诗言志，歌永言，声依永，律和声。”《论语·阳货》云：“诗，可以兴。可以观，可以群，可以怨。”而山水诗与绘画关系更为密切，所谓诗是有声画，画是无声诗。至于书与画的关系，自唐代张彦远在《历代名画记》中说“书画同体”，尤其是宋代文人画兴起以后，几成定律。黄宾虹无数次强调书法用笔与画用笔相通：“古人善书者必善画，以画之墨法通于书法。观宋元明人法书，如赵子昂、文徵明，至于王铎、石涛，其字迹真伪至易辨。真者用浓墨，下笔时必含水，含水乃润乃活。”又谓：“用笔之法，书画既是同源，最高层当以金石文字为根据。道、咸中潍县陈簠斋太史，以贵公子研求金石，其论古人篆籀用笔，只是‘指不动’三字，简要详明，可为学画与观画之真伪确据，方寸以内运腕，方尺以内运肘，再大者运臂，若徒用指挑剔为流动，即非古法。仔细思之，其言甚确。”[①] 对于金石，篆刻，黄宾虹云：“印章当有三种玩味，一文字，各因时代之不同，迁变殊异，其高远者为周末六国之玺印文字，尤变异奇诡，不可思议；大致有官守，有邦域，有时代，一国之中皆有不同，多见自能领会。书法肥瘦方圆，其易知者有抑扬顿挫，可以见笔法之妙，有往复盘旋，可以见布置之妙，胜于旧拓《石鼓》《国山》诸碑，可与《盂鼎》《散盘》《晋公簠》等观者往往而是。”有这等认识，故黄宾虹在诗书画印方面下大功夫，探究其法，深究其理，不遗余力。黄宾虹能诗，有《宾虹诗草》3卷，有《粤西纪游》《蜀中杂咏》《黄山纪游》《白岳纪游》等，又有《宾虹诗草补遗》《宾虹诗草再补》《宾虹诗草三补》。并撰《诗文杂论》刊于《民报》。其行书、行草曾受碑学影响，后研究魏晋、唐宋、元明清诸家，

① 黄宾虹：《黄宾虹文集全编·书信编》，荣宝斋出版社，2019年，第250、251页。

形成自己的面目。其篆书得力于钟鼎文字，尤见功力，为人崇仰。篆刻学秦汉及明清流派印，惜不多作。晚年自成面目，而收藏古印、辑谱甚富，有功印林。黄宾虹幼龄习闻金华诸儒理学，弱冠读江永、戴震遗书及族祖黄白山《字诂》《义府》，以及黄春谷《梦陔堂文说》《经说》等经学。自谓其画："幼师今人，壮师古人兼师造化，老惟读书识字，作画为卧游。孜孜不倦，无儋石储，不计也。"所谓"幼师今人"，乃指郑珊（雪湖）、陈崇光（若木），从郑学山水，从陈学花鸟。后遍求唐、宋画章法临摹几十年，尤喜元人及新安画派诸家，以垦荒收获之所得利润，尽购古今金石、书画，悉心研究，考其优绌，无一日间断。在上海任商务印书馆美术编辑主任，《国粹学报》编辑，历充《神州》《新闻》《时报》各社记者，著述散见杂志中，曾游粤、桂、浙、闽、燕、赵、齐、鲁、楚、蜀诸山，多有纪游诗画。曾在北京、杭州等地美术学院任教。

傅雷曾说黄宾虹对传统："广收博取，不宗一家一派，浸淫唐宋，集历代各家精华之大成，而构成自己面目。尤可贵者，他对以前的大师，都只传其神而不袭其貌，他能用一全新的笔法，给你以荆浩、关仝的精神气概；或者子久、云林、山樵的意境。他的写实本领（指旅行时的钩稿），不用说国画家中几百年无人可比，即赫赫有名的国内几位洋画家也难与比肩。他的概括与综合的智力极强，所以他一生的面目也最多，而成功也最晚。六十左右的作品尚未成熟，直至七十、八十、九十，方始登峰造极。我认为在综合方面，石涛以后，宾翁一人而已。"[①] 黄宾虹一生积累、耕耘，除了大量的书画作品、所辑印谱及各色藏品，并有《黄宾虹文集全编》7册，洋洋洒洒，蔚为壮观，其学识令人感佩，真正是大器晚成的杰出艺术家、学者。将黄宾虹视为"新安画派"传人，岂不是"明褒实贬"？黄宾虹是继渐江等新安画家之后，在中国美术史上又一座耸立的高峰。

四、新安画派当今的研究意义

清初唐岱在所著《绘事发微》中首列"正派"，谓：

画有正派，须得正传。不得其传，虽步趋古法，难以名世也。何谓正传……唐李思训、王维始分宗派。摩诘用渲染开后世法门。至董北苑，则墨法全备。荆浩、

① 赵志钧：《画家黄宾虹年谱》，人民美术出版社，1992年，第20页。

关仝、李成、范宽、巨然、郭熙辈，皆称画中贤圣。至南宋院画，刻画工巧，金碧焜煌，始失画家天趣。其间如李唐、马远，下笔纵横，淋漓挥洒，另开户牖。至明，戴文进、吴小仙、谢时臣皆宗之，虽得一体，究于古人背驰，非山水中正派……元时诸子，遥接董、巨衣钵。黄公望、王蒙、吴镇、赵孟頫，皆得北苑正传，为元大家。高克恭、倪元璐、曹知白、方方壶，虽称逸品，其实一家之眷属也。明董思白衍其法派，画之正传，于焉未坠。我朝吴下三王继之。余师麓台先生，家学师承，渊源有自，出入蹂躏于子久之堂奥者有年。每至下笔，得意时恒有超越其先人之叹。[①]

唐岱所论，与一般之美术史大致一致，其论戴文进、吴小仙、谢时臣等非山水正派，也与黄宾虹所言相似，黄宾虹之言论或更甚之。唐岱正面评价者，明代仅举董其昌一人，而清代举三王，加之其师王原祁，即所谓“四王”者。“四王”绘画被保守者目为“正统”，他们的绘画功力较深，继承意义大于创新，无视之是偏见，奉为至尊是目光短视。黄宾虹亦不排斥“四王”，他在《讲学集录·画史》中说：“石谷亦文人画，学者不从其临摹古人之真迹领会，则流为朝市画格，引黄大痴所云‘邪、甜、俗、懒，四字为戒。江湖画为‘邪’，朝市画为‘甜’，二者均未能脱俗。”[②]同时。黄宾虹也清醒地认识到“凡派之首创者皆有独至之品诣，日久弊生”。对于浙派，也应客观评价，余绍宋对唐岱的看法，就认为“画家如儒家有道统，而斥戴文进、吴小仙辈为非正派，不无门户之见”。

黄宾虹在致段拭信札中说：“笔法重在遒练，颜鲁公之屋漏痕，李后主之颤笔法，皆唐宋元人秘诀，自吴门、华亭、娄东、虞山诸派出而尽失之。清代画皆多流于浮薄，无浑厚华滋之趣以此。”清初，“四王”画风盛行，被视为正宗。此时新安画家以遗民之风骨，多选择避世，寄情诗书画印，画宗倪、黄，以学识为涵养，独善其身，成就自己之功业。画风与“四王”拉开距离，风格独树一帜，在中国美术史上占据一席重要位置。乾嘉以后，许多画家徒具新安画派皮相，而灵魂缺失。有的转学其他流派，或融入时风，实际上此时新安画派已然完成了它的历史使命。

---

① [清]唐岱：《绘事发微》，上海人民美术出版社，1987年，第17、18页。

② 黄宾虹：《黄宾虹文集全编·书画编》，荣宝斋出版社，2019年，第601页。

新安画派作为历史上的一个著名流派，自然有许多可以借鉴的东西，新安画家尚意，多简逸，学之不当，易蹈空疏之弊。故学艺在法，其妙在人。如沈石田于南宋马远、夏珪致力颇深，但不师其貌，无剑拔弩张之态。而明初吴小仙、蒋三松、张平山学习马、夏，渐入江湖市井之习，当时谓之“没兴马远”。即便学四王、八大、石涛不善者，也易入江湖。学习新安画派，应学习其上溯宋、元传统，师法自然，师心不师迹，我为我法。在这方面，黄宾虹给出了最好的答案，他才是真正的新安画派传统继承人和艺术创新者。

1948 年 10 月 24 日《民报》副刊《艺风》刊出《谦集论画录》云：“十月六日，国立艺专国画科教授欢宴黄宾虹教授，席间吴茀之教授问：近来作画者以西洋画之画法用国画之纸笔画成一种不中不西之作品，自名谓新中国画，其取景设色颇类洋画，笔法全不讲求，格调不高，专以颜色光彩取悦于人，自以为独树一帜，有推陈出新之妙。又有一种专事模拟，专讲笔墨，而缺乏时代性之作品。两者各有利弊。吾人应取何种为宜？”黄宾虹回答：“国画之笔墨，为人之体之骨骼，布局设色为其皮肤与服装，二者不可偏废。前者不讲笔法，徒以光暗色彩取媚，是犹土木偶像，无灵魂气血，谓之无笔。后者虽有笔墨，而乏生趣，是无气韵，亦不足取。大概中国画既须有笔有墨，复须气韵生动，二者兼有，复济之以时代为背景，则庶几近之。”黄宾虹进一步阐述：“吾国科学，远逊西人，而卓立于世界者，厥维艺术。西人之艺术专尚写实，吾国之艺术则取象征；写实者以貌，象征者以神。此为东方艺术独特之精神。故吾人对艺术之宣传，必须加紧工作，复须指示优点。”[①]

据吴茀之提问、黄宾虹回答已过去 70 余年的今天，吴茀之所说的现象依然存在，而黄宾虹的回答犹在耳边。我们不妨摘录黄宾虹致弟子朱砚英信札中的一段话：“近人多谈新艺术，有言太阳光下无新物，皆是旧翻新，否则痴人说梦耳。自古至今，由新而旧，旧而又新，去旧换新，如衣食住皆然，不过除弊兴利，仍是穿布吃米盖茅屋做起，不能别寻新的。从来没有之物为新。人同此心，心同此理。以耳目口鼻人所共有。惟学识之高低不同。学画舍中国原有最高之学识，而务求貌似他人之幼稚行为，是无真知者。云非循环复古，是学古知新，乃为真知。”[②]

① 黄宾虹：《黄宾虹文集全编·书画编》(下)，荣宝斋出版社，2019年，第927页。
② 黄宾虹：《黄宾虹文集全编·书信编》，荣宝斋出版社，2019年，第22、23页。

第二节 书法、篆刻

一、书论

新安书论在宋元以来的文集中，多有涉及，如朱熹《朱子全书》、方回《桐江集》、詹景凤《东图全集》等。乾隆间，项怀述工篆刻之余，兼擅书法，编有《隶法汇纂》。程瑶田通诸艺，于书法理论亦有研究，著有《书势五事》。汪宗沂刻有《韬庐隶谱》2卷，于隶与八分有所辨明，亦多创见。黄宾虹论画常与书法联系起来，谓书画同源，徐谦《笔法探源》为其刻意之作，自云："古今言笔法者皆卖弄文字，而无真知灼见。吾言笔法非曰能之，聊就四十年来研求所得，以白描手法贡诸国人，或有异于文人之作耳。"许承尧《疑盦诗》则有论书诗。

朱熹《晦庵书论》

朱熹善书，虽然无专门书论，然在其《朱子全书》中，多有涉及其书法见解者，不乏高论。如评论历代书家云："西台（李建中）书在当时为有法，要不可与唐中叶以前笔迹同日而语也""蔡公大字盖多见之，其行笔结体，往往不同，岂以年岁有早晚、功力有深浅故邪？岩壑老人多见法书，笔法高妙，独称此为劲健奇作，当非虚语。"评论法帖、书迹云："旧藏碧虚子《相鹤经》石本，意颇爱之。今观湍石喻公所书，法度谨严，而意象萧散，知彼为法缚矣。""官本《法帖》号为佳玩，然其真伪已混淆矣。如刘次庄有能书名，其所刻本，亦有中分一字，半居前行之底，半处后行之颠者，极为可笑。唯此《十七帖》相传真的，当时虽已入《官帖》卷中，而原本故在人间，得不淆乱。此本马庄甫所摹刻也，玩其笔意，从容衍裕而气象超然，不与法缚，不求法脱，真所谓一一从自己胸襟流出者。"

朱熹在《论字学》中说："黄鲁直书自谓人所莫及，自今观之，亦是有好处。但自家既是写得如此好，何不教他方正？须要得恁欹斜则甚。又，他也非不知端楷为是，但自要如此写；亦非不知做人诚实端悫为是，俱自要恁地放纵……本朝如蔡忠惠以前，皆有典则。及至米、黄诸人出来，便不肯恁地，要之这便是世态衰下，其为人亦然。"[①] 又云："书札细事，而于人之德性，其相关有如此者。熹于是窃有警焉。"

① [宋]朱熹：《朱子全书》（四库全书本），卷六十五。

朱熹论书，常与做人联系起来，与柳公权所谓“心正则笔正”异曲同工。朱熹跋《题曹操帖》云：“余少时曾学此表。时刘共父方学颜真卿书《鹿脯帖》，余以字画古今诮之，共父谓予：‘我所学者，唐之忠臣；公所学者，汉之篡臣贼耳。’时予默然，亡以应。”[①]从此段跋语，我们不难理解朱熹对黄庭坚书法中的“欹斜”之态有微词的原因所在了。朱熹对于黄庭坚、米芾书法的“欹倾侧媚，狂怪怒张”初不以为然。后期，朱熹通过对北宋诸贤广泛学习、借鉴，开始对黄庭坚、米芾等人的书法改变了看法，如对米芾的评价：“米老书如天马脱衔，追风逐电，虽不可范以驰驱之节，要自不妨痛快。朱君所藏此卷，尤为奔轶。”

程瑶田《书势五事》

《书势五事》为程瑶田《通艺录》中《九势碎事》之篇章，《书势五事》乃应侄孙锡绂请言学书法，程瑶田“以《书势五事》点定付之”。《书势五事》分《虚运》《中锋》《结体》《点画》《顿折》，并撰《书势纂言》一一解说。“第一篇，论书法当以虚运。然虚者，必以实运之，乃能纵横如意，飞行绝迹。否则古人所传悬肘、悬腕、虚掌诸妙法，皆不得力。此篇通首皆发明以实运虚之意。不能力透纸背，必不能神浮纸上”。第二篇“论书法贵中锋也。然其用，宜出之以偏，此书学一大节目，与前实运虚之法相因而成，合之则两美”。第三篇“论书法结体。真书与篆籀、八分，迥然不同，言书者争奇好异，切勿听荧也”。第四篇“论书法点画有阴阳向背。古人所传《永字八法》是也。但古人精义不传，余为抉其所以然而发明之”。第五篇“论书法顿折。盖承上点画篇而论其阴阳相生，必一顿一折，乃能尽其行笔之妙”。

《虚运》开篇即云：“书之为道，虚运也，若天然惟虚也，故日月寒暑，往来代谢，行四时，生百物，亘古常然也。……是故书成于笔，笔运于指，指运于腕，腕运于肘，肘运于肩。肩也，肘也，腕也，指也，皆运于其右体者也，而右体则运于其左体。左右体者，体之运于上者也，而上体则运于其下体，下体者，两足也。两足著地，拇踵下钩，如屐之有齿，以刻于地者然，此之谓下体之实也。”既言于虚，又落于实，虚虚实实，无穷无尽。虚运为书法统领，余者《中锋》《结体》《点画》《顿折》皆为技，然而“技”亦有虚实、有阴阳。所谓“中锋者，作书之体也；其用，偏锋焉而已矣”。《书势纂言》则是《书势五事》的进一步解说。

---

①[宋]朱熹：《晦翁集》，卷八十二《跋·题曹操帖》。

程瑶田又有《论书示端儿》《论书示露孙》，都有独到的见解，如解释："如锥画沙，行气之谓；如印印泥，用力之谓。所谓'字外出力中藏棱'者，气运于中而力见乎外也。每作一画，自首自尾，气必贯注，非如锥之画沙与？就而察之，不隐隐见其中之藏棱乎？每作一笔，由中及边，力必均齐，非如印之印泥与？遥而望之，不灼灼见其外之出力乎？一笔迸出，两路交行，故时而见其如印泥也。"

黄宾虹《书体之变迁及其派别》

黄宾虹论书法篇章极少，又谈论书法，多与画法联系。此篇虽短，但为专论书法者。《书体之变迁及其派别》钩沉书史，上下两千余年，"时势变迁，派别殊异，书体有可稽者。《周礼 · 地官 · 小司徒》保氏：养国子以道，乃教之六艺，一曰五礼，二曰六乐，三曰五射，四曰五驭，五曰六书，六曰九数。郑注云：六书，象形，会意，转注，处事，假借，谐声也。通于书之义理，措笔而知意，见文而察本，不特点画模刻而已。秦书有八体，一曰大篆，二曰小篆，三曰刻符，四曰虫书，五曰摹印，六曰署书，七曰殳书，八曰隶书。汉六体书：古文、奇字、篆书、隶书、缪书、虫书，皆所以通知古今文字"。自秦而下，直到包世臣倡导北碑，要言不烦，丝丝入扣。

黄宾虹更多论书散见于画论或书信中，不乏高见，致陶广信札即为一例："古人论书，笔法、墨法、章法，分行布白，有实有虚。正书虽统称今隶，而途径各别。波磔小而钩角隐，近篆者也；波磔大而钩角显，近分者也。篆用圆，隶用方。圆者婉而通，婉宜愈动，通宜愈节，不然近于描字。隶欲精而密，精则愈灵，密则欲厚。起承转讫，有波隶，有无波隶，此言实处。圆易于滑，方近于板，尤重虚处。实处易学，虚处难精。欧美人称美术谓即弧三角之不齐者，书法秘传，一语破的。正是方圆可由人造，规矩是也；不齐三角，万物天生，自然者也。人工由勉强而成自然，循乎规矩之中，超越规矩之外，人与天近，尽善尽美，胥在乎此。"黄宾虹尝言，画法皆从书法中来，故谓遥溯商周，追宗籀古，以明用笔本原是也。

徐谦《笔法探源》

徐谦《笔法探源》主要在于"笔法"的论述，强调"笔法"的重要性，即"书体古今不同，笔法千古不易，故书家无不精研笔法者"。与赵孟頫"书法以用笔为上，而结字亦须用功。盖结字因时相传，用笔千古不易"的论调相一致，但在具体的笔法上描述周详。徐谦认为历代论著中谈笔法者，"大要只言楷书笔画之形迹，而参以藻彩形容之词，殆皆无笔法之可求"。论用笔最精者，"无过于后汉蔡邕之《九势》，曰藏、护、啄、磔、趯、掠、战、鳞、勒，凡九种笔法。用之篆、隶、真、行、草各体皆可相通”。但徐谦根据唐张怀瓘的解释，认为“鳞”乃状横画多之参差，非笔法，所以只有八势，“兹更益以十一势，凡十九势。曰：藏头、护尾、盈中、出锋、转笔、折笔、往复、啄笔、磔笔、趯笔、掠笔、勒笔战笔、波动、摆尾、攫笔、换笔、滚笔、反笔，古今笔法略尽于是矣”。

在体例上，《笔法探源》首有总论，再分执笔法、用笔法（十九势）和笔力（指力、腕力、肘力、腰力）。总论开头即云书法之法大要有四：一用笔，笔画运动之法；二结体，叠笔成形之法也；三分部，叠字成行，行成片断之法也；四用意，综用笔、结体、分布，随一时之意兴而创成一体之法也。“惟此四法，莫先于用笔。若笔法未谙，则他无足数。苟能精心用笔，而结体、分布随笔而成，要无难事。至于用意，实原于用笔，特用笔只一笔之意，而用意乃作品全体之意耳。惟全体之意必始于一笔之意，而通体之意无不一贯。断无同一作品，行行字字笔意悬殊而所以成书者，故用意亦不出乎用笔。且用笔之妙虽不可言，而犹有迹象之可言；而用意之妙，则随境而迁，因时而异，变化无方，莫可言诠。此学书只言笔法，而其余三者，一由天资（用意），二由人力（结体、分布）。皆非所言也”。

徐谦以为“五指共执”为执笔正法，并言“不解执笔而言用笔，必无是处”。在“笔力”之“腰力”中，徐谦认为：“古今书之优劣判于力之大小，故善用指力者，不如善用腕力；善用腕力者，不如善用肘力；善用肘力者，不如善用腰力；善用腰力者，非谓肘力、腕力、指力皆可不用也。惟善用腰力，而后能达一身之力于肘与腕与指。是之谓力能自举。力能自举者，能发能收，能重能轻，能疾能徐，能柔能刚，能屈能伸，笔力之旨尽于是矣。”此与程瑶田《书势五事》所言“下体之实”有异曲同工之妙。

许承尧《论书诗》

许承尧似无专门书论，在其诗集中，多有论书诗，表达了他对书法的见解。许承尧对雄浑、古拙、质朴、开张一路的汉人隶书情有独钟，在《学书偶作》二首中表达了这一观点：“学书尚气势，恣汝力屈铁。十年黑池水，不解汉人拙。今晨偶得之，冥想会一瞥。冻墨曝晴檐，旷然入闲悦”“端坐劳骸筋，虽劣亦可喜。闲闲送白日，有念收入纸。但使念不歧，是即观与止。受此方便法，妄中善料理。茶香饭饱后，春旭最妍美。骸筋尚可劳，何忍虚此几。”又有《题建初买地石刻》诗：“弟兄买地作此券，遥遥东汉建初年。字方三老食堂大，刻占敦皇片石先。未凿天真犹浑朴，无波神力自苍坚。盎然别会西京意，不数戋戋半两钱。”基于这个思想，许承尧对于伊秉绶书法大加褒扬："寻常横平而竖直，忽化浑金与坚石。两端凝注中贯精，肃穆方严自摅臆。斯乃汀州先生分书之诣极，恰如老杜诗，弯弓彀满仍似不用力。自唐以来甚稀有，平揖汉京疑可即。同时未谷亦劲绝，强欲横天无此翼，其余犯险或趁姿，那得雅步雍容窥圣域？"许承尧爱屋及乌，对伊秉绶之子伊念曾隶书亦加赞许："芸石于分书，卓尔受父笔。差已同精能，惟应逊闳实。直干何森森，劲肆亦无匹！不数王异公，何论邓传密？"

许承尧亦擅楷书，受到魏碑、唐贤影响，其《题云峰山碑》诗云："北朝有书圣，羲献未能逾。留得仙坛石，烨然照海隅。真精函太璞，奇冶眩神姝。千载云峰顶，朱霞自卷舒。"许承尧藏有几百件敦煌写经、文书，诗中多有记载和涉及《寄孔少轩索唐写经并佛像》有句云："城南老尹（许自谓）真眼馋，一生不止诗酒贪。搜奇癖古入肝膈，譬生作女喜见男。况复唐人手写字，千年墨色青如岚。"1916年，许承尧将敦煌写经寄友人马通伯并题诗其后："渥洼流沙限，中有古德字。千年楮墨色，粲粲骇新异。大法昔东来，至宝艳縢笥。……我来嗟已晚，千百见三四。隋书立瘦鹤，魏书辔神骥，更溯太和前，神奇诧初睇。唐书稍近今，转侧缚行次。"许承尧吸收了写经书精华，形成有写经意味的楷书体，别有天地。

二、印论

元人吾丘衍所撰《学古编》，被认为是印学最早一部著述，《三十五举》是该书之主体，阐述篆隶的演变、常识和书写方法，如"蝌蚪为字之祖""今人以此笔作篆，难于古人尤多，若初学未能用时。略于灯上烧过，庶几便书"等。从"十八举"始，皆言印章。新安印人在篆刻实践方面成就有目共睹，在印学理论和研究方面，也是成就斐然。何震撰《续学古编》，有研究者认为是伪托之作。该书效仿元人吾丘衍《学古编》体例，多有生发和创见，然"该书论说及考订，不免多疏漏失误处。……卷下之讹误即不下数十处。今均作更正"。[①] 即便更正了明显错误，还是有一些问题，如"八分书，秦羽士王次仲作，即今所谓古隶，其体亦始于周"的描述，与史实不符。也正因为存在许多问题，为人所诟病。另，清休宁人余楙亦有《续三十五举》。

明代朱简在印学理论上有许多精辟见解，著有《印经》《印章要论》，多发前人

① 韩天衡：《历代印学论文选·续学古编》，西泠印社出版社，1999年，第51页。

之未发。朱简的《印品》5 册、8 集，完成于万历三十九年（1611）。该书虽为古玺印汇录，但内容丰富，文首为《印章要论》60 则，文尾附《蕉雪林藏印》一集；中间分 7 集，分别为：一集为秦以上印；二集为汉以下印（字法、章法、文体）；三集为汉以下印；四集为唐以下印；五集为国朝印；六集为赝印，刊顾氏《印薮》中之赝品；七集为缪印，刊《印薮》及当时名家之败作。赵宧光所说摹印“当以铜摹铜，以玉摹玉。方为合体”，难免胶柱鼓瑟。朱简在《< 印品 > 发凡》中云：“摹印以石，取易成也。……余贫而力弱，不能也。用存其印，以俟后之摹古者。”对于选印，“非得铜玉真迹印越楮上者不摹，刓缺磨损者不摹，偏枯迭出者不摹。”而“周、秦小印，文字意义多有与今不合者，不详审确据，不敢强注，故用方框以别之。”体现了朱简不强作解人，实事求是的学风。而对当时名家的“缪印”加以批评，则体现了朱简的胆识与担当。

清代印论大盛，如许容的《说篆》，吴先声的《敦好堂论印》，袁三俊的《篆刻十三略》，朱象贤的《印典》，孙光祖的《古今印制》《六书缘起》《篆印发微》，夏一驹的《古印考略》，张在辛的《篆印心法》，徐坚的《印笺说》，鞠履厚的《印辨》，陈炼的《印说》《印言》，桂馥的《续三十五举》《再续三十五举》，董洵的《多野斋印说》等，而新安印学家也不乏关于印章篆刻的论述，时出妙论。

朱简《印经》

朱简在《印经》中，谈到许多自己对篆刻的见解和看法，不乏真知灼见，如“五病”与“四不可刻”：“学无渊源，偏旁凑合，篆病也；不知运笔，依样描补，笔病也；转折峭露，轻重失宜，刀病也；专工乏趣，放浪脱形，章病也；心手相乖，因便苟完，意病也。故不通文义不可刻，不深篆学不可刻，笔不信心不可刻，刀不信笔不可刻。有不可刻而漫刻之，则无有不戾者也”[1] 对刀法的看法是“刀法也者，所以传笔法也”。对于印章的品评，认为“刀法浑融，无迹可寻，神品也；有笔无刀，妙品也；有刀无笔，能品也；刀笔之外而有别趣，逸品也。有刀锋而似锯牙燕尾，外道也。无刀锋而似墨猪铁线，庸工也”。[2] 并且对工人印与文人印的特性和特长，品评作区别对待：“工人之印以法论，章字毕具，方入能品。文人之印以趣胜，天趣流动，超然上乘。

① [明]朱简：《印经》，中国书店，1984年。
② [明]朱简：《印经》，中国书店，1984年。

若既无法，又无逸趣，奚其文？工人无法，又不足言矣。”[①]

朱简对于篆刻史，烂熟于胸，娓娓道来："印昉于商周秦，盛于汉，滥于六朝，而沦于唐宋。然而代有作者，其人莫传。入元则有吾竹房、赵松雪辈，描篆作印，始开元人门户。国初尚沿故习，衰极始振。德、靖之间，吴郡文博士寿承氏崛起，树帜坫坛，而许高阳、王玉唯诸君相与先后周旋，遂尔名倾天下。何长卿北面师之，日就月将，而枝梧构撰，亦自名噪一时。”[②] 又，《印经》与《印章要论》有部分内容雷同者。

徐上达《印法参同》

明代新安徐上达（伯达）的《印法参同》42卷，作于万历四十二年（1614），叙述颇为宏阔。“喻言类”详述篆刻之布局、安排，喻为造屋，可谓不厌其烦；“参互类”要求博览群书，富蓄印谱、著述，以防眼界寡陋。“或不能尽蓄诸谱，亦须多积印章，常以己意参之，令其惯熟，则有所篆刻，便自超群”；“摹古类”强调识见，取法乎上，取其神；“撮要类”，所谓典、正、雅、变、纯、动、健、古、化、神；“章法类”，盖有章可循，“凡在印内字，便要浑如一家人，共派同流，相亲相助”；“字法类”要“合成一个格局，应着一套腔版”，即字法与印法要统一；“笔法类”要“从章法讨字法，从字法讨笔法，因物付物，水从器以方圆，将天巧出矣”；“刀法类”道中锋偏锋、阴刀阳刀、顺刻逆刻、刻玉刻铜及浅深、工写，言之有物，为实践家之言；“总论类”云："分类既定，论各依归，中有未尽而互发者，则总署诸尾尔。”《印法参同》通篇前后呼应，“授人以法，晓之以理”，无玄虚之谈，而时有精句睿语。作者云“秦不产宝而得宝，我不攻印而知印”，实非妄语。

潘茂弘《印章法》

新都（歙县）人潘茂弘（原道）的《印章法》，是印谱与印论合而为之。成书于天启五年（1625），

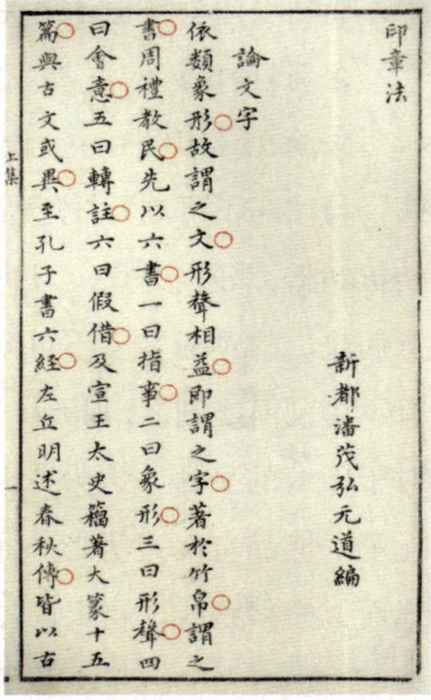
印章法
新都潘茂弘元道編
論文字
依類象形故謂之文形聲相益即謂之字著於竹帛謂之
書周禮教民先以六書一曰指事二曰象形三曰形聲四
曰會意五曰轉註六曰假借及宣王太史籀著大篆十五
篇與古文或異至孔子書六經左丘明述春秋傳皆以古

潘茂弘《印章法》

① [明]朱简：《印经》，中国书店，1984年。
② [明]朱简：《印经》，中国书店，1984年。

全书48则，上集论文字、官制、秦汉印、缪篆、铁线文等，下集谈及落墨、章法、字法，博字、运刀等技法，兼及修养等，董其昌谓："谈论凿凿，一切传述古人，洵心手俱灵，发先民之所未发。"其论章法疏密关系云："空处立得马，密处不容针，最忌笔画匀停，尤嫌棱角峭厉"，为邓石如"疏处可以走马，密处不使透风"之句的先导。其"错综中齐整，飞动里庄严；壮健如铁枪铁棒，流丽似活龙活蛇；字字相亲，笔笔顾盼"等语，充满了辩证思想。潘茂弘工篆刻，所言甘苦自知，不言而喻。

戴启伟《啸月楼印赏》

《啸月楼印赏》，乾隆四十三年钤印本，前有印论一篇。其大致篇章分"篆源""篆流"，叙篆体之名实；次谈"印文之可为法者""印文之不可为法者"，前者有汉之白文，明人细白文，方朱文、圆朱文、切玉文等，后者举六朝印章、九叠文等；"印文源流考略"，考释历代印章文字内容及使用方法，如"私印以姓名为正，姓名之下只可加一印字及印信、私印等字，惟不可称章，为其嫌于官印也"。这些论述，体现了戴启伟生活时代的一些认识。

戴启伟在"章法·书法"一节中，提出避俗理念："凡人笔意，各出天性，或出清秀，或出浑厚，各如其人，种种不一。但能得情趣，都成佳品，唯俗而不韵者，虽雕龙镂凤，亦不足观。"《啸月楼印赏》的核心在对"印品"标准的叙述："印品之佳者有三：轻重得法中之法，屈伸得神外之神，笔未到而意到，形未存而神存，印之神品也；婉转得情趣，稀密无拘束，增减合六义，挪让有依顾，不加雕琢，印之妙品也；长短大小中规矩方圆之制，繁简去存无懒散局促之病，清雅平正，印之能品也。至于胸中有书，眼底无物，笔墨间另有一种别致，是为逸品也。"对于刀法的描述，则见仁见智，在于个人体悟，而感受不尽相同。

《啸月楼印赏》偶涉及对古印的鉴别，如"秦汉印皆方……'宁阳承印'用圆，而字体仍方，恐后人戏为剉圆未可知也"。又，"印虽必遵秦汉，然宋元诸公之印佳者亦可为法"。诸如此类，体现了戴启伟并不盲目迷信秦汉，而是不拘一格的学习态度。但在格调上，他强调"惟时尚习气不可使毫厘涉于笔端耳"。

吴骞《论印绝句》

吴骞《论印绝句》，一卷，清乾隆五十七年（1792）成书，开创了以诗论印的先河。吴骞（1733 ~ 1813），字槎客，号揆礼、愚谷，别署兔床、齐云采药叟等。新安休宁人，籍浙江海宁，诸生。家有拜经楼，藏书不下5万卷，有印癖，间亦治印。工诗词，有《拜经楼诗词集》。

《论印绝句》集沈心、厉鹗、查岐昌、周春、陈鳣、倪印元、钟大源、冯念祖、丁敬、陈莱孝、蒋元龙、杨复古、吴骞 13 家论印诗，选题视角独特。吴骞在《论印绝句》序云："予少有印癖，偶读前辈沈房仲、厉太鸿诸公论印绝句，适然有会于中，间亦效颦，且要同志者属而和之，通得如干首，荟为一编，而付之剞氏。或谓篆刻之作，昔人著述夥颐，奚用是戋戋为？曰：不然，子独不见夫诗乎？三百篇尚矣。后儒或为故训、为笺传、为说、为谱、为疏，至于为诗品、为诗话、为论诗绝句，源远而末益分。要之均不失夫温柔敦厚之旨，犹之乎印也。在宣和则有谱、克一则有格、啸堂则有录、顺伯则有图，其他更仆数之而不能尽，至俪以韵语，则所谓长言之不足，故咏叹之，苟循是以上寻古文之微趣，究八体之离合，庸讵不可为小学之阶梯，六书之鼓吹也哉。"在论印诗前，吴骞自署"休宁吴骞槎客著"。其论印诗其一云："凸处为阴凹处阳，封题常带紫泥香。好将金粟斋头语，还与王孙证印仓。"其诗注云："顾大韶《炳烛斋随笔》：凡物凸者谓之阳，凹者谓之阴。今称印章之阳文、阴文独反是，盖古人书牍俱用竹简或木札，既书则泥封之，而加印于其上以为识。故突起其文反凹，凹者其文反凸。所谓阳文、阴文，正以字之凹凸言也。赵彦卫《云麓漫抄》：古印多作白文，盖用以印紫泥封诏是也。今厩仓印近之。"吴骞所论泥封，即封泥。虽引用自明代顾大韶所论，但其关注到封泥，要早于刘喜海、达受、吴式芬等清代研究封泥者数十年。论印诗中多涉及出土、传世古印及时贤刻印，颇多信息资料，于印学研究不无裨益。

汪维堂《摹印秘论》

《摹印秘论》，不分卷。清汪维堂撰。汪维堂（约嘉庆、道光间）新安休宁人，生平事迹不详。是书有"印考、雕虫清话、十二刀法、歌三章"等。所述多前人经验，亦有自己心得，颇具文采。许容有十三刀法，姚晏则有"论刀十九说"。汪维堂较许容所论十三刀法，去其"单入正刀法"，为十二刀法，并在许容所论基础上加以发挥和阐述。汪维堂或为经验之谈，然有些刀法描述为了与许容有所区别；或有自己的理解，加以发挥。如"埋刀法"，许容云："笔锋藏而不露，刀法着而不浮。"而汪维堂论"埋刀法"："埋刀者，以刀言之，则入石而沉着。"汪氏未必说到点子上。而篆刻刀法，基本冲刀、切刀两大类，或冲切结合。至于刀法变化，如执刀之偏正，行刀之快慢等，皆在刻者自己掌握。古人喜欢故弄玄虚，生造一些名词，以示深沉而已。

程瑶田《看篆楼印谱叙》

程瑶田精通《说文》，篆刻，尝著《读书必先解字举略》《说文引经异同叙》《说文统系图跋》等文。清广东番禺潘有为（毅堂）尝辑《看篆楼印谱》，成书于嘉庆十三年（1808），有程瑶田序。清陈澧《摹印述》云："吾粤则以潘氏《看篆楼印谱》所收为最夥，皆古铜印也。程易畴撰序，考证甚精。"潘有为与程瑶田同年举于乡，潘有为是乾隆三十七年（1772）进士，官内阁中书。善诗、画，精鉴藏，喜古文字。官京师时，得古印1300余枚。其云："六书之学为文字之权舆，而古文若奇字，则又六书中之最先者也。后世隶楷递兴，而篆籀之文存什一于千百者，吉金、贞石二者而已。然石之所存又不如金。……（毅堂）得钟鼎尊彝诸器有款识者甚多，其不可得而有者，则留其墨本，付诸装池，以资其考订。好之不已，浸假而及于泉布，其在三代者尤多古文奇字，见则裒而藏之。而犹未已也，浸假而及于印章，虽别为一体，而中多前世古文，毅堂蓄之，多至千有余事。"①乾隆五十二年（1787）中秋，潘有为邀程瑶田前往鉴定，时主于毅堂家事务的有阳城张古余、安邑宋芝山。前代收藏古玺印，只称"秦印"。程瑶田详举印谱中"王氏之玺"及"玺""私"等字，由《汉简》《说文》之从属、偏旁、部首，以及象形、会意、假借之六书定义训诂、释义，详考古"玺"字，得出令人信服的阐述。末尾云："向非毅堂好古，蓄铜章如是之多，余亦安能窥六书之精义，而发古人之蕴若是哉？"

汪国钧《国钧长寿》跋

黄士陵刻"国钧长寿"印，汪国钧撰跋文云：

> 篆刻之难，向特谓用刀之难难于用笔，而岂知不然。牧父工篆善刻，余尝见其篆矣，伸纸濡毫，腕下风生，信不难也，刻则未一亲寓目焉。窃意用刀必难于用笔，以石之受刀，与纸之受笔，致不同也。今秋同客京师，凡有所刻，余皆乐凭案观之，大抵聚精会神，惬心贵当，惟篆之功最难，刻则迎刃而解，起讫划然，举不难肖乎笔妙。即为余作此印，篆凡易数十纸，而奏刀乃立就。余乃悟向所谓难者不难，而不难者难，即此可见天下事之难不难，诚不关乎众

①［清］程瑶田：《程瑶田全集·解字小记》，黄山书社，2008年，第519页。

者之功效，而在乎独运之神明。彼局外之私心揣度者，无当也。质之牧父，牧父笑应曰："唯。"因并乞为刻于石，亦以志悟道之难云。乙酉秋，西园志。

这一篇由汪国钧撰并嘱黄士陵刻在印侧的小品文，生动地记述了黄士陵创作这方印章的过程，提出并回答了篆刻之难，非难在用刀，而是难在章法的构思上，构思时"凡易数十纸"，奏刀时却可以"迎刃而解，起讫划然"。配篆布局，就像建筑师设计图纸，设计过程中常常绞尽脑汁，一旦设计完成，只要按照图纸施工就可以了。黄士陵在"锻客"一印的边款中，也有类似的文字："填密即板滞，萧疏即破碎，三易刻才得此，犹不免二者之病。识者当知陵用心之苦也。"真可谓"看似寻常最奇崛，成如容易却艰辛"。

黄宾虹《叙摹印》

《叙摹印》一文自1907年起，连载于《国粹学报》第30、33、38、39期，署名黄质。此文与《叙造墨》文均冠以《滨虹羼抹》总标题。

《叙摹印》为黄宾虹第一篇较为详细叙述篆刻历史及相关知识，如玺印之原始、历代伪托前古之印、铜玉印之制作、刻石印之精美、新安篆刻之学派、集古印谱之源流、摹印篆法、缪印笔法、摹印刀法、印纽、余论等，涉及面广，具体而微，与前人有所不同。《叙摹印》将篆刻分作三个时代：秦汉，铜玉印之时代；六朝唐宋，杂品印之时代；元明，刻石印之时代。颇有创见。《叙摹印》之"国朝，摹印之复古"，所举人物，自清初开始，直到清末赵之谦，多具代表性，要言不烦。其谓"刻印用石，由来已久，当不始于煮石山农也"。识见之高，令人佩服。而所论"篆刻为文人旁及之学"，所谓雕虫小技也。然"夫画契精华，具存金石，曲艺虽微，今古印人，苟非浸淫万卷，炉橐百家，率尔鼓刀，鲜无歧误。后有作者，欲师往哲，不求胜于笔而求于刀，不亦惑乎？"可谓振聋发聩，后学当引以为戒。

三、印谱举要

《秦汉印统》

《秦汉印统》8卷，万历三十四年（1606）刊本，黄姬水、王穉登序，然为《顾氏集古印谱》和《集古印谱》（木刻本）所作而移至此，个别关键文字改变，如"印薮"改成"印统"。万历三十六年（1608）重印，增臧懋循序。万历三十八年（1610）再重印，增李维桢序。一、三、五、七题"鄣郡罗王常延年编，新都吴元维伯张校"。

卷二、四、六、八题“郫郡罗王常延年编，武陵顾晋亨伯明校”。卷一末题：“万历岁丙午春王正月望日，新都吴氏树滋堂绣梓，新安程利见元龙、新安潘最茂卿同校。”

《秦汉印统》与《顾氏集古印谱》《集古印谱》(《印薮》)有重要关联，罗王常编《顾氏集古印谱》钤印本，仅20部。明万历三年(1575)，罗王常编、顾从德校，《集古印谱》(木刻本)6册问世，王穉登名之《印薮》，并作《印薮序》，次为顾从德《集古印薮引》及《集古印谱凡例》《印谱旧序》等。清初吴其贞《书画记》“三朝宝绘图册子四本计一百册”载“此册并耕织图，于戊寅秋九月朔日观之于仲坚兄，盖濂水伯之子也。伯有别业，在上海，嗜古玩，此则其收藏物。顾氏所刻《印薮》并秦汉铜玉图章，悉为所得，复增数百方，集为一书，共八卷，颜曰《印统》。王百谷为之序，罗王常所刻也。”① 故《秦汉印统》非《集古印谱》的翻刻本和重刻本，而是重编本。校者吴元维，与吴濂水是何关系？吴氏树滋堂绣梓与二吴有何关联？待考。

《金一甫印谱》

《金一甫印谱》，亦名《复古印选》，2册，27厘米×16.9厘米。明休宁金光先著，上册摹秦、汉官私印，卷一收官印89方，汉私印144方；下册为自刻印，165方；共计398方。金光先自序，并附有《印章论》，王穉登、赵宧光、李维桢、邹迪光序，成书于明万历四十年(1612)。

《金一甫印谱》，为新安较早之印人印谱。金光先在序中谈到顾从德家藏秦、汉玉印160枚，铜印1600枚。但《印薮》翻刻者每任意发挥临摹，“或以破碎及露圭角为古，或拘板而无笔意，或有变章法失去原体者，往往不察音义，而假借增损，字画照应不明，匡画无规，殊昧字法、章法、刀法之旨，于是前辈精意，渐远而渐湮矣”。金光先曾访文彭而得其笔意，同何震究其宗旨，又撮举秦、汉真迹及顾氏《印薮》之精妙者摹而成谱，在章法、笔法、刀法上力追古意，在摹刻方面是如此，在自刻印方面也是处处体现这个宗旨。这在早期印人中有

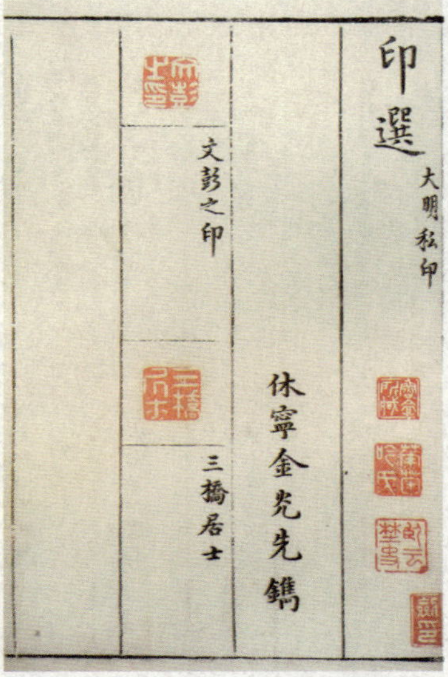

金光先《金一甫印谱》

①[清]吴其贞：《书画记》，人民美术出版社，2006年，第69页。

这样的认识，是颇为不易的。王穉登在序中说：“《印薮》未出，而刻者拘今，《印薮》既出，而刻者泥古。拘今之病病俗；泥古之病病滞。盖印章之技，自文寿承博士而后，不家鸡即野狐耳。……一甫能师《印薮》，《印薮》不能为一甫师；《印薮》能滞众人，一甫不能为《印薮》滞。”可知金光先是善学者，而不为物使。罗振玉在《〈明清名人刻印汇存〉序》中说：“刻印之术，则自元始，赵魏公、吾丘竹房，擅美一时。然其制印也，以斯、冰之篆，代摹印之文，一以圆美整洁为宗，未尝远师秦、汉。明之文、何相绍述，而不改其法。洎金一甫、赵凡夫诸家，始反而求两京遗矩，于是制印之术一进。”[①] 评价可谓中肯。

《宝印斋印式》

《宝印斋印式》，2册、2卷，明歙县汪关篆刻。明万历四十二年（1614）钤印本。25.2厘米 ×16.2厘米。卷一册存万历四十二年（1614）李流芳序、汪关跋语。正文载汉晋铜印44方，分别以“汉印官印印式”“不识字印式”“元朱文印式”及“二字印”“三字四字印”“之印”“私印印式”等类之。每印下注释文及质地、纽式。卷二为自刻印，册首存李流芳万历四十年（1612）《题王杲叔印谱》，末存程嘉燧《秋夜观杲叔所制诸印及娄居士题字有赠》、唐汝询《痴先生歌赠汪杲叔》墨笔题跋。

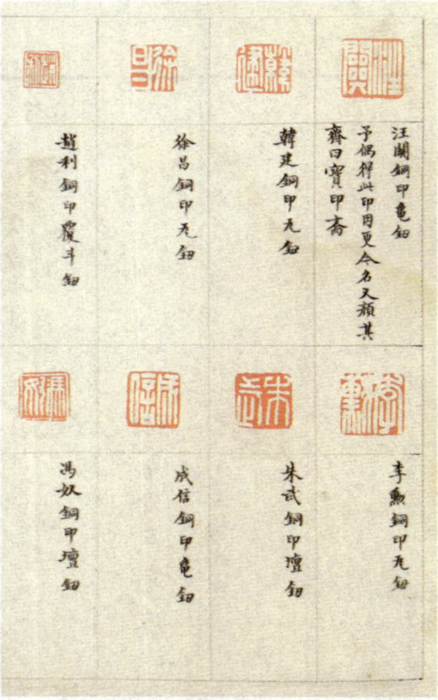

汪关《宝印斋印式》

载自刻印章260方。《宝印斋印式》原钤本尚有数种存世，载印数量和序跋有所不同。上海图书馆藏《宝印斋印式》较它种为完整，为戚叔玉旧藏。汪关得同名汉印题记为“予偶得此印，因更今名。又颜其斋曰宝印斋”，即在此本中。

汪关自跋云：“关自少时，酷好古文奇字，收藏金、玉、玛瑙、铜印不下二百余方……今仅仅存此六十一印，亦覆荡之余耳。能保其长为我有也，用是手搨二十余本，公诸同好，以见不肖更名之意。亦将使后之学者，得睹古人真面目，如染指鼎中，片脔知味。”

汪关篆刻得程嘉燧、李流芳等为之延誉，因而

① 韩天衡：《历代印学论文选》，西泠印社出版社，1999年，第703页。

为当时名家篆刻甚多。李流芳题跋："自长卿而后，有苏啸民、陈文叔、朱修能诸人，独杲叔贫而痴，足迹不出海隅，世无知之者。然能奄有秦汉、宋元之长，而独行其意于刀笔之外者，不得不推杲叔。"汪关走汉铸印工整一路，冲刀稳健、劲爽，章法一丝不苟，仿汉形神兼备，寓古于新。其边款多以篆、隶为之，面目一新，双刀行书款识，亦工整讲究，开"娄东派"印风。后之林皋、巴慰祖及现代陈巨来皆受其影响，皆赖其印谱之流传。

《苏氏印略》

《苏氏印略》，4 册，25.7 厘米 ×15.8 厘米。明歙县苏宣辑自刻印，上海博物馆藏。有苏宣自序及施凤来、马维诏、姚士慎、陆淘、王稚登、董嗣成、黄汝亨、俞恩烨、曹征庸等序跋，成书于万历四十五年（1617），印作 336 方，多数印下注楷书释文。

《苏氏印略》为苏宣自刻印，较全面地反映了他一生刻印的成就，通过了解印章受主的身份和社会地位，大致可推测苏宣在当时的层次和社会声望。苏宣曾摹古印近千方，故功力深厚，气格壮伟。其刀法犀利，兼参披法，浑然大气，朴茂端庄，透过其印稿，似隐隐可见其仗剑行侠之豪气。作品又善于变化形式，多方探索，如古玺、缪篆、籀文及满白文、细朱文、朱白相间印等，无所不备。可以看出其篆刻溯源秦、汉，并借鉴了文彭、何震的艺术特点。姚士慎序云："其书篆错出不名一家，镌法亦变幻多端，不主故常，要以归于浑朴典雅，令知有汉官威仪，则尔宣行世意也。"大致是不错的。如要谈苏宣的不足，似其对古玺印风的借鉴尚有不到处。而何震对苏宣的影响较文彭更为直接，多少反映了明中、晚期流行印风的概貌。苏宣印款多有草法，在当时独树一帜。

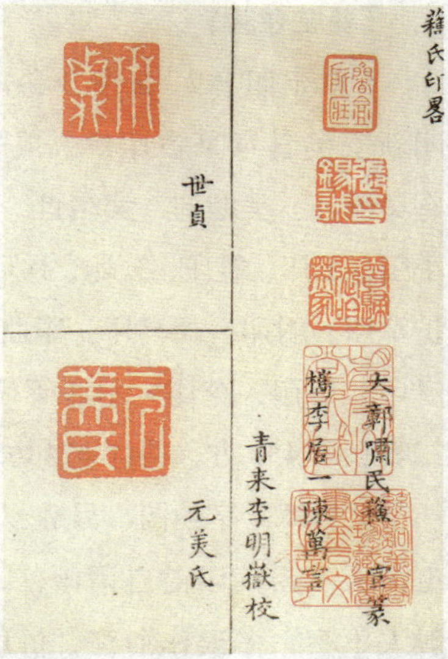

苏宣《苏氏印略》上海博物馆藏

《珍善斋印印》

《珍善斋印印》，26.5 厘米 ×17.8 厘米，四卷，明歙县吴迥著。成于万历四十六（1618）。卷一为成语印和斋馆印，91 方；卷二为成语、堂阁印，53 方；卷三为斋馆、诗句、私印，61 方；卷四为私印，376 方；共计 581 方。印下附有楷书释文。刘锡玄、董其昌、高出、黄汝亨、欧阳灿、周仕国、朱承彩、虞国儒等序跋。

吴迥，字亦步，师承何震，深得其法。吴迥篆刻早熟，董其昌谓："今犹二十许人，试以其印章杂之长卿印章，不复可辨。"吴迥另一本印谱《晓采居印印》，成书于万历四十二年（1614），而《求定斋印章》一卷则成书于万历四十年（1612），年纪更轻，令人惊叹。审其印作，工稳大方，沉着老练，三谱释文及相关跋文，皆为吴迥以熟练的钟繇小楷书写，真可谓"少年老成"。高出谓："吴亦步少年有令姿，精于字学，其所为印章，具体而饶神致，于此技几无遗憾。一时学士大夫氏号名物，非其手镌，则巾箱不贵，翰牍无色。"

《翰苑印林》

《翰苑印林》，2 册 2 卷，26.9 厘米 ×12 厘米。明新安吴日章摹古印谱。成书于崇祯七年（1634）。有吴继仕、吴明郊、吴名世、吴闻礼序。卷一收秦汉小玺、玉印、君印、公印、侯印、将军印、将印、督印、护军印、尉印、司马印、军曲印、大夫印、尹印、太守印、史印、令印、丞印等印各一方，共 36 方。卷二收私印 438 方，共计 474 方。

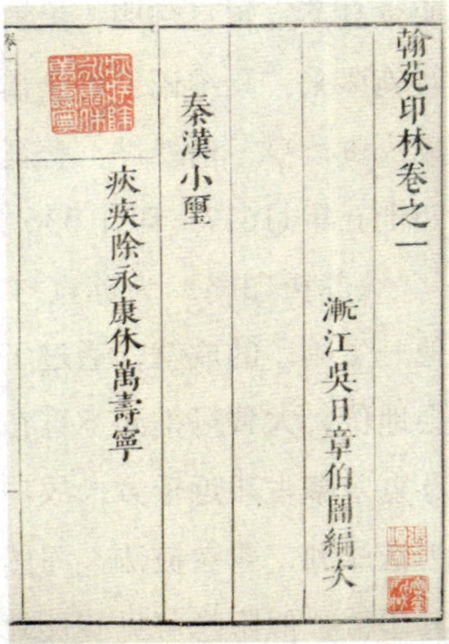

吴日章《翰苑印林》

吴日章，字伯闇，号载叔。新安歙县人，或休宁、屯溪人。因其印谱自谓渐江，渐江为新安水名，一般人不察，多误作浙江。侨居秦淮。吴日章敏慧绝人，工词赋，精篆刻。吴继仕序云："(《印薮》）至于今，六十余年，而版已损阙，士大夫慕之者，无得见焉。今阿咸伯闇氏，悯其刻或有未精也，集古今名印雠校而复刻之，名曰《翰苑印林》。计其印大小几一千有余，极拟精致，其书遂完好无遗憾。……今伯闇氏能尽鸠古今之刻而悉合之，其过于顾氏远矣。嗟乎！毋论其刻之精工，而可以秦、可以汉、可以主臣氏，要之不为无益，而于古今字学，亦大有得而繇豫也。吾甚爱夫伯闇氏能得前人之遗意，以嘉惠后学，故为序之。"摹刻较为精良，然略逊金石味。

《印商》

《印商》，一册，27.8 厘米 ×16.1 厘米。明新安程云衢刻。成书于崇祯七年（1634）。有程名世、方祖皋等序跋。

程云衢，字子通。新安人。工篆刻。郑文绰题跋云："新安程子通所刻《印商》一册，世颇罕见，当与穆倩同时，足征有明新安摹印者盛极一时。世人未睹之，尚不知凡几也，可不宝诸。”程云衢侄孙程名世序：“余叔祖子通氏，龆年即究心此道，长而颖慧异常。……其论篆刻也，以为游衍之妙，存乎用笔，雕镂精巧，乃其余事，工于篆文，而此可坐致者耳。以故其专心致志者，不在刀而在笔，卒之用刀之妙与用笔等，每取一二把玩，辄引人着胜地，即不敢谓远追秦、汉，于以近接文、何，斯无愧矣。迩来有志四方之游，出所藏图印，择其尤者，摹仿成帙，命曰《印商》。借此以友天下贤豪。然其技，正不惟篆刻擅场，真书及草隶无不精妙绝伦，兼工绘事，自成一家。”观其印章，与彼时篆刻家大致相仿，即以师法汉印为主，兼学文、何等人，如临梁帙“折芳馨兮遗所思”，笔画略作婉转曲折，见其个人理解。

《汉铜印丛》

《汉铜印丛》，12 卷 12 册，成书于清乾隆十七年（1752），汪启淑辑古印谱，朱樟、汪澎序跋。每页 2 印或 4 印不等，印下注明纽式、两面印等。全书收印 1174 方。

明末的梨枣古玺印谱，到清初基本少见，而代之于原印钤拓。《汉铜印丛》专集古铜玺印，另尚有《古铜印丛》《汉铜印原》两种。《汉铜印丛》在编排上有所欠缺，诸如不分门类，官私印杂存，两面印不在一处等。但此谱为汪氏古铜印谱中最早辑成者，其时年仅 24 岁，且书中精品较多。庞氏《云斋忆录》云：“是谱传本不一，曾见每卷二十七或二十八页者，又有卷三十页者，卷数亦分八卷和十二卷两种。印章亦有异同，故以十二卷、卷各三十页者，为最后定本。”

汪启淑对古印十分痴迷，见印就收，积累到数，即梓版印行。朱樟在序中云：“吾友汪君秀峰，嗜古有奇癖，藏书百橱，工吟咏。得古印几盈万纽，汇为《讱庵集古印存》三十二卷，金玉、砗磲、玛瑙、牙、瓷莫不赅备，已较胜于宣和《印史》。……近又出示袖珍《印丛》四册，云成印存谱后，续得汉铜旧刻所成，诚恐前谱卷帙繁重，一时难尽鉴赏，手此一编，如泰山之有配林，黄河之有滹沱，足以先领登涉之胜，且非顾氏枣木粗肥，爱玩不觉弥日。”汪氏年轻有为，《汉铜印丛》前，已编《集古印存》《飞鸿堂印谱》，而《淬掌录》已“南国争传”，可谓才俊。

《锦囊印林》

《锦囊印林》，4 卷 2 册，7.2 厘米 ×5.3 厘米。清汪启淑编辑《飞鸿堂印谱》后，集小印而成，作者大多为《飞鸿堂印谱》中名家。卷一收印 60 方，卷二收印 58 方，卷三收印 60 方，卷四收印 58 方，共收印章 236 方。《锦囊印林》外用宋锦函套，题签“槐荫山房珍藏”。函套外复蓝布套，外有紫檀木盒，装潢考究。宋晟、戴廷熺序跋。

《锦囊印林》为古代印谱中开本最小者，戴廷熺云：“复出小册二卷，净拭明上，展读再四，篆法整齐，配合位置，一准于古。想见其奏刀时眼明如镜，心细如发，不窘于小而游刃有余也。名曰《印林》，夫所谓林者，必乔木千章，茂荫数里，而兹特黍粒之微，拟之于树，直荫蘖耳。然而枝枝叶叶，各具扶疏幻矫之意，正如夸父逐日，弃其杖而化为邓林，魏昭成梓宫梯木，后遂成林，拟之以林。谁曰不宜？出于问世人，人可奉为锦囊珍玩，讵止供玩好乎？亦以示法家之但能大而不能小者，识其矩矱云尔。”《骨董琐记》云：“汪秀峰启淑所汇印谱，曰《汉铜印存》《古铜印存》，皆巾箱本。曰《集古印存》十六册，曰《飞鸿堂印谱》二十册，曰《秋室印萃》六册，《退斋印类》四册。曰《锦囊印林》，小仅寸余，皆一时名人及友朋投赠之作也。《印林》之印质，皆珠玉玛瑙。”[①]

《四香堂摹印》

《四香堂摹印》，3 册，不分卷，25 厘米 ×14.3 厘米。清新安歙县巴慰祖摹古印谱，乾隆三十九年（1774）成书，巴慰祖自序。第一册收印 111 方，第二册收印 119 方，第三册收印 108 方，共计 338 方。

巴慰祖自序云：“印章之祖秦、汉，如寻山之有昆仑，问水之有星宿海也。……《印薮》之先，顾氏尝得秦、汉玉印百余、金印千余，为《集古印谱》，尤为宝贵，而印行时，凡止二十本，流传岁久，世不多睹。……比归自汉滨，闻顾氏所自珍藏原印墨渡卷子，沈明臣手书序跋者，丰南吴氏得之，以遗金辅之殿撰。慰从殿撰借观，遂承惠好。不揣谫陋，摹之数月，寝馈以之，得如干枚，秦、汉金石之遗，粗在于是，世有好古博雅君子，其以我为何如也。”书画印之外，巴慰祖能琢砚造墨，好弈、驰马、度曲，精鉴藏，仿铸铜器“脱手如数百年物，号精鉴者莫能辨”。又制“都承”盘，字体模散氏盘，酷似，曾藏清末大臣、

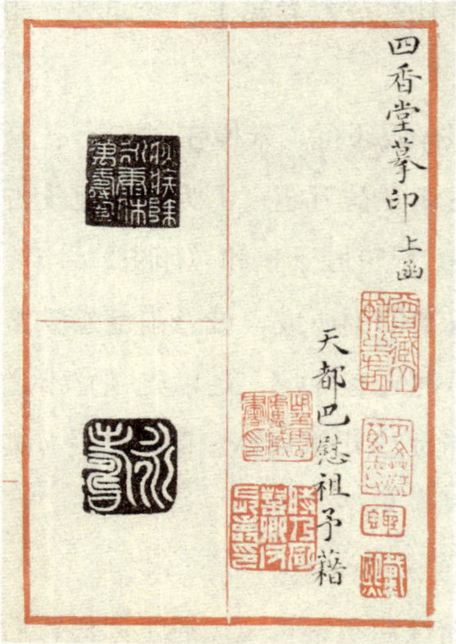

巴慰祖《四香堂摹印》

① 邓之诚：《骨董琐记全编》，人民出版社，2012年，第63页。

藏书家汪鸣銮处。巴慰祖所摹《四香堂摹印》之精，可想而知。

巴慰祖除了《四香堂摹印》2卷外，另有印谱数种，如《予藉摹古印稿》一册、《百寿图印谱》一册、《巴隽堂印存》一册、《四香堂印余》8册8卷。1917年，上海西泠印社曾出版一部《董巴王胡会刻印谱》。所谓“董巴王胡”，是指董洵、王振声、胡唐及巴慰祖，因这几位印家篆刻作品存世极少，此谱一出，为人珍视，辗转引用。然也有一些学者对此谱存有疑问。1963年，西泠印社购得黄士陵旧藏《巴莲舫先生摹汉印谱》。经学者研究，得出《董巴王胡会刻印谱》出于伪托，底本即巴慰祖原印真迹《巴莲舫先生摹汉印谱》。又，歙县博物馆藏《巴慰祖印谱》一册，乃巴慰祖为江都友人吴之黼一人所作之套印。

《十二琴斋摹印》

《十二琴斋摹印》，1册，25.8厘米×15厘米。清嘉庆十九年（1814）成书，新安休宁叶瀚摹刻秦、汉印。第一页2印，余皆4印，共计86印。汪梅鼎题“古意盎然”，李蟠根、陈庆芝、汪恭序跋。

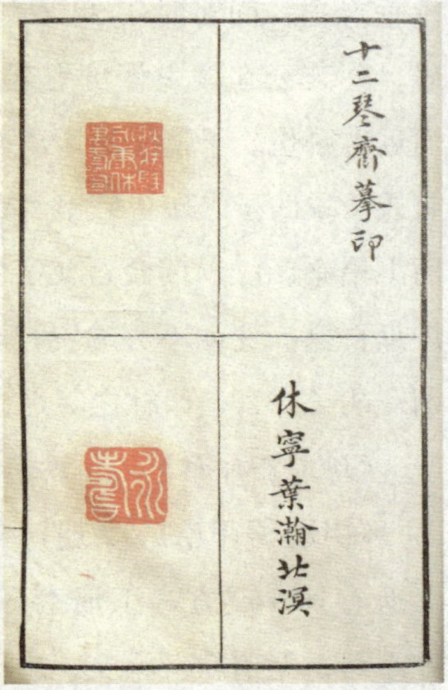

叶瀚《十二琴斋摹印》

叶瀚，字北溟。通音律，性好琴，家蓄古琴百余，择其尤善者置之室，署曰“十二琴斋”。工诗画，尤工铁笔。新安孙循壑擅篆刻，见赏于太守江恂。叶瀚“少师孙君，口讲指授，悉得其奥。又自博览古今遗文，日以悬刀法摹之，不数年遂精斯技。……余每观其作印，奏刀砉然，纵横曲直，无不如意。一时名公巨卿，得其片石，皆什袭藏之，以为神气敦厚，得秦、汉遗意，则信乎浣云（汪于鼎）不我欺也。”（李蟠根序）叶瀚所临印章朴茂有古意，无姿媚习气，惜未见其自刻印章。汪恭与叶瀚为亲家，所用印多出自叶瀚之手。

《古蜗篆居印述》

《古蜗篆居印述》，4卷，24.7厘米×14.6厘米。清道光七年（1827）钤印本，程芝华摹刻程邃、汪肇龙、巴慰祖、胡唐四家印作汇录，卷一收印59方，卷二收印39方，卷三收印47方，卷四收印51方，共计196方。《古蜗篆居印述》有程芝华《凡例》，胡唐、程恩泽、程芝云序跋，胡唐隶书题署。

程芝华（1790～？），字曜春，号萝裳、小石。斋室名“古蜗篆居”。新安休宁人。程芝华性好古，精摹印，素仰程、汪、巴、胡艺术，遂摹刻四人印作，并汇辑成册。从侧面使后人得睹“歙四子”作品之梗概。程芝华在《古蜗篆居印述·凡例》中说：“新安印人自吾邑何主臣、歙程穆倩后，几成绝学，汪学博稚川、巴内史晋堂、胡典籍子西继起，皆力追上乘，讨源宿海，得周、秦不传之秘旨。……海内作者如林，奚止四家。然四家实秦、汉之嫡派，印室之正灯也。”对于摹印与创作的区别，程芝华认为：“摹印与作印异，作者匠心独运，摹仅优孟衣冠而已。”然“顾四家均未辑谱行世，后之仰止者莫睹真龙，而睹叶公之龙，未始不存形似于十一，颜曰‘印述’，志予私淑之意尔”。

胡唐序作于道光四年（1824），时程、巴早逝，汪肇龙亦去世几十年，胡唐则垂垂老矣，面对时年34岁的晚辈程芝华，颇有“白头宫女在，闲坐说玄宗”的意思。程芝云在序中评价程芝华的摹印：“印与书同一关捩，离之而近者临也，合之而远者摹也。予嘉子摹印离而近，合而不远，可谓善述矣。虽然，为此者有宗、有祖、有族。歙四子之印皆宗秦、汉，汪与巴用高曾之规矩者也，若吾家垢道人，固尸秦、汉，而上稽秦、汉以前金石文字为之祖，而近收宋、元以降赵、吾、文、何为之族，故炉橐百家，变动不可端倪，胡子亦犹此志也。”在序中，程芝云提到“歙四子”，并谓“胡子弁言，印林之宝炬也。”

《伊蔚斋印谱》

《伊蔚斋印谱》，2册，钤印本，项怀述辑刻。上册存印149方，下册存印244方，每页1～4方不等，无边款、释文。中国徽州文化博物馆藏。朱陵、吴士璄、鲍倚云、秦大士、刘兼善、朱芫会、袁谷芳、罗廷梅、吴汉、殷缙等序。郑燮、王国栋、管涛、汪泰钧、汪之珩、吴士临等题词。乾隆二十七年（1762）农历十月，项怀述自序。道光二十七年（1847）夏，《伊蔚斋印谱》由项怀述孙项元翰，外孙程芝云、程芝华，外曾孙程上奎，同印于湘湖怡园之“试砚校碑处”。

项怀述《伊蔚斋印谱》

乾隆二十二年丁丑（1757），项怀述自东海归里。第二年，身染重病，几近于危。先是叔叔郗亭公去世，数月后母亲弃世。尚在守制期间，妻子又亡故。本来就体质羸弱、多愁善感的项怀述，此时“益瘦骨柴立，支离憔悴”。自言：“有生以来，人世苦况亦既约略备尝。”乾隆二十四年己卯（1759）春夏之际，项怀述与友人前往杭州游玩。秋，探奇于黄山。兴尽还里，乃重新刻印，以做消遣。求刻者复又往来如织，门庭若市。有求刻者，不复峻拒，“每当忧来填膺，无可摆脱时，即据案握石拈刀，晓夜不知疲，不啻借他人酒杯，浇自己块垒”。考虑到半生精力都花在篆刻上，“又前后所制，多出穷愁困苦中，不欲遽没”，便整理所存旧印稿，补充新刻，辑成《伊蔚斋印谱》。

《二百兰亭斋古铜印存》(重辑本)

《二百兰亭斋古铜印存》，12册12卷，35厘米 ×18.3厘米。清光绪二年（1876）吴云重辑本，选取二十余年收集之古铜印，择其精者集谱。吴氏自序，吴让之、何绍基题签，收录印计1005方。吴云（1811 ~ 1883），字少甫，号平斋、榆庭、愉庭、抱罍子，晚号退楼，斋室名两罍轩、二百兰亭斋、敦罍斋等。新安歙县人，籍浙江归安（今湖州）。道光诸生，屡试皆困，援例任常熟通判，历知宝山、镇江，官至苏州知府。精鉴别，藏鼎彝、碑帖、名画、古印、宋元书籍甚富，藏《兰亭序》拓本达200数。工书法，师颜真卿、何绍基。工刻印，泽古功深。偶作山水、花鸟，脱尽恒蹊。有《两罍轩所藏经籍》《两罍轩彝器图释》《二百兰亭斋金石记》《古官印考》《华山碑考》等。

吴氏序《二百兰亭斋古铜印存》（重辑本）云：“余喜蓄古印，生平所藏先秦、两汉以来官私各印，类多得自东南故家，嘉兴张氏清仪阁四百纽，尤为一大宗也。岁甲子长夏无俚，取官印百数十纽，排比成书，摹刻各印图式于前，而以原印印于后，以存篆法真面。复又逐印系以考释，姑作敝帚自享，而阅者颇许为印谱中创见。顾两京官印篆文每多舛讹，如‘成皋令’‘皋’字或作白下羊，或作四下羊，或作白下人、人下羊。一县之印，参错如此，余可类推。……是年，婺源戴行之、嘉兴汪岚坡同寓余斋，二君皆善铁笔，谓官印篆文优绌互见，终不逮私印之工，欲为治印者津梁，莫若官私并存，庶足以资师法。余韪其言，即属二君任其事，分次十二卷，成《古铜印存》二十部。”此谱为同治三年（1864）辑成，不久，印谱即为亲友索取一尽，而陈介祺索观印谱不已。光绪二年（1876）夏，吴云在安东署斋，邀吴兰艭并张玉斧、林海如两人相助，重辑《二百兰亭斋古铜印存》12册本。“私印李唐后多作朱文，专尚纤巧，顿失古法，故录自六朝止。官印可证历朝制度，虽近代亦存附于卷末，藉备掌故。古玺篆文为官为私，多有未识，姑列私印之前，私印以字数为次，两面印、六面印、子母印各以类从，考释具载《两罍轩古印考》，不复重录”。光绪丙子本仅拓印若干部，较前更为稀少。

除了《二百兰亭斋古印考藏》《二百兰亭斋古铜印存》，吴云尚辑有《两罍轩印考漫存》。又，韩天衡《中国印学年表》载同治元年（1862），吴云辑《二百兰亭斋古铜印存》6册本。清刘声木《苌楚斋续笔》卷三云："归安吴平斋观察云，编辑《二百兰亭斋古铜印存》十二卷，初拓本仅廿部，后因潍县陈寿卿太史介祺索印谱，复拓印五十部。观察卒后，其家人复拓印一百部，第二次所印之本，第一卷第二页是武昌亭侯印，第三次所印之本，第一卷第一页是乐昌侯印，以此辨别拓印次数。"[①] 此说聊备一格。

《烟波楼藏印》

《烟波楼藏印》，又名《雪庐集印》（孙慰祖题名）。一册，17．6厘米 ×9．9厘米。光绪二十三年（1897），清黟县黄云璈（雪庐）集黄士陵等人印谱，黄次功笠庄序文，无边款，两面钤印78方。

卷前黄次功手书小楷序跋，有残缺，此序文曾刊于民国十一年（1922）刊印的《黟县四志》卷十四“艺文志”中："族兄牧甫未达时，出其手镌示某钜公。公曰：'子之印佳矣，能旁涉经史，则所造必有进于此者。'从之。不数年技大精、名大噪，延清芬室之印谱卓然名家。是言也，予闻之乡先生云。雪庐再姪少年聪慧，以善治印闻，近错列他人图章为一帙，以资摩揣，索序于予。予阅之，中以延清芬室为其伯祖小兰兄所作者最多，精湛出色，令人展玩不置。昔人谓文国博胸中多数卷书，故能开朝花以启夕秀，信然。今之奏刀惛惛有俗心者，盍鉴诸。丁酉秋，次功拜题。"[②]

原序无题，《黟县四志》则题有《书烟波楼藏印前》，“藏印”二字正可与序文中的“近错列他人图章为一帙，以资摩揣”相对应。从印谱78方印风格分析，其中有可能出自黄士陵手刻者计45方，比较肯定或肯定者约40方。其中5方曾见《钱君匋藏印谱 · 黄士陵》[③] 一书中，分别是“芙初”“筱兰”“小兰“启蓉印章”“黄印

① 刘声木：《苌楚斋随笔、续笔、三笔、四笔、五笔》，中华书局，1998年，第291页。
② 序跋中残缺字，按民国版《黟县四志》补出。
③ 安徽美术出版社，1998年。

启蓉”，这5印在《钱君匋藏印谱·黄士陵》中均有款，年份可考者有甲申、乙酉。印章及边款出现名字或号有“芙初”“筱兰”“小兰”“启蓉”“黄启蓉”。据此，我们可以知道这些印的主人主要是画家黄启蓉，也就是黄次功序里提到的雪庐伯祖小兰。黄启蓉，字芙初。黟县黄村人，光绪十一年(1885)乙酉拔贡。字、号除了上面所举外，还有樵谷、肖兰、肖翁、遯翁等。安徽省博物馆藏有其《墨兰册》，“款见壬戌年七十一，有黟人汪某跋云：‘右肖翁舅氏画，舅氏善画兰，又云：‘今舅氏归道山数年矣’。汪跋为民国二十五年，是壬戌为民国十一年，以是年七十一上推，则生于咸丰元年，卒于民国二十年左右。”[①] 考察印谱，明确为黄启蓉刻者有28方之多，与序文中“延清芬室为其伯祖小兰兄所作者最多”句相映证。其中大部分印未见录于目前已出黄士陵诸印谱中，结合《钱君匋藏印谱·黄士陵》边款，从有纪年的两方印来看(乙酉、甲申)，黄士陵为36和37岁。这一时期，黄士陵风格尚未完全形成，处于探索阶段。值得关注的是有几方印已是较成熟的黄印风格，如“肖兰”“黄启蓉长寿年宜子孙”，另有一方“老芙五十后作”，按前面的推算，这一年黄启蓉应是50岁(1901)，那么黄士陵52岁，这时黄士陵已回黟县故里，而这方印正带有黄印较成熟的风格。或曰跋于1897年，何来黄士陵后来之印？这正说明了此印谱为“辑印”的性质，序文在前，并不影响新印拓的继续辑入。印谱中其他10多方印，为黄士陵印以外“错列”者，印风多古怪庸俗，未详作者。

《列仙印玩》

《列仙印玩》，4册，清光绪二十五年（1899），叶铭辑自刻印成谱。

叶铭母60寿，叶铭乃刻列仙名，如广成子、嫦娥等，成《列仙印玩》为其母祝嘏。丁立诚题诗云：“以铁作笔石作纸，寿同金石歌乐只。婆娑燕喜项高堂，奉觞上寿不知纪。仙之人兮多于麻，童颜驻景醉流霞。以心印心乐无极，长春堂北开萱花。”叶铭尚辑、刻有《周秦古玺》《松石庐印汇》《叶品三摹印集存》《铁华盦印集》《叶舟所见印偶存》《遯盦遗迹》等，续刻赵穆《红楼梦人名西厢记词句印玩》未竟部分，又摹刻《吉罗居士印谱》《蒙泉外史印谱》《龙泓山人印谱》《秋景庵主印谱》等。撰有《广印人传》《再续印人传》《金古家传略》《国朝画家书小传四卷附荔香室小传》《歙县金石志》《说文书目一卷补遗一卷说文统系图题跋一卷》《叶氏印谱存目》等。

---

① 姚翁望：《安徽画家汇编》，安徽省博物馆编印，1979年，第279、280页。

与丁仁、王福庵同编《西泠印社志》，编纂《西泠印社小志》《西泠印社同人录》《西泠印社三十周年纪念刊》等。

《集古玺印存》

《集古玺印存》，4 册，12.5 厘米 ×7,5 厘米。黄宾虹辑古玺印谱，自题篆书《集古玺印存》，书口有《滨虹集印存》和《滨虹集印》，收古玺印 149 方，其中 4 枚印重复出现两次。特殊材质印，钤注金印、银印等。无辑谱年代，印谱钤有现代王贵忱多处不同印记。

黄宾虹喜集古印，藏印数千枚，所辑古玺印谱甚多，有《滨虹集印》《滨虹集印存》《宾虹草堂印谱》《滨虹集古印存》《宾虹草堂藏古玺印》《滨虹藏印》《滨虹草堂古玺印续集》《增辑古印一隅》等，黄宾虹所辑印谱版本繁多，有的印章重复辑入。另外，所用印谱笺纸经常混搭。《集古玺印存》有黄宾虹《滨虹草堂藏古玺印铭并叙》："予痌时黐，薄世味，丹铅余暇，蓄古玺印自娱，絙之岁月，所获可仟伯计，汰其繁秽，手拓成帙，为之铭云：鸟篆云书，文奇籀古，黄金螭纽，是玺印禧……"《黄宾虹文集全编·金石编》云："本文录自《频虹集古鉢印存》。该《印存》为安徽省图书馆藏品，系宣统前之拓本，铭及叙以黄氏手迹锓板。"[①] 印谱有黄宾虹手书题跋："三代古鉢，鉢即玺古字，为近卅年中所发明，传世亦稍多，以其文字皆籀文、奇字，胜汉印远甚。余自辛亥后所得印，视曩昔为较精。人事匆匆，不及全拓，兹择其尤雅者，捡奉奇峰吾兄先生鉴存，以补前编所未备。丁巳夏日，宾虹黄朴存志。"丁巳为民国六年（1917)，《画家黄宾虹年谱》记："夏，钤赠高奇峰印谱二册。"并录题跋。印谱中有多处黄宾虹手批释文、纽式及考证文字。

《黟山人黄牧甫先生印存》

《黟山人黄牧甫先生印存》，又名《黄牧甫先生印存》，2 集 4 册。黄士陵篆刻，黄少牧编次，民国二十四年（1935)，上海西泠印社潜泉印泥发行所出版。唐源邺、王褆、罗惇㬊签题，乔曾劬撰《黄先生传》，王易、黄节、易忠箓、徐文镜题诗、序跋。后有《少牧印附》。

黄士陵早期印谱有《般若波罗蜜多心经印谱》1 册，《黄士陵自存印谱》4 册，《黄牧甫印存》一册，《黄牧甫印谱》2 册，《黄牧甫先生印谱》2 册等，除了《般若波

① 黄宾虹：《黄宾虹文集全编·金石编》，荣宝斋出版社，2019年，第6页。

罗蜜多心经印谱》《黄士陵自存印谱》为黄士陵在世时所辑，余者皆在其身后由后人所为。黄士陵早年在南昌谋生，曾短期在北京国子监，后居广州最久，晚年短期去武昌端方幕，其篆刻影响主要在南粤地区。虽然《黟山人黄牧甫先生印存》为影印本，但使更多人了解到黄士陵的艺术和生平，影响并愈来愈大，历久弥新。

《一尘藏古鉥印》

《一尘藏古鉥印》，印谱 4 册，20.3 厘米 ×11 厘米。歙县曹一尘辑古印，许承尧题签，民国二十八年（1939），有自序及黄宾虹序。第一册 58 印，第二册 59 印（有两面印多枚，另重复一方），第三册 55 印（两面印多枚），第四册 61 印，共计 233 印。

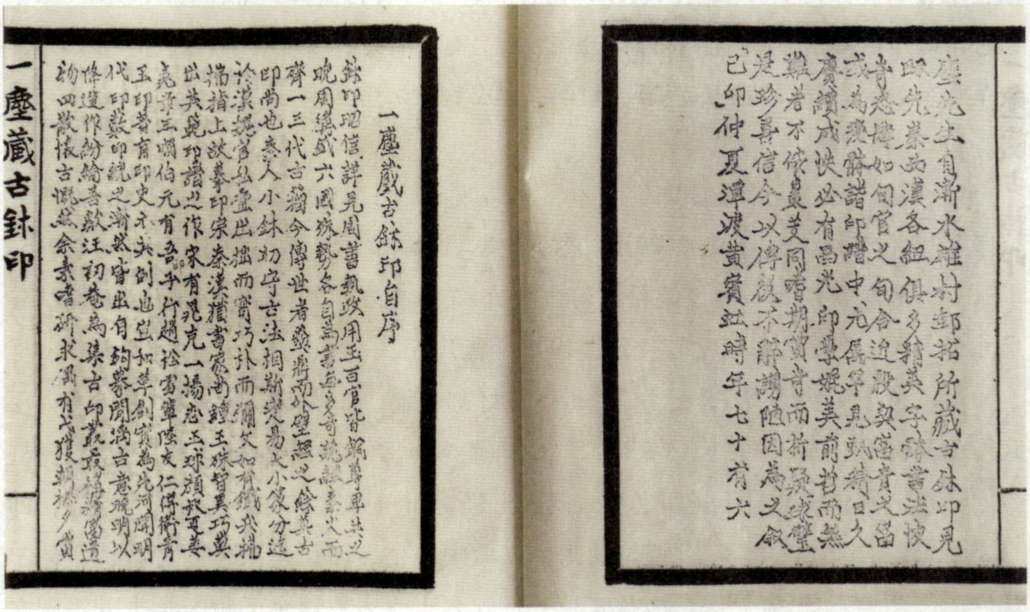

曹一尘《一尘藏古鉥印》

第一册辑古玺印，第二、三册辑汉印，第四册录宋元押印，有少量赝品。另有版本，个别印章不同，并标识特殊材质。曹一尘自序：“余素嗜研求，偶有弋获，朝抚夕赏，珍若球璧，忘寝废食，情为之移。年来所得，积五百余，中有‘右司徒’，乃周时官制，可补表志之阙。细文飞龙，肖形尤为创见。‘旬官’‘相教’‘冲尚’‘事头’‘空同喜’及‘王瘖’‘鉒’‘哲’‘私鉥’皆为秦物，‘宜行’‘宜官’‘日千万’‘日利’‘魏卑’‘张法’‘侯尚’诸印，皆西汉物，其他省益奇字，类能补证《说文》，是诚可贵者也。”黄宾虹序：“集古印谱，昉于宣和……近百年中，万印千鉥，谱录綦繁，周、秦、汉、魏古物文字，时有发见。其可以证经考史者，日出靡穷。同邑一尘先生，自渐水雄村邮拓所藏古鉩印见视，先秦西汉各纽，俱多精美，字体书法，恢奇恣肆。如‘旬官’之‘旬’，合近殷契；‘富贵’之‘富’，或为变体，诸印谱中尤属罕见。甄积日久，赓续成帙，必有昌光印学，媲美前哲，而无难者。不佞枣芰同嗜，期赏奇而析疑；球璧是珍，喜信今以传后。不辞谫陋，因为之叙。已卯仲夏潭渡黄宾虹，时年七十有六。”《一尘藏古鉩印》中汉印“史戎”，为汪启淑《汉铜印丛》旧藏。曹一尘逝，藏印多散出，藏于歙县博物馆。

曹一尘（1902 ~ 1988），原名颂增，字益丞（后以字行），号一尘、蒿庐，晚号跛翁。歙县雄村人。工诗文、书画、篆刻，精鉴藏。与新安名宿黄宾虹、许承尧、汪采白、徐丹甫等过从甚密。《一尘藏古鉩印》之外，另有《集秦汉印统文字》《一尘吟草》《一尘草堂杂录》《雄村名胜古迹稿》《竹溪文献徵存集》等稿。

《正气歌印谱》

《正气歌印谱》，线装原印钤拓本，30.4 厘米 ×13.5 厘米。版框右下有“历变楼印存”。休宁沈大荒刻文天祥《正气歌》全文，共计 46 方印章。民国三十四年(1945)十一月，醴陵陶广序跋。香港松荫轩主人亦藏有《正气歌印谱》一册，外框规格、尺寸有出入，但是内框尺寸较一致。1945 年陶广序。

陶广《正气歌印谱序》云：“挽近镌家好刻长篇，如欧阳永叔《醉翁亭记》、岳武穆《满江红词》，朱柏庐《家训》，《总理遗嘱》及《般若波罗蜜多心经》之类，矜才斗智，诡异纷杂。于是印之形式既多丑怪，而布局选字奏刀，非妄自造作，即搜奇抉晦，以取悦卑俗，印风之队，诚可悲也。休宁沈君大荒艺坛知名士，去岁遇余于歙，尝告以将刻文文山《正气歌》全篇，时余适总方面兵事与敌周旋，颇尚其志，然苦不得暇，未尝与细论。窃意刻长篇最难去俗，而《正气歌》为五言，句字匀等，布局尤难，非失之呆滞，即流之庸俗怪诞也。近顷稍暇，沈君以所刻拓本见示，披读之余，殊大惊服。盖印制既典雅，而章法殊清新，用刀十九宗白石，而无雷同板滞之病。气格旁薄，肝胆轮囷，能化腐朽为神奇者也。”沈大荒为齐白石弟子，《正气歌印谱》以齐派风格刻成，有些

沈大荒《正气歌印谱》

印几可乱真。在抗战期间，沈大荒选刻文天祥《正气歌》，寓意自明。而齐派之大刀阔斧、痛快淋漓之风格与《正气歌印谱》内容亦相吻合。

沈大荒（1902 ~ 1972），休宁蓝田人。曾在武汉教会开办的外文学校读书，经乡贤胡适介绍，到南京金陵大学图书馆任主任之职。抗战爆发后，金陵大学举校西迁，在四川成都华西坝开始异地教学，沈大荒亦随行，后回新安。1944 年，沈大荒与陶广在歙县相遇，并成为陶广的乘龙快婿。1945 年陶广为《正气歌印谱》写序。1946 年，沈大荒离开婺州（金华），在杭州灵隐养病。11 月，赴上海拜谒在沪举办画展的齐白石。又在无锡举办个展，名声大振，求刻者众，在短期内刻印百纽，编成《梁溪印集》。1949 年前后，沈大荒生活于上海。1958 年只身来到南京，直至终老。

第五章　新安画派技法的运用

第一节　诗书画印的结合

书与画相得益彰，更加以诗，是新安画派画家最主要的特色之一。祁豸佳序张岱《西湖梦寻》云："天下山水之妙，有以诗传者，有以画传者，自王摩诘以一身兼之，赞之者谓：'摩诘之诗，诗中有画；摩诘之画，画中有诗。'遂将诗画合为一物。"①新安画派画家继承这一优秀传统，多善诗词及书法，如程嘉燧、李流芳、李永昌、詹景凤、渐江、查士标、郑旼、程邃、戴本孝、吴山涛、方式玉、汪洪度、汪洋度、江注等。

唐张彦远在《历代名画记》说："昔张芝学崔瑗、杜度草书之法，因而变之，以成今草。书之体势，一笔而成，气脉通联，隔行不断，唯王子敬明其深旨。故行首之字，往往继其前行，世上谓之'一笔书'。其后陆探微亦作'一笔画'，连绵不断。故知书画用笔同法。陆探微精利润媚，新奇妙绝，名高宋代，时无等伦。张僧繇点曳斫拂，依卫夫人《笔阵图》，一点一画，别是一巧。钩戟利剑森森然，又知书画用笔同矣。国朝吴道玄，古今独步，前不见顾、陆，后无来者，授笔法于张旭，此又知书画用笔同矣。"②清初学者、官吏陈鹏年叙唐岱《绘事发微》时，直接认为："画为六书之一，象形是也。而形者必藉于无形，故同是山也，水也，石也，林木也，而工拙殊。同一工也，而法派异。"③黄宾虹无数次谈到书画同源、书法与绘画的关系，他说："画法即书法，学画者不研究书法，终不能知晓画理。"其致汪聪函云："书画为六艺之一，本是同源，未容歧视。中国画由书法见道，其途径先明书法为第一步。"而通不通书法，是文人画或士夫画与民间画家最大的区别。书法不仅与画法有关，还关乎士气和品格的修炼。绘画以有"士气"为上品，赵孟頫曾向钱选请教何以称"士气"？钱回答："隶体耳。"并说："画史能辨之，即可无翼而飞，不尔便落邪道，愈工愈远。然又有关

① [明]张岱：《陶庵梦忆·西湖梦寻》，中华书局，2007年，第115页。
② [唐]张彦远：《历代名画记》，浙江人民美术出版社，2011年，第26、27页。
③ [清]唐岱：《绘事发微》，上海人民美术出版社，1987年，第7页。

捩，要得无求于世，不以赞毁挠怀。”董其昌云：“士人作画，当以草隶奇字之法为之，树如屈铁，山似画沙，绝去甜俗蹊径，乃为士气。不尔，纵俨然及格，已落画师魔界，不复可救药矣。”[①] 又云：“画无笔迹，非谓其墨淡迷糊而无分晓也，正如善书者藏笔锋，如锥画沙、印印泥耳。书之藏锋在手，执笔沉著痛快。人能知善书执笔之法，则能知名画无笔迹之说。故古人如大令，今人如米元章、赵子昂，善书必能善画，善画必能善书，其实一事耳。”[②]

清代书画、篆刻家陈豫钟（秋堂）在《莲庄书画》印跋说：“昔人云，古来无不读书之书家，无不善书之画家，夫画原从书出，而善书又必本于读书。凡其所必读之书，务须焚香独坐，三复得深思。又取古人石刻之可学者，朝夕临仿，形神俱肖。如此则其流露于楮素间者，无非盎然书味也，无非渊然静趣也，无非古人法则也，而画法在其中焉。余向来持论如此。”黄宾虹云：“古人无不读书，心通六艺；画与书法同科，在所必修。”又云：“古人作画，一如作文，用笔如炼句，有顺有逆。逆是倒装句，是似宋人之诗，不易学，不可不学。虞山、娄东之后，全是顺笔，故画甜而不为鉴家所重。然顺笔亦不易，起讫分明，不可夹杂与有晦涩。唐宋人千笔万笔，无笔不简；简是从分明中悟出，非以多寡论也。用墨如诗文中词藻，先成句法，而后以词藻表明其语意而润泽之。用墨要见笔，犹作文用典要达意。着色是补墨色之不足。墨不掩笔，色用丹青，亦不掩墨。此用墨之法，即设色之法。设色如骈体之文，初唐四杰不如齐梁，洪北江、汪容甫胜于胡天游，以其有清气少浊气耳。设色非取悦观，墨色既妙，即不设色可也。古今画家一笔之中，笔有三折，一点之墨，墨有数种之色，方为高手。若徒修饰为工，虽诗如王渔洋，议者犹以新城爱好讥之，诋之者谓其如一大家庭而乏厕牏。”[③] 黄宾虹以作文比喻书画，深入浅出，条理明晰，间接也说明了文学与书画的关系。故古人云：“读万卷书、行万里路。”诗是文学的一种体裁，但与书画关系尤其密切。故画家多通诗。

石涛有诗句云：“书画图章本一体，精雄老丑贵传神。”新安自明季以来，篆刻大盛，高手云集，而诗书画印兼通者有李流芳、詹景凤、程邃、郑旼、戴本孝等。黄宾虹曾对金石家有如此描述：“金石家者，上窥商周彝器，兼工篆籀，又能博览

① [明]董其昌：《画禅室随笔》，《艺林名著丛刊》，中国书店，1983年，第35页。
② [明]董其昌：《画禅室随笔》，《艺林名著丛刊》，中国书店，1983年，第43页。
③ 黄宾虹：《黄宾虹文集全编·书信编》，荣宝斋出版社，2019年，第16页。

古今碑帖，得隶草真行之趣，通书法于画法之中，深厚沉郁，神与古会，以拙胜巧，以老取妍，绝非描头画角之徒所能摹拟。”[①] 程邃、巴慰祖、奚冈等为金石家，其画，可谓金石家画。

一、版画的因素

安徽雕版历史有1000多年，雕版印刷始于唐代中晚期，盛于南宋，精于元、明、清。唐僖宗中和年间（881 ~ 885），新安已流传私印的历书。南宋时期，则有官刻志书。当时两浙十一个州府都有刻书，严州府则是浙江乃至全国刻书重镇之一，浙江省博物馆藏宋袁枢撰《通鉴纪事本末》，即宋淳熙间严州刻递修本。嘉泰四年（1204），新安郡斋沈有开刻吕祖谦《皇朝文鉴》150卷。开禧元年（1205），新安郡斋赵彦卫自刻《云麓漫钞》。宋淳祐十二年（1252），新安郡斋魏克愚刻宋魏了翁撰《仪礼要义》50卷等。陆游任严州知州时，20卷《剑南诗稿》在严州刻成。陆游七子、藏书家、刻书家陆子通知严州，辟钓台书院，先后刊刻其祖父、父亲及他人著述甚多。元代私刻书有歙县郑玉师山书院自刻《春秋经传阙疑》45卷、歙县郑氏丛桂堂刻元代陈桱撰《通鉴续编》24卷。明代，无论数量、质量等方面均远超宋元，天顺五年（1461），歙西鲍氏耕读书堂刻宋鲍云《天原发微》5卷。成化十八年（1482），徽州府同知张英所刻《春秋胡传》30卷，刊刻精良，为藏书家所青睐。

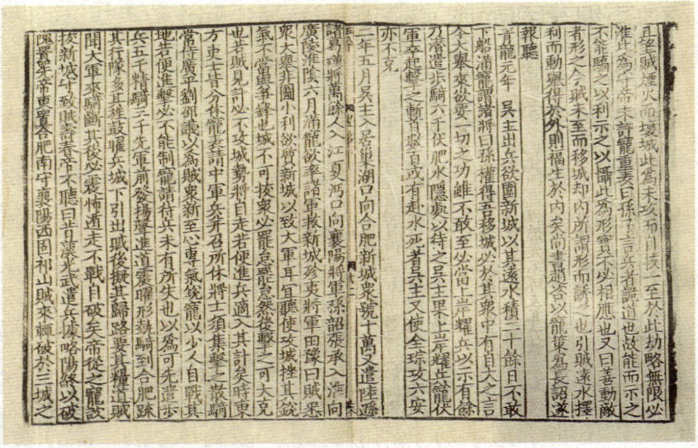
且多賊煙火而壞城此爲未攻而自拔一至於此刼略無限必
淮北爲守帝未許寵重表曰孫子言兵者詭道也故能而示之
不能驕之以利示之以懾此爲形實不必相應也又曰善動敵
者形之今賊未至而移城却內所謂形而誘之也引賊遠水擇
利而動舉得於外則福生於內矣尚書趙咨以寵策爲長詔遂
報聽
青龍元年　吳主出兵欲圍新城以其遠水積二十餘日不敢
下船滿寵謂諸將曰孫權得吾移城必於其衆中有自大之言
今大舉來欲要一切之功雖不敢至必當上岸耀兵以示有餘
乃潛遣步騎六千伏肥水隱處以待之吳主果上岸耀兵寵伏
軍卒起擊之斬首數百或有赴水死者吳主又使全琮攻六安
亦不克
二年五月吳主入居巢湖口向合肥新城衆號十萬又遣陸遜
諸葛瑾將萬餘人入江夏沔口向襄陽將軍孫韶張承入淮向
廣陵淮陰六月滿寵欲率諸軍救新城殄夷將軍田豫曰賊悉
衆大舉非圖小利欲質新城以致大軍耳宜聽使攻城挫其銳
氣不當與爭鋒也城不可拔衆必罷怠罷怠然後擊之可大克
也若賊見計必不攻城勢將自走若便進兵適入其計矣時東
方吏士皆分休寵表請中軍兵并召所休將士須集擊之散騎
常侍廣平劉邵議以爲賊衆新至心專氣銳寵以少人自戰其
地若便進擊必不能制寵請待兵未有所失也以爲可先遣步
兵五千精騎三千先軍前發揚聲進道震曜形勢騎到合肥疏
其行隊多其旌鼓曜兵城下引出賊後擬其歸路要其糧道賊
聞大軍來騎斷其後必震怖遁走不戰自破矣帝從之寵欲
拔新城守致賊壽春帝不聽曰昔漢光武遣兵據略陽終以破
隗囂先帝東置合肥南守襄陽西固祁山賊來輒破於三城之

浙江省博物馆藏袁枢撰《通鉴纪事本末》，宋淳熙间严州刻递修本

程敏政《篁墩文集》卷三十六《书赵松雪千字帖后》云：“吾乡锓梓刻石必归之歙仇村黄氏。黄氏之彦曰文敬，尤以此得名。予刻先茔碑及锓《贻范集》，皆文敬率其子弟为之。”嘉靖、万历到清初，新安刻书达到了顶峰，私人刻书以吴、程、黄、汪为代表，如丰南吴勉学（肖愚）“师古斋”刻书数量最多、影响最大，校雠精审，

① 黄宾虹：《黄宾虹文集全编·书画编》，荣宝斋出版社，2019年，第492页。

校刊经史子集及医书达数百种之多，刊《古今医脉正统全书》215卷44种，《歙志·拾遗门》载其所刻就有《古今医统》《二十子近思录》《花间集》《文选诗》《唐诗正声》《性理大全》《资治通鉴》《宋元资治通鉴》《两汉书》《世说新语》《礼记集说》等。吴琯（仲虚）"西爽堂"所刻《古今逸史》《晋书》《三国志》等都是著名刻本，万历十三年（1585）刻自辑《合刻山海经水经注》2种58卷，又刻有《诗纪》《宝古堂重考古玉图》《楚辞》《说略》《王元美先生文选》《新制诸器图说》等。吴养春（伯昌）藏书万卷，其"泊如斋"刻有《朱子大全集》《朱翼》等，万历十六年（1588）刻宋王黼等撰器物图谱《泊如斋重修宣和博古图》30卷，由丁云鹏、吴左干绘图，黄德时刻；万历二十七年（1599）又刻《泊如斋重修考古图》10卷，由丁云鹏、吴左干、汪耕摹图，黄德时、黄德懋刻，两本图谱刊刻俱精。其他吴氏吴瑞征刻《不古编》，吴文焕刻《存古堂琴谱》等。

程氏刻书有程荣、程百二、程敏政、程煦、程概之、程君房、程大宪等。休宁程百二（幼舆）刻《方舆胜略》18种，附《外夷》6卷，系采自利玛窦《世界舆地全图》，开汉籍引入西洋地图之先河。"虬村黄应瑞，字伯符。明万历时人，世业剞劂，应瑞尤以刻图著称，所刻有《闺范图说》《历科状元图考》《程朱阙里志》三书。界画精整，山水、树木、楼台、仕女，无不精绝。又，《新安文献志》，黄文敬、仇以寿等刻；《风俗通》，仇俊刻；《竦坑黄氏统宗谱》，黄玙刻；《祁门汪氏医学七书》，黄瑾刻；《皇明名臣经济录》，黄铨刻；嘉靖《徽州府志》，黄镘刻；《郑师山集》，黄龙刻；《古今印章》，黄应干刻；《典籍便览》，黄应潮刻；《周易翼传》，黄应皋刻；《西厢记图》，黄一楷刻；《目连救母曲》《周礼述注》，黄铤刻；《通鉴集要》，黄应缵刻；《诗经说通》，黄应中刻；《诗经正义》，黄一调、黄明刻；《宣和博古图》，黄德时刻；《地图综要》，黄兆文刻；《印范》，黄于皋刻；《黄山图》，黄际之、黄松如刻；康熙《徽州府志》，黄和卿、黄子明刻；《周礼疑义举要》，黄鉴唐刻；《礼笺》，黄抑朱刻；道光《徽州府志》，黄杭鼎刻；道光《歙县志》，黄杭鼎刻。又，黄一桂、黄一绪为吴勉学刻书。以上诸人，详见王立中《城南草堂曝光记》。又，嘉靖《淳安县志》，黄仕鑨兄弟刻；万历《金华府志》，黄汝清、王传文刻。……大抵吾邑刻工盛于明季，而虬村黄氏尤多良工也。"[①] 黄氏所刻，有赞誉"徽刻之精在于黄，黄刻之精在于画。黄氏所刻插图，线条秀劲流畅，形象逼真活泼，版面清雅简洁，其中，有许多朱墨

① 民国《歙县志16·杂记·拾遗》。

套印插图，美轮美奂，妙不可言”。汪氏三大家为汪机、汪廷讷、汪士贤，除了四大姓，其他还有潘、金、鲍、方、胡、毕、郑等。另外，社团刻书如祠堂、家族所刻谱牒一类，也十分丰富、考究。“沈德符《野获编》云：今新安所刻《水浒传》善本，有汪太函序。又云：《养正图说》徽州人所刻，梨枣极精工，其图像出丁南羽手，飞动如生。当时刻书之精可见。故胡应麟以歙县与苏、常、金陵、杭州并列为刻书之地。降及清代，小溪项絪、长塘鲍廷博、江村江昉、潭渡黄晟等，刻书亦尚为艺林所重”。[①]

新安刻书对印刷事业的一大贡献，是发明了双色套版印刷术。万历间，程涓、程起龙以单色墨版《女范编》为基础，用朱墨双色套版印刷《闺范》。万历三十三年（1605），程君房（幼博）《程氏墨苑》采用多色彩印（4 色、5 色），“后来诸色套印本，盖从此变化而出”，被郑振铎称为“国宝”。万历三十四年（1606），黄一明刻《风流绝唱图》，采用套版印刷技术，比《程氏墨苑》提高了一步。休宁胡正言则在套版的基础上，创造出“饾版”和“拱花”技术，其《十竹斋画谱》即采用饾版法印成，色彩逼真，栩栩如生，令人叹为观止。万历三十年至三十三年（1602 ~ 1605），汪廷讷延请黄应组刻《环翠堂园景图》，高 24 厘米，长 1488 厘米，以宽 33.8 厘米为一段，全画共分 45 段，彼此衔接起来成为一个长卷。表现场景宏大，手法细致，令人感叹。刻书中有许多版画，讲究者多延请名家担纲，如《程氏墨苑》《方氏墨谱》请丁云鹏、吴廷羽等绘画，其他如郑重、汪耕等均参与创作。陈洪绶与黄子立、黄一中、黄一彬、项南洲等人合作，创作了著名的《水浒叶子》《博古叶子》《西厢记》《九歌图》等。但从上面看，这些版画主要是花草、器物和人物，一些场景中有山水，但更像“北派”山水。

史载渐江尝以铅椠养母，按《辞海》解释“铅椠”为：“古人书写的文具。铅，铅粉笔。椠，木板。《西京杂记》卷三：‘扬子云好事，常怀铅提椠，从诸计吏，访殊方绝域四方之语，以为裨补輶轩所载。’后亦指著作及校雠。韩愈《送无本师归范阳》诗：‘久不事铅椠。’”我们怎么理解渐江的“铅椠养母”呢？首先不是著作，似乎也不是雕板，那是否是从事校雠乃至画插图呢？顺治五年（1648），萧云从描绘太平州地区山水 43 幅《太平山水图》镂版刊行，渐江 39 岁，剃发未久。研究者认为，渐江山水画除了宋人、倪黄之外，也受到新安版画的影响。高居翰认为：“了解安

① 民国《歙县志16·杂记·拾遗》。

《黄海真形图》歙县博物馆藏

徽山水画风的地域性和社会性意涵，只是问题的一面而已。另外一面则牵涉到此一画风与安徽南部之间的特殊渊源关系。首先，我们也许可以指出，安徽画风以线条笔法取胜，没有——或几乎没有——明暗对比和中间色调，其中有一部分可能是针对木刻版画的趣味而发；安徽南部和南京都是当时这一类木刻印刷的先进重镇，其技术和美感在晚明时期，达到了最高的水平。”[①] 新安画家多为山志、县志作插图，如丁云鹏有《齐云山全图》。雪庄所绘百十幅《黄山图》，其中有43幅被汪士鋐收录《黄山志续集》中，悉得山灵真面。雪庄《丹台春晓图》画法颇近版画，或为一种尝试。歙县博物馆藏潭渡人黄錤（麓亭）绘《黄海真形图》，许承尧认为“乃筠庵临明、清间诸老画稿，备刻木，而雪庄为评定者”。[②] 雪庄在画稿上的评语多次涉及渐江，如《逍遥溪》，渐江本，雪庄评“刻出好看”。《师子林》，渐江本，雪庄评“易刻，好过真师子林。真师子林不能有此雅屋，亦不能有此好基址。衲增师头边一小笔”。《洗药溪》，渐江本，雪庄评“石头立得稳，章法又称，笔笔可师，真名笔也”。《喝石居》，渐江本，雪庄评“好极，写得出，平日所见渐江大小画幅，还觉得人人易到。今见此本，伏极矣”。评萧云从本《鸣弦泉》云：“妙绝，真老手。但藤刻出，恐杂乱皴法，改作双钩可也。”

被张庚误作休宁孙逸为靳治荆画《歙山二十四图》者，乃歙县向杲画家吴逸。吴逸（1642～？），字疏林，号莞亭，工画山水、人物。应靳治荆请，为其纂修的康熙《歙县志》绘《古歙山川图》24幅，吴逸仿王维、荆浩、李昭道、关仝、范宽、李成、董源、李唐、王晋卿、刘松年、赵孟頫、米芾、郭熙、李公麟、黄公望、王蒙、

① 高居翰：《山外山：晚明绘画(1570～1644)》，生活·读书·新知三联书店，2009年，第175、176页。
② 许承尧：《歙事闲谭》，黄山书社，2001年，第504页。

倪瓒、吴镇等绘画风格作画。乾隆二十二年（1757），以原版印行单行本一册。所画萧疏淡远，笔墨遒逸，是清初徽派版画之佳作。

第二节　书法、篆刻

一、书法与碑刻

新安碑刻历史久远，汉代及唐宋时期已有摩崖及碑刻记载，有的还存有实物。刻碑者水平的高下，直接影响到书家作品的再现，如两晋、南北朝时期，有的刻工水平拙劣，将书法篡改得面目全非，善刻碑者能做到不失真，并能传达书家的笔意和趣味，故历史上许多著名书家皆重视刻碑者的水平。有记载说颜真卿有书童精刻石，颜真卿所书出其刻者，能尽传书法真意。何良俊云："余独爱宋搨唐人碑，盖李北海、颜鲁公诸碑，皆亲手书丹。是黄仙鹤、伏灵芝致石，必是当时精于刻者，与填硃上石者不同。昔某法师对苏许公云：贫道塔铭，但得三郎文（苏颋也），五郎书（苏诜也），六郎致石，可以无憾。则知古人勒石最所慎重。"① 又云："自唐以后，宋、元人无一好石刻，虽苏、黄诸刻，亦不见有佳者。赵集贤学李北海书，未入石者皆咄咄逼真，可谓妙绝。但一入石，便乏古意，此不知何理。赵集贤与人写碑，若非茅绍之刻则不书，亦以此人稍能知其笔意耳。"②

因此，一块成功的碑刻或刻帖，除了书写水平因素外，刻工的好坏也起到了重要作用，在这个方面，新安恰好具有很大的优势。明清以来，新安名工巧匠辈出，在质和量上都占有优势。为齐云山刻《紫霄宫玄帝碑铭》《紫霄崖兴建记》的朱云亮、汪阳熙都是当时的名家，因他们的参与、合作，使书、刻交相辉映。明代徽派版画、刻书在中国印刷史上具有举足轻重的地位，尤以歙县虬村黄氏最著。虬村黄氏不仅刻书，也刻碑帖，如刻齐云山《白岳文昌祠碑记》的黄铖便是歙县虬村黄氏第 25 世刻工，他曾刻《丰干社泛舟诗》，又与诸黄合刻过《筹海图编》、嘉靖《徽州府志》《春

---

① [明]何良俊：《四友斋丛说》，中华书局，1959年，第252页。
② [明]何良俊：《四友斋丛说》，中华书局，1959年，第254页。

秋左传节文》等。黄钺善书法，因此更能在碑刻中传达书法笔意。我们还可在古籍中读到关于新安刻工的史料：明戚继光取得辽东大捷后，时任兵部左侍郎的汪道昆不仅为之作《燕山勒功铭有序》，还具体安排新安刻工刻碑诸事："辽东之捷，仆为右司马作铭，勒医无闾山，颂上功德，梁公已携缮写者往矣。适都下有邑人镌字者，病不能从事。今已经旬，病犹未愈。愿足下趣发徽人善镌者一人，给以往，第命之持书速赴梁公所待命。天寒地远，亦必能少恤之。如迟，则无及矣。万惟亮察。"① 除了刻工外，亦有文人善刻石者，如江士珏（康熙、乾隆间），字荔田，号天都山人。新安人。善鼓琴，能书擘窠大字，精于刻石。住黄山数十年，常缒身悬崖，于壁上刻方丈大字。始信峰有"山人琴台"乃其遗迹。乾隆末到扬州，寓桃花庵半年。

与书法真正挂钩者，则非刻帖莫属，因意在书法本身也。最著名者为吴廷之《余清斋帖》、吴祯之《清鉴堂帖》等。为了使刻帖形神兼备，吴廷之延请同邑精于临摹古帖的名家杨名时双勾上石，保证了书法的形神兼备，"《余清斋帖》于晋代，采自晋帖的佳者，或大抵称得上真迹的钩摹本；于唐、宋，则全采自真迹，使此帖具有权威性。"② 《余清斋帖》一出，即名噪京都，清初孙承泽在《闲者轩帖考》中就有提及。清光绪初年，杨守敬东渡日本，向日本友人极力推荐此帖。杨守敬在《平帖记》跋："吴江村收藏之富，几与项子京埒。所刻《余清斋帖》，远出《停云》《郁岗》《真赏》之上，故世鲜知者。"《清鉴堂帖》也是经董、陈选定评跋其目上石。《清鉴堂帖》帖目较《余清斋帖》为多，勾摹也很精到。相比而言，《清鉴堂帖》在选目方面没有《余清斋帖》精当，有伪迹混入，如杜甫《谒玄元皇帝庙诗》，以及王维、王缙、裴迪《青龙寺弹基诗》等。

歙县唐模（今徽州区）镜亭有历代名家刻石，有苏轼、米芾、蔡襄、黄庭坚、朱熹、赵孟頫、祝允明、文徵明、董其昌、陆岳、罗洪先、倪元璐、罗牧、朱奎、查士标、程京萼、陈奕禧、郑簠 18 位名家书法作品，大者尺寸为 230 厘米 ×57 厘米，小者亦有 105 厘米 ×56 厘米，皆为竖式。许承尧认为大约刻于乾隆间。因元代以前书法无条屏，宋元诸家书法显然是改刻的。但所刻较精，且尺寸较大，为新安著名之碑刻。

① [明]汪道昆：《太函集》，黄山书社，2004年，第2020页。

② [日]中村不折：《清帖学论集》。

碑刻石材亦很重要，释达受《小绿天庵吟馆》记他在歙县郡城乌聊山拓韩林儿敕封汪王庙碑，有诗句云："新安古刻罕见闻，石松如土端溪紫。"下注："翕（歙）州碑皆以本山紫石为之，余见国初碑，已成没字矣。"[①] 诗中所云之石大概是红麻石，此石易受刀，缺点是不耐久。黟县所产青石质地细腻坚密，为碑刻佳材。淳安茶园镇所产"茶园石"坚实厚重，明清时期的新安歙县等地之牌坊、石狮等，多用茶园石雕刻。南宋时，茶园石曾经是皇家御用石材，地方志有"淳安县东五十里茶坡，溪南两峰相峙，其山产青碧坚石"。今歙县等地随处可见茶园石的遗存，牌坊上所刻文字，粗犷豪放，很有气势，缺点是细腻感有所欠缺。

二、书法与篆刻

何震在谈及篆法时曾云："六书不能精义入神，而能驱刀如笔，吾不信也。"篆刻三要素：篆法、刀法、章法，不通篆法，犹如皮之不存，毛将焉附。汉许慎《说文解字》中叙："自尔秦书有八体：一曰大篆，二曰小篆，三曰刻符，四曰虫书，五曰摹印，六曰署书，七曰殳书，八曰隶书。"其中第五专列有摹印。

元代吾丘衍《学古篇》被认为是印学中最早的经典著述，而《三十五举》是重要篇章，阐述了篆隶书的演变和篆刻知识，故历代印学家，如何震、桂馥、黄子高、吴咨等人多效《三十五举》体例续之。《三十五举》之"十八举曰：汉有摹印篆，其法只是方正，篆法与隶相通，后人不识古印，妄意盘曲，且以为法，大可笑也。多见故家藏得汉印，字皆方正，近乎隶书，此即摹印篆也。"实际上，篆刻家光知"摹印篆"，是远远不够的。邓石如的"印从书出"理论早已指明了方向，故有成就的篆刻家，无不工书，尤其是篆书。今之篆书概念，叙述与古人有小异，如甲骨文、大篆（钟鼎文、籀文）、小篆、汉篆，以及碑额、砖文、瓦当、权量、殳篆、鸟虫篆、诏版、镜铭、泉币等。其他如九叠篆、柳叶篆、龙篆，以及西夏文、八思巴文等，大多不足为法，但今天亦有在形式上借鉴者，也难以一概而论。

以清末四位篆刻大家来论，吴让之篆刻学邓石如，其篆书流美，笔意舒展，故刻印在"邓派"基础上，刀法浅入，披削兼用，更加自然流畅、圆润凝练、稳重大方，若无其事。赵之谦为篆刻天才加鬼才，刻印方面，受到浙派、皖派与歙派影响，又"印外求印"，将钱币、权量诏版、镜铭、碑额、砖瓦文及《三公山碑》《吴纪功碑》《汉

① [清]释达受：《六舟集》，浙江古籍出版社，2015年，第143页。

石阙》及北碑字法入印，而浑融无痕，“为六百年来摹印家立一门户”。他在《钜巨鹿魏氏》边款中说：“古印有笔犹有墨，今人但有刀与石。”强调了好的篆刻作品一定要有笔和墨的关系。吴昌硕篆刻主要以《石鼓文》、砖瓦文入印，并拟封泥、汉凿急就、烂铜等，钝刀硬入，辅之以各种“做印”手法，印风雄浑大气，平稳朴实而又变化无穷，有句云“诗文书画有真意，贵能深造求其通”。

黄牧甫早年篆书学吴让之等，其篆刻亦学邓石如、吴让之、赵之谦及汉印等，在其早年《心经》印谱中，可以看出对多方风格和形式的模拟和借鉴。这个广收博采的习惯一直被保留下来。黄士陵中年到广州以后，与尹伯圜为吴大澂编订增补本《十六金符斋印存》的过程中，接触到大量的古印，使黄士陵对篆刻艺术的认识和印章风格的形成，起到了很大的影响。黄士陵在“骑督之印”边款云：“见《十六金符斋印集》。务芸爰之，属陵仿之，其光洁可及，而浑厚不及也，乞明眼审定。”他又跋“欧阳耘印”道：“赵益甫仿汉，无一印不完整，无一画不光洁，如玉人治玉，绝无断续处，而古气穆然，何其神也。”黄士陵常以金文大篆入印，其中最典型的是“婺源俞旦收集金石书画”一印，“‘原’字《散盘》，‘俞’字《鲁伯俞簋》，‘旦’字《颂敦》，‘金’字《伯雝父敦》，‘书’字《颂壶》，‘画’字《吴尊》。”这样不厌其烦地注明出处，显示了黄士陵用字的严谨态度。陈茗屋认为：“黄士陵的篆书，中年以后，尤其是37岁到北京入国子监以后，受铜器凿款的启示，为之一变，开创了一种合大小二篆，生辣圆浑的篆书新风。”中年以后，黄士陵的篆刻与篆书取得了一致的风格。黄士陵的边款，取法魏碑，师其神而不师其貌。

除了篆书，其他书体亦有人尝试入印，但更多的是表现在边款上，如楷书、魏碑、隶书、草书等。

第六章　新安书画、篆刻形成的因素

第一节　地域文化

新安文化源远流长，区域内人类文明可追溯到5000多年前。两晋以后，北方战乱频仍，新安大好山水和封闭独立的自然地理环境，吸引中原士族纷纷南迁，避乱而居，“邑中各姓以程、汪为最古，族亦最繁，忠壮、越国之遗泽长矣。其余各大族半皆由北迁南，略举其时，则晋宋两南渡及唐末避黄巢之乱，此三期为最盛。又半皆官于此土，爱其山水清淑，遂久居之，以长子孙焉”。[①] 宋代，中原士族成为新安地区主要住民，儒家思想成为主流文化，宋、元以后，就开始普遍注重教育，文教日兴，风化益美，“十户之村，不废诵读”。文风昌盛，造就了新安科举的巨大成功，先后涌现出一大批思想家、教育家、科学家和艺术家，新安有“程朱阙里”之称，又有“礼仪之邦”“文献之邦”之美誉。新安文化内容丰富，涉及诸多领域，诸如哲学、医学、建筑、戏曲等领域都成绩突出，是新安文化的精华所在。其中新安书画、篆刻尤为突出，黄宾虹云：“歙本江南区域，晋唐而后，文学之盛，比驾江浙似或胜之。以黄山峻削，地居偏僻，不与时俗移。江浙以运河通衢，易沾时习，画多甜俗，不如新安之辣尤为近古。”[②] 其形成原因，大致有以下几方面因素：

一、教育

古代以科举取士，自然首重教育，故教育为一切文化的基础。科举制从隋朝大业元年（605）开始实行，到清代光绪三十一年（1905）举行最后一科进士考试为止，经历了1300年。新安共有文武科进士3000余人，也产生了许多进士村，可谓群贤荟萃，众星闪烁。

新安教育的成功，有赖于先民对教育的重视和投入，其教育机构有府学、县学、书院、义学、社学、家塾等。祁门县学建于北宋端拱元年（988），休宁、黟县、婺

---

① 民国《歙县志·舆地志·风土》。

② 黄宾虹：《黄宾虹文集全编·书信编》，荣宝斋出版社，2019年，第274页。

源县学建于北宋庆历四年（1044），绩溪县学建于南宋绍兴二十五年（1155），歙县县学建于南宋淳祐十年（1250）。新安最早的书院是始建于五代时期淳安的上贵精舍，绩溪桂枝书院建于北宋景德四年（1007），淳安瀛山书院建于北宋熙宁年间，淳安石峡书院建于南宋淳熙元年(1174)，蜀阜书院亦建于淳熙年间。南宋淳祐五年(1245)，郡守韩补建书院于歙县紫阳山麓，宋理宗御题“紫阳书院”，后屡毁屡建。建于淳祐年间的还有淳安柘山书院、五峰书院，以及建于咸淳年间的石峡书院、梅村书院、翰峰书院。咸淳七年（1271），宋度宗赐《石峡书院》匾额。元方回撰有《石峡书院赋》：“历故鄣之遗区兮，泝桐江而西上。百滩跳以湍驶兮，万峰阒其清朗。挹寒碧以濯缨兮，睨空青而倚浆。维还淳之古邑兮，割歙封之东壤。”到宋末，新安共有书院近20多所。

淳安郭村大观亭

明清时期，新安商人崛起，教育更是蒸蒸日上，社学遍及城镇、乡村。淳安明代书院有仙居书院、清溪书院、五狮书院、蛟池书院等。正德十四年（1519），郡守张芹别建书院于紫阳山中，一时有两所紫阳书院。讲学之风称盛一时，而毁于明末。乾隆五十五年(1790)，歙人曹文埴、鲍志道等于县学后朱文公祠建“古紫阳书院”。咸、同间，两书院均遭兵毁．后筹工局拨款重修古紫阳书院，并改为校士馆。光绪三十三年(1907)，紫阳师范学堂设此。以后，书院旧址均办有学校。紫阳书院历经600余年历史，是全国著名的书院之一。书院山长多由饱学之士担纲，如清代后有淳安方楘如、泾县赵青藜、南溪南吴炜、归安沈荣仁、桐城姚鼐等，还吸引各地名家硕儒前来讲学，促进当地的文化繁荣和发展。

范成大在新安任上时，其《次韵知郡安抚九日南楼宴集》诗有句云：“斯民邹鲁更丰年，雅道凄凉见此贤。万陇登禾新霁色，千村鸣柝旧寒烟。”诗首句将新安比作“邹鲁”，邹，是孟子故乡；鲁，是孔子故乡。“邹鲁”代指文化昌盛之地，礼仪之邦。元代休宁学者赵汸在《商山学院学田记》中云：“新安自南迁后，人物之多，文学之盛，称于天下。……故四方谓东南邹鲁。”

二、学术

程朱理学，又称为程朱道学，由北宋时祖籍新安的程颢、程颐兄弟开创。二程曾同学于北宋理学大师周敦颐，他们的著作被后人编为《河南程氏遗书》。经过弟子杨时，再传罗从彦，三传李侗，到南宋朱熹为集大成者，程朱理学传承于子思、孟子一派的心性儒学，认为“理”无所不在，不生不灭。“理”不仅是世界的本原，也是社会生活的最高准则，因此把“理”和“天理”视为哲学最高范畴。程颢“主静”，程颐“主敬”，更重理，强调“格物致知”。朱子创造性地发展了二程理学，建立了一个完整的客观唯心主义的思想体系，“存天理、灭人欲”是朱熹理学思想的重要观点之一。程朱理学在南宋时地位并没有多优越，自元朝时程朱理学被统治者定为官学之后，影响越来越大。程朱理学在许多方面有积极的一面，但也存在一些负面的影响，要加以辨别和批判。

“新安理学”则是朱子学的一个分支，由新安籍理学家组成，奉朱熹为开山祖，以维护继承、发扬光大朱子学为基本宗旨。南宋时期代表人物有程大昌、吴儆、汪莘、程永奇、吴昶等；元、明时期有程若庸、胡方平、胡一桂、许月卿、汪克宽、郑玉、朱升、赵汸、朱同、程敏政、汪道昆、程文德等，淳安宋梦鼎、鲁渊、吴暾、张复被誉为“春秋四家”。明代中后期出现颓势，到了清代，为终结时期。南宋理学名儒钱时，字子是，号融堂。由歙汝溪迁淳安蜀阜。游慈湖杨简门下。时任江东提刑的袁甫器重他的才学，设象山书院，延请钱时主讲，一时风闻远近。嘉熙元年(1237)，理宗召钱时，特赐进士出身，委以官职。后归里创办融堂书院，人称融堂先生。

明末清初，歙县黄生研究文字训诂之学，在学术上提出注重因声求义、辨析古今音变、阐明音转原理、考证字词语源，开徽派朴学之先河。稍后姚际恒的辨伪能力为人所称道，其《古今伪书考》最为世所知，梁启超谓其为“疑古的急先锋”。汪绂专于考据治经，精于天文、地理、术数等学。雍正、康熙间，西溪儒商汪泰安斥巨资在西溪营造集别墅、园林、学馆为一体的“不疏园”。民国《歙县志》载：“不疏园在西溪，汪梧凤故宅。梧凤藏书甚富，江慎修于此著《乡党图考》并讲学，戴东源辈时来就学。郑虎文、刘海峰、汪容甫、黄仲则皆尝集此。咸丰时园毁。”[①]其子汪梧凤先学科举之学，“父（汪泰安）见之，无一言及。及从游方朴山、江慎修两先生读经史，治古文词，父见之，乃大喜”。[②]故汪梧凤中举人后，就放弃科举，潜心在不疏园中读书著述。乾隆十七年（1752），汪梧凤延请婺源经学家江永主于不疏园，招郑牧、戴震、汪肇瀧、程瑶田、方矩、金榜、吴绍泽（后转向辞章之学）集于不疏园，从江永研究六经、考据之学，称“江门七子”。其中程瑶田、金榜源出江、戴，学问渊深。金榜邃于经学，尤长《三礼》。吴绍泽为古文词，得欧阳神理。方矩自汉、唐洎宋五子书，皆博涉深究。汪梧凤与戴震、郑牧同学，志称戴震深于经、郑牧精于史、汪梧凤熟于子。因“江门七子”中诸位关键人物在不疏园研讨经学，其学问和成就与不疏园密不可分，不疏园实际成了当时朴学的研究中心。汪世清甚至将这一时期称为“江戴程金之学”。而梧凤子汪灼在这种氛围中，也成为一名学问家，故汪世清说他“不仅世其家学，也不愧为皖派汉学的传人”。[③]徽派朴学杰出者还有凌廷堪、程恩泽及绩溪“三胡”胡匡衷、胡秉虔、胡培翚，黟县俞正燮等。光绪中，汪宗沂（仲伊）筑“韬庐”于不疏园遗址之北，而其学术与乾、嘉诸子一脉相承。吴承仕为清末举人，受业于章太炎门下，治经得徽派朴学余绪，实为殿军。

徽派朴学受清代学术环境影响，擅长考据，主张学问重史实依据，同时并重义理和辞章。用参互印证的证据来考订古代制度、名物、地理、历算、音韵、律吕、校勘等，疏通其义理，务求详尽深入而得出实事求是的结论，而所得结果往往与实际相符。徽派朴学的崛起，终使新安理学完成向徽派朴学的转变。

朱熹、黄生、程瑶田精绘画、书法，江永、汪肇龙、程瑶田擅篆刻，戴震、金榜、程恩泽、俞正燮、汪宗沂、吴承仕等则善书法。

三、文学

邓椿在《画继》中说：“画者，文之极也，故古今之人颇多著意。张彦远所次历代画人，冠裳大半唐则。少陵题咏，曲尽形容；昌黎作记，不遗毫发。本朝文忠欧公、三苏父子、两晁兄弟、山谷、后山、宛丘、淮海、月岩以至漫仕、龙眠，或评品精高，或挥染超拔，然则画者岂独艺云乎？难者以为自古文人，何止数公？有不能且不好

① 民国《歙县志·舆地志·古迹》“不疏园”目下小字注。

② [清]汪梧凤：《松溪文集》，乾隆不疏园自刻本。

③ 汪世清：《汪世清艺苑查疑补证散考》下卷，河北教育出版社，2009年，第160页。

者，将应之曰：‘其为人也多文，虽有不晓画者寡矣；其为人也无文，虽有晓画者寡矣。’”[①] 故黄宾虹云：“画者，文之余，亦云文之极。”又言：“画为文学余事，非读万卷书，行万里路，徒求临摹各家章法，藻绘雕采，不足言内美。”文学素为古代新安书画家所重视，尤其表现在诗词方面。苏东坡在《书摩诘蓝田烟雨图》中说：“味摩诘之诗，诗中有画；观摩诘之画，画中有诗。”又在《书鄢陵王主簿所画折枝》云：“诗画本一律，天工与清新。”王世贞云：“王右丞诗云：江流天地外，山色有无中。是诗家极俊语，却入画三昧。”王维是诗人，也是画家，常将诗、画融汇为一。诗画有机的结合，是中国画的传统，也是中国画的特点之一。

唐宋以来，新安文学家辈出，历史上有“睦州诗派”，主要人物有唐宋诗人方干、李频、喻凫、翁洮、施肩吾、章八元、徐凝、周朴、喻坦之、皇甫湜、高师鲁、滕之秀等。皇甫湜子皇甫松是“花间派”重要词人之一。明代诗坛鼎盛时期，是以李攀龙、王世贞先后主盟的“后七子”时期，与他们结社赋诗，声气相求者，有几十人，新安就有汪道昆（伯玉）、汪一中（正叔）、方弘静（定之）、吴子玉（瑞谷）、许国（维桢）、方于鲁（建元）、汪道贯（仲淹）、汪道会（仲嘉）、谢陛（少连）等。嘉靖、万历间的新安，诗文创作十分活跃，创立了“新安诗派”，领袖人物为汪道昆。王世懋曾分析道：“新安……顾其地四塞，齿聚日繁而皆仰食外郡，以故操赢奇什一之术者蹄（踌）遍天下，而诗道最晚闻。即北地李献吉所称程、郑二生，管豹一斑矣。然犹挟贾道以舒其侠，未能苦吟哦、工铅椠，称薜裳之士也。嘉、隆以来，王仲房辈始以诗道倡为布衣游，而缙绅先生若汪公伯玉辈用此道贵于朝廷，于是新安彬彬多诗人矣。”当时的文坛由李攀龙、王世贞等“后七子”为执牛耳。自隆庆四年（1570）李攀龙去世，王世贞“主持风雅近五十年”。王、汪先后成为文人归附的对象，一个在吴中，一个在新安。汪道昆与王世贞是同年进士，并称“两司马”，两人交往很密切，王世贞称汪道昆的文章简而有法，“伯玉之名从此起矣”。他俩还在新安举行过一次由王世贞率领的三吴、两浙文士、宾客多达百余人与新安文人的“联谊活动”。由于汪道昆所从事的诗文复古活动和文学成就，声名与王世贞相埒。嘉靖四十五年（1566），罢福建巡抚归里的汪道昆与弟道贯、道会及孝廉陈仲鱼、文学方献成、方羽仲、方君在、方元素、谢少廉、程子虚、吴虎臣等，在西溪南发起组织诗社“丰

① 沈子丞：《历代论画名著汇编》，1982年，第129页。

干社”。万历八年（1580），武陵人龙膺来新安任推官，汪道昆又与他组织影响颇大的“白榆社”，并为社长。

民国《歙县志》记载：“邑中文社、诗社之盛，滥觞于明，斗山、杲山、玉泉均开讲习，立讲师……天都社则王十岳寅主之。”[①] 嘉靖二十一年（1542），王寅倡社天都峰下，与程诰、程应轸、陈有守、江瓘、江珍、佘震启、方大治等16人结天都社，乃效谢灵运邺中七子、颜延年五君咏，为十六子诗。天都社为新安历史上第一个民间文学团体，比丰干社要早24年。万历三十八年（1610），方弘静、潘之恒、鲍正元、丁自宣等人承前之余绪，再组天都社，赋诗桃花溪上。民国许承尧将嘉靖、万历两个同名的天都社称为“天都前后社”。王寅所辑2卷本《新都秀运集》，采弘治、正德、嘉靖三朝新安诗人百人之诗逾300首，保存了许多诗人的作品。他在序中说：“我明诗始自弘治李、何诸公，奋然力洗宋元之习，上尊盛唐汉魏、历正德、嘉靖，又变而为初唐六朝，今又变而浸为中唐矣。我新都虽在南畿暇僻之区，不独文人学士，优入诗道，若方伎商贾，间亦有人，而欲与文人学士相等列，不甚盛与？乃于暇日，集三朝乡人之诗，随其所得，稿之多寡，取之虽不能人尽异才，诗尽追古，于凡稍有合作者，亦不弃焉。”[②]《新都秀运集》为后人留下了珍贵的资料。部分资料当时就被钱谦益收入《列朝诗集》中，扩大了新安文学的地位和影响。其他还有江文石与汪扶光等结古在社、江文石与程芑臣、程朗生结同言社等。康熙间，汪士鋐辑《新都风雅》，收入新安诗人作品甚多。

新安画家多善诗，许承尧并认为：“明季歙中遗老渐江、青岩、慕倩诸子，其诗自成一派，荒寒淡远，与新安画派同一意境。……因作诗报宾虹云：‘盘错心神易代悲，故乡人物此时奇。画图篆刻俱成派，谁辑荒寒一派诗。’”[③] 新安画家，尤其是遗民画家，所作诗无不是有感而发，不做无病呻吟。有的言志，有的寄情山水间。宋王安石说：“文者，言乎志者也。”明代钟惺《诗归序》云：“真诗者，精神所为也。”如王渔洋论程嘉燧诗“写景最工”，程邃诗文峭拔、吴山涛诗苍茫雄杰，诸如此类。许承尧评江注、程正路黄山诗作“俱有奇气，当谓人奇诗自奇，愈真率愈佳。

① 民国《歙县志·杂记·拾遗》。

② 黄宾虹：《黄宾虹文集全编·书画编》（下），荣宝斋出版社，2019年，第902页。

③ 许承尧：《歙事闲谭》，黄山书社，2001年，第224页。

黄山诗名作甚多，然如钱牧斋、施愚山辈反觉矜情饰貌，以既不能真又不肯率也。”[①]汪世清对古典诗的理解是“诗有诗人之诗，亦有学人之诗。前者主于才情，后者主于学识。亦有二者兼而有之的，但很难得。宾老诗基本属于后者。他的诗，今传于世的以记游和题画为多，气韵以浑厚胜”。

四、收藏

新安地处万山之中，而由新安江直下，经浙西严州府，抵达杭州，便可进入商贾云集的长江三角洲。新安江可谓黄金水道，商人们由此输出山中特产和手工艺品，换回所需的商品。艺人、学子、官员从这里进出，开始实现他们各自的梦想。早在北宋天圣元年（1023），歙县人方桂已举家迁到淳安万年镇（威坪镇）经商。南宋时，徽人利用新安江向临安输出茶叶、木材、炭、竹及笔墨纸砚等，获得初步的经济基础。新安田少民稠，古商贾四出，除了淮、浙、楚、汉外，滇、黔、闽、豫、晋、燕、秦等地无不至。业盐之外，茶叶、木商、典当、粮食、棉布、丝织品、书籍、墨砚、书画乃至铜、锡、竹器、螺钿等无不涉及，有的还兼营行商、坐贾、牙行，一人兼营数种行业，获利良多。明代中后期，农业和手工业的生产水平都大大超过了前代。徽商也在此时崛起并达到了鼎盛期，和时代发展吻合。徽商从“明代中叶后至清道光年间，无论经商人数、活动范围、经营行业、商业资本，都居全国各商人集团的首位，独领风骚300余年”。历史上的徽商“贾而好儒”，被誉为儒商，尽管后人对儒商的定义标准并不一致，但儒商是具有较高文化素养者这一点应是没有争议的。许多徽商能诗词，善书画，精鉴赏，事收藏。袁宏道《新安江行记》记徽商的经商以外的艺术爱好：“徽人近益斌斌，算缗料筹者竞习为诗歌，不能者亦喜蓄图书及诸玩好。”[②]

吴其贞《书画记》记新安收藏自汪道昆兄弟始开风气，汪道昆藏有阎立本《扫象图》，夏珪《山水》二幅，马远《黄帝骑龙飞天》。其弟汪道贯藏有赵孟頫《夏木垂阴图》，乃罗龙文旧物。黄宾虹致许承尧信札中云：“近日继续鉴定古书画，大半系故宫南运之物，其余或各巨室抵质银行者。中如程邑、汪道贯所藏宋元书画，时有所见，其余不能确指为歙州人，或似是而非者不乏。”[③]但此说恐怕与事实不符，

① 许承尧：《歙事闲谭》，黄山书社，2001年，第426页。
② [明]袁宏道：《袁中郎随笔》，作家出版社，1995年，第35页。
③ 黄宾虹：《黄宾虹文集全编·书信编》，荣宝斋出版社，2019年，第193页。

早在明代中期时期，程敏政就与沈周为友，难免互相酬应，祝允明、唐寅等都来过新安，曾留下了作品。但汪道昆确实是一个值得写上浓重一笔的人物。汪氏本是世代业农者，自其祖父汪守义起，始以盐策起家，成为挟资巨万的大贾，人称“盐业祭酒”。其父汪良彬，经商兼习医。汪道昆曾说："新都三贾一儒，要之文献国也。夫贾为厚利，儒为名高。夫人毕事儒不效，则弛儒而张贾。既则身飨其利矣，及为子孙计，宁弛贾而张儒。一弛一张，迭相为用。不万钟则千驷，犹之转毂相巡，岂其单厚然乎哉，择术审矣。”[①] 新安确实是一个官商互用较为典型的地区，与汪道昆较为相近的人物，还有胡宗宪、许国等。董其昌在《画禅室随笔》跋《临官奴帖真迹》云："（官奴帖）为海上潘方伯所得，又复归王元美，王以贻余座师新安许文穆公。文穆传之少子胄君，一武弁借观，因转售之，今为吴太学用卿所藏。”许少保即许国。此帖后又归吴廷收藏。在《中国书画家印鉴款识》一书中，有部分人是以收藏家身份入书，其中新安就有吴廷、徐乾学、汪文柏、江德量、马曰琯、马曰璐、项源、毕沅、毕泷、吴云诸人，其实收藏家何止上述数人？

艺术品既然具有观赏性，自然就具有商品性，而艺术品的交易便是新安商人的一个重要经营项目。所谓的“贾而好儒”，或有一部分人是出于真心喜欢，或者是附庸风雅，但多数属于一种商业投资和经营行为。王世贞在《觚不觚录》中认为，明嘉靖以后的苏州书画市场化，与徽商有很大的关系，所谓“吴人滥觞，而徽人导之”。明末清初，吴其贞便是一位著名书画、古玩商，如同其他艺术、手艺，也带有徒弟，他在《书画记》中记“同徒弟亮生观于榆村程正言鼎文堂”。又记“余乡八九月，四方古玩皆集售于龙宫寺中”。西溪南人吴能远居扬州，“崇祯年间家于阊门，凡溪南人携古玩出卖，皆寓能远家，故所得甚多，尽售于吴下”。[②] 这么多艺术珍品云集于新安，耳濡目染，再加之书画大家往来于此，客观上造就了新安地区的书画、篆刻的兴盛与辉煌。在明人李日华《味水轩笔记》一书中，我们可以看到许多新安艺术商贾的身影，如万历三十七年（1609）五月九日记“冯生率徽客二人来”，携有元画家李衎、吴镇，明画家沈周、文伯仁绘画作品来兜售。又，八月十六日，遇徽友吴历山，观其所携李伯时临韩干马、文王方鼎、沈周仿吴镇长卷。同日，“又过徽友

① [明]汪道昆：《太函集》，黄山书社，2004年，第1099页。
② [清]吴其贞：《书画记》，人民美术出版社，2006年，第392页。

吴与旸甥施姓者，出观与旸所藏东坡竹石。……又赵子昂《洗马图》，白宋笺，秃笔草率而成”。十月十六日，“从歙人购得陈白阳云山长卷，备积雄快”等。清初周二学《一角编》中，数处提到新安人，如文徵明《山水》，其曾孙文从简题云：“此幅尤得赵魏公三昧，售新安人。”陈淳《写生真迹》，“乙卯九月朔，归新安汪紫佩氏”。周二学记赵孟頫《兰亭真迹》：“右宝晋册，新安一巨姓托某转售于余。”陈智超所著《明代徽州方氏亲友手札七百通考释》，汇集了美国哈佛大学哈佛燕京图书馆藏明末兼擅书画篆刻的新安商人方用彬与亲友的往来信札，其中涉及大量的艺术品交易情况，如墨、砚、书画、折扇、纸笺、印章、古籍、瓷器等。清初新安古董商人吴其贞，往来于苏州、新安等地从事书画买卖，并有心将过目、经手的历代书画作品记录下来，撰为《书画记》，内容十分丰富、翔实，不仅为后人提供了清代艺术品交易信息，还为书画研究者提供了资料。

明代西溪南诸吴收藏十分可观，如吴羲（伯炎）鉴藏宋元名迹甚多，渐江在其家居颇久，得赠画亦多。吴廷藏有唐颜真卿《祭侄文稿》、虞世南草书《积时帖》、临《兰亭帖》等，王羲之著名的《快雪时晴帖》也曾是吴廷的箧中物，此帖与王献之《中秋帖》、王珣《伯远帖》被清高宗弘历视为至宝，贮养心殿，名其室为“三希堂”，《快雪时晴帖》则为养心殿上等天字一号。其藏绘画作品有扬无咎《雪梅图》，赵孟頫《百尺梧桐轩图卷》等。吴廷的藏品也是流动的，比如他易米芾《自书诗卷》给董其昌，董跋云：“米元章此卷，为生平合作。……甲辰五月，新都吴太学携真迹至西湖，遂以诸名迹易之。……吴太学书画船，为之减色。”明代歙县藏家汪砢玉（玉水）寄籍浙江嘉兴，崇祯间官山东盐运使判官。其父爱荆与项元汴交好，筑“凝霞阁”以贮书画，收藏富甲一方。明末吴其贞《书画记》一书记载他曾过眼的书画作品，数量之多、品格之高，令人咋舌。书中记录了有名有姓的新安收藏者就有100多人，还记录了与李永昌的交往，到常州邹之麟家观

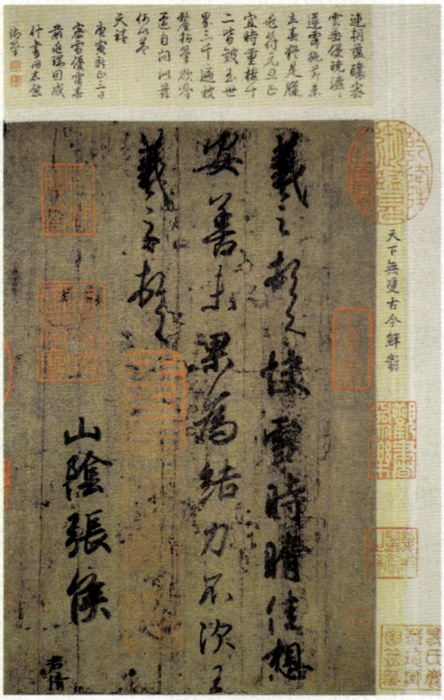

《快雪时晴帖》

梁楷《寒山拾得图》、沈孟坚《菊禽图》、晁补之《天台石梁图》，又在邹之麟舟中同观无锡施吟伯藏黄庭坚草书《李诗》一大卷。

休宁姚际恒善诗，后专心治经，著述甚多，其藏书画及古籍极多，有《好古堂家藏书画记》．姚际恒与程晋芳、马曰琯、马曰璐，皆著名藏书家。吴绍浣（杜邨）侨居扬州，乾隆进士，嗜书画，鉴藏名迹有颜真卿《竹山联句》、徐浩《朱巨川告身》、怀素《小草千字文》、王维《辋川图》、贯休《十八应真像》。汪砢玉所撰《珊瑚网》，朱彝尊称堪与《清河书画舫》《真迹日录》并驾。乾隆间歙县潭渡人黄存斋，藏有元代柯九思小楷《月赋》、赵孟頫小楷《西园雅集图记》、黄公望《富春山水》、文徵明《离骚经》、仇英《九歌图册》等。黄次荪《草心楼读画集》云：

> 余生也晚，里中耆宿多不及见，犹及见王杏帆、汪艺梅、曹芙蓉诸先生，皆风雅好奖进后学，兼工赏鉴。而是时休、歙名族，如程氏铜鼓斋、鲍氏安素轩、汪氏涵星研斋、程氏寻乐草堂，皆百年巨室，多蓄宋、元书籍、法帖、名墨、佳砚、奇香、珍药，与夫尊彝圭璧盆盎之属。每出一物，皆历来赏鉴家所津津称道者。而卷册之藏，尤为极盛，诸先生往来其间，每至则主人为设寒具，已而列长案，命童子取卷册进，金题玉躞，锦赙绣褫，一触手古香经日不断，相与展玩叹赏，或更相辩论，龂龂不休。某以髫龄随侍长老坐隅，盖往往见之，恨尔时都无所知，百不能一二记忆也。又云程氏古董，以李成《五老峰图》为第一，书迹以大令《保母帖》为第一。……又云嘉靖初，吴匏庵成进士，石田写杏花一枝贺之，墨笔挥洒，而神韵欲绝。卷长丈许，文衡山跋其后。①

晚清翰林、歙县唐模许承尧不仅是史志学家、诗人、书法家，还是著名的鉴藏家，从其“晋魏隋唐四十卷写经楼”室名就可知他藏晋唐写经的分量，至于明清书画家的作品，则数以万计。许承尧逝世后，他的藏品多数归藏安徽省博物院，还有一些藏品分别庋藏安徽中国徽州文化博物馆、歙县博物馆。在许多书画作品上，都留下了许承尧的题跋。

新安书画家也多有收藏和交流，如吴镇《高松平远图》：“绘松须为乱插针，山

① 民国《歙县志16·杂记·拾遗》。

石为侧笔皴，盖用渴笔，摆脱本色，为超格妙作也。……因李周生（永昌）一见即售去。”[1] 李永昌又在溪南购得米友仁《云山图》、关仝《晴冬寒林图》二幅作品。渐江藏有倪云林书画卷、王蒙山水挂幅及淳化祖拓帖。朱彝尊《光武帝燎衣图跋》记：“(唐吴道子画光武帝燎衣图）今归程穆倩氏。穆倩得之僧渐江，渐江购之歙吴氏。”[2]《程邃诗文录》载程邃致曲阜颜光敏札写道：“宣炉所重别真伪，美式非所急。世之罕物，岂能求全？先生不喜索耳。只得发精秘曰橘囊者以赠。此近身橘皮棠红腹中翡翠兼备，不容多注脚矣。”“石田画欲付名手装补，而其人已入京师，不可待。先生所用裱家皆颇善。”[3]“汉玉山乃焦太史家物，送来先生观之，即掷下可也。”[4]

黄宾虹在《国粹学报》上刊“汉魏官印”，其中“太医司马”印下注释云：“太医，秦官。此印文历见《印史》《印统》《印薮》，明季藏查梅壑家，后归讱庵。”吴其贞在金陵查士标寓所曾观元代盛懋《仿松雪青绿山水》。程瑶田有《买舟还歙舟人误倒酒罋字画一捆尽为酒浸独侯忠烈黄忠节墨迹二轴涓滴莫渍虽偶然耳良足矜异纪之以诗》：“挟得侯黄墨妙来，忠臣手泽信难摧。请看名迹皆中圣（有李长蘅画、张南华诗、周芷岩墨竹、陈其天小楷，无不浸湿），止酒楼能独自开（二轴余将楼居之，题曰止酒）。”[5] 而渐江在西溪南诸吴处观赏到不少倪瓒的作品，对他形成自己的风格肯定起到了潜移默化的作用，并对新安画派风格的发展也有一定的作用。

“太医司马”

黄宾虹在收藏方面堪称大家，1955 年 3 月 25 日逝世后，其子黄用明在各界参加公祭时，代表家属宣布：“决定遵照老人遗志，将所遗作品及所藏书籍文物等全部捐献给国家，使能得到更妥善的保存和发挥更大的作用。”1958 年，由浙江省文

① [清]吴其贞：《书画记》，人民美术出版社，2006年，第70页。
② [清]朱彝尊：《曝书亭集》卷五十四，康熙四十八年版。
③ [清]程邃：《程邃诗文录》，《汪世清辑录明清珍稀艺术史料汇编》（二），上海古籍出版社，2020年，第958页。
④ [清]程邃：《程邃诗文录》，《汪世清辑录明清珍稀艺术史料汇编》（二），上海古籍出版社，2020年，第961页。
⑤ [清]程瑶田：《程瑶田全集》，黄山书社，2008年，第455页。

化局、浙江省博物馆与中央美术学院分别派员会同清点登记列册，办理交接手续，计有古代名画1038号，古印893方，铜器98件，玉器218件，瓷器142件，砖瓦砚42件，书籍1804件，黄宾虹书画作品4007件，手写杂稿一木箱，古印拓片800件，碑帖41本。“在此次接收后，黄夫人宋若婴又分别于同年5月及1959年12月，两次将家中留作纪念之古书画和黄宾虹自作书画精品及其他留存遗物，再行捐献国家；其中包括垢道人《千岩竞秀轴》《渐江水墨画山水轴》《恽向金笺扇面》《李流芳山水扇面》《巴慰祖七言联》等38件珍品，和黄先生书画93张及古陶瓷36件、遗物49件。经浙江省博物馆点收，出具收据在案”。①

黄宾虹书画、篆刻收藏的目的，主要是学习和研究，他尤其注重新安画家的作品收集。在黄宾虹收藏的书画作品中，有不少被后人鉴定为伪作。陆易在其《无尽藏——黄宾虹的鉴藏》一书中写道：“黄宾虹的鉴定方法和极具个人喜好倾向性的独特视角……（黄宾虹《故宫审画录》弁言）虽涵盖了基本的鉴定方法，但还是在把握中国书画渊源流变的基础上，以风格来断代和辨伪为主。在读画中，黄宾虹具体分出了真、伪、疑真、临、摹几种鉴定结论，还有佳、平、劣、凡庸、俗弱、秀健、稳惬等评论言语。用得最多的词汇是‘笔墨章法’‘笔墨气韵’‘笔意’‘笔法’，等等，可见，不同于那些取决于款识、题跋、印章等佐证的书画鉴定方法，黄宾虹多从笔墨、章法、气韵着眼，将笔墨风格细化到个人风格和时代风格，并作为断代依据。……诚然，笔墨是形成书画的基本条件，也是书画风格的重要内容，更是鉴定书画的主要依据。但这类‘望气’的目鉴法，感觉的成分占了主导地位。笔墨风格的对比相对抽象，每个人都不尽相同，画家则更容易以经验式笔墨分析的方法，凭经验下结论，或许这也恰恰是黄宾虹的局限所在。”②说得很有道理，黄宾虹的“局限”，则反映出他的画家本位思想，与他的收藏理念有关。或许在别人眼里的“赝品”，恰恰是符合黄宾虹的笔墨审美情趣，换句话说，黄宾虹的收藏，更多的是服务其书画理念。毕竟一个人经验、精力是有限的，对美术史上从未见过的作品做出真伪判断，是一件很困难的事情。在这种情况下，黄宾虹的某些收藏出现不同看法，是很正常的事情。

书画一道，莫盛于三吴。“三吴”是古代对江南地区的统称，晋代指吴郡，吴兴，

---

① 赵志钧：《画家黄宾虹年谱》，人民美术出版社，1992年，第187页。

② 陆易：《无尽藏——黄宾虹的鉴藏》，西泠印社出版社，2017年，第115页。

会稽三地。唐代指吴兴、吴郡和丹阳。而宋代则指苏州、常州、湖州。后来扩大到长江下游一带，如安徽芜湖、宣城、徽州等地。王世贞曾经不无讥讽和自负地说“新安富贾见姑苏文人如蝇之聚一膻。”詹景凤则挖苦道：“姑苏文人见新安富贾亦如蝇之聚一膻，何也？”而对汤显祖《游黄山白岳不果》诗：“欲识金银气，多从黄白游。一生痴绝处，无梦到徽州。”也存在不同的解读，同样也耐人寻味。

第二节 自然风光

一、地理

新安地近偏僻，峰峦环抱，涧路迂回，村落田庄，星罗棋布，百姓聚族而居，由宋至明，未受兵革，巨族显宦，簪缨勿替，“书籍碑版金石书画之藏弆，至明弘嘉，搜罗宏富，家弦户诵，虽吴越文物之盛，无以逾之。人居其际，大好山水，固无日而非图画之中……寄之于画，偶然挥洒，无非写其心史，不必求工而已无不工者”。① 新安虽然处于万山之中，但位于皖浙赣三省交界处，被称为“三省通衢”，西南与江西省景德镇、上饶交界，东南与浙江省开化、淳安、临安接壤，东北与宣城为邻，西北与石台、青阳等毗邻。新安水系发达，新安江是主要河流，旧称徽港，发源于休宁冯村五股尖，上源流经祁门县，复入休宁，称率水。在屯溪纳横江后，称为渐江，经歙县南，与丰乐水、扬子水系合流至街口，入淳安、建德等，注入钱塘江。发源于黟县、黄山北麓水系，经石台、太平、宣城、芜湖注入长江。发源于祁门之阊江，南流入鄱阳湖，亦属长江水系。祁门以产红茶著名，东北张岭角、上下陈一带盛产陶土，景德镇瓷器原料，一部分仰给于此。古之屯溪为皖南第一巨镇，位置处于“两江交汇，三省通衢”之结合部，是横江、率水与新安江汇合处。市肆殷繁，贸易以茶为大宗。旧时新安江上流货物多由此集散。另一条水路始发地则是歙县练江上的渔梁坝。清同治稿本《江湖绘图路程》，系休宁渠口商人应用手册，其中一条为杭州府闸口至新安、江西湖口县路程，其中一段路程为新安江全程路线的地名。徽州

① 黄宾虹：《黄宾虹文集全编·书画编》(下)，荣宝斋出版社，2019年，第680页。

府至杭州《水程捷要歌》云："一自渔梁坝，百里至街口。八十淳安县，茶园六十有。九十严州府，钓台桐庐守。橦梓关富阳，三浙拢江口。徽郡至杭州，水程六百走。"言简意赅，读来朗朗上口。

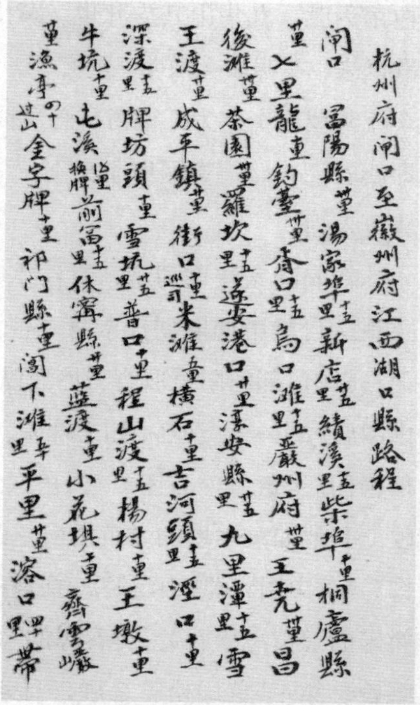

杭州府閘口至徽州府江西湖口縣路程
閘口 富陽縣八十里 湯家埠十五里 新店十五里 續溪十五里 柴埠十里 桐廬縣
廿里 七里龍十里 釣臺卅里 嚴口十五里 烏口灘十五里 嚴州府廿里 王亮廿里 昌
後灘廿里 茶園廿里 羅坎十五里 遂安港口廿里 淳安縣十五里 九里潭十五里 雪
王渡廿里 成平鎮廿里 街口十里 巡司 米灘十里 橫石十里 吉河頭十五里 滘口十里
深渡十五里 牌坊頭十里 雪坑十五里 普口十里 程山渡十五里 楊村十里 王墩十里
牛坑十里 屯溪十五里 換牌 前富十五里 休寧縣廿里 藍渡十里 小花墈十里 齊雲巖
廿里 漁亭四十里 過山 金字牌十里 祁门縣十里 閶下灘五十里 平里廿里 溶口四十里 帶

清同治休宁渠口商用《江湖绘图路程》

除了水路，新安古道是连接外地的重要渠道，其中有徽杭古道、徽青古道、徽饶古道、徽池古道、徽宁古道等，现存的古道大约有一百多条，古桥近千座，由这些古道，通往四面八方。在新安遗存的文献中，有多种商编路程，如《天下水陆路程》《天下路程图引》《长江路程图》《江湖绘图路程》《广东路程》《长江大观图》等，如道光休宁渠口商用《长江路程图》，有湖广湖南湘潭县由大江至镇江府水路程歌；休宁县至祁门、祁门至饶州府水路、饶州府至汉口镇水路程；汉口镇至襄阳府水路程，等等，这些路程图，无不见证了新安先民们艰辛而充满了危险的往来旅程。

二、景致

黄宾虹自谓："余喜习绘事，生长新安山水窟中，新安古称大好山水，至今韪之。"又言："必也师近人兼师古人，而师古人不若师造化。"新安境内有着优越的山水自然风光，最著名的当数被誉为"五岳归来不看山，黄山归来不看岳"的黄山、四大道教名山齐云山及源远流长的新安江。明代旅行家徐霞客在万历四十四年（1616）正月二十六日，来到休宁齐云山，开始了他 11 天的白岳、黄山的旅游历程。万历四十六年（1618）九月初三，徐霞客出白岳榔梅庵，至桃源桥，即旧向黄山路，开启其二游黄山，初六下山。两次新安行程，被记录在《徐霞客游记》中。有"广东徐霞客"之称的广东学者、诗人屈大均，曾应汪于鼎的学生洪力行之邀游黄山，留有诗篇。黄宾虹在《讲学集录 · 画理》中云："中国自然风景为画理之参考者，以浙东山水、桂林山水、蜀江山水、新安山水，各有不同，浙东山水以瀑布胜，桂林山水以岩洞胜、至于蜀江山水及新安山水，其胜处又有不同……新安山水以黄山、白岳为胜，九华山其支脉也。黄山风景之佳，一眼可以望至边崖。自李白、贾岛诗歌以来，在明如文徵明、董玄宰，清黄尊古、杨补等均以黄山山水为天下之大观。”①李流芳跋沈士充为江德甫所画《读书峰泖图》云：“歙在万山中，无论黄山、白岳之胜，即新安江一路，奇丽甲于天下。”至于村落民居，星罗棋布、川流萦带，美不胜收，皆可入画。

新安画家注重师承，更注重师造化。如早期的程嘉燧曾画过《松谷庵》。渐江重视从自然中攫取创作素材，曾说：“董北苑以江南真山水为稿本，黄子久隐虞山而写虞山，郭河阳至取真云惊涌以作山势。”渐江曾住白岳，岁必数游黄山，创作《黄山图册》，并一一注名，如文殊院、皮蓬、观音岩等。渐江又绘有《丰溪图册》及《始信峰图》《黄海松石图》《白岳岚烟》等。江注亦画有《黄山图册》，与渐江交相辉映。其他如戴本孝的《黄山白龙潭》、汪家珍的《黄山卧游图》、郑旼的《黄山四景图》《黄山图》《黟山纪游》、梅清的《黄山图册》《黄海云涛》、石涛的《黄山人物册》、姚宋的《黄海松石》、莫春晖的《黄山图册》、汪采白的《黄山风景图册》等，黄宾虹曾总结：“黄山松雪之胜，且兼各峰之奇伟，山上多松林，人坐其上，时久即忘厌倦之心。此殆黄山之奇，包有桂林、雁宕之长，兼华山之雄伟也。松树则异乎他处，虽咫尺之高，必千百年。山之大观，有松海长林盘郁，远望如大荷叶。然又有云海，各峰排空，云如奔马，上下澎湃，忽然平坦，加以日光之映照，如海面在。而群峰插入云际，尤其奇观。明人程孟阳、李流芳、垢道人、僧渐江善写黄山者以此也。”②黄宾虹自己以黄山、白岳入画者亦多，并言：“黄山亦有各地所无之花卉，称之曰‘黄山异卉’。”雪庄号黄山野人，自淮安来黄山后居皮篷，直至终老。雪庄不仅画有许多黄山风景，还写黄山植物，如“戊戌秋七月写云舫边木莲花一枝赠如翁先生”，并题：“木莲今岁多情怀，夏月开过秋又开。似要山僧写春色，证明云舫有仙来。”《春帆纪程》中“记云舫”云：“（雪庄）所绘《黄山图》百幅，悉得山灵真面。间辑山中所产异花，得一百六种，命之以名，且系以诗，一一传染其色态。余按图求之，始识途中所采，有宝网、醉仙、璎珞、山海棠、山金樱等名。仍有十余种，雪庄亦复不知。盖彼百六种数内，专取色香兼备者，否则不录，足征山中奇花异草之多矣。”③

① 黄宾虹：《黄宾虹文集全编·书画编》（下），荣宝斋出版社，2019年，第593、594页。
② 黄宾虹：《黄宾虹文集全编·书画编》（下），荣宝斋出版社，2019年，第594页。
③ 许承尧：《歙事闲谈》，黄山书社，2001年，第260页。

齐云山，古称白岳，明嘉靖年间改名齐云山。早在南宋淳熙十六年（1189），朱熹就曾游齐云山，并创建天泉书院。其后，历代书画家来山者有方回、郑玉、汪克宽、商辂、程敏政、唐寅、王守仁、湛若水、詹景凤、李日华、丁云鹏、程嘉燧、查士标、汪梅鼎、黄宾虹、陆俨少、赖少其等，许多书画家采风并留下作品，明代丁云鹏不仅多次登临，并在万历间绘有《白岳全卷图》。程嘉燧《游齐云观天门虎崖记》云："予幼尝至齐云，盖欲为之记云。又十余载，辛卯三月庚子，与李氏表叔有事祠下，携一兜舆往。"[①] 遂安方象瑛（渭仁）为康熙六年（1667）进士，官内阁中书、翰林编修、侍讲。善画，其《健松斋集》有为江君作《黄山图跋》《黄山诗序》,《黄山诗序》云："予既跋江君黄山图矣，君复出十余年来阅历黄山诗属予序。予读未竟辄叹君之私有黄山也。夫黄山虽歙境，然名胜天下所共有。天下之人不得而私之，何论新安哉。君顾取而图之诗之，若贮之襟袖，而引之几案，是何私据其有也。既复思之，君之私黄山非私也。何者？黄山自浮丘容成以来，天下人知有黄山矣。未知黄山之面目何若，性情又何若也。有君之画而黄山之面目见，得君之诗而黄山之性情亦见。诗以补画所未及，画以佐诗所偶穷，使九州岛之广，千古之遥，人人皆知有黄山，且使人人之意中梦中耳目中，皆可寝食坐卧乎黄山，则皆君之公也。"[②] 其中"有君之画而黄山之面目见，得君之诗而黄山之性情亦见"说得何其好，画乃图存山之面目，而诗则抒山之性情，诗画结合，相得益彰。又撰《白岳记》："新安名胜称黄山、白岳。黄山屡期未至，仅从莲花铺海诸图想见其胜而已。白岳俗呼齐云岩，真武降临之所，每岁士女酬赛无虚日，余尝游而乐之。大要峰之胜，曰紫云，曰鼓曰钟，曰香炉，曰三姑五老，而独耸为最。石之胜，门曰天门，洞曰罗汉、两君吕仙。岩曰观音石桥，崖曰黑虎，而罗汉影为最。山无水，所见龟蛇二池，而珍珠帘为最。"[③] 读全文，可知其对齐云山的熟悉程度。

"邑以歙浦得名，其滥觞于浦，而东注者曰新安江。端歙浦委桐庐凡四百里，咸谓新安江。"[④] 新安水系发达，有新安江水系、阊江水系、乐安江水系、青弋江水系及兰江、富春江等，其中最著名者无疑是发源于新安休宁、黟县，流经淳安、建

---

① [明]程嘉燧：《程嘉燧全集》，上海古籍出版社，2015年，第313页。

② [清]方象瑛：《健松斋集》，淳安县政协文史和教文卫体委员会编印，第36、37页。

③ [清]方象瑛：《健松斋集》，淳安县政协文史和教文卫体委员会编印，第103页。

④ 民国《歙县志·舆地志·山川》。

德、富春江后注入钱塘江的新安江，其干流长 373 公里，流域面积 1.1 万多平方公里，可谓源远流长，一脉相承，将新安江流域的文化艺术紧紧联系在一起。新安江沿途景色秀美，江水清澈澄碧。夹江两岸，群山蜿蜒，翠岗重叠。村落点点，粉墙黛瓦。建德龙门港在七里泷上游入口处南岸，崖壁陡峭，瀑布高 50 余米，从石槽中涌出吼声如雷，蔚为壮观。新安江水库建成后，淹没了海拔 108 米以下的山峰，形成 1078 个大小不等的岛屿，是谓千岛湖，其“浮峰泊屿，雨翠晴岚，水波粼粼，天光闪烁”，可谓人间仙境。建德大慈岩有“浙西小九华”之誉，梵宇仙山，亦真亦幻。江南悬空寺等景点闻名遐迩，灵栖洞天内石笋、石乳、石花、石柱、石幔等千姿百态，灵栖洞有宋元两朝题字 30 余处，清晰可读。桐庐严子陵钓台是富春江主要景点，历代文人雅士慕名而来，瞻仰题咏，发思古之幽情。

新安江又是古人一条重要的出行路线，沿岸建有许多水埠码头。当文人、艺术家游走新安江，在他们的眼里，新安江沿途就是一幅幅活动的画卷，新安江不仅是新安的母亲河，也是新安艺术，尤其是绘画艺术的摇篮。黄宾虹题跋云：“新安江上山水到处入画，董巨二米荟萃一堂。”董为五代董源，巨为五代、宋初画僧巨然，二米则为宋代米芾、米友仁父子。董源开创短披麻皴，以此表现江南低矮土山起伏连绵、郁郁葱葱的自然风光。巨然则发展为长披麻皴，用来表现山峰略高的景致。此后，表现江南山水者几乎均以披麻皴为主，解索、荷叶等皴法基本从披麻皴变化而来。二米开创的大小米点皴也是用来表现江南云蒸霞蔚的云山和雨景，故黄宾虹说新安江两岸“董巨二米荟萃一堂”。

新安画家多学元四家，而元四家多学董巨二米，这些画家皆属“南宗”画家。新安画家多为“南宗”，除了理念因素，还有一个原因就是江南山水本身就属于“南宗”画法系列。事实上，地域、地貌对绘画的风格影响很大，比如北宗画家多生活在北方，其笔下山水多以北方真山真水作为描绘对象。五代后梁画家荆浩（约 850 ～ ?）因避战乱，常年隐居太行山之洪谷，悠游泉下，尝写松万本，山水吸取北方山水雄峻气格，勾皴坚凝挺峭，表现出一种高深回环、大山堂堂的气势，被誉为北方山水画派之祖。其他代表人物有关仝、李成、范宽、郭熙、王诜、李唐等，他们的总体风格是善于布置全山大水，高山突兀，多取正面山形，石质坚凝，棱角分明，长松巨木，多布飞瀑流泉，推崇正大、壮伟、崇高、雄浑之美。美国汉学家高居翰说：“荆浩和关仝……他们的显著成就是创立了一种更为雄浑的山水风格，在山石上表现出一种新的坚实感。以后在同一世纪内，董源及其学生巨然在中国南方开创了另一个重要的山水画派，描绘江南的独特景色。”[①]正所谓“一方水土养一方人，一方山水有一方风情”。

歙县有关部门将新安江歙县段打造成“新安江山水画廊风景区”，名称贴切，扩延之，将整条新安江称之为山水画廊或山水长卷亦无不妥。面对新安江秀美的景致，诗人、画家无不触景生情，清代诗人黄仲则诗云：“一滩复一滩，一滩高十丈。三百六十滩，新安在天上。”清代诗人方叔元《新安道中》吟咏：“初发新安路，遥闻古寺钟。水无不怒石，山有欲飞峰。竹里停孤鹤，林间出老松。野花开处处，游兴与春浓。”元末明初朱升的儿子、画家朱同就曾画过流经休、歙二县的渐江景色，题画诗有句云“渐江天际束如丝”，这大约是较早关于新安江入画的记载。侨居嘉定的新安画派先驱、西溪南人李流芳往来嘉定、新安，多从新安江往返。万历四十三年甲寅（1615）九月，李流芳回新安扫墓，“过吴门，别季弟无垢于寓舍，持素册授余曰：‘遇新安山水佳处，当作数笔，归以相示，可当卧游。’颔之而别。自禹航从陆至丰干，一路溪山红树，掩映曲折，或旷或奥，皆在画中行。归自屯溪买舟，沿溪而下，清流见底，奇峰怪石，参错溪中，两岩束之，上限云日，所谓舟行若穷，忽又无际者。昔人称新安江之胜，今始见之。每欲下一笔，但逡巡不敢。归与无垢言之，但相对一笑而已”。[②]后李流芳长夏闲居，回忆新安景致，挥毫泼墨，数日画册满。李流芳写有新安江诗《新安江中有怀玄度、伯昭诸子》及《自新安江至钱塘舟行绝句》（十二首），其中一首云：“晓发严州七里泷，万山云雾一溪风。钓台直上三千尺，何处江潭有钓翁。”[③]李日华曾两游新安，第二次是万历四十二年（1614）四月二十六日由水路返回，“一路溪声山色，应接不暇，较陆行又一景趣。卫伯创见，甚奇之。余曰：子归作溪山景，不烦他稿矣”。二十七日到淳安，二十九日，严州大雨，“舟行泷中，两岸峰峦吞吐，云气倏有倏无，水声潺潺，远近相接，神思清旷，令人欲仙”。[④]徐渭也曾至新安江，有《七里滩》《发严州舍舟登陆纵步十五里憩山麓丛榛远眺江中怪石》诗。又至齐云山，留下《游齐云岩》《两宿齐云下憩逆旅夜大雪因复登眺》《齐云岩》等诗。

---

① 高居翰：《图说中国绘画史》，生活·读书·新知三联书店，2014年，第25、26页。

② [明]李流芳：《李流芳集》，浙江人民美术出版社，2012年，第238、239页。

③ [明]李流芳：《李流芳集》，浙江人民美术出版社，2012年，第125页。

④ [明]李日华：《味水轩日记》，上海远东出版社，1996年，第387页。

清乾隆五十八年（1793）进士，官至御史的新安休宁人汪梅鼎通诗、擅书画，其《澣云诗钞》有《由桐庐入新安见山势万变恍悟画理歌以纪之》：

董巨一死衣钵荒，千年缣素尘飞扬。巧取豪夺炫珍秘，什九赝鼎充厨箱。扣舷看山六百里，千峰万峰环堵墙。巨灵构局大落墨，曲折写此桐庐江。上接新安开洞壑，神光离合生阴阳。土坡戴石郁深秀，痴翁旗鼓于此张。楼阁嵌云云堕翠，倏忽变灭参元章。大树纵横蟠古篆，山纹瘦绉棱中藏。小树淋漓点鼠足，漫山斑驳撑坚苍。方输带折露一角，超妙不数云林堂。凸凹讵止分三面，以枯为老真荒唐。我生学画二十载，神清味厚推香光。香光源出董巨米，铸炼倪黄吴与王。楚山云物咸入范，复师造化浮潇湘。喜从今日得印证，一一照映来篷窗。有若酒馔罗百味，渴饮饥食情洋洋。又若好友集风雨，褰衣把袂调笙簧。读画至此得真髓，一知半解成秕糠。愿裁吴绢穷摹取，兼收博采归轻航。①

这首长诗不啻为一篇很有见地的画论，汪梅鼎从一开始就从董巨议论，只字不提北宗，明确表明自己的艺术立场。从自己考察"六百里"新安江，悟出黄公望（痴翁）"旗鼓于此张"，而山川云烟倏忽变幻分明就是米芾山水的粉本。"大树纵横蟠古篆，山纹瘦绉棱中藏。小树淋漓点鼠足，漫山斑驳撑坚苍"，则是对画理和技法的感悟。又说自己学画得益于董其昌，而董其昌源出董巨米三家，自己二十载的学画经历和思考，意外地在新安江上得到了印证，喜悦之情溢于言表。汪梅鼎这首长诗，给我们研究新安江与新安画派的关系提供了重要的资料，也以实例证明从董巨米直到新安画派的一脉相承。乾嘉时期歙县江村人江士相（得禄），为江蕃子，居扬州，官刑部员外郎，有《二分明月楼集》。安徽博物院藏其《富春归棹图卷》即画新安

汪士相《富春归棹图卷》

① [清]汪梅鼎：《澣云诗钞》卷一，清嘉庆二十三年刻本。

江风光送歙县程振甲（也园）以作赠别，此卷纸本，浅绛设色，纵 20.5 厘米、横 121 厘米，题跋云："黄子久《富春山图》，余惜未之见。丁巳夏，也园吏部假归新安，途之所经，览江山钓滩之胜。余因意为之，以赠其行，并系短章于后。……富春江上人归去，一路云山访大痴。羡君摇艇入新安，叠叠层峦叠叠滩。如此溪山皆粉本，不须仍向画中看。二分明月隔江关，千里云程一棹还。笑我欲归归未得，为君点画写家山。"《富春归棹图卷》作于嘉庆二年（1797），画学黄子久，近景远山、蜿蜒转折，皆写记忆中画面，可见印象深刻。山水诗与书画有密不可分的关系，舟行新安江，更能激发诗人的情怀和书画的雅兴。如明代歙县诗人吴文奎《荪堂集》中《过淳安县》："比室清溪浒，土风擅美名。乱山深苑秀，魁士挺英灵。四塞桑麻满，千家弦诵鸣。乡关才咫尺，桑梓几关情。"清代书法家汪由敦的诗《淳安》："山回过建德，江曲近新安，古戍依沙步，虚舟宿蓼滩。鸟归烟树眠，虎啸石林寒。三老遥怜汝，村沽罄一欢。"《入新安界》："又入新安界，扬舲戒夙征。云山太古貌，鸡犬故乡声。屋并依岩架，田多傍石耕。纵然行役惯，归路亦关情。"

黄宾虹先生曾多次画新安江，如 91 岁所画山水题跋云："淳安为新安江水经行之处，舟中所见图之。"1947 年绘《新安山水图卷》跋："新安大好山水，此六朝人语。

黄宾虹《新安山水卷》（局部） 安徽博物院藏

叔轩先生与余同为歙籍，丰乐水源出自黄山，经瑶村、潭渡，下游称新安江，舟行纪此粲正。丁亥宾虹八十又四。”张大千与黄山有不解之缘，其作于1931年《新安江上》跋：“溯新安江而上，将至街口，每多奇峰，境特幽邃，往往维舟纵览，迟数日程也，辛未九月游黄山舟中作画并记。”又《新安江牵舟人》跋：“十里危滩五里湾，撩人四面列烟鬟。引舟漫怪群奴懒，却得闲闲看好山。新安江牵舟人行极迟缓，盖不肯用力也。辛未秋九月游黄山，舟中得此草稿，为燕子道翁写即乞教正。”1932年的《新安江行舟图》题跋：“古人称新安大好山水，予两游黄山，皆溯钱江而上，舟次得稿数百幅。此写梅花纹滩头一段小景，以大涤子笔法，应华章先生博教。壬申二月，蜀人张爰。”

为了利用新安江水资源，国家在淳安与建德交界的铜官修建拦蓄大坝，建造水力发电站，项目于1955年始建。1959年9月，新安江水库建成。蓄水后成为一望无际、烟波浩渺的人工湖。当水库水位在海拔106 ~ 107米高程时，露出水面的岛屿多达1078个，远远望去，湖上峰峦起伏叠嶂、连绵不断，因湖水涨落、冲刷，岛脚的赭色与山黛水碧、蓝天白云形成了巨幅图画，景致十分优美，成为独具特色的风景区。1984年12月15日，浙江省地名委员会正式将新安江水库命名为“千岛湖”。“文革”后期，陆俨少参加上海中国画院到新安江体验生活的行列，先到富阳，参观发电站，登严子陵钓台，至建德登乌龙山，又参观新安江发电站大坝，换船去淳安，“此时在五月中旬，适值黄梅季节，淳安连日大雨，后我建议乘船由新安江上溯至安徽歙县属街口镇，再由原船回至淳安。临窗眺望，新安江两岸，群山奔赴，连续数百里不断，云气流转，时开时闭，瞬息万变，蔚为奇观。得饫览云山之美，令人不能忘怀。归后我发展了留白法，蜿蜒曲折，因势缭绕，创为新面目。后来在井冈山，见云山绵邈、长林如带，飞瀑四垂，清气流转，结合在新安江水库所见雨景、歙县写生所见白光，互相补充，于留白法，益臻完善。此种留出之白条条，既可表现为光、为气，亦可表现为水流、为云走，画面上似不可少此一物，揽者自能辨之”。[①]

黄宾虹云：“顾古人言好山水尝曰：江山如画．‘如画’之谓，正以天然山水，尚不如人之画也。画者深明于法之中，能超乎法之外，既可由功力所至，合其趣于天，又当补造物之偏，操其权于人，精诚摄之笔墨，剪裁成为格局，于是得为好画，传

① 陆俨少：《陆俨少自叙》，西泠印社出版社，2003年，第69、70页。

陆俨少“留白法”

播于世。世之欲明真宰者，舍笔法、墨法、章法求之，奚可哉乎！”①

三、文房四宝

中国文房四宝与中国书画关系密切，所谓“工欲善其事，必先利其器。齐纨、吴练，冰素雾绡，精润密致，机杼之妙也。武陵水井之丹，磨嵯之沙，越嶲之空青，蔚之曾青，武昌之扁青，蜀郡之铅华，始兴之解锡”。② 故历代书画家对文房的选择都是十分重视，北宋词人苏舜钦有句名言：“明窗净几，笔砚纸墨皆极精良，亦自是人生一乐。”新安在这一方面具有得天独厚的优势，不仅笔墨纸砚一样不缺，品质臻于上乘，而且历史悠久。南宋绍兴间（1131 ~ 1162），洪适任徽州知府时，曾在府城辟一场所陈列笔、墨、纸、砚，并将北宋苏易简《文房四谱》内容书于四壁，取室名“四宝堂”。南宋宝祐年间（1253 ~ 1258），徽州知府谢塈将澄心堂纸、汪伯立笔、李廷珪墨、羊头岭古坑砚作为贡品，向宋理宗赵昀进献。

① 黄宾虹：《黄宾虹文集全编 · 书画编》（下），荣宝斋出版社，2019年，第526页。
② [唐]张彦远：《历代名画记》，浙江人民美术出版社，2011年，第28、29页。

(一)纸

许承尧在《歙事闲谭》中引元人江光启《送侄济舟售砚序》中云："谢公塈之知徽州也，于理庙有椒房之亲，贡新安四宝：澄心堂纸、汪伯立笔、李廷珪墨，砚则取之旧坑。"许承尧加按云："新安四宝中列澄心堂纸，疑者甚众。由此文观之，则是彼时新安造纸。南唐澄心堂纸，乃新安所造，后来规仿澄心同其精美，故沿称澄心堂纸耳，非于宋理宗朝，贡南唐物也。得此文亦可释澄心堂纸之疑。"北宋诗人梅尧臣《宛陵集》卷三十五有《谢潘歙州寄纸三百番石砚一枚》诗云："永叔新诗笑原父，不将澄心纸寄予。澄心纸出新安郡，腊月熟冰滑有余。潘侯不独能致纸，罗纹细砚镌龙尾。墨花磨碧涵鼠须，玉方舞盘蛇与虺。其纸如彼砚如此，穷儒有之应瞰鬼。"此诗已明确说"澄心纸出新安郡"，当无异议，只可惜造纸法失传久矣。《六研斋笔记》云："古人极留意于纸素，不得佳纸不书，得佳纸必书，不令虚弃。此如壮士遇好矛槊，虽百忙，亦必挺舞一回也。"① 清代西溪南富商吴南高请石涛画家乡《溪南八景图册》，石涛在其中一开"西陇藏云"跋云："今南高以宋罗纹纸出案，索清湘大涤子写其诗中之意云。"

石涛《西陇藏云》上海博物馆藏

① [明]李日华：《六研斋笔记》，凤凰出版社，2010年，第143页。

(二)笔

新安在北宋时期就有制笔名家，与汪伯立齐名的制笔名家还有歙县吕道人、黟县吕大渊、张遇等人。北宋文学家、书法家黄庭坚与之多有交往。元代以后，开始式微。明清以后，新安墨业发达，有的墨庄兼营毛笔，一些笔工依附于制墨业，如曹素工、胡开文、詹斗山、詹素文等。有的墨庄与笔庄合营，干脆称为笔墨庄，如屯镇胡开文笔墨庄、詹成圭从先氏笔墨老店等，在这些店铺里，还保留了新安制笔遗绪。元代书画家赵孟頫认为写字贵纸、笔调和，如果纸、笔不佳，是书法高手也难写出好字。譬如快马行走在泥淖中，也难于施展身手。有记载说赵孟頫对毛笔要求很苛刻，他曾将十几支好笔拆解开，让笔工拣选其中最健的毫颖制成一支笔。明代詹景凤说歙县一古董商有一卷赵孟頫的《千字文》，用的纸绝佳，但用的毛笔稍硬，而且锋芒略差，所以神采欠缺。以赵孟頫这样的高手，没有精良的毛笔，也不能写出精绝的书法。元代另一位书法家鲜于枢在《送李愿归盘谷序》卷跋尾说，自己有事到东昌，朋友让儿子送纸来请自己写字，因为住的村舍没有文房用具，就借用别人的笔来写字。但此笔很劣，一入墨笔锋就散，换了四五次才将任务完成，但写的字已大失水准。

(三)墨

墨之制，唐代以前，多产于北方和西北地区汉代制墨业已形成规模，遍及于陕西隃麋（汧阳，今作千阳）、扶风（凤翔）、延州（延安）等地。汉代隃麋地区有大片松林，盛行烧烟制墨，品质优良，后遂以“隃麋”代指墨。唐代制墨业发达，主要产墨区由扶风、隃麋、延州转移到河北易水、山西潞州等地，其共同点皆产优质松树，为制墨之先决条件。山西潞州产“松烟墨”或“松心墨”，隋朝已有名。唐代列为贡品。唐代诗人李峤《墨》诗句云：“长安分石炭，上党结松心。”唐末，为避战乱，易州墨工奚超携家南逃至歙州，见此地松林茂密、溪水清澈，适合制墨，遂定居重操制墨旧业。奚家制墨受到南唐国君李煜赏识，奚超子奚廷珪被委任为“墨务官”，并赐国姓李，世有“黄金易得，李墨难获”赞誉。至此，全国制墨中心南移至新安，制墨名家有潘谷、高庆和、戴彦衡、吴滋、胡智、张谷、张遇等。苏轼对张遇、潘谷墨十分珍爱，其寄王禹锡《书张遇潘谷墨》云：“麝香张遇墨两丸，或自内廷得之以见遗，藏之久矣。今以奉寄。制作精致，非常墨所能仿佛，请珍之！请珍之！又大小八丸，此潘谷与一贵人造者。谷既死，不可复得,宜宝秘也。”① 又，《书潘谷墨》云：“卖墨者潘谷，余不识其人，然闻其所为，非市井人也。墨既精妙，而价不二。士或不持钱求墨，不计多少与之。此岂徒然者哉！”② 宋代淳熙十年（1183），宰相王淮跋《淳化阁帖》云：“观《淳化法帖》用潘谷墨作蝉翼本，笔下锋锷隐见，有若真迹，诚可宝玩也。”明代万历前后，是新安墨业最为繁盛时期，名家辈出，如邵格之、罗小华、汪元一、方林中、邵琼林、汪中山、程君房、方于鲁、潘方凯、方瑞生、叶玄卿、吴干初、汪春元、汪鸿渐、吴叔大、程公瑜、吴去尘、程凤池、程公瑜等。其中罗小华、程君房、方于鲁最为出名，如罗小华墨“坚如石，纹如犀,黑如漆,一螺值万钱。”故宫博物院藏石涛《山水册》,其中一开题跋：“三十六峰下。用小华墨。”

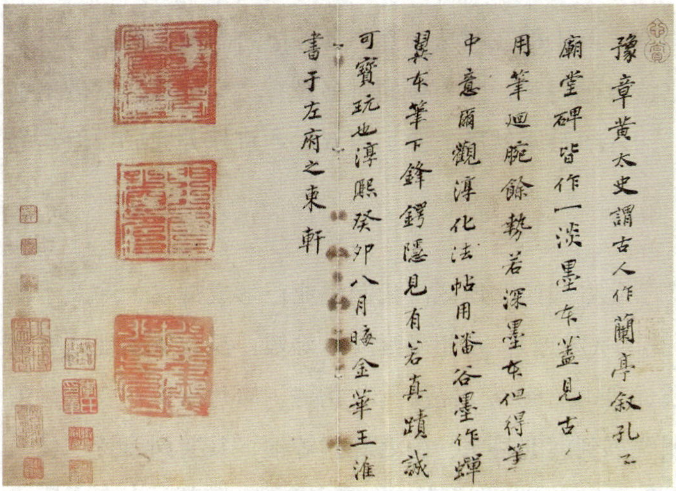

王淮跋《淳化阁帖》

石涛《山水册页》

明代最负盛名的墨家当属程君房与方于鲁。程君房自语：“我墨百年，可比黄金。”董其昌赞云：“百年之后，无君房而有君房之墨；千年之后，无君房之墨而有君房之名。”方于鲁 30 岁前所造“九玄三极”墨被誉为“前无古人”，汪道昆在《方于鲁墨谱引》中曰：“舍儒而攻墨，故以墨擅场，不为厚利而为名高。”

---

① [宋]苏轼：《东坡题跋》,上海远东出版社，1996年，第287页。
② [宋]苏轼：《东坡题跋》,上海远东出版社，1996年，第299页。

方于鲁工诗，有《方建元诗集》《佳日楼诗集》《佳日楼词》，程君房则编刊尺牍三册，名《徽郡新刻名公尺牍》，所录南直隶53人，皆一时俊彦。方于鲁编《方氏墨谱》，为创举之作。随后，程君房编《程氏墨苑》。郑振铎评说："（墨谱）以大画家之设计，而合以新安刻工精良绝世之手、眼与刀法，斯及两美具、二难并，遂形成我国版画之黄金时代焉。"《中国美术简史》认为"（《方氏墨谱》）的出现导源于制墨家在竞争中做广告的需要"。主观或许如此，但客观上却开拓了版画艺术表现样式和内容，具有开山之功。《程氏墨苑》虽然后出，但发展为彩色套印，"开启了套色木刻的先声"。明末尚有方瑞生《墨海》及潘氏本《墨谱》，名声皆逊于方、程二氏墨谱。清代，有制墨四大家，即曹素功、汪近圣、汪节庵、胡开文。曹素功、胡开文至今依然生产，绵延不断。

除了《方氏墨谱》《程氏墨苑》延请著名画家创作墨稿，清代墨模绘画、题识，多有书画名家参与，如钱慧安、黄士陵、任伯年、王一亭、曹赞梅等。墨之工艺美术体现在墨模的雕刻上。明代名家有蟹钳，传世明代方景耀"狻猊墨"，以及崇祯间"鸣球玄金墨"有"伯祥镌"款。近代雕刻名家有泾县人王天福（绥之），12岁进休宁胡开文墨庄当雕刻墨模学徒。曹麟伯（曹素功十一世孙），从王天福（王绥之）学刻模。从王天福学者尚有汪新五、叶雨生、叶天寿、王寿云等。绩溪上庄人胡国宾（1848～1931），字殿臣，胡开文、曹素功、詹大有等墨店多请其刻制。除雕墨模外，胡国宾也刻建筑上的装饰木雕。雕刻之余，胡国宾还研习书法绘画，善画兰草，绩溪上庄胡适故居的兰花雕版，即胡国宾自绘自刻。光绪七年（1881），任伯年、曹赞梅和胡国宾曾合作《名花十二客》套墨，共16锭。

唐宋书画名迹流传千年，神采奕奕，纸佳墨优功不可没。墨是书画创作中极为重要的材料，故历代讲究墨法者尤为重视。绘画若以骨血论，笔法为骨，墨法为血。唐代张彦远在《历代名画记》中云："运墨而五色具。""五色"说法不一，有"焦、浓、重、淡、清""浓、淡、枯、湿、干"等。黄宾虹则云"五笔七墨"，所谓"五笔"，曰：平、圆、留、重、变。所谓七墨，曰：浓墨法、淡墨法、破墨法、泼墨法、积（渍）墨法、焦墨法、宿墨法。故许多书画家对墨多有讲究，并亲自参与。如巴慰祖与胡唐、黄钺等人造《金涂塔墨》。巴慰祖另造墨3种，即《石鼓墨》《天保九如墨》《泉刀墨》（2锭），皆名家汪节庵所制。《石鼓墨》制于乾隆十八年（1753），鼓形，侧依宋拓《石鼓文》缩临，楷书阳识"乾隆甲辰三月，歙巴慰祖缩临"。巴氏致孙补山相国札云："极

巴慰祖“御制重排石鼓文集锦墨”

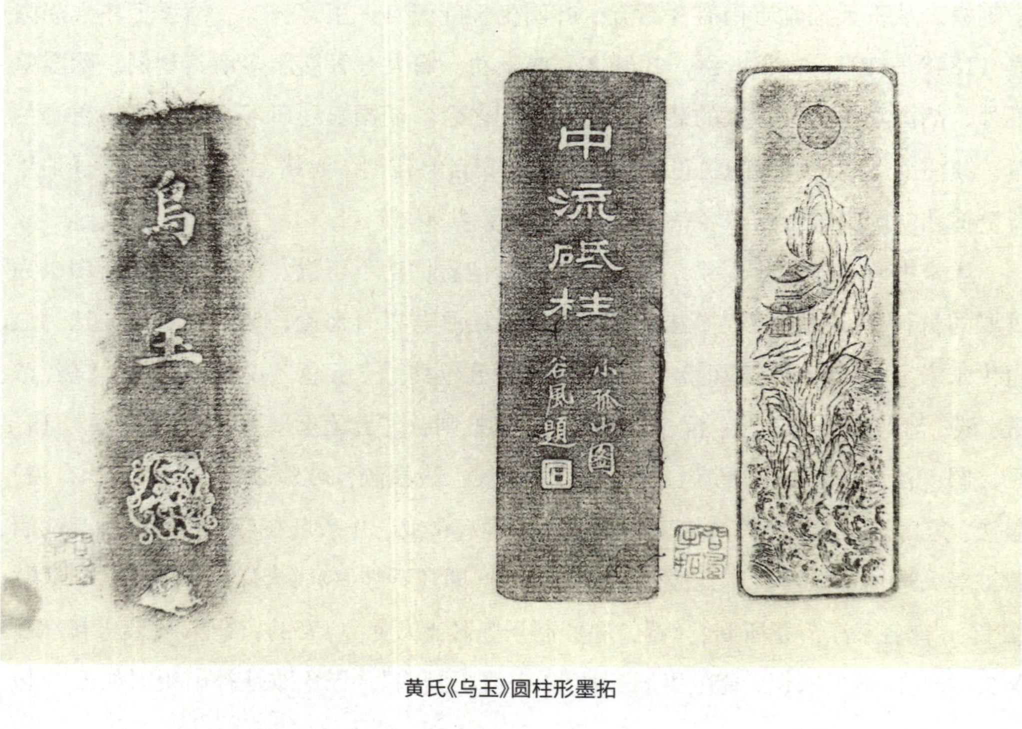

黄氏《乌玉》圆柱形墨拓

数年之心力以成此墨，虽未敢矜为后无来者，然前无古人之言未敢多让。”①

光绪十六年（1890），黄宾虹父黄定华由金华迁回歙县潭渡，研究制墨“孜孜有年”。黄宾虹于1908年在《国粹学报》上发表过《叙造墨》一文。黄宾虹曾绘有《中流砥柱》墨模，侧款为“古歙黄氏监制”；又有《乌玉》圆柱形墨，亦“古歙黄氏监制”。石谷风谈黄宾虹“宿墨法”的由来说：“北平的住室潮，地面铺了芦席。存墨受潮，上了霉，都碎了，没办法重制，只好泡着用，这是1939～1940年的事情。后来便开始尝试利用这些碎墨浸泡成墨膏作画，原来仅靠砚池剩下的宿墨，其量自然很少，而用泡成墨膏大量的用，于是产生了出乎意料的效果，这前无古人的墨法，却是偶尔所得。”

（四）砚

从书画本意来讲，砚在“四宝”中对书画的作用最为次要，砚之意义仅在发墨与细腻之间。然在“四宝”中，砚之历史久远，品种、形制最多，金属、陶瓷、石乃至木、竹皆可为之，尤其是石砚，砚石品种丰富多彩，名手所制素砚、雕工砚楚楚可人，所谓“石不能言最可人”，在文房中受到许多人的喜爱。新安砚主产婺源溪头乡龙尾山，故又称龙尾砚。北宋婺源县令唐积《歙州砚谱·采发第一》记载：“婺源砚在唐开元中，猎人叶氏逐兽至长城里，见叠石如城垒状，莹洁可爱，因携以归，刊粗成砚，温润大过端溪。后数世，叶氏诸孙持以与令，令爱之，访得匠手斫为砚，由是山下始传。至南唐元宗精意翰墨，歙守又献砚并斫砚工李少微，国主嘉之，擢为砚官。今石工周全师之，尔后匠者增益颇多。”但近年研究者根据资料和遗存实物，证明唐开元前已有歙石开采和制作。实物不仅有魏晋、南北朝古砚，而且还有汉代的砚板和安徽博物馆藏太和县东汉鱼子纹三足圆形盖砚可证。

南唐元宗李璟喜爱歙砚，专门在歙州设置了砚务，砚工高手李少微为砚务官。南唐实际上也是歙石大规模开采的时期，龙尾旧坑和罗纹、刷丝、金银间刷丝、眉子四品旧坑“皆李主时开。”两宋时，开采的砚石品种极其丰富，有的则成为绝响。1953年，歙县宋代窑藏出土17块歙砚，石质、造型各异，制作精妙，以实物展示了歙砚的风采和面貌。歙砚在两宋受到人们的追捧，主要得力于一些文人、士大夫的褒扬，如苏轼不仅作《龙尾砚歌》，并认为“砚之美，润而发墨，其余皆余事也。

① 尹润生：《尹润生墨苑鉴藏录》，紫禁城出版社，2008年，第255页。

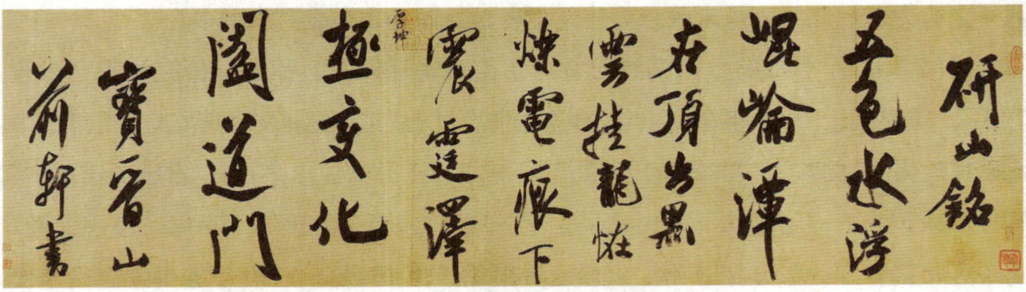

米芾《研山铭》

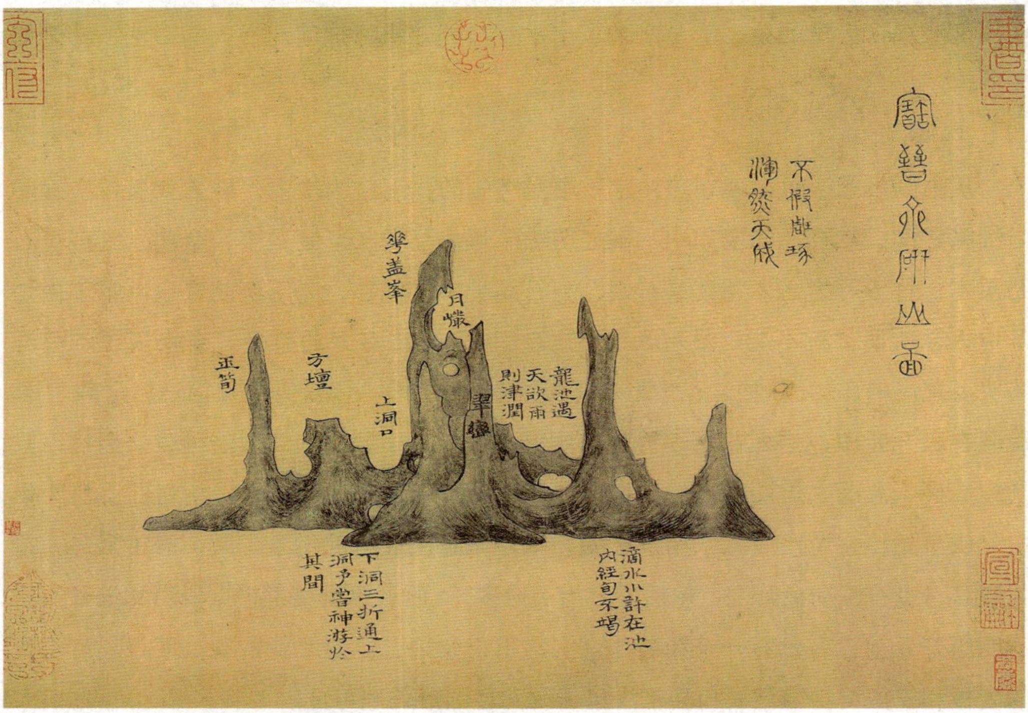

米芾《砚山图》

然两者相害，发墨者必费笔，不费笔者不退墨，二德难兼。唯歙砚涩不留笔，划不拒墨，二者德相兼。”蔡襄有诗赞云：“玉质纯苍理致精，锋芒都尽墨无声。相如闻道还持去，肯要秦人十五城。”黄庭坚曾亲到婺源龙尾山，写有“砚山行”长诗。蔡襄从发墨的角度评价：“青州石末研，受墨而费笔；龙尾石得墨迟，而久不燥；罗纹石起墨，过罗纹。端溪龙窟岩紫石又次之。”[1] 米芾著有《砚史》，所述端、歙二砚

---

① [宋]蔡襄：《蔡襄集》“文房四宝”，上海古籍出版社，1996年，第632页。

甚详。又藏有李后主砚山旧物，得到时欣喜若狂，“抱眠三日”，并留下著名的《研山铭》墨迹。《研山铭》现藏故宫博物院，传用南唐澄心堂纸书写。新版《淳安县志》载，在淳安威坪岙岭的龙眼山，传在宋代已采石制砚，名“清溪龙砚”，品种达30多个。精品呵气成雾，储水不涸。

元代至元年间，婺源县令汪月山曾“发数都之夫力”去挖掘歙石，结果“石尽山颓，压死数人乃已”。旧坑淹没后，又转往紧足坑挖掘，至元五年（1339），紧足坑又塌陷，遭此厄运，遂长期无人开采。明至清初，未见详细开采歙石的资料记载，但明代有一定数量的古砚存世，说明明代并未完全停止开采，只是不复往日兴盛气象。高凤翰喜藏砚，藏砚千余，著有《砚史》四卷，又名《西园砚史》，收砚拓100余方，或与他曾任歙县县丞、绩溪县令有一定的关系。程瑶田《纪砚》记：“乾隆丁酉夏五月，余从京师归于歙，时方采龙尾石琢砚，以供方物之贡。其石之不中绳度者，砚工自琢之，以售于人。吴建周得庙前洪小石，广一寸，长不及四寸，研成而建周生孙，遂以‘得孙’名砚，志喜也。余为赋诗断章以铭之，曰：‘追琢其章，金玉其相。如圭如璋，令闻令望。’以砚背刻圭形，石质似玉而有金星也。……一日，建周怀一小子石砚与余，曰：‘幸毋以小轻之。’余曰：‘诺。’为制铭，自刻之。铭曰：‘石一卷，安天全，色如绿玉星灿然，谁与遗我吴梅颠。’”[①]《纪砚》记有多处砚铭事，如铭吴隽千砚、铭罗纹小砚、铭端溪紫石端砚、铭端溪水坑上岩大石砚等。巴慰祖、胡唐亦喜铭砚，均有实物存世。《歙县志》载：道光时充贡之物惟砚与墨为最，每年三贡（春贡、万寿贡、年贡）每贡砚二份，（六方者四匣、两方者两匣，共二十八方），歙县墨海二方。”这些都说明清代砚石开采还是比较频繁的。

歙砚雕刻经过千余年的发展，已趋完善，歙砚历史上的名工，除了上面提到的李少微，其孙李明和著名砚工周全都是好手。南唐至民国间名手还有刘福成、周进成、周进昌、周小四、朱明、戴文忠、戴山、戴义成、方守忠、方庆子、鲍政和、胡嵩兴、叶瓖、汪桂亮、汪培玉等。当代一些砚雕高手，既有继承，又有出新，形成了新的流派和风格。

---

① [清]程瑶田：《程瑶田全集》，黄山书社，2008年，第188、189页、519页。

余　论

明代著名文学家、书画鉴赏家王世贞，江苏太仓人。嘉靖二十六年（1547）进士，官至刑部尚书。与李攀龙等提倡文学复古运动，为“后七子”之一。李殁后，王世贞主文坛二十年，声望极高。著有《艺苑卮言》，并编有《王氏画苑》《王氏书苑》等。王世贞来游黄山时，“三吴两浙诸宾客，从游者百余人，大都各擅一技，世鲜有能敌之者，欲以傲于吾歙。邑中汪南溟先生，闻其至，以黄山主人自任，僦名园数处，俾吴来者，各各散处其中，每一客必一二主人为馆伴。主悉邑人，不外求而足。大约各称其伎，以书家敌书家，以画家敌画家，以至琴、弈、篆刻、堪舆、星相、投壶、蹴鞠、剑槊、歌吹之属无不备。与之谈，则酬酢纷纷，如黄河之水，注而不竭。与之角技，宾时或屈于主。弇州大称赏而去”。①这实际是一次新安和江、浙之间的艺术交流盛事。尽管这次交流带有一点“火药味”，尽管“宾时或屈于主”，然而这次活动对当时的新安艺坛带来冲击与影响是重要的，意义是深远的。除了王世贞、董其昌、陈继儒等先后来到新安，是什么引起众多高人、雅士的兴趣而纷至沓来呢？除了新安大好山水外，新安的收藏、物阜民丰，以及有这么多杰出的人物有关。用物华天宝、人杰地灵来形容新安，当不过分。

许芳城尝辑《新安江诗》，序云：“郡以新安名，自晋太康始，而江名亦因之以传。六朝名士，典郡二千石，旌旗飘影，摇曳于青山碧水中。丘迟谢客，领逸响于鸥群；隐侯彦升，溯清风于蘋末。各有咏歌，殊自矜岸。梁武四十年间，风流文藻，诸彦来刺此邦，尤称聚盛。所恨萧公山水之记，有目无书；李氏图经之修，亦废不显；韩陵片石，海虞寸纸，流播桐乡，少为缺陷，及衢睦分隶，始于隋文。虽新安之名渐归黄、白，而西至歙浦，东至桐君，南抵姑蔑，经络万峰，纵横千里，江行故道。游子征帆，日落荒台，烟横古渡。望川原而吊古，托鱼鸟以兴怀。不问沧桑，何知晋魏。山川能语，我黟歙不敢专也。”此序除了文采飞扬，也将新安之大致概况交代清楚了。

---

① 许承尧：《歙事闲谭》，黄山书社，2001年，第413页。

黄宾虹在《黄山画苑论略·绪论》中云："郡今废乎徽宁，地昔通于歙睦。"又在《黄山画苑论略·论元明画家兴盛之由》云："宋代以前，唐末五季之乱，赋税不属于国家。骤增之民，则益贫困，然力作重迁，皖南一区，犹愈他郡。至于南渡，新安民人多徙舒池、无为界中、米元章评画，言池州画工作九华山图甚佳，有古法。绩溪县，为昔时徽郡趋京之轨道，必经宁国。舟行沿新安江而下，由淳安至严州，历桐庐、富阳，过浙江为尤近。至于胡元，作者最多，而赵松雪、唐子华及元季四家，时最称盛，戴仲德、程政先得其学风。"[1]黄宾虹所提诸人，除了倪瓒是无锡人，赵孟頫、黄公望（黄公望籍贯众说纷纭，莫衷一是，王逢、陶宗仪、董其昌等皆谓其浙人）、唐棣、王蒙、吴镇皆为浙人。即便黄宾虹本人，亦生在金华，晚年定居杭州。黄宾虹所谓"黄山画苑"，是试图勾画出一个江南画系，但并未完备。他又在《黄山丹青志》中，明确提出"黄山画派"之称，这个问题前文已叙，此不赘述。黄宾虹又有《增订黄山画苑论略》一文，第一篇即《江南画系之黄山派》，此文虽未终篇，但不难看出黄宾虹心目中的"黄山画派"，是以黄山为中心，纵横捭阖地勾画出一幅江南绘画地理图，即所谓"习画师法，关乎地理"。绘画在宋、元、明以后，重心皆在江浙，是不争的事实。

新安，历史源远流长。"新安画派""新安篆刻""新安书法"熠熠生辉，耀眼夺目。一条新安江，将上、下游的文化艺术维系在了一起，几千年来奔腾不息，连绵不断。

---

① 黄宾虹：《黄宾虹文集全编·书画编》，荣宝斋出版社，2019年，第316、318页。

主要参考书目

黄宾虹：《黄宾虹文集全编》，荣宝斋出版社，2019 年。

黄宾虹：《黄宾虹文集》，上海书画出版社，1999 年。

涨潮：《虞初新志》，上海古籍出版社，2012 年。

程瑶田：《程瑶田全集》，黄山书社，2008 年。

许承尧：《歙事闲谭》，黄山书社，2001 年。

苏轼：《东坡题跋》，上海远东出版社，1996 年。

李日华：《六研斋笔记》，凤凰出版社，2010 年。

尹润生：《尹润生墨苑鉴藏录》，紫禁城出版社，2008 年。

萧建新、杨国宜校著：《〈新安志〉整理与研究》，黄山书社，2008 年。

郭沫若主编：《中国史稿》，人民出版社，1976 年。

张彦远：《历代名画记》，浙江人民美术出版社，2011 年。

傅抱石：《傅抱石美术文集》，江苏文艺出版社，1986 年。

上海出版社、华东师范大学古籍整理研究室选编、校点《历代书法论文选》，上海书画出版社，1979 年。

王伯敏：《中国绘画通史》，生活 · 读书 · 新知三联书店，2018 年。

张志钤：《画家品类举要》，上海人民美术出版社，1980 年。

董其昌：《画禅室随笔》，《艺林名著丛刊》，世界书局 1936 年版影印，中国书店，1983 年。

汪舜民：《徽州府志》。明弘治十五年刻本。

黄宾虹、邓实：《美术丛书》，江苏古籍出版社，中国书店，1997 年。

许承尧：《歙县志》，民国 26 年铅印本。

[美] 高居翰著，李渝译：《图说中国绘画史》，生活 · 读书 · 新知三联书店，2014 年。

李流芳：《李流芳集》，浙江人民美术出版社，2012 年。
鲍义来：《汪世清书简》，安徽省徽学学会编，2009 年。
汪世清、汪聪：《渐江资料集》，安徽人民出版社，1984 年。
程嘉燧：《程嘉燧全集》，上海古籍出版社，2015 年。
吴其贞：《书画记》，人民美术出版社，2006 年。
汪道昆：《太函集》，黄山书社，2004 年。
郭若虚：《图画见闻志》，浙江人民美术出版社，2013 年。
邓之诚：《骨董琐记全编》，人民出版社，2012 年。
汪世清：《艺苑疑年丛谈》，紫禁城出版社，2002 年。
黄庭坚：《山谷题跋》，浙江美术出版社，2016 年。
王世禛：《池北偶谈》，中华书局，1982 年。
靳治荆：《思旧录》，张潮：《昭代丛书·丙集卷四十三》，清道光世楷堂刻本。
方勺：《泊宅编》，中华书局，1983 年。
张彦远：《历代名画记》，浙江人民美术出版社，2011 年。
王群栗点校：《宣和书谱》，浙江人民美术出版社，2012 年。
上海文瑞楼印本：《篆学丛书》，中国书店影印，1984 年。
韩天衡：《历代印学论文选》，西泠印社出版社，1999 年。
韩天衡：《中国印学年表》，上海书画出版社，2012 年。
闵麟嗣：《黄山志定本》，康熙十八年刊本。
王石城：《萧云从》，上海人民美术出版社，1979 年。
黄钺：《壹斋集》，黄山书社，1999 年。
郭因、俞宏理、胡迟：《新安画派》，安徽人民出版社，2005 年。
曹梦鹤：《太平县志》，黄山书社，2008 年。
张庚：《国朝画征录》，浙江人民美术出版社，2011 年。
王应奎：《柳南随笔·续笔》，中华书局，1983 年。
赵吉士：《徽州府志》，清康熙三十八年刻本。
郎瑛：《七修类稿》，文化艺术出版社，1998 年。

谢肇淛：《五杂俎》，上海古籍出版社，2012 年。

沈子丞：《历代论画名著汇编》，文物出版社，1982 年。

吴甸华：《黟县志》，黄山书社，2014 年。

汪世清：《汪世清辑录明清珍稀艺术史料汇编》，上海古籍出版社，2020 年。